萧登福 著

黄庭經

详解

（上）

綫装書局

图书在版编目（CIP）数据

黄庭经详解 / 萧登福著 . -- 北京 : 线装书局，2024.3

ISBN 978-7-5120-5917-7

Ⅰ . ①黄… Ⅱ . ①萧… Ⅲ . ①道教－古籍－注释－中国 Ⅳ . ① B958

中国国家版本馆 CIP 数据核字 (2024) 第 043675 号

《黄庭经》详解
HUANGTINGJING XIANGJIE

著　　者：萧登福
责任编辑：于建平
出版发行：线装书局
地　　址：北京市丰台区方庄日月天地大厦 B 座 17 层（100078）
电　　话：010-58077126（发行部）010-58076938（总编室）
网　　址：www.zgxzsj.com
经　　销：新华书店
印　　制：三河市南阳印刷有限公司
开　　本：710mm × 1000mm　1/16
印　　张：40.5
字　　数：432 千字
版　　次：2024 年 6 月第 1 版第 2 次印刷

线装书局官方微信

定　　价：120.00 元（全 2 册）

序号	书号	书名	作者	定价（元）	出版社	开本	版次	装帧
12	9787515212951	子午流注新注	张德记 著	30.00	中医古籍	16	2017.3	平装
家谱族谱								
1	9.78751E+12	中华萧氏总谱（全 5 册）	萧正滔 主编	1,580.00	线装书局	16	2018.9	精装
财富密码								
1	9787511727657	科学解读财富密码	张得计 著	42.00	中央编译	16	2017.7	平装
职场国学								
1	9787512033276	卓越领导之道：《群书治要：韩诗外传》讲记	刘余莉 著	36.00	线装书局	32	2018.8	平装
2	9787512036208	《群书治要》的领导智慧	刘余莉 著	78.00	线装书局	16	2019.6	平装
3	9787512042544	非常之人 非常之功：先秦至初唐著名政治家制胜方略	王贞贞 著	56.00	线装书局	16	2021.1	平装
易经术数								
1	9787516913291	周易（修订版）（上下）（原中华书局版《周易》修订）	郭彧 著	56.00	华龄出版社	32	2018.12	平装
2	9787512032866	读懂《系辞》：察动识变 赢得始终	徐丙昕 著	68.00	线装书局	16	2018.8	平装
3	9787516921951	读懂易经：六十四卦智慧启示录（全 2 册）	徐丙昕 著	98.00	华龄出版社	16	2022.5	平装
4	9787512032606	认识《易经》	郝国印 著	47.00	线装书局	16	2019.1	平装

公司名称：北京基正传媒文化有限责任公司

公司地址：北京市大兴区广平大街 9 号 8 幢 6113 室

联系电话：010-80227589　手机：13911031726

联　系　人：余先生

善书助印微信：401815120

道心德身
健康長寿

道通天地生万物
德贯古今成圣神
道通人心曰道心
德厚之身曰德身
道丹养生得健康
道心德身是仙佛

道从心中来，良心连天心，天心是道心，良心是道心。

道心德身，健康长寿是每个人所需要的；
德是实践道的表现，人要得道需有德身。

累积高深道德，炼就健康长寿，升为圣神仙佛。

扫码北京太一道院

北京基正传媒文化有限责任公司

2024 年 11 月最新书目

序号	书号	书名	作者	定价（元）	出版社	开本	版次	装帧
国　学								
1	9787512042773	中华国学经典名篇诵读（全 4 册）	曾琦云 编著	190.00	线装书局	16	2021.4	平装
2	9787512055339	《明德国学摘要》（全 3 册）	叶宽 主编	480.00	线装书局	16	2023.7	精装
3	9787516926109	《五灯会元》校注（全 6 册）	（宋）释普济 编撰 曾琦云 校注	480.00	华龄出版社	16	2023.9	平装
4	9787512061545	《〈寿康宝鉴〉白话解》（全 2 册）	（民国）释印光 编订 曾琦云 注解	96.00	线装书局	16	2024.9	平装
中华国学劝善经典白话解								
1	9787204068246/G•1579	安士全书白话解（上下）	(清)周安士 著 曾琦云 译著	60.00	内蒙古人民	32	2004.5	平装
2	9787805894966	太上感应篇汇篇白话解（全四卷）	佚名 原著 曾琦云 著	196.00	西藏藏文古籍	16	2015.10	平装
3	9787512029279	了凡四训	曾琦云 著	38.00	线装书局	32	2017.12	平装
4	9787512040434	《了凡四训》注解	顾四国 注解	48.00	线装书局	32	2020.10	精装
5	9787516913468	弟子规	同上	39.00	华龄出版社	32	2018.12	平装
佛　学								
1	9787512007505	阿含经校注(全 9 册）	恒强 等校注	480.00	线装书局	16	2014.12	平装
2	9787506847568	国学经典导读·金刚经心经（真义）	水道成 译释	48.00	中国书籍	16	2015.7	平装
3	9787805895680	因明学入门	罗劲松 编译	52.00	藏文古籍	16	2015.7	平装
4	9787805895673	可许则许：历史经典中的人生智慧故事	后山堂 编著	36.00	藏文古籍	16	2015.7	平装
道　学								
1	9787512042933	在民大听讲座：道学与术数学研究前沿	谢路军 主编	98.00	线装书局	16	2021.1	平装

序号	书号	书名	作者	定价（元）	出版社	开本	版次	装帧
2	9787512059177	黄庭经详解（全2册）	萧登福 著	120.00	线装书局	16	2024.1	平装
少儿国学								
1	9787571800451	了凡四训的故事（4~10岁彩色图文版）	马齐亚 主编	30.00	河北美术	16	2019.4	平装
中医养生								
1	9787516913420	中医阴阳学导论	张维波 等	58.00	华龄出版社	16	2018.12	平装
2	9787557669492	把我家厨房变养生餐厅（南北风味卷）	蔡骏 赵霞 著	36.00	天津科技	16	2019.9	平装
3	9787515220673	把我家厨房变养生餐厅·黄河长江珠江卷	冯霁 李璞 孙桂丽 著	56.00	中医古籍	16	2021.1	平装
4	9787510180675	性与生殖健康教育师职业教程	陶林 沈小君 主编	56.00	中国人口	16	2022.3	平装
自然医学								
1	9787515212807	心经疾病的自然疗法	张德记 著	38.00	中医古籍	16	2017.3	平装
2	9787515212845	肺经疾病的自然疗法	张德记 著	38.00	中医古籍	16	2017.3	平装
3	9787515212791	肾经及膀胱经胱疾病的自然疗法	张德记 著	55.00	中医古籍	16	2017.3	平装
4	9787515212838	肝经、胆经疾病的自然疗法	张德记 著	53.00	中医古籍	16	2017.3	平装
5	9787515212821	脾经、胃经疾病的自然疗法	张德记 著	59.00	中医古籍	16	2017.3	平装
6	9787515212814	心包经、三焦经疾病的自然疗法	张德记 著	46.00	中医古籍	16	2017.3	平装
7	9787515212876	大肠经、小肠经疾病的自然疗法	张德记 著	52.00	中医古籍	16	2017.3	平装
8	9787515212968	足底穴位内病外治	张德记 著	36.00	中医古籍	16	2017.3	平装
9	9787515212982	心理与运动开关点穴	张德记 著	46.00	中医古籍	16	2017.3	平装
10	9787515212975	饮食五味调养防治	张德记 著	42.00	中医古籍	16	2017.3	平装
11	9787515112999	手掌穴位内病外治	张德记 著	57.00	中医古籍	16	2017.3	平装

前　言

《黄庭经》，有外景、内景二部。它综汇周秦时各种修行法门，有老庄道家的恬淡寡欲、清静无为、吹呴呼吸等养神、养形之说；有存思导引、引气行身之周天法门；有存思身中内神形貌、镇守身体各部位之法；有依不同方位时辰、服食天地日月精气之法；有内丹坎离交媾、水火既济说；有辟谷食气的不饥不渴法；有房中男女积精累气法。虽然修行法门有多种，而皆以黄庭为主，可以称为道教修行法门的集大成者。北宋张君房编《云笈七签》，其书内容有道教教义、本始源流、经法传授、秘要诀法、诸家气法、金丹、方药等论述，号称“小道藏”；《黄庭经》也可以算是道教修炼法门的“小道藏”。

《黄庭经》原本仅有一部，是西汉初期的著作，托名老子所撰，因而称为《老君黄庭经》[1]或《老子黄庭经》[2]。至东汉末而有托名玉晨大道君撰的《黄庭内景经》，此经原来的名称，据《太平广记·卷五十八·魏夫人》说魏华存所得为《黄庭内景经》，道经《上清金阙灵书》说：“《黄庭内景

[1]　《老君黄庭经》，见西汉刘向《列仙传·卷下·朱璜》。

[2]　《老子黄庭经》，见《旧唐书·卷四十七·经籍志下·子部·道家类》及《新唐书·卷五十九·艺文志三·子部·神仙类》。

经》，一名《太上琴心文》，又名《太帝金书》。”[1]而《新唐书·卷五十九·艺文志三·子部·神仙类》亦称之为《黄庭内景经》，可见该经原名如此。

《老子黄庭经》和《黄庭内景经》，是二经较早的原称。世人因为后者有“内景”，于是把前书称为“外景”；内景、外景的形成，以欧阳修《新唐书》仍以旧称看来，应在宋末或元世，明英宗正统年间所编的《正统道藏》才以《太上黄庭外景玉经》及《太上黄庭内景玉经》来称呼二经。

两部《黄庭经》的修炼法门，以服食精气为主。精气的来源有二：一是天地日月五星等大自然所施放之气，称为外气。其二是来自人身体内所本具的精气，称之为内气。由于气有内气、外气二者，于是而下分各种修行方式。《黄庭经》汇聚了内气、外气的种种修行法门，其目的在以积精、累气、存神为主。《黄庭经》虽重视自身内在精气之修炼，但对于以五金八石为主的外丹烧炼，几乎弃而不谈。

《黄庭经》是周秦二代道教修炼法门的道法总汇，上承周秦道家道教的修炼方式，下启汉代五天五芽食气法、《周易参同契》的内丹坎离交媾法，及东晋上清派存思身神法门、郁仪结璘奔登日月法门，也影响了金代全真教以黄庭为主的修行方式。

古今来有不少文人佳士喜爱《黄庭经》，王羲之以手书《黄庭经》与山阴道士换鹅，世人传为美谈。但《黄庭经》以文义深奥而用词隐晦著称，因而笔者前曾撰写《〈黄庭经〉古

---

[1] 《太平御览·卷六百六十七·道部九·斋戒》引。

注今译》一书，试释经书文义，于 2017 年 6 月在香港道教学院青松出版社出版。由于该书在内地不易购得，2022 年初应北京郭林新气功研究会王健会长的邀请，以视频的方式讲了两次《黄庭经》。友人太一道院黄胜得、倪木兰及线装书局于建平，鼓励笔者也在大陆出版《黄庭经》，因而另撰四篇论文阐释其奥义，并将增改后的注译合并另行出版。期盼海内外方家有以指正。

萧登福谨序于台中大里

2022 年 10 月

总 目 录

下篇 《太上黄庭外景玉经》详解

附 录

目　录

（上）

中篇 《太上黄庭内景玉经》详解

上篇 《黄庭经》阐微

第一章
周秦两汉道教治病养生修仙法门的集大成者《黄庭经》

摘要

《黄庭经》有《外景》及《内景》二部，其全称为《太上黄庭外景玉经》《太上黄庭内景玉经》。《外景》托名老君所撰，《内景》托名玉晨大道君所撰。《外景》撰作在先，西汉刘向《列仙传》已提到《老君黄庭经》，《外景》应撰成于西汉宣帝前。《内景》则约撰成于东汉末，魏华存曾为此经作注。

《黄庭外景经》是周秦道教修炼法门的总集成，周秦的养神养形、导引存思及服食天地日月精气等法门，皆见于此经中。《内景经》旨在阐释《外景经》。两部《黄庭经》上承周秦，而下启《周易参同契》的内丹修炼、上清派的存思内神，以及服食天地日月精气的五芽、郁仪、结璘法门；金代全真派以黄庭为玄关一窍，亦和此经有关，是小型的道教修炼法门总汇，和《云笈七签》号称“小道藏”的功能相似。唐代《黄庭经》和《道德经》《度人经》并立，曾为道士考度牒的重要经典之一。

一、《黄庭经》的历史定位

世人喜爱《黄庭经》，这种情形，自西汉以下即是如此。它受到东汉正一派、东晋上清派的推崇，唐代的帝王甚至以它作为道士考度牒所须诵读的经典之一，其后更影响到金代成立的全真派内丹修炼说，以黄庭为玄关一窍，为内丹安鼎立命之所。

唐代帝王曾将《黄庭经》提升到和《老子经》《度人经》等并列的崇高地位。

宋代王溥《唐会要·卷五十·尊崇道教》说：

> （唐穆宗）长庆二年五月敕。诸色人中，有情愿入道者，但能暗记《老子经》及《度人经》，灼然精熟者，即任入道。其《度人经》情愿以《黄庭经》代之者，亦听。宣令所司，具令立文状条目。限降诞月内投名请试。今年十月内试毕。[1]

在唐代帝王的眼中，把《老子经》《度人经》《黄庭经》看成道教最重要的三本道经，是道士考度牒时必读的教材。

三经中，《老子经》也称《老子》《道德经》。《老子》一书，今所见最早的本子是1993年冬湖北省荆门市郭店一号楚墓出土竹简本，该墓葬于战国中晚期，竹简写成于此前，成书亦在此前，说明此书极可能是老子所亲写，一般称为郭店竹简本《老子》。《老子》一书，有治国理论，有修身及处事哲理，有万物生化的道体论，有养神养形等道教修炼法门，奠立了道家思想的初基。其思想并影响了汉魏六朝佛教译经师安世

[1] ［宋］王溥：《唐会要》，见台湾商务印书馆影印文渊阁《四库全书·史部·政书类·通制之属》，第606册，第636页下。

高、支娄迦谶、竺法护、鸠摩罗什等人，藉由这些译经师的大量引用道家本体论及无为、自然之说，使得佛教成为具有中国思维与特色的中国佛教，而有别于印度佛教。

《度人经》的全名为《灵宝无量度人上品妙经》，是元始天尊所撰经。其书内容为：道君前序、经文正文二章（《元始洞玄灵宝本章》《元洞玉历》）、道君中序、道君撰《元始灵书中篇》、道君后序。

东晋灵宝派，倡导行善度人，守戒持斋，以坛场科仪为贵，以诵经咏赞为功，这是东晋灵宝派的特色，也是《度人经》的特色。北宋末，道流渐尊此经为三洞三十六部尊经之首经；明英宗正统年间编修的《正统道藏》，即以此经为冠摄道藏诸经之第一经，为洞真部本文类天字第一号经典。

以上《老子》《度人经》有它成为道教代表经典的厚实力，至于《黄庭经》为何也可以和上述二经并立，其主要的原因，应是《黄庭经》是道教修炼法门的集大成者，所以三经能并立。

《黄庭经》从汉魏以来，即相当受到重视。西汉刘向《列仙传·卷下·朱璜》说朱璜有病，求道士阮丘医治，阮丘“与《老君黄庭经》，令日读三过，通之，能思其意。丘遂与璜俱入浮阳山玉女祠。且八十年，复见故处，白发尽黑，鬓更长三尺余。过家食，止数年，复去。如此至武帝末，故在焉。”[1]又，五代刘昫《旧唐书·卷四十七·经籍志下·子部·道家类》有“《老子黄庭经》一卷”。北宋欧阳修《新唐书·卷

[1] 《正统道藏·洞真部·记传类·海字号》，见《中华道藏》，第45册，第13页下至14页上。

五十九·艺文志三·子部·神仙类》有“《老子黄庭经》一卷”，另有“白履忠注《黄庭内景经》卷亡”。由二者经名看，《老子黄庭经》，即是《老君黄庭经》。

《老子黄庭经》《黄庭内景经》，这应是二经早期的原称；前者为老子撰，后者托名玉晨大道君撰。《黄庭内景经》的称呼，最早的名称见于晋世。北宋李昉《太平广记·卷五十八·魏夫人》说魏华存所得为“《黄庭内景经》”。而《太平广记》所载魏夫人传文末云：“出《集仙录》及本传。”所谓本传，应是指晋世范邈所撰的《南岳夫人内传》，简称《南真传》。《真诰·卷七》“范中侯所道如此”下注：“范中侯，名邈，即是撰《南真传》者。”范中侯既在杨羲所降众真之列中，则范氏所撰魏华存的传记，在晋世亦应已流传。范氏《南岳夫人内传》亦见载于《隋书·卷三十三·经籍志·史部·杂传类》《旧唐书·卷四十六·经籍志上·史录·杂传类》《新唐书·卷五十九·艺文志三·子部·神仙类》《宋史·卷二百五·艺文志四·神仙类》《崇文总目·道书类》，可见其书在宋代尚存。

晋世范邈《南岳夫人内传》称魏华存所得为《黄庭内景经》，又，南北朝时上清派的道典《上清金阙灵书》说：

> 《黄庭内景经》，一名《太上琴心文》，又名《太帝金书》，扶桑太帝君宫中尽诵此经，金简刻书之，故曰金书。又名《东华玉篇》，东华者，方诸宫名，东海青童君所居也，其中仙曹多斋戒，诵咏，刻玉书之。[1]

---

[1] 《太平御览·卷六百六十七·道部九·斋戒》引。

上引上清派道书也以《黄庭内景经》为称，而《新唐书·卷五十九·艺文志三·子部·神仙类》，载有唐代“白履忠注《黄庭内景经》”。以上所见的记载，皆以《黄庭内景经》为名，此应是该经原来的名称，其名称由魏晋至唐代，皆称为《黄庭内景经》。

由于《黄庭内景经》有“内景”之名，后来为了区别，于是把原先的《老子黄庭经》称为“外景”。以宋人李昉《太平广记》及欧阳修《新唐书》，皆以旧名《老子黄庭经》《黄庭内景经》称呼二书看来，内外景之分，疑起于宋后，至明编《正统道藏》正式改称为《太上黄庭外景玉经》及《太上黄庭内景玉经》。

《老子黄庭经》到东汉，张道陵创正一派，以《黄庭》《道德》，同出于老子，所以把《老子黄庭经》视为该道派必读经典，曹魏末年张鲁后人所颁《大道家令戒》说：“《妙真》自吾所作，《黄庭》三灵七言，皆训谕本经，为《道德》之光华。”[1]文中以《妙真经》《黄庭》是训谕《道德》之作，为《道德》之光华，皆老子所作；《妙真经》今佚，《无上秘要》中保存了不少《妙真经》佚文。上文中的《黄庭》，指的是《老子黄庭经》，今称之为《黄庭外景经》，简称《外景经》。

到了魏晋时，上清派第一代太师魏华存传授三十一卷上清经及《黄庭内景经》给杨羲，开创上清道派。《太平广记·卷五十八·魏夫人》说魏华存志慕神仙，精诚弥笃，感得王褒降临斋室，得授上清经“《太上宝文》《八素隐书》《大洞真

[1] 见《正一法文天师教戒科经》，自《正统道藏·洞神部·戒律类·力字号》，新文丰出版公司刊本，第30册，第572页下。

经》《灵书八道》《紫度炎光》《石精金马》《神真虎文》《高仙羽玄》等经，凡三十一卷”，另外景林真人又授以《黄庭内景经》，令“昼夜存念，读之万遍后，乃能洞观鬼神，安适六府，调和三魂五脏，主华色，反婴孩，乃不死之道也”。可见魏华存所得仙经有上清经三十一卷及《黄庭内景经》等道书。由于魏华存为《内景》作注[1]，东晋上清派贵重《内景》，所以《内景经》的地位逐渐赶上《外景经》，甚至超过它。但东晋至唐，时人仍喜欢《外景经》。东晋的王羲之，曾抄写该经和山阴道士换取鹅群。

王羲之抄经换鹅的事，唐代房玄龄《晋书·卷八十·王羲之传》说王羲之抄写《道德经》换鹅，但以现存文献看来，王羲之所抄经有《黄庭经》，而无《道德经》。王羲之换鹅，究竟是抄写何经呢？北宋李昉《太平御览·卷二百三十八·职官部三十六·右将军》，引刘宋何法盛《晋中兴书》曰：

> 王羲之字逸少，导之从子也。幼讷于言，人未之知。年十三，尝见周顗，异之。时重牛心炙，座客未啖，先割啖之羲之，于是闻名。及长，尤善草、隶书，为今古冠绝。累迁为右将军。不乐京师，遂往会稽与谢安、孙绰等游处山阴。有道士养群鹅，羲之意甚悦。道士云：“为写《黄庭经》，当举群相赠。”乃为写讫，笼鹅而去。[2]

刘宋何法盛的年代在唐房玄龄撰《晋书》之前，所说是抄

[1] 《太平广记·卷五十八·魏夫人》：“夫人能隶书小有王君并传，事甚详悉，又述《黄庭内景注》。”是魏华存曾撰《黄庭内景注》。

[2] 《太平御览》，见台湾商务印书馆影印文渊阁《四库全书·子部·类书类》，第 895 册，第 296 页上下。

《黄庭经》以换鹅。而李白《李太白文集·卷十三·送上·送贺宾客归越》亦云：

镜湖流水漾清波，狂客归舟逸兴多。山阴道士如相见，应写黄庭换白鹅。[1]

李白也说是王羲之抄《黄庭经》换鹅。从上述文献及历代所见王羲之所抄经典看来，王羲之应是抄《黄庭经》。宋代洪迈《容斋随笔·容斋四笔·卷五·黄庭换鹅》，即直接以王羲之抄写《黄庭经》换鹅为标题。又，王羲之抄写的《黄庭经》，现有石拓本保留下来，所抄的是《外景》而不是《内景》。

《黄庭外景经》，在唐代似仍受大众喜爱，但宋以后，喜欢《内景》的人渐多。

宋苏轼撰《东坡全集·卷九十四·赞三十七首》：

余既书《黄庭内景》以赠葆光道师，而龙眠居士复为作经相其前，而画余二人像其后，笔势俊妙，遂为希世之宝。嗟叹不足，故复赞之曰：太上虚皇出灵篇，黄庭真人舞胎仙。髯耆两卿相后前，丱妙夹侍清且妍。十有二神服锐坚，巍巍堂堂人中天。问我何修果此缘？是心朝空夕了然，恐非其人世莫传，殿以二士苍鹄骞，南随道师历山渊，山人迎笑喜我还，问谁遣化老龙眠。[2]

上述苏东坡自述抄写《黄庭内景经》以赠送葆光道士，而

[1] 《李太白文集》，见台湾商务印书馆影印文渊阁《四库全书·集部·别集类》，第1066册，第317页下。

[2] 《东坡全集》，见台湾商务印书馆影印文渊阁《钦定四库全书·集部·别集类》，第1108册，第517页上。

龙眠居士又画二人像于所抄经书上，于是该经有苏东坡笔书及龙眠之图画，更增加书的珍贵性。可以看出文人深好此经。

综上所述，我们由东汉正一派以《黄庭经》为该派重要道典；上清派第一代太师魏华存曾为该经做注；东晋上清存思身神及服食天地日月精气法门，来自《黄庭经》；东晋王羲之抄写该经来和山阴道士换取鹅群，唐代李白曾以七言诗歌诵《黄庭经》换鹅佳话；唐穆宗将《黄庭经》列为道士考度牒必读经典之一，宋代苏东坡抄《黄庭经》以送道士。由这些事例，可以看出《黄庭经》有它的历史定位，也深受世人的喜爱。

二、两部《黄庭经》经题释义

二部《黄庭经》，原名为《老子黄庭经》《黄庭内景经》。《老子黄庭经》，也称《老君黄庭经》，是因为该经托名为老子（老君）所撰，所以刘向称之为《老君黄庭经》，唐代书志称为《老子黄庭经》。《黄庭内景经》是后来阐释前经之作，托名玉晨大道君所撰；元始天尊、玉晨大道君、太上老君，号称三清道祖；玉晨大道君位在老君之上，因而自称为《内景》，宋后即把《老子黄庭经》称为《外景》。至明代，《正统道藏》称之为：《太上黄庭外景玉经》及《太上黄庭内景玉经》。今将《道藏》所见经题名义，略释于下。

太上，是至高无上之义，《老子·十七章》："太上，下知有之。"指最高境界的统治者，因袭事物自然之理，各依其才性而用，政令重简明，不贵苛扰，人民仅知有君上而不知其功。

外景、内景，是后人的区分，其原义犹如《淮南子》《庄子》《抱朴子》书有内外篇，世人皆以内篇为贵，外篇为次。且以为既有《黄庭内景经》，于是便把《老子黄庭经》称为外景。再者，《黄庭内景经》是太上玉晨大道君所作，书较老君所撰《老子黄庭经》为贵重，因而以内景、外景做区分。世人常以后起者为贵，这种情形，犹如佛教原无大小乘，公元二世纪大乘兴起后，便将原始佛教称为小乘，自称大乘，以为大乘之教义胜于小乘，其实小乘才是真正的原始佛教。

两部《黄庭经》，是以黄庭为修仙主要部位的经典。黄庭，指脐后肾前的地方，是内丹修炼积聚精气的重要所在。

《黄庭外景玉经·上部经》说：

> 上有黄庭下关元（下丹田），后有幽阙（两肾）前命门（脐）。[1]

《黄庭内景玉经·上有章第二》说黄庭所在是：

> 上有魂灵（心脏）下关元（下丹田），左为少阳（左肾）右太阴（右肾），后有密户（两肾）前生门（脐）。[2]

今综汇两部《黄庭经》看来，黄庭的位置：在心脏之下，下丹田之上；在两肾之前，两肾称幽阙，也称密户；在脐之

---

[1]　［唐］梁丘子：《黄庭外景玉经注》，见《修真十书》卷五十八，自《正统道藏·洞真部·方法类·重字号》三家本，第 4 册，第 869 页中下。底下引《黄庭外景玉经》同此。本文所用《黄庭经》内景、外景文字，系采用笔者校注之《〈黄庭经〉古注今译》本子（香港青松出版社），底下同此，不另作说明。

[2]　［唐］梁丘子：《黄庭内景玉经注》，自《正统道藏·洞玄部·玉诀类·推字号》三家本，第 6 册，第 516 页下。底下引《黄庭内景玉经》同此。《黄庭内景经》版本有多种，文字参差，本文所用《黄庭经》内景、外景文字，系采用笔者校注之《〈黄庭经〉古注今译》本子，底下同此，不另作说明。

后，脐也称命门，或生门。由于肾有两个，中间空阙，所以黄庭应在两肾空阙间的前方，两肾也算在它的左右两旁，是生精造气的地方。因此，由两肾间往前，皆属黄庭。

在两部《黄庭经》中，黄庭既属身体部位，也有神祇镇守该处。《黄庭经》有多章叙述存思黄庭神之法。如《黄庭外景玉经·上部经·黄庭章第二》“黄庭中人衣朱衣，关门壮籥合两扉。幽阙侠之高巍巍，丹田之中精气微。玉池清水上生肥，灵根坚固老不衰”，《黄庭内景玉经·黄庭章第四》“黄庭内人服锦衣，紫华飞裙云气罗。丹青绿条翠灵柯。七蕤玉钥闭两扉，重掩金关密枢机。玄泉幽阙高崔嵬，三田之中精气微。娇女窈窕翳霄晖，重堂焕焕明八威。天庭地关列斧斤，灵台盘固永不衰”，皆是存思镇守黄庭部位之神祇，并以存思导引、引气行身的方式来行修炼。

两部《黄庭经》都是以脐后肾前处为黄庭，至金朝的王重阳《重阳真人金关玉锁诀》及其弟子丘处机《大丹直指》加以具体化，以脐内一寸三分为黄庭，为内丹结圣胎之处。

综结上述，《太上黄庭外景玉经》，其义是：至高无上、以黄庭为修炼处、似玉般尊贵经典的外篇。《太上黄庭内景玉经》，其义是：至高无上、以黄庭为修炼处、似玉般尊贵经典的内篇。又，前者是太上老君所撰，后者是太上玉晨大道君所撰。“太上”也可以为二人之简称。

三、两部《黄庭经》的内容及其关系

《黄庭经》上承春秋战国道家恬淡寡欲、清静无为等养神、养形说，有导引存思之行气法门，有餐食六气法，有男女房中还精术，有内丹坎离交媾法，有身中内神存思法。东汉张道陵正一派，以之为该派教典。

《黄庭经》下开《周易参同契》之坎离交媾、身中阴阳气水火既济成丹法，以及上清派存思身中内神形貌之修行、郁仪结璘飞奔日月之法；全真派修炼内丹，亦以黄庭为安鼎处，称为玄关一窍。

《黄庭经》对后世道派的形成及修行法门，影响甚深，在道教的传承上，有它重要的历史定位。《云笈七签》所载，有道教的教理教义、本始源流、经法传授、秘要诀法、诸家气法、金丹、方药等，因而有“小道藏”之称。相对的，《黄庭经》有清静无为、恬淡寡欲、存思导引、内丹坎离交媾，上清身神守一、五天五芽、郁仪结璘、房中固精等修炼法门，可称为修行法门的“小道藏”。

两部《黄庭经》，关系至为密切。《太上黄庭外景玉经》及《太上黄庭内景玉经》，二部经文内容相互涉入，同样重视身中内神及引气行身等修行法门，以积精、累气、存神为目的，不涉及五金八石等草木矿石外丹烧炼法门。

今以内容文义看，《内景》似在仿袭《外景》，也在解说《外景》。《内景经》分三十六章，《外景经》虽不分章，但可以从《内景经》各章中找到内容相近的文字，并依据《内景经》用韵及文义完整性来为《外景经》断章。

我们如将二经文义相关的部分排列在一起，再加以比较，不仅可以发现两者内容息息相关，文义相近，甚至两者相关章节的押韵字，亦常刻意用相同韵部字为韵。《内景》文字，虽在解释《外景》经文，但有的则扩大修行法门的联结，并增加了新的内容。兹举数例于下。

（一）《黄庭内景经》在阐释《黄庭外景经》经文

《黄庭外景经》的文字较简朴，有时过于简短而难以究明大义。相对地《黄庭内景经》不仅内容和《外景》相近，用韵相同，甚且在解说外景未尽之义。略举于下。

〇《黄庭外景玉经·上部经·黄庭章第二》："黄庭中人衣朱衣，关门壮钥合两扉。幽阙侠之高巍巍，丹田之中精气微。玉池清水上生肥，灵根坚固老不衰。"

《黄庭内景玉经·黄庭章第四》："黄庭内人服锦衣，紫华飞裙云气罗。丹青绿条翠灵柯。七蕤玉钥闭两扉，重掩金关密枢机。玄泉幽阙高崔嵬，三田之中精气微。娇女窈窕翳霄晖，重堂焕焕明八威。天庭地关列斧斤，灵台盘固永不衰。"

《内景》显然在解释《外景》。二者文义相近，《内景》较详尽，今将《内景》全文文义试译于下：身中黄庭宫（在脐后肾前）内的真人，上身穿着彩色锦绣衣服。下身穿着散发紫色光芒、绣有云朵飞扬的长裙（或译：紫色光芒的裙子飘动，像云气般罗列天空）。衣上用丹青做颜料，画出灵妙的翠绿色枝条。七窍似花蕤低垂，要用锁钥来闭锁它双眼的开关门户（闭七窍内视返听，不受物囿）。用金属做成的门关，重重关门紧闭，谨守人身的重要精气不外泄。玄妙泉液（口中津液）与身内高耸的两肾相通。三丹田之中，精气微妙。娴静的耳神，遮蔽了外面的炫丽光辉（案：指闭耳内听，不受外诱）。

喉管通津液，使身体各处皆散发光亮及威力。人身中上下诸关窍，守护严密，如同士兵手持斧斤等武器罗列两旁。心是灵妙之台，只要盘结坚固，身体永远不会衰老。

《外景》此章的韵字为：衣、扉、巍、微、肥、衰。《内景》此章的韵字为：衣、扉、机、嵬、微、晖、威、衰、罗、柯。

比较上列《外景》《内景》，在经文文义及用韵上，可以看出两者息息相关，《内景》沿承《外景》的内容，并加以阐释，押韵之韵部亦相同。

〇《黄庭外景玉经·上部经·中池章第三》："中池有士衣赤衣，横下三寸神所居。中外相距重闭之，神庐之中当修治。玄膺气管受精府，急固子精以自持。"

关于《外景》的文字，《内景》将之析分为二章，一为中池（中丹田），一为玄膺（舌下穴名）。

《黄庭内景玉经·中池章第五》："中池内神服赤珠，丹锦云袍带虎符。横津三寸灵所居，隐芝翳郁自相扶。"又，《黄庭内景玉经·天中章第六》说："舌下玄膺生死岸，出清入玄二气焕，子若遇之升天汉。"亦由《外景》此章所衍生。

《外景》此章的韵字为：衣、居、之、治、府、持。《内景》第五章韵字为：珠、符、居、扶。

将《外景》经文和《内景》经文相比较，两者文义相近，同样在阐释中丹田绛宫之守宫真神及舌下玄膺穴之功能，两者韵字亦多相同。

（二）《黄庭内景经》将《黄庭外景经》的修行法门加以扩大

《内景经》除阐释《外景经》外，也常将《外景经》的修行法门加以扩大，甚至与其他不同的修行法门相连结。今略举于下。

1.《黄庭外景经》的经文，原只单纯地讲述服食日气月气之法，至《黄庭内景经》则演化成飞奔日月的郁仪结璘法门。

○《太上黄庭外景玉经·中部经第二·出日章第十二》："出日入月是吾道，天七（日月五星）地三（精气神）回相守。升降进退合乃久，玉石落落是吾宝。子自有之何不守？"

此章文意是说：以呼吸之出入配合存思，服食日月精气，是我的修行法门。天上有日月五星先天之气，地上人身有精气神三者，藉由呼吸使日月星之气在身中循回运行，相互持守。日月精气在身中升降进退，须依五行生克相配，以守一之法配合八卦九宫来施行。像玉石般的精气，都是我的宝贝。是你自身所拥有的（精气神），为何不去固守它呢？

《黄庭外景经》仅是叙述吸食日月五星之精气，并没有谈到飞奔日月，但到《黄庭内景经》，则开始出现飞奔日月的郁仪结璘法，并加入了观想日中五帝的修行法门。

《太上黄庭内景玉经·高奔章第二十六》云："高奔日月吾上道，郁仪结璘善相保。乃见玉清虚无老，可以回颜填血脑。口衔灵芒携五皇，腰带虎箓佩金珰。驾歘接生宴东蒙。"

文中的"郁仪"，是服食日精及奔登于日，和日神同游。

“结璘”，是服食月精奔登于月，与月神同游。“五皇”，以上清派道典来看，是指日中五帝。此章之文义为：高入天界，飞奔日月，是我修行中的上法。用奔日的郁仪法及奔月的结璘之法，吸食日月精气，善加保卫自己。于是可以升天晋见玉清境中的仙圣。可以转变衰老容颜，可以填补血液及脑中精气。口中含着日月光芒，携手日中五帝共同遨游。日月诸神，腰间佩带神虎符箓及流金火铃。随着日神接生驾御疾风，到东蒙仙山去赴宴。

《外景》出日入月章，押皓有合韵，韵字为：道、守、久、宝、守。《内景》高奔章，押皓韵转阳韵，皓韵字有：道、保、老、脑；阳韵字：皇、珰。

两相比较，《黄庭外景经》仅是服食日月五星精气，至《黄庭内景经》而发展成飞奔日月，与日神月神同游的郁仪结璘法门。

2.《外景》仅言不饥渴，至《内景》而和服食五芽法门相结合。

○《太上黄庭外景玉经·上部经第一·常存章第八》云：“常存玉房神明达，时念太仓不饥渴。”

全句的意思是：常常存思三丹田宫玉室，使神祇精气相互往来通达；常常存思胃神，可以令人不饥不渴。此章不涉及服食五方天气，但至《黄庭内景经》则与五芽法相结合。

《太上黄庭内景玉经·常念章第二十二》：“常念三房相通达，洞视得见无内外。存漱五芽不饥渴。”

其文意为：常常存思三丹田之宫室，使精气相互通达往来。能存思使三丹田通彻朗明，才能看见没有内外之别、物我之分。存思并漱灌口中津液，服食五方精气，可以使人不再饥渴。

文中的“存漱五芽不饥渴”，是存漱五方天气。五芽，五方天始生精气。五方天，指东、西、南、北、中五方天界。芽，有时写作“牙”，此指始生之气。食五方天五牙精气之说，见载于《太上灵宝五符序·卷下》皇人告黄帝守三一、食五芽之法。《黄庭外景经》无“存漱五芽不饥渴”；《黄庭内景经》之说，疑亦是承自《太上灵宝五符序》而来。

3.《黄庭外景经》仅在讲述积精累气，至《黄庭内景经》则和房中术相结合。

○《太上黄庭外景玉经·上部经·宅中章第四》云：“宅中有士常衣绛，子能见之可不病。横立长尺约其上，子能守之可无恙。呼噏庐间以自偿，保守完坚身受庆。”

文中仅提及由口鼻呼吸，引气进入身中脾胃至黄庭，积存精气，使身完坚受庆，未言及房中术。《太上黄庭内景玉经·脾长章第十五》将导引积存精气，配合房中术来论说，应是后来的发展。

《太上黄庭内景玉经·脾长章第十五》：“脾长一尺掩太仓，中部老君治明堂。厥字灵元名混康，治人百病消谷粮。黄衣紫带龙虎章，长精益命赖君王。三呼我名神自通，三老同坐各有朋。或精或胎别执方。桃孩合延生华芒，男女徊九有桃康，道父道母对相望，师父师母丹玄乡，可用存思登虚空。殊途一会归要终，闭塞三关握固停。含漱金醴吞玉英，遂至不饥三虫亡。心意常和致欣昌，五岳之云气彭亨。保灌玉庐以自偿，五形完坚无灾殃。”

《内景经》结合了两段修行法门，全文大意为：脾脏约有一尺长，掩盖在胃的上面。主司人身中部的老君，在大殿中治理事务。他的字叫灵元，名叫混康。能治人百病，消化胃中谷粮。中部老君身穿黄色衣，腰系紫色带，佩带龙虎符箓。增长精气添益寿命，有赖于镇脾之王的中部老君。三次呼请我的名讳，魂神自能与神祇相感应。主司人身上中下三部的老君，同坐在一起，而各自有他们相邻的友朋。有的主司精气，有的主司胎命，各别有所执掌。

命门桃君，名孩道康，字合精延，令人身生光华。男女相媾合，九神吹气回风混合使之结胎，其中便有桃君。男女媾合时，观想道父、道母相对而望。观想师父、师母神祇进入丹田玄妙仙乡中。可以运用存思之法，登上虚空天界。房中方法虽然不同，总会汇聚一处，终究要回归到道要上来。关闭塞止耳、目、口三关（或译精、气、神）之外驰，双手结握固印（大拇指置小指根部，四指押大拇指紧握拳），停息精气外泄。口中满含津液（口水），在口中荡漱，然后慢慢吞下津液。于是便能修炼到腹不饥饿，身中三尸虫（彭倨、彭质、彭矫）自然消亡。心意常能保持平和，使身体达到愉悦昌荣的境地。五脏所生精气，充盛畅茂。永保气息灌注鼻子，而自我运补元始祖气。使全身完备坚康，没有灾殃。

《内景经》上半部叙述镇守脾部之神为中部老君，以及存思三部黄庭之法。下半部叙述主司胞胎之桃康君，以及男女房中修炼术。房中之法和桃君有关，观想道父道母、师父师母，双手握固，闭塞耳目口三关，使精气神不漏泄，吞咽津液，消除身中三尸，使心意平和，而身体完坚无灾殃。

又，《外景经》“宅中有士章”的韵字为：绛、病、上、恙、偿、庆。《内景》十五章韵字如下，阳韵字：仓、堂、康、粮、章、王、方、芒、康、望、乡、亡、昌、偿、殃。东韵字：空、终。庚韵字：停、英、亨。阳韵字：亡、昌、偿、殃。

比较《外景》《内景》文字，可以明显看出，《内景》是联结两种修行法门而成，《外景》《内景》的韵字，依然押同韵字。

四、道教修行法门集大成者《黄庭外景经》《黄庭内景经》之修行法门及其影响

《黄庭外景经》是周秦道教修行法门的集大成者，《黄庭内景经》则是两汉修行法门的集大成者。

两部《黄庭经》的内容相近，《内景》在阐释《外景》，其修炼之法门，重在“黄庭”其处。而淡泊名利、清静自然，此是《黄庭经》修行之先决条件。至于修行法门，则以积精、累气、存神为主。精、气、神分则为三，合则为一，皆源于先天元始祖气。但既生而为人，于是则有外在的大自然之气，与体内自身所有或所生之精气。因而修行积精累气之法，精气之来源有二：一为大自然间天地日月星辰之气。二为人身黄庭、丹田、五脏自生之精气。精阴气阳，由精而气而神，神有主宰作用，宿于心。

《黄庭经》的修行法门，既以积精累气存神为主，精气的来源，有来自大自然的天地日月五星等精气，也有来自人体的元始祖气，及以此而衍出的坎水离火等阴阳二气。因而《黄庭经》的修行法门，约可分为服食天地日月五星等大自然精气之

法，与服食自己内身所本有的元始祖气之法。

在吸取大自然的精气法门上，由此而产生的修行法门，有服食天地日月五星等精气，其后演变成五芽法及飞奔日月的郁仪结璘法。

在服食自身精气的法门上，由此而衍生的有：引体内坎阴离阳二气交媾，以使元阳真气显现而结丹的内丹坎离交媾法；有存思身体内神、引气运行、镇守体内各部位的东晋上清派存思法门；有辟谷食气，不饥渴以长存的法门；有男女房中术，藉引气存思，以牢固精气之法，其后演变为正一派的黄赤之道、上清派的偶影之说。

以上是《黄庭经》修行法门影响较大者。

《黄庭经》总结周秦二代道教之修炼法门，并影响了汉魏六朝众多道派的修行理论。今略举数项，说明于下。

（一）《黄庭经》对《周易参同契》及全真派内丹修炼的影响

《黄庭经》对《周易参同契》内丹修炼的影响，最明显的约有二处：一是以意念引坎水离火交媾；一是说明交媾时运行之法，是阳龙向东运行，阴虎向西转，然后交会成一体。

1.《太上黄庭外景玉经·上部经第一·五行章第十一》云：“五行参差同根节，三五合气要本一。”一方面说明五行生克，一方面说坎一离二其数为三，以五（土、意念）为媒介相合而成就大道。《周易参同契·上篇·子午数合三章第三十一》云：“子午数合三，戊己号称五，三五既和谐，八石正纲纪。”可以看出在内丹修炼上，以意念媒合坎水、离火二者，使相辅相成，成就大丹，说法是相同的。

2.《太上黄庭外景玉经·下部经第三·昼日章第十七》云：“经历六府藏卯酉，转阳之阴藏于九。常能行之不知老。”《周易参同契·刚柔迭兴章第七十七》云：“刚柔迭兴，更历分部。龙西（东）虎东（西），建纬卯酉[1]。刑德并会，相见欢喜。刑主伏杀，德主生起。二月榆落，魁临于卯。八月麦生，天纲据酉。子南午北，互为纲纪。一九之数，终而复始。含元虚危，播精于子。”[2] 两者都是在说明坎离阴阳二气在脏腑中的运行方式，坎水由北方向西行，离火由南方向东行，各处于东西卯酉的位置，转而相吸引相交会。《周易参同契》较详尽，其文义是：阳刚（离汞）阴柔（坎铅）相更递消长，周流经历各部位。阳龙向东，阴虎向西，建立阳龙左旋至卯东，阴虎右旋至酉西的法则。刑伏杀（阴）、德生育（阳），阴阳因交会而欢喜。二月建卯施德而榆荚落，北斗魁星正在东方卯位。八月秋凋而麦生，北斗天罡在西方酉位；二句意谓阴阳生杀相互涵摄。丹道坎子水在北，而右旋至西方酉金之位，再进而至离午火南方之位；午火在南，而东转至东方卯木之位，再进而至北方之位。坎水升而离火降，成坎上离下的水火既济情势，两者互为法度纲领。

《黄庭经》除三五合一、卯酉相合说法影响了《周易参同

---

[1] “龙西虎东，建纬卯酉”，长生阴真人注《周易参同契·卷中》作“龙东虎西，经（建）纬卯酉”，以《周易参同契·子当右转章第六十九》云“子当右转，午乃东旋，卯酉界隔”看来，应以阴长生本子为是，应作“龙东虎西”，而阴本的“经”字宜作“建”。所说是坎离经行方向，北方坎子水，向西运行，至酉金西方位。南方离午火向东运行，至卯木东的方位。东西连成了纬线。

[2] 《中华道藏》，第16册，第105页下。

契》外，《黄庭经》的以黄庭为积精累气处，影响了全真派以黄庭为内丹之玄关一窍，为元始祖基，为安立鼎炉处。《黄庭经》为扶桑太帝东华木公所传，东华木公也称东华帝君，为全真派的创始人。全真教五祖（东华帝君、钟离权、吕纯阳、刘海蟾、王重阳）七真（马钰、谭处端、刘处玄、丘处机、王处一、郝大通、孙不二）。全真派以东华帝君为创教主，说明其派和《黄庭经》关系密切，详见笔者《全真三祖考略及其修行法门研究》第四篇《东华帝君所传〈黄庭经〉对唐宋内丹修炼法门的影响》[1]。

（二）《黄庭经》对东晋上清派存思身神及服食五天、日月、五星精气的影响

《黄庭内景经·至道章第七》云："至道不烦决存真，泥丸百节皆有神。发神苍华字太元，脑神精根字泥丸。眼神明上字英玄，鼻神玉垄字灵坚。耳神空闲字幽田，舌神通命字正伦。齿神崿锋字罗千，一面之神宗泥丸。"说明人身发肤齿舌等百节皆有神，上清派将之分为三部八景二十四真。这些身体内的神，也称身神或内神，是上清派修行时存思身神所用。

上清派存思身神的修炼法门，沿承自两部《黄庭经》。《外景》《内景》引气运行体内，并存思相关部位的身神以积存精气之说，甚为常见。如《太上黄庭外景玉经·上部经第一·宅中章第四》："宅中有士常衣绛，子能见之可不病。横立长尺约其上，子能守之可无恙。呼噏庐间以自偿，保守完坚

[1] 萧登福：《全真三祖考略及其修行法门研究》，香港：青松出版社，2018年6月版。

身受庆。”系藉由存思面宅中的口舌神，并以口鼻之呼吸以使精气完固。《外景》《内景》存思身神而引气行身的法门，为上清派所沿承。南岳夫人魏华存将《黄庭内景经》传予上清派杨羲，所以此派受其影响特多。

至于服食天地日月五星等精气，《太上黄庭外景玉经·中部经第二·出日章第十二》说：“出日入月是吾道，天七地三回相守。升降进退合乃久，玉石落落是吾宝。子自有之何不守？”是以存思天七（日月五星）；用呼吸之法，以人身中之地三（精、气、神），来服食天地日月之精气。《黄庭外景经》仅是叙述吸食日月五星之精气，并没有谈到飞奔日月，但到《黄庭内景经》，则开始出现飞奔日月的郁仪结璘法，并加入了观想日中五帝的修行法门。《太上黄庭内景玉经·高奔章第二十六》云：“高奔日月吾上道，郁仪结璘善相保。乃见玉清虚无老，可以回颜填血脑。口衔灵芒携五皇，腰带虎箓佩金珰。驾欻接生宴东蒙。”

东晋上清派沿承《内景经》的说法，上清经有关郁仪结璘的经典甚多，如《上清八素真经服日月皇华》《上清太上帝君九真中经》卷下、《上清太上九真中经绛生神丹诀》《太上玉晨郁仪结璘奔日月图》《上清黄气阳精三道顺行经》《皇天上清金阙帝君灵书紫文上经》《洞真上清青要紫书金根众经》等。

又，《黄庭外景经》仅述及服食天气，至《黄庭内景经》则和五方天之五芽法相结合在一起，同时也把五芽法和不饥不渴等辟谷食气说相配在一起。可以看出由《外景》至《内景》，经文内容发展的情形，也可以断定《外景》在《内景》之前。

（三）《黄庭经》男女房中说，对东汉正一派黄赤之道及东晋上清派偶影说的影响

两部《黄庭经》都有谈到房中术，它的修行法门，是在男女交媾时，由口鼻引气行身，并存思精气在体内的运行情形，有时更要存思身神来相配合，其目的在使精气牢固。如《太上黄庭外景玉经·下部经·璇玑章第十四》说："璇玑悬珠环无端，玉户金籥身完坚。载地悬天周乾坤，象以四时赤如丹。前仰后卑各异门，送以还丹与玄泉，象龟引气至灵根。"其修行法门，是要像北斗运行般引气行身，永无止息，藉由男女房中，使精气永固。而《太上黄庭内景玉经·脾长章第十五》也是将房中术和存思身神相结合，并谈到太一五神的命门桃康，和六十甲子神的道父道母，显现男女交媾以命门为主，也和六十甲子时日之神有关，所以将之视为存思对象。

《黄庭经》的房中术，影响东汉正一派的黄赤之道。六十甲子神中，甲寅神为道父，甲申神为道母，甲子神为师父，甲午神为师母，乙亥为神父，乙巳为神母，这些神祇都是房中术所常存思观想的神祇。六十甲子神的名讳，见于《正一法文十箓召仪·六甲六十真讳诀》。[1] 正一派男女房中术，一般称为黄赤之道，其书有《洞真黄书》及《上清黄书过度仪》等。

《黄庭经》房中术也影响到东晋上清派的男女偶影说，《真诰·卷七·甄命授第三》安妃告授杨羲："淡泊眇观，顾景共欢，于是至乐。自鏳零闻于两耳，云璈虚弹乎空轩也。口

[1] 《正一法文十箓召仪》，见《正统道藏·正乙部·逐字号》，新文丰出版公司刊本，第 48 册，第 193 页上至 199 页下。

挹香风，眼接三云。俯仰四运，日得成真。视盼所涯，皆已合神矣。夫真人之得真，每从是而获耳，不真而强真，亦于此而颠蹶。”所说即是男女偶影，“口挹香风，眼接三云。俯仰四运，日得成真”，所言即是男女房中之事。

五、结语

两部《黄庭经》，《外景》托名老君所作，也称《老君黄庭经》《老子黄庭经》《黄庭外景经》；《内景》托名太上玉晨大道君所作，原称为《黄庭内景经》。《外景》撰作在先，在西汉宣帝前已存在。《内景》撰作在后，其书五芽说承自《太上灵宝五符序》，撰成年代应在东汉中末期。《内景经》的文字内容，和《外景经》有密切关联性，《内景》旨在阐释《外景》的文义，甚至连韵字也刻意相同。

两部《黄庭经》所谈的修行法门，重在身体的自我修炼为主，较少五金八石草木药物等外丹烧炼，可以说重内丹而弃外丹。

两部《黄庭经》所涵摄的修行法门，有引气行身的导引并配合存思之法门；有引气经行三丹田、五脏、黄庭等周天运行法；有坎离交媾、水火既济、内丹修炼法；有男女房中牢固精气说；有服食天地日月五星等精气说；有存思人体内之三部廿四景身神说；有辟谷食气、不饥渴等法门。道教的基本修行法门，除外丹五金八石的烧炼外，大都具备了。可以视为修行法门的集大成者，也可以视为修行法门的小道藏。

两部《黄庭经》所言及的修行法门虽多，皆不外以积精累气存神为主。而精气的来源，则有身中与身外精气之别。身中的精气，以禀自元始祖气而来的精气为主，由黄婆意念为媒介，引体内的坎离阴阳二气交媾，成水火既济而返归元始祖气，得以修炼成金丹。

身外的精气，则以存在于大自然的天地日月五星等精气为主。周秦时所吸食者为天地日月六气（朝霞、沆瀣、沦阴、正阳、天玄之气、地黄之气），《黄庭外景经》沿承其说。至《太上灵宝五符序》《黄庭内景经》，渐重视天气及日月五星精气，而弃地黄之气。在服天气上，更推演成服食五方天气的五牙法。六朝道经中论述服食日、月、星、五牙精气的著作甚多，并由服食日月精华，甚而演变成奔登日、月、星的郁仪结璘之法。汉末六朝以下的道典和周秦汉初的道典相较，六朝道经中无服“地黄之气”的方法，却多出了服食五方天精气的法门，且推衍成奔登日、月、星，与其神共游。

综上所说，《黄庭经》或服食外在的天地日月星辰精气；或藉由导引吐纳以滋生并积累自身丹田脏腑之气。此二者，都不外于以存思神祇服色及引气行身为主。其服食外气者，由《黄庭外景经》单纯的服食天地日月五星之气，至《黄庭内景经》而发展成有郁仪结璘法及五方天五芽法。其服食自身内气者，有以黄庭及三丹田为主的积精聚气法，有男女房中固精还精法，有心肾坎离水火二气交媾（内丹）修炼法，有专门存思身神或身外神祇之法。

黄庭経
上有黄庭下關元後有幽闕前有命門噓吸廬外出
入丹田審能行之可長存黄庭中人衣朱衣關門壯籥
蓋兩扉幽闕俠之高巍巍丹田之中精氣微玉池清水上
生肥靈根堅固志不衰中池有士服赤朱橫下三寸神所居
中外相距重閉之神廬之中務脩治玄癰氣管受精符
急固子精以自持宅中有士常衣絳子能見之可不病橫
理長尺約其上子能守之可無恙呼噏廬間以自償保守

黄庭経。　上に黄庭 下に関元有り。後に幽闕 前に命門有り。廬外に嘘吸し 丹田に入る。審らかに能く之を行なえば長存す可し。黄庭中人は朱衣を衣、関門壮籥は両扉に蓋わる。幽闕 之を俠んで高くして巍々たり。丹田の中 精気微なり、玉池の清水 上に肥を生じ、霊根堅固にして志衰えず、中池に士有り赤朱を服す。横下三寸は神の居る所。中外 相い距てて重ねて之を閉じ、神廬の中 務めて脩治す。玄癰の気管 精を受くるの符、急に子が精を固めて以て自持せよ。宅中に士有り常に絳を衣る。子能く之を見れば病まざる可し。横理の長尺 其の上を約す。子 能く之を守らば恙無かる可し。廬間に呼噏し以て自ら償い、

上图［东晋］王羲之《黄庭经》抄本石刻拓本（赵孟頫旧藏心太平本），收入《中国法书选·魏晋唐小楷集》，日本二玄社，2006年2月10日12刷。

第二章
《黄庭经》对东汉《周易参同契》及金朝全真派内丹修炼法门的影响

摘要

《黄庭经》外景、内景二经，都有涉及内丹修炼的章节，对内丹修性、修命说有影响。《黄庭经》把老子的养神、养形，改称为养性、养命；《周易参同契》沿承其说，至隋唐而成修性、修命。《黄庭经》谈到以意念为媒介，引坎离阴阳二气相交媾，结为金丹；也说明坎离阴阳气在身中运行所宜遵守的方向，所谓“经历六府藏卯酉”，阴虎西行，阳龙东运，坎离由南北而成东西，然后由五行相克而相辅相成。其说影响《周易参同契》的内丹修炼法门。而《黄庭经》以脐后肾前的黄庭为积精累气之处，也影响了金代全真派以脐内一寸三分为黄庭，为玄关一窍，是元始祖气所在处，也是内丹鼎炉安立处。《黄庭内景经》为扶桑太帝（东华帝君）所传，而全真派也以东华帝君为该派之创立者。

一、《黄庭经》养性（养神）说对《周易参同契》养性修炼法门的影响

《周易参同契》一书，为东汉桓帝时魏伯阳所撰，以书名看，是用《周易》来结合黄老思想及炉火丹鼎修炼，将三者契合为一体，所以称为“参同契”。亦即是其书以炉火丹鼎修炼为主体，用《周易》卦象及黄老思想来说明阴阳消长之理及内丹修炼之事。其修炼，包括养形与养神两者。书中以《周易》卦爻来表示阴阳火候之消长进退，用坎离变化来说明阴阳二气之修炼方式，此是养形修命之理论；至于养神修性方面，则用黄老清静恬澹、自然无为为说，以耳目口三要为入手修炼之方。

《周易参同契》的修行理论，深受《黄庭经》的影响。《黄庭经》外景、内景皆有谈及内丹修炼者。今将二者之关系，列述于下。

《文子·下德篇》说：“老子曰：治身：太上养神，其次养形。神清意平，百节皆宁，养生之本也；肥肌肤，充腹肠，供嗜欲，养生之末也。”

《文子》把老子的修身理论分养神、养形，《黄庭外景经》称之为养性、养命，《黄庭外景经·中部经·作道章第十》说：“作道优游深独居，扶养性命守虚无。恬淡自乐何思虑。”文中的“养性命”，可以把“性命”看成一体，养性命即是养性，也可以把它看成是养性、养命；换个名词，以养性、命来说养神、形二者。以养性代替养神，在东汉魏伯阳也是如此。魏伯阳《周易参同契·将欲养性章第六十二》

说："将欲养性，延命却期。"《周易参同契·务在顺理章第八十九》说："引内养性，黄老自然。"文中都是以养性代替养神，其说应是沿承《黄庭外景经》而来。隋唐后，将养性、养命称为修性、修命。隋代苏元朗《龙虎金液还丹通玄论》云："是故性命双修，内外一道。"唐代吕洞宾《敲爻歌》："命要传，性要悟，入圣超凡由汝做……只修祖性不修丹，万劫阴灵难入圣。达命宗，迷祖性，恰是鉴容无宝镜，寿同天地一愚夫，权物（握）家财无主柄。性命双修玄又玄，海底洪波驾法船。生擒活捉蛟龙首，始知匠手不虚传。"[1]

由《文子·下德篇》的养神、养形，至《黄庭外景经》称之为养性、养命，《周易参同契》沿承养性、养命说，至隋代苏元朗、唐代吕洞宾而称之为修性、修命。

（一）《黄庭经》养性（养神）说

养形，以吹呴呼吸、吐故纳新为主；养神，以恬淡寡欲、清静无为、忘我忘物为主。《黄庭经》将养形称为养命，养神称为养性。养性的法门，以顺物自然、垂拱无为、恬淡无欲、清净不离为主，其思想主要来自老子。

《太上黄庭外景玉经·中部经·作道章第十》：

作道优游深独居，扶养性命守虚无。恬淡自乐何

[1] 《全唐诗·卷八百五十九·吕巖四》，台北，明伦出版社，1971 年 10 月版，第 12 册，第 9713 页至 9716 页。

思虑，羽翼已成正扶疏，长生久视乃飞去。[1]

文中谈到扶养性命，要以守虚无为主。此处的性命，可以看成一体，性即命，天赋为性，人所禀为命。也可看成养性、养命，而以养性为先务。此章文义为：修道须悠闲自得，独居深山。扶持培养上天所赋予的性与命，坚守虚静无为。淡泊名利，能自得其乐，何必忧思谋虑？羽翼已形成，身中清轻仙气正盛。长生久存，于是飞升而去。

此章旨在论述修道者须悠闲自得，独居深山以养性命，固守虚静而无为，如此才能长寿久存。

《太上黄庭外景玉经·上部经第一·物有章第九》说：

> 物有自然事不烦，垂拱无为身体安。虚无之居在帏间，寂寞旷然口不言。恬淡无欲游德园，清净香洁玉女存，修德明达道之门。

事物有顺自性而发展，便不会烦琐。垂衣拱手，不以私心造作，身体就能安适。清虚无为的神明居所，就在内神宫室的帷幔间。寂静无声，广阔远大，口中不再言语。修行惇和，独立在内神宫中，面见宫中神祇。淡泊清心，不杂私欲，便能遨游于道德境域。能修行自身，使清净香洁，存思六丁玉女现前护卫修行人。修养德行，明白通达，这是进入大道的门户。

上文把老子的清静无为、恬淡寡欲，用来和存思身神相结合，以为修养自身，贵在处事顺物性自然，清虚无为，才能自

[1] ［唐］梁丘子：《黄庭外景玉经注》，见《修真十书》卷五十九，自《正统道藏·洞真部·方法类·重字号》三家本，第 4 册，第 872 页下。底下引《黄庭外景玉经》同此。又，《黄庭内景经》版本有多种，文字参差，本文所用《黄庭经》内景、外景文字，系采用笔者校注之《〈黄庭经〉古注今译》（香港青松出版社）本子，下同，不另作说明。

见神祇现前，独自与言，使玉女现身侍卫修行人。由老子的无为思想，带入玉女现前，才能进入大道之门。

以上《黄庭外景经》和老子无为思想相关的经文，在《黄庭内景经》中也都有相对应的章节相呼应，如《太上黄庭内景玉经·隐影章第二十四》：

> 隐景藏形与世殊，含气养精口如朱。带执性命守虚无，名入上清死录除。三神之乐由隐居，倏歘游遨无遗忧。[1]

此章文意为：隐藏自己的形影，不逐名争利，和世人的行为相异。涵摄元气，培养元精，可以令人口唇像朱砂般红润。禀持上天所赋予的性与命，坚守虚静无为。名字登入上清仙籍，地狱刊除死籍。镇守三丹田之神祇悦乐，乃是由于人能隐居不追逐名利。迅疾遨游天界，心中没有任何忧愁。

此章叙述修炼之法，首要韬光养晦，不逐名争利，然后含气养精，执守清静虚无，可以遨游无忧。

又，《太上黄庭内景玉经·治生章第二十三》：

> 治生之道了不烦，但修洞玄与玉篇。兼行形中八景神，二十四真出自然。高拱无为魂魄安，清静神见与我言。安在紫房帏幙间，立坐室外三五玄。烧香接手玉华前，共入太室璇玑门。高研恬淡道之园，内视密盼尽睹真。真人在己莫问邻，何处远索求因缘？

---

[1] ［唐］梁丘子：《黄庭内景玉经注》，自《正统道藏·洞玄部·玉诀类·推字号》三家本，第 6 册，第 532 页下。后文引《黄庭内景玉经》同此。又，本文所用《黄庭经》内景、外景文字，系采用笔者校注之《黄庭经古注今译》（香港青松出版社）本子，底下同此，不另作说明。

此章说明养生以养性为主，进而和存思身中诸神相配合来进行修炼。全文大意为：养生的道理清楚明白，不会繁琐。只要修炼玉晨大道君所说洞玄灵宝经和《黄庭内景玉经》即可。同时兼修存思镇守身中三部八景的神祇。身中二十四仙真，都是自然道气所形成的。高坐拱手，不以私心刻意作为，魂魄自然安宁。清虚寂静，自能感应神祇现身，与我言谈。神祇安坐在充满紫气宫室的帷幔中。诸神置立坐席在玄妙的三丹田及五脏的宫室外。双手相接拿起香，在眉间前礼拜。共同进入紫房等玉帝君宫室，进入司掌世人生死的北斗之门。深入研究淡泊清静，这是大道的所在。向身内观照，密切盼望，可以看到身内所有的仙真。仙真都在自己身内，不必向旁人来询问。何必到远处求索、寻找相见的因缘呢？

《黄庭经》的养性，以恬淡寡欲配合存思身神来进行修炼；至魏伯阳《周易参同契》则以恬淡寡欲等养性来和坎离内丹相配合修炼。《黄庭经》《周易参同契》二者，皆用养性代称养神。

（二）《周易参同契》的养神养性说

周秦修道治身有养神、养形二者，《黄庭经》称为养性、养命，魏伯阳沿用其说。魏伯阳认为修炼内丹，除注心在坎水离火的龙虎交媾借以养形外，也须配合恬淡寡欲、清静无为来修炼心性，以涵养精神。但魏伯阳之修炼心性，旨在使精气充盈于身中，不仅仅是修炼心性而已。

魏伯阳《周易参同契·将欲养性章第六十二》说：

> 将欲养性，延命却期。审思后末，当虑其先。人

所禀躯，体本一无。元精云布，因气托初。[1]

文中说明要用“养性”来延命。养性即是养神，以恬淡寡欲、清静无为来涵养精神，其法先由“无”着手，由无而入有，犹如由道而生一，“元精云布”，是万物之始初，所以须能涵养万物初始的元气。然后由无涯的元气，来接续有限之形躯。五代彭晓注云：

“喻修还丹全因元气而成，是将无涯之元气，续有限之形躯。无涯之元气者，天地阴阳长生真精，圣父灵母之气也。有限之形躯者，阴阳短促浊乱，凡父母之气也。故以真父母之气，变化凡父母之身，为纯阳真精之形，则与天地同寿也。”[2]

文中说明用“无涯之元气，续有限之形躯”的重要性。其法由养性做起，然后再着手养命养形的修炼工夫。

又，《周易参同契·务在顺理章第八十九》说：

务在顺理，宣耀精神。神化流通，四海和平。表以为历，万世可循。序以御政，行之不繁。引内养性，黄老自然。含德之厚，归根返元。近在我心，不离己身。抱一毋舍，可以长存。配以服食，雄雌设陈。挺除武都，八石弃捐。[3]

上文的“引内养性，黄老自然”，是援引黄老思想的自然无为来涵养心性。“养性”出于《黄庭经》，即是老子治身法门中的养神。

[1] 《周易参同契》，见《中华道藏》，第 16 册，第 101 页上。
[2] 《中华道藏》，第 16 册，第 101 页上。
[3] 《中华道藏》，第 16 册，第 111 页上。

全章文意为：《参同契》的修炼法门，重在顺应天地的道理，用来阐扬内在的精神，使精气流通于体内，而充塞于全身。按历法阴阳消长来进行修炼，万代可以遵循。用黄老自然无为、恬惔寡欲的思想，来涵养心性，使道德淳厚，再返归于大道本源。这些修炼方式，不离我心我身，配合身中阴阳气、坎离雌雄之变化来进行修炼，可以抛弃武都县所产的雄雌黄矿石，捐弃丹砂、雄黄、雌黄等八种矿石的外丹修炼。可以看出魏伯阳的内丹修炼，重在涵养心性的养神及配合天地阴阳气的消长，来进行龙虎交媾，取坎填离。在此情形之下，可以“挺除武都，八石弃捐”，外丹的修炼可以弃而不用。

此章甚重视养性，以为用养性配合养命，可以修道，摒弃外丹黄白八石的烧炼门。

魏伯阳在内丹修炼上，重视坎离交媾，引离火下与坎水相交而成丹；此说近于周秦时期吹呴呼吸的养命。其养性，旨在恬淡虚无，使心不囿物，而其着手法门，则从外修耳、目、口开始，然后进而由无入手，以虚心来致气，以气来卫身。

魏伯阳认为修性以耳、目、口为修性之三宝。坎为耳、离为目、兑为口，修炼心性，不外于以此三者为基。

魏伯阳《周易参同契·耳目口三宝章第六十六》说：

耳目口三宝，固塞勿发扬。真人潜深渊，浮游守规中。旋曲以视听，开阖皆合同。为己之枢辖，动静不竭穷。离气内营卫，坎乃不用聪。兑合不以谈，希言顺鸿蒙。三者既关楗，缓体处空房。委志归虚无，无念以为常。证难以推移，心专不纵横。寝寐神相抱，觉悟候存亡。颜容浸以润，骨节益坚强。排却众阴邪，然后立正阳。修之不辍休，庶气云雨行。淫淫若春泽，液液象解冰。从头流达足，究竟复上升。往来洞无极，怫怫被容中。反者道之验，弱者德之柄。耘锄宿污秽，细微得调畅。浊者清之路，昏久则昭明。[1]

这一章是魏伯阳谈论养神修性的重要章节。上引是说耳、目、口三者，是修行时之三宝，这也是道家的共识，《老子·十二章》说：

五色令人目盲；五音令人耳聋；五味令人口爽；驰骋畋猎，令人心发狂；难得之货，令人行妨。是以圣人为腹不为目，故去彼取此。

上文谈到耳、目、口三者，系人和外物接触最主要之感官，而心则因三者而有所感应。人之耳、目、口易受色、声、味之外诱，心则易奔竞而外驰，为外物所囿。此章旨在教人耳、目、口须戒除五色、五音、五味等外诱，而心要戒慎，切勿徇物而丧己。教人戒除嗜欲，学道贵为腹不为目，充实内容而减少外诱。

受老子的影响，道教即将耳目口三者，称为三要。《黄帝阴符经·上篇·神仙抱一演道章》说："性有巧拙，可以伏藏。九窍之邪，在乎三要，可以动静。"伊尹、李筌等七家《黄帝阴符经集注》云："太公曰：'三要者，耳、目、口也。'"赤松子等撰《黄帝阴符经集解》云：

葛仙翁曰："三要者，眼、耳、口也。动静不失其时，其道光明，故曰：'非礼勿视，非礼勿听，非礼勿言也。'

[1]　《中华道藏》，第16册，第102页上中。

《五千言》云：‘五色令人目盲，五声令人耳聋，五味令人口爽。’夫视、听、言，人之先也，故在九窍之中，惟三要焉。此三者可以养人，可以害人。养人者，原于静；害人者，域于动故也。盖动者，人之为；静者，天之质。人为之谓伪，天质之谓真。”[1]

《阴符经》以为人的心性，有的灵巧，有的笨拙；但都能加以修炼，制止自己的心性，使欲念潜藏不露。能引诱人体九窍感官使它做出邪恶事的，是在于口、耳、鼻等三重要处。口言事，耳闻声，目视色，何时该动，何时该静，都可以由我们来加以操纵。

正因为如此，所以魏伯阳《周易参同契·耳目口三宝章第六十六》说：“耳目口三宝，固塞勿发扬。”要我们须谨慎于自己的耳听、目视、口言，三者宜闭塞不可发扬，要如真人潜藏耳目口三要，游心动志，皆以规矩，视听开合，与道相合。不可使己迷惑于外物，而妄发之目视、耳听、口言。离目之气内守，可以营卫气血之流通；坎耳不外听，兑口闭合不语，“希言”以顺鸿蒙元气。耳目口三者已关闭，可使身心虚静缓泰，而“委志虚无”，心不起杂念，“无念以为常”，不为外物推移。专注心念，昼夜皆使心神相抱，醒时也须留心元气存亡。这样，自己的容颜会逐渐润泽光滑，骨骼日益坚固，去邪气而存正阳。如此修行不辍，才能使正阳之气充盈身中，从头顶下流至足，再往上逆升，循流不已，所谓：“从头流达足，究竟复上升。往来洞无极。”可以除秽浊，致昭明，返道而柄德。

[1] 《中华道藏》，第 15 册，第 783 页下。

魏伯阳文中，由外修耳、目、口开始，不使外物惑己，使心虚无空寂，而气来盈身。修性的目的在去欲虚心而后能存气。

周秦两汉的养神、养形，到了唐宋内丹性命之说，以修炼心性之“养神”为“修性”，以炼化精气神之“养形”为“修命”。但魏伯阳的养性则已兼及修命，即是藉由修性以致气，以气卫身，不是纯粹的恬淡寡欲而已。

魏伯阳糁合恬淡清静等养性，及坎离交媾等养命的做法，在《周易参同契》中常可看到。如《周易参同契·辰极受正章第二十》说：

> 辰极受正，优游任下。明堂布政，国无害道。内以养己，安静虚无。原本隐明，内照形躯。闭塞其兑，筑固灵株。三光陆沉，温养子珠，视之不见，近而易求。

《周易参同契·上德无为章第二十二》：

> 上德无为，不以察求。下德为之，其用不休。上闭则称有，下闭则称无。无者以奉上，上有神德居。此两孔穴法，金气亦相须。

上引的“内以养己，安静虚无”“闭塞其兑，筑固灵株”“上德无为”等，都是从养性的清静无为入手，其后使身内根基稳固，耳口目隐没不用，所谓“筑固灵株，三光陆沉”。使坎离两穴交会，干金坤气相资，即“此两孔穴法，金气亦相须”，都是由养性入手而以养命为用。

二、《黄庭经》养命（养形）说对《周易参同契》的影响

养形是藉由吹呴呼吸、吐故纳新等存思导引之法，使形体能长寿永驻，其中《黄庭经》和内丹说相关者约有下列数处。

（一）《黄庭经》三五合气要本一，对《周易参同契》的影响

1.《黄庭经》三五合气要本一说

《黄庭经》修行法门有“三五合气要本一”的说法，其法是将坎为水为一，离为火为二，两数相合为三；而土为五为意念，为黄婆。其修行法门，是以阴阳二气配五行，然后以意念招引坎水离火，使相结合，而成就金丹大道。今举例于下。

《太上黄庭外景玉经·上部经第一·五行章第十一》云：

> 五行参差同根节，三五合气要本一，谁与共之斗日月，抱玉怀珠和子室。子能守一万事毕，子自有之持勿失。即得不死入金室。

此章的意思是：五行各有属性，参差不齐，但它们的根源却是相同。肾水（一）、心火（二）为药物，戊己意念（五）为媒介，使精（肾）气（心）相结合，它们三者的根本同是一个大道。和谁共同来存思北斗及日、月三者。观想怀抱如玉似珠的日月星三光之气，进入身中，和煦了丹田宫室。如果你能存思固守身中三丹田真一之法门，万事就已完备了。你自身拥有的（真一身神），要牢牢持守，不要丧失，就能获得长生不死，进入黄金建造的仙人宫阙。

《黄庭外景经》此章首述五行属性不同，而同源于道；内丹坎一离二，由戊土五相媒合，其源也是出于道。存思北斗及日月光芒照耀，进入身中丹田宫室，能固守丹田中真一内神，使不相离，即能成仙不死。

与此章内容相近，可以相参看者为《太上黄庭内景玉经·五行章第二十五》：

> 五行相推反归一，三五合气九九节。可用隐地回八术，伏牛幽阙罗品列。三明出华生死际，洞房灵象斗日月。父曰泥丸母雌一，三光焕照入子室。能存玄真万事毕，一身精神不可失。

此章全文大意为：五行相生相克，相互推移，最后返回汇归于大道。肾水精（一）、心火气（二），戊己意念（五）为媒介，使精（肾）气（心）相结合，经过九九八十一个阶段变化。可以运用隐身逃形、回转形貌的八种术法，来帮助自己修行。在两肾间（黄庭），依品位罗列肾宫内神，以便存思。（存思肾宫黄庭）日月星三者放出光芒，是出死入生的重要修行时刻。存思北斗、日、月三种灵妙天象，光芒上升，汇聚在脑部洞房宫中。修炼时，脑部九宫雄性神以泥丸雄一（上丹田）为主，女性神以四宫之雌一神为主。观想日、月、北斗三种光芒晃耀遍照，进入我们修行的房室中（或译：进入我们身体中脑部九宫及三丹田等各宫室）。能存思身中玄妙真一（身中诸身神），万事就完备了。充满全身的精气神，不可让它流失。

关于外景经“三五合气其本一”一语，《太上黄庭内景玉经·五行章第二十五》作：“五行相推反归一，三五合气九九节。”意谓：肾水（一）、离火（二）相结合，戊己意念

（五）为媒介，经过九九八十一个阶段变化，文句较详尽。文中的九九节，是指经过九九八十一次的变化；九九用来形容丹药经过极为多次的交互变化。节：节次、段落。九为阳数，亦有终究之意，《列子·天瑞篇》："易无形埒，易变而为一，一变而为七，七变而为九。九变者，究也。乃复变而为一。一者，形变之始也。"文中的九有终究之意。道教外丹修炼有九转还丹之说。《初刻拍案惊奇》卷十八："在下此丹名为九转还丹，每九日火候一还，到九九八十一日开炉，丹物已成。"九指极多次，有时不必拘泥于实际数字的九。

内景经此章，显然在解释外景。其意为：五行相生相克，相互推移，最后返回汇归于大道。肾水精（一）、心火气（二），戊己意念（五）为媒介，使精（肾）气（心）相结合，经过九九八十一个阶段变化。可以运用隐身逃形，回转形貌的八种术法，来帮助自己修行。在两肾间（黄庭），依品位罗列肾宫内神，以便存思。（存思肾宫黄庭）日月星三者放出光芒，是出死入生的重要修行时刻。存思北斗、日、月三种灵妙天象，光芒上升，汇聚在脑部洞房宫中。修炼时，脑部九宫雄性神以泥丸雄一（上丹田）为主，女性神以四宫之雌一神为主。观想日、月、北斗三种光芒晃耀遍照，进入我们修行的房室中（或译：进入我们身体中脑部九宫及三丹田等各宫室）。能存思身中玄妙真一（身中诸身神），万事就完备了。充满全身的精气神，不可让它流失。

此章由五行生克入手，谈论肾之坎水和心之离火相互结合，须以意念为媒介来进行。并外修藏身隐形回转形貌的八术之法。再观想肾脏身神，现出日月星之光芒，光芒上照脑部洞房宫，使脑部九宫雄性及雌性神祇，充满光明焕照。能如此存思，即能使全身之精气神不流失。

外景、内景《黄庭经》三五合一，其文义，又见于《周易参同契》，文中之三乃指水（肾坎）一、火（心离）二，相合为三。五指戊己土。

2.《周易参同契》的三五和谐说

《周易参同契·上篇·子午数合三章第三十一》云：

> 子午数合三，戊己号称五，三五既和谐，八石正纲纪。

《周易参同契》所说“子午数合三”，是说五行生克中，子为水、为肾、为北，其数为一；午为火、为心、为南，其数为二；戊己为土、为脾、为意，其数为五。坎水（肾）一、离火（心）二，二者之数相合为三；戊己为意土（脾）为五，为调和水、火之媒介。三（水火）五（土）相和谐，而形成八，宛如外丹以八石为主要原料。

又，《周易参同契·中篇·丹砂木精章第七十六》：

> 丹砂木精，得金乃并。金水合处，木火为侣。四者混沌，列为龙虎。龙阳数奇，虎阴数偶。肝青为父，肺白为母。肾黑为子，（心赤为女）。脾黄为祖，子五行始。三物一家，都归戊己。

其意为：以丹砂（汞）、木代表离，以金、水代表坎。金生水，金和水汇合为一处；木生火，木和火相结为伴侣。在内丹修炼上，离为人体中之阳气，坎为人体中之阴气。以火候来进行修炼时，离火由南方午位运行至东方（卯）木位，属龙，龙为阳气，其代表数字为奇数。坎水由北方子位，运行至西方（酉）金位，属虎，虎为阴气，其代表数字为偶数。金水木火四者的关系，东木生火，所以木是火之父。西金生水，所以金是水之母。火为女，肾为子。木火金水分属四季，而四季各季的最后一月属土，四季皆有土，所以木父、金母、水子、火女，皆以土为祖。修炼之道，在将水（坎）、火（离）、土（意念火候）三者会归一处，以坎、离为药，以意火烧炼成丹。

《周易参同契》，其说与《黄庭经》相合，两部《黄庭经》也是说内丹修炼时，坎水肾（一）、离火心（二）相结合，以戊己意念（五）为媒介；可以看出相沿袭的情形。

（二）《黄庭经》坎离卯酉运行各异、转而相合之修行法对《周易参同契》的影响

1.《黄庭经》卯酉阴阳气相转的运行法门

卯为东方，酉为西方。《黄庭经》有坎离二气在脏腑中，坎水阴气由北方向酉西行，离火阳气由南方向卯东旋转，酉金卯木，金木相克，转而交媾相合之修行法门。《周易参同契》也有“子当右转午乃东旋”，坎水西行至酉金之位，离火东行至卯木之位，卯东（木德）、酉西（金刑），龙虎刑德并会、相见欢喜之说。

《太上黄庭外景玉经·下部经第三·昼日章第十七》云：

经历六府藏卯酉，转阳之阴藏于九。常能行之不知老。

文中的“经历”，指精气在体内的运行。六府，即“六腑”。卯酉，为十二地支之二支，卯时指早上五时及六时。酉

时指下午五时及六时。一为朝，一为暮。又，卯属木，为东、为春、为肝；内丹修炼代表：汞、心、火、离、龙、元神。酉属金，为西、为秋、为肺；内丹修炼代表：铅、肾、水、坎、虎、元精。转阳之阴，指运转阳气流往阴气，二气交媾。藏于九，指存藏在九数所代表的绛宫心脏（离）中。《易经》八卦位次及数字相配为：坎数一，离数九。

全句意谓：精气运转经过人身脏腑各处，隐藏在卯东酉西之位（离东坎西）。运转阳气流往阴气，使二气交媾，存藏在九数所代表的绛宫心脏中。常常能修行它，便不会衰老。

又，《黄庭内景经》中，也有相关文句来解释《外景》此章。《黄庭内景玉经·经历章第三十二》云：

经历六合隐卯酉，两肾之神主延寿。转降适斗藏初九，知雄守雌可无老。知白见黑急坐守。

全文意谓：精气运转经过人身各处，隐藏在卯东酉西之位（离东坎西）。镇守两肾的神祇，主掌延长寿命。精气运转，升降到头部北辰（斗），储藏在肾（坎一）、心（离九）之中。知晓内丹修炼的木公（雄）金母（雌），坚守雌雄交媾的金丹大药，便可以不会衰老。知道白雪元神，识见黑铅元精，就要急忙入坐，存思守护。

两部《黄庭经》以子午卯酉等阴阳气运行方式，“经历六府藏卯酉，转阳之阴藏于九”。其说也影响了魏伯阳的《周易参同契》。

2.《周易参同契》阴阳二气运行法门：龙东虎西，子右转，午西行

《参同契》将人所禀自于天地的元阳祖气，称为元精或

称元气，以为此元阳之气孕育于北方子位的肾水中。修炼的法门，主要在于将在子位的坎水，右旋上升至酉西；在午位的离火，左转下降至卯东，再引龙虎交媾，五行由相克，转而相亲（五行颠倒），水火相克变为水火既济，使龙虎结合为一家，而成就丹药。

《周易参同契·子当右转章第六十九》云：

> 子当右转，午乃东旋，卯酉界隔，主客二名。龙呼于虎，虎吸龙精，两相饮食，具相贪便，遂相衔咽，咀嚼相吞。荧惑守西，太白经天，杀气所临，何有不倾？狸犬守鼠，鸟雀畏鹯，各有其功，何敢有声？

“子当右转”，指肾水之气，运行时，由子位（北方），向右（西）转，以到达西方酉金之位。“午乃东旋”，指离火之气，由午位（南方）向东（左）运行，以到达东方卯木之位。卯东酉西两者互换本位而界线相隔，主客二者名称互换。金木本来相克，却转相招引，龙呼吸虎气，虎吸龙精，龙虎交融，两者相互贪爱，于是相衔相吞，咀嚼而相互吞咽（指金虎木龙本相克，转相交媾，混融成一物）。荧惑星（火星）镇守西方（离火在西），太白（金星）划过天际（原在西位的坎水，飞往东方），金星坎阴杀气所到处，哪有不倾覆的？猫狗专捉鼠，鸟雀畏惧鹰鹯，各有职责功效，真铅制汞，哪敢有声？

此章说明肾水原在北方子位，以意念运行至西方酉金之位；而离火原在南方午，经运行至东方卯木之位，金与木原相克制，此则转相招引，离龙坎虎相交媾，互融为一体，以真铅制真汞，自然有其功验。今将子午旋行之方位，以标示于下。

午南

左 卯东　　酉西 右

子北

又，《周易参同契·刚柔迭兴章第七十七》云：

> 刚柔迭兴，更历分部。龙西（东）虎东（西），建纬卯酉。刑德并会，相见欢喜。刑主伏杀，德主生起。二月榆落，魁临于卯。八月麦生，天纲据酉。子南午北，互为纲纪。一九之数，终而复始。含元虚危，播精于子。[1]

《周易参同契·子当右转章第六十九》说：“子当右转，午乃东旋，卯酉界隔。”所说是坎水离火经行方向，北方坎子水，向西运行，至酉金西方位。南方离午火向东运行，至卯木东的方位。

此章更进一步说明修行之次第，其意为：阳刚（阳气）阴柔（阴气），轮流兴起；更相经历人身（天体）各部位。阳龙由东往西，阴虎由西向东，建立卯东酉西的东西横线（纬）。刑罚（阴气虎），仁德（阳气龙），聚会在一起。龙虎阳阴，二者相见欢喜。刑罚（阴）主掌潜藏及杀戮，仁德（阳）主掌生育及兴盛（酉西金刑主伏杀，卯东木德主生物）。仲春二月（阳中有阴），榆树开始落叶，此时北斗斗柄指向卯东的方向（天下皆春）。仲秋八月（阴中有阳），大麦生长，北斗的斗柄指向西方（天下皆秋）。子（坎水）原在北反而在南（离火），午（离火）原在南，却反在北（坎水）。（龙西虎东坎

[1] 《中华道藏》，第16册，第105页下。

南离北）阴阳互为主要依据。一和九的数字（数字始于坎一，终于离九），到最终后，又从头开始。《列子·天瑞篇》说："易无形埒，易变而为一，一变而为七，七变而为九；九变者，究也。"万物之生灭变化，终而复始。人的元气，含育于北方虚危宿中（人体的肾水），播放真气在于北方子位。说明了元阳之气所在及修炼之法。

以上是《黄庭经》内丹修行法门之说，《黄庭外景经》仅是肇其源，须参照《内景经》及《周易参同契》，才能详知其义。

三、《黄庭经》对全真教性命双修内丹修炼法门的影响

全真教派内丹修炼，有修性及修命之说。修性，即文子所说老子的养神法，以恬淡寡欲、清静无为、忘我忘物为主。修命，即养形，吐纳呼吸，引气行身，以黄庭为玄关一窍，为安鼎之处。两者皆见于《黄庭经》。

全真教的修性理论沿承《老子》与《黄庭经》。《黄庭经》以恬淡寡欲、清净无为为"养性"，全真教称之为修性。全真教修性之说，见于王重阳及其弟子的著作中。

王重阳注《五篇灵文》末附王重阳《最上一乘妙诀》云：

> 夫最上者，以太虚为鼎，太极为炉，清静为妙用，无为为丹基，性命为铅汞，定慧为水火。以自然造化为真种子，以勿忘勿助为火候。洗心涤虑为沐浴，存神定息为固济，戒定慧为三要，先天之中为玄关，明心为应验，见性为凝结，三元混合为圣胎，打成一片

为丹成，身外有身为脱胎，打破虚空为了当。[1]

以上以清静为妙用，以无为为丹基。又，王重阳对性命的看法，把性比喻成“神”，命比喻成“气”。神显然较气为重，性亦较重于命，因而主张先修性以助命，则省力易成。

《重阳真人授丹阳二十四诀》说：

> 丹阳又问：何名见性命？祖师答曰：性者是元神，命者是元气，名曰性命也。[2]

王重阳的重视清静无为等修性法，也影响了他的弟子七真，略举于下：

马丹阳《丹阳真人直言》云：

> 诸公休起心动念，疾搜性命，但能澄心遣欲，便是神仙。别休认，休生疑，此是端真实语。惟要长清长净，勉力行之……常处无为清净自然之理，更要发烟火，如此作用，真神仙也。[3]

谭处端《水云集·卷上·五言绝句·劝众修持》云：

> 大道常清静，无为守自然。自心不回转，何处觅言传。[4]

谭处端《水云集·卷上·七言绝句·述怀》云：

> 昏昏默默探玄玄，清静无为守自然。真性得凝真气助，无穷变化可冲天。[5]

---

[1] 《道藏辑要·胃集二》《附录〈五篇灵文〉》，新文丰出版公司刊本，第15册，第6557页下至6558页上。

[2] 《重阳真人授丹阳二十四诀》，见《中华道藏》，第26册，第392页上。

[3] 《中华道藏》，第26册，第409页上中。

[4] 《中华道藏》，第26册，第527页上。

[5] 《中华道藏》，第26册，第526页中。

谭处端《水云集·卷上·五言律诗·赠长安赵先生母》：

牙发重生黑，延龄三事因。至诚遵道友，精谨奉高真。静意擒猿马，清心聚气神。处端聊拜上，稽首寿长人。[1]

《水云集·卷中·词·如梦令》：

清静无为做彻，高下休生分别。灭尽我人心，自有真师提挈。提挈，提挈。云绽家家明月。[2]

王处一《云光集·卷一·诗·七言律诗·随哥问修行》：

清净身心养气神，烹金炼玉出迷津。三田暗种留年药，一旦欣逢不死人。五道天光明闪烁，六阳地气发逡巡。熏蒸关节透肌骨，定是朝元谒紫宸。

王处一《云光集·卷一·诗·七言绝句·绵绵若存》：

认得虚无动静功，流精宝璧赏无穷。周而复始重罗列，仙韵琅琅聒太空。

以上全真教的修性说，直接受到《老子》的影响，间接的则受到《黄庭经》的影响。全真派很重视《黄庭经》，必定会熟读该经，受其影响也是必然的。

四、《黄庭经》以黄庭为积精累气存神之处，对全真教的影响

两部《黄庭经》以脐后两肾间前为黄庭。两部《黄庭经》在开头处即叙述黄庭修行法门，教人配合存思及导气行身，

[1] 《中华道藏》，第 26 册，第 526 页下。
[2] 《中华道藏》，第 26 册，第 534 页上。

将精气汇入黄庭及三丹田。此外，也有单独存思黄庭内神之法[1]，内神即是身神，系守护吾人身中相关部位之神。

全真派的修行法门即以黄庭为主，并把黄庭的位置具体化，以为在脐内一寸三分处，同时把黄庭也称为：神气穴、归根窍、复命关、玄关一窍。

［金］王重阳《重阳真人金关玉锁诀》：

> 诀曰：咽津为阴，随后行气乃为阳，须索阴阳水火停分，二清津分三两咽，常留二停，恐树枯竭。又云：惜水流不得江河断绝……又咽神水到脾，脾为土，土得水者能生黄芽。腹为大小肠九曲，至脐中一寸三分，方圆一寸，左青右白，前赤后黑，中黄戊己，名为丹田。田内一座宫，宫中名曰黄庭宫。中有一炉，名为丹炉。炉上坐定一只金鼎，下频进真火，上频添神水。水火者，坎离也。夫水火是君火、臣火、民火，三火者，为真味也，心性意是也。今人未了达三般者，第一味不明，第二味不悟，第三味智不成道矣。若人达三般者，三明六通也。进火时，上用水洗，下用火煅。经云“身下出火，身上出水”，其上合下闭，乾坤相合，教龙盘金鼎，使虎遶丹田者为妙。名曰炉刀圭也。若人行此功者，

[1]　《太上黄庭外景玉经·上部经》：“黄庭中人衣朱衣，关门壮籥合两扉。幽阙侠之高巍巍，丹田之中精气微。玉池清水上生肥，灵根坚固老不衰。”《太上黄庭内景玉经·黄庭章第四》：“黄庭内人服锦衣，紫华飞裙云气罗。丹青绿条翠灵柯。七蕤玉籥闭两扉，重掩金关密枢机。玄泉幽阙高崔嵬，三田之中精气微。娇女窈窕翳霄晖，重堂焕焕明八威。天庭地关列斧斤，灵台盘固永不衰。”

永得安乐长生也。[1]

文中王重阳即以脐内一寸三分处为黄庭宫，以此为水火坎离修炼之重要部位，修丹在此安炉立鼎，依法修炼，进火退符而得丹。其后全真教众皆禀承王重阳之说，皆以脐内一寸三分为黄庭宫，为内丹修炼之场所。其中叙述较为详尽者，当属丘处机《大丹直指》。

［金］丘处机《大丹直指·序》：

盖人与天地禀受一同，始因父母二气交感，混合成珠，内藏一点元阳真气，外包精血，与母命蒂相连。母受胎之后，自觉有物，一呼一吸，皆到彼处，与所受胎元之气相通。先生两肾，其余脏腑次第相生，至十月胎圆气足。未生之前，在母腹中，双手掩其面，九窍未通，受母气滋养，混混沌沌，纯一不杂，是为先天之气。才至气满，神具精足，脐内不纳母之气血，与母命蒂相离，神气向上，头转向下降生。一出母腹，双手自开，其气散于九窍，呼吸从口鼻出入，是为后天也。脐内一寸三分，所存元阳真气，更不曾相亲，迷忘本来面目，逐时耗散，以致病夭、忧愁、思虑、喜怒、哀乐。但脐在人身之中，名曰中宫命府、混沌神室、黄庭丹田、神气穴、归根窍、复命关、鸿蒙窍、百会穴、生门、太乙神炉、本来面目，异名甚多。此处包藏精髓，贯通百脉，滋养一身，净裸裸，赤洒洒，无可把盖。常人不能亲者，被七情六欲所牵，迷忘本

[1] 《正统道藏·太平部·交字号》，新文丰出版公司刊本，第43册，第583页下至584页下。

来去处，呼吸之气止到气海往来，气海在上，膈肺府也。既不曾得到中宫命府，与元气真气相接，金木相间隔，如何得龙虎交媾，化生纯粹。又不知运动之机，《阴符》云：天发杀机是也。如何是气液流转，以炼神形？盖心属火，中藏正阳之精，名曰汞木龙。肾属水，中藏元阳真气，名曰铅金虎。先使水火二气上下相交，升降相接，用意勾引，脱出真精真气，混合于中宫，用神火烹炼，使气周流于一身，气满神壮，结成大丹。非特长生益寿，若功行兼修，可跻圣位。[1]

［金］丘处机《大丹直指·卷下·妙旨》：

玄关乃在脐里一寸三分，父母元气，名为鼎器，二肾为鼎足。火候举动，心做事业，便是起火。虎龙交姤，药物乃是刀圭。巽风橐籥，鼓动华房，此是进火抽添。防危虑险，卯时酉时，先天乃丑时，后天乃本生时，长生时。脱胎神化，乃是用自身本命，推算四时长生者。此法一年一周天，一日一周天。一日乃昼夜，用子午时，生时曰长生时，为防危。共七个时辰，五百六十个时辰为一候，温养沐浴，生杀野战。脱胎并在此其中，谨秘勿妄泄之。[2]

王重阳及其弟子丘处机都以脐内一寸三分为黄庭，丘处机更以为黄庭所存为“元阳真气”，以此为内丹修炼的鼎炉所

[1] 《正统道藏·洞真部·方法类·称字号》，新文丰出版公司刊本，第 7 册，第 47 页下至 48 页下。

[2] 《正统道藏·洞真部·方法类·称字号》，新文丰出版公司刊本，第 7 册，第 65 页下至 66 页上。

在，也是结圣胎之处，其异称有“中宫命府、混沌神室、黄庭丹田、神气穴、归根窍、复命关、鸿蒙窍、百会穴、生门、太乙神炉、本来面目”。丘处机并把黄庭称之为玄关一窍，所谓“玄关乃在脐里一寸三分”。由丘处机把黄庭称为修丹的鼎炉所在，称它为玄关一窍，称它为本来面目，可以看出全真教的内丹修炼，其实就是以黄庭为主的修炼法门。

又，［金］丘处机《大丹直指·卷下·弃壳升仙超凡入圣诀义》说：

> 金丹之祕，在于一性一命而已。性者，天也，常潜于顶。命者，地也，常潜于脐。顶者，性根也。脐者，命蒂也。一根一蒂，天地之元也，祖也，脐下黄庭也。庭常守乎顶及脐，是谓三叠。《黄庭》曰“琴心三叠舞胎仙”是也。琴取其和。且人之生，其胞胎结于我之脐，缀接在母之心宫。自脐剪落，所谓之蒂也。蒂者，命蒂也。根者，性根也。但恐泄漏，是所千千名，万万状多方。此论顶中之性者，铅也，虎也，水也，金也，日也，意也，坎也，坤也，戊也，姹女也，玉关也。脐中之命者，汞也，龙也，火也，根也，月也，魄也，离也，乾也，己也，婴儿也，金台也。顶为戊土，脐为己土，二土为圭字，所以吕仙翁号刀圭也。只是性命二物，千经万论，只此是也。[1]

上引文中，把内丹修炼之修性修命，和人身的顶（泥丸）和脐（命蒂、黄庭）相结合，并依《黄庭经》而立说，以为

[1]《正统道藏·洞真部·方法类·称字号》，新文丰出版公司刊本，第7册，第63页下至64页上。

《黄庭经》所说的琴心三叠[1]，即是修炼黄庭（脐内一寸三分）、脐及顶（泥丸），三处合一之法。以顶中泥丸来代表内丹修炼的：铅也，虎也，水也，金也，日也，意也，坎也，坤也，戊也，姹女也，玉关也，为性。以脐内黄庭代表：汞也，龙也，火也，根也，月也，魄也，离也，乾也，己也，婴儿也，金台也，为命。修炼头顶的泥丸宫（修性）和脐内一寸三分的黄庭宫（修命），两者即是性命双修。

以脐内肾前为黄庭，出自两部《黄庭经》。丘处机《大丹直指》上以泥丸、下以黄庭为主，亦和《黄庭经》修行法门重视三丹田及黄庭说相同。可以看出全真教在内丹修行法门上，和《黄庭经》的沿承关系，处处禀承《黄庭经》以立说。由于黄庭宫在脐内两肾间前，所以全真教众有时直接用两肾间来作为黄庭其处的代称。

五、《黄庭内景经》是扶桑大帝（东华帝君）所传，全真派五祖七真，即以东华帝君为创教者

（一）《黄庭内景经》为扶桑太帝所传

《黄庭内景经》最末章，明白显示此经系由扶桑太帝所传，所以诵经者须朝拜太上玉晨大道君及扶桑大帝。

《黄庭内景玉经·沐浴章第三十六》云：

十读四拜朝太上，先谒太帝后北向。《黄庭内经》

[1] 《黄庭内景玉经》首章《上清章》云：“琴心三叠舞胎仙，九气映明出霄间。”

玉书畅，授者曰师受者盟。[1]

扶桑太帝，也称扶桑大帝、东王公、木公、太帝君，《黄庭内景经》为他所传，且须师徒盟授才能传经。所以《黄庭内景经》说，诵读《黄庭经》时，须“十读四拜朝太上，先谒太帝后北向”[2]。而《上清金阙灵书》也说：

> 《黄庭内景经》，一名《太上琴心文》，又名《太帝金书》，扶桑太帝君宫中尽诵此经，金简刻书之，故曰金书。又名《东华玉篇》，东华者，方诸宫名，东海青童君所居也，其中仙曹多斋戒，诵咏，刻玉书之。[3]

上文列了不少《黄庭内景经》的异称，该经是由扶桑太帝转辗传予青童君，再由青童传予世人。

扶桑太帝是上清派传经授道的七圣之一，也是上清派重要的神祇。通常上清经的传承，是由三清教主（元始天尊、玉晨大道君、太上老君）传三君（扶桑太帝君、天帝君、太微帝君），三君传西王母、中央黄老君、后圣金阙帝君；后圣金阙帝君再传上相青童君。青童君传世上学道应仙之人，如涓子、西城王君、茅君、王褒、魏华存等人。这样的传经方式，说见《上清玉帝七圣玄纪回天九霄经》[4]及《上清七圣玄纪经》[5]。

---

[1] 《黄庭内景玉经》，见《正统道藏·洞玄部·本文类·人字号》，新文丰出版公司刊本，第 10 册，第 112 页下。

[2] 有关扶桑太帝与《黄庭内景经》的关系，详见笔者《扶桑太帝东王公信仰研究》第四章，新文丰出版公司，2009 年 10 月版，第 192 页至 206 页。

[3] 《太平御览·卷六百六十七·道部九·斋戒》引。

[4] 《正统道藏·正乙部·既字号》，新文丰出版公司刊本，第 57 册，第 147 至 163 页。

[5] 《正统道藏·正乙部·承字号》，新文丰出版公司刊本，第 56 册，第 804 至 805 页。

扶桑太帝及青童君二神皆居东方碧海中，于是到了南宋，道徒逐渐把扶桑大帝视为天地水三界中，司掌水界，主司水帝、龙王等水神的主要神祇；并把扶桑太帝和东王公神格离析为二：一在天界（东王公），一主水界（扶桑太帝）。更由于扶桑大帝东王公和青童君所在处太多的相似，二者住处皆在东方碧海中，皆是上清经道经道法的主要传授神祇，皆主司命，皆称为“东华”；虽然东王公和青童君，此二者在东晋道经中原是不同的二神，但由于太多的共同点，至宋元后，道徒逐渐把祂们合为一神，同时也把较后起的东华帝君，看成同一神祇之异名；于是在南宋道经中，东王公、青童君、东华帝君三者误合成一位神祇，南宋道书宁全真授、林灵真编《灵宝领教济度金书》，宁全真授、南宋王契真纂《上清灵宝大法》，金允中《上清灵宝大法》，留用光传授、［宋］蒋叔舆编撰《无上黄箓斋立成仪》，吕元素集成《道门定制》等等，皆称之为“东华木公上相青童君”“东华木公青童帝君”。元世祖至元六年（1269 年）诏书，封赠为“东华紫府少阳帝君”，明清时的道书《太上无极苍墟东华王公木父宝忏》称之为“东华大司命少阳帝主王公木父天尊”，上述南宋后所见的道典，都是将木公（东王公）、青童君和东华帝君相合为一神；而东王公（木公）和扶桑太帝，则被误分为二神。详细论说，请见笔者《扶桑太帝东王公信仰研究》《第一章　绪论：男仙之首、元阳祖气、日君神格的东王公及其神格转变》[1]。

南宋道教经典中的东华木公青童君，是由东华木公和青

[1] 萧登福：《扶桑太帝东王公信仰研究》，新文丰出版公司，2009 年 10 月版。

童君二神，在南宋时被道士误合而成为一神。魏晋南北朝上清派道典中，东华木公，即是扶桑太帝东王公，和西灵金母西王母，是神格相对的男女二仙。青童君也称东海上相青童君，是后圣金阙帝君的上相，其地位远低于扶桑大帝。

（二）全真教与扶桑太帝之关系

全真教的代表人物有五祖七真之说。全真教五祖为：东华帝君、钟离权、吕纯阳、刘海蟾、王重阳。七真为王重阳七位大弟子，依序为：马钰、谭处端、刘处玄、丘处机、王处一、郝大通、孙不二。王重阳为全真教之创始人，而王重阳则往上追溯该派之师承来源，以为全真教派为东华帝君所传。由太上老君传西王母，西王母传东华教主。

［元］彭致中编《鸣鹤余音》卷三收有题名王重阳撰的《满庭芳》词云：

> 汝奉全真，继分五祖，略将宗派称扬。老君金口，亲付与西王，圣母赐东华教主。东华降，钟离承当，传玄理，富春刘相，吕祖悟黄粮。 ？登仙，弘誓愿，行缘甘水，复度重阳。过山东游历，直至东洋。见七朵金莲出水，丘刘谭马郝孙王。吾门弟，天元庆会，万朵玉莲芳。[1]

上引王重阳这首词，说全真教出自老君传西王母与东华教主，再传钟离权、吕纯阳、刘海蟾、王重阳及七真，基本上和后来南宋末李简易《玉豁子丹经指要》中《混元仙派之图》传

---

[1] 《正统道藏·太玄部·随字号》，新文丰出版公司刊本，第 40 册，第 819 页下。

承表所说相近[1]，应是李简易所据以列表的资料来源，文中刘相（海蟾）摆在吕祖前，是为了词的格律而使然。

又，《重阳真人授丹阳二十四诀》说：

> 丹阳又问："何者为三命？"祖师答曰："《黄庭经》云：存精是元始天尊，存神是太上道君，存气是太上老君，名曰三命也。然后再寻三命，枉费工夫。神气相同，太上再留方便之门，转化人道常有也。在三者，东华帝君是心也。化十方诸灵，大帝是肾也。除此外不可寻也。"[2]

上文中引到了《黄庭经》，但所引的文字，不见于内外景《黄庭经》中，当是彼时以《黄庭经》为名的内丹书，并不是一般所认知的内外景二部《黄庭经》。文中"化十方诸灵"的大帝，疑是玉皇。三清为精、气、神，东华帝君为心，大帝为肾，说明了内丹修炼不外于炼化精、气、神，及使坎（肾）、离（心）之阴阳二气交媾。

王重阳《满庭芳》及《重阳真人授丹阳二十四诀》中的东华教主、东华帝君，以其由太上老君传西王母、传东华教主看来，应是指扶桑太帝东王公，至南宋后被误合而成为东华木公青童君。

王重阳的弟子玉阳子王处一（1142 年 – 1217 年），即以为东华帝君是东华木公青童君，简称青童君。王处一《云光

---

[1] 李简易撰《玉谿子丹经指要》三卷，编纂于宋理宗景定五年（1264 年），收入于《正统道藏·洞真部·方法类·称字号》，新文丰出版公司刊本，第 7 册，第 67 页至 94 页。

[2] 《中华道藏》，第 26 册，第 392 页下至 393 页上。

集·卷三·吟》云：

《青童吟》：寂寂寥寥一醉中，萧萧洒洒喜颜红；清清静静全真理，默默虚虚守内容。细细绵绵吞紫瑞，澄澄察察饮霞风。盈盈聚聚天光结，杳杳冥冥立祖宗。遇遇遭遭超彼岸，端端的的话真空。灵灵俏俏仙家乐，喜喜欢欢度岁丰。[1]

王处一《云光集·卷三·吟》：

《教授吟》：师游东海道方行，从此玄门日日兴。至教人天扶圣化，法言空外契黄庭。壶中密炼全今古，斡运璇玑宇宙清。气化本源无漏体，神真一点碧霞精。冲开玉藏通三宝，放出圆光射五明。[2]

王处一系王重阳弟子，为七真之一。《青童吟》诗中似乎可以看出全真派的吐纳内丹修炼法门，出自青童君，所以有"清清静静全真理，默默虚虚守内容。细细绵绵吞紫瑞，澄澄察察饮霞风"之说，而由"杳杳冥冥立祖宗"，更可以看出王处一是以青童君为教派第一祖。又，《教授吟》说："师游东海道方行，从此玄门日日兴。"一方面解说王重阳在山东传道，一方面也可解说全真教源出东华木公青童君，东海为青童君所居处，和青童君关系至为密切。

青童君，又称方诸东宫东海青童大君[3]、始生青真东华

[1] 《中华道藏》，第26册，第674页中。

[2] 《中华道藏》，第26册，第674页下。

[3] 《皇天上清金阙帝君灵书紫文上经》第1页云："方诸东宫东海青童大君，清斋于灵榭丹阙黄房之内三年，时乘碧霞三灵流景云舆，建带飞青翠羽龙帔，从桑林千真，上诣上清金阙，请受《灵书紫文上经》。"（《正统道藏·洞神部·本文类·仿字号》，新文丰出版公司刊本，第19册，第61页下）

玉宝高晨大司马上相青童君[1]、东华方诸宫高晨师玉保王青童君[2]、九微太真玉保金阙上相太司命高晨师东海青童君[3]、方诸青童君、东华青童君、青君，详见笔者《扶桑太帝东王公信仰研究》第七章《青童君之职司、传经及其与扶桑太帝之关系》[4]。王处一的《青童吟》，以青童君为创教主，青童君即是东华帝君。

又，[元]秦志安《金莲正宗记·卷五·玉阳王真人》说王处一"七岁遇东华教主，授以长生久视之诀"。[5]再加上王重阳词中的东华帝君等文字看来，王重阳、王处一的东华教主即是东华帝君，也是"杳杳冥冥立祖宗"的青童君。青童君在南宋道经中被称为"东华木公青童君"。汉魏南北朝时，青童君原和木公（扶桑大帝东王公）为不同之二神，但至南宋被误合为一，虽取名为"东华木公青童君"，或简称青童君，但其主要神格则以东华木公（东王公）为主，全真派所倚重的《黄庭经》，即为扶桑太帝东王公（木公）所传。

有关黄庭经对全真教的影响，请见笔者《全真三祖考略及其修行法门研究》第一篇《全真教初祖东华帝君考略——兼论东华木公与东华帝君之关系》及第四篇《东华帝君所传〈黄庭

[1] 见《太上洞玄灵宝真文要解上经》所言向东祈请诸神中有"始生青真东华玉宝高晨大司马上相青童君。"（《中华道藏》，第4册，第93页下）

[2] 见《上清大洞真经》第三十四章。

[3] 《上清七圣玄纪经》，见《正统道藏·正乙部·承字号》，新文丰出版公司刊本，第56册，第804页805页上。

[4] 萧登福：《扶桑太帝东王公信仰研究》，新文丰出版公司，2009年10月版。

[5] 《中华道藏》，第47册，第49页中。

经〉对唐宋内丹修炼法门的影响》。[1]

六、结语

《黄庭经》沿承周秦之修炼法门，有恬淡寡欲、清静无为之养神法，及引气行身、存思内神、吸食天地日月精气、坎离交媾等养形法。

《黄庭外景经·中部经·作道章第十》将养神称为“养性”，养形称为“养命”。［东汉］魏伯阳《周易参同契·务在顺理章第八十九》沿承养性、养命之说。［隋］苏元朗《龙虎金液还丹通玄论》、［唐］吕洞宾《敲爻歌》将二者称之为修性、修命。宋元以下，金丹修炼，皆沿承隋唐修性、修命之说，以为二者不宜偏废，称为性命双修。

《黄庭经》在内丹方面，以黄庭为修炼处，以坎离二气为修丹之原料，藉由意念为媒介，媒合坎一离二之气，使聚于中土，相结合成金丹，其说对汉代内丹说有深远影响。东汉《周易参同契》“子午数合三，戊己号称五，三五既和谐”的说法，即是源自《黄庭经》的“三五合气要本一”。旨在以戊己土（意念）媒合坎水、离火阴阳二气，使之交媾成丹。

又，《太上黄庭外景玉经·下部经第三·昼日章第十七》说：“经历六府藏卯酉，转阳之阴藏于九。常能行之不知老。”旨在说明坎离阴阳所藏位置及经行方向，坎水阴气由北方向酉西行，离火阳气由南方向卯东旋转，酉金卯木，金木相

---

[1] 萧登福：《全真三祖考略及其修行法门研究》，香港：青松出版社，2018年6月版。

克，转而交媾相合。《周易参同契》也有“子当右转，午乃东旋”，坎水西行至酉金之位，离火东行至卯木之位，卯东（木德）、酉西（金刑），龙虎刑德并会，相见欢喜之说。

《黄庭经》内丹坎离交媾说，除影响《周易参同契》外，对金代全真教派也有深远影响。《黄庭经》以黄庭为修真聚气处，以为黄庭在脐后两肾前之中间位置，全真教派更把黄庭的位置具体化，确切说明黄庭是在脐后一寸三分之处，全真教派以黄庭为玄关一窍，是金丹安炉立鼎之所。

全真教派除以黄庭为修丹处外，并重视《道德经》《黄庭经》《黄帝阴符经》等道书，同时也把传授《黄庭内景经》的扶桑大帝，视为全真教派的创始人，是全真五祖的第一祖，称之为东华青童君，或东华帝君。

今日道教最大的两大教派，分别为：正一派、全真派。此两大教派，皆深受《黄庭经》的影响，东汉时正一派以《黄庭外景经》为该派之教典；而金元的全真教则以《黄庭内景经》之传经神祇扶桑太帝（南宋后称为东华青童帝君）为该派的创立者。

第三章
《黄庭经》对东晋上清派存思身神及服食天地日月精气法门的影响

摘要

服食天地日月五星精气，属于服食外气，为大自然本有的精气。而存思身神，则是服食自身所本有的精气，属于服食内气。二者之修行法门有别，皆见于《黄庭经》，原应分别来说明，但魏华存把《黄庭经》授予杨羲，东晋上清派受《黄庭经》的影响，把存思内神与服食天地日月精气，都变成了该派的主要修行法门，因而本文以上清派之修行法门为主，将服食外气的天地日月五星精气，和服食体内精气的存思身神法门相结合来论述。

《黄庭经》的服食天地日月五星精气，原只是服食精气，其后发展成五芽法及飞奔日月的郁仪结璘法门。《黄庭经》的存思内神以积累精气，原只有存思身神与导引行气相结合，至上清派而更加上诵念经文、咒语及佩带灵符，如《上清大洞真经》所见，成为一个有完整科仪的修行法门。

一、《黄庭经》存思身神的引气行身法门

《黄庭经》存思身神，内景、外景两部皆有，一方面存思身神，一方面引气行身，这样的修行法门，其后形成了东晋上清经派的主要修行方式。

身神，是指人身中各部位皆有神祇镇守，各有形貌、衣饰及名讳称号，以其在身中，所以称为身神或内神。《黄庭经》所提到的身神有黄庭、泥丸、中丹田、下丹田、脾神、五脏神等神，除存思外，并加以引气循行身内各处。今举数例于下：

《太上黄庭外景玉经·上部经第一·中池章第三》：

> 中池有士衣赤衣，田（横）下三寸神所居。中外相距重闭之，神庐之中当修治。玄膺气管受精府，急固子精以自持。[1]

此章先述中丹田绛宫之守宫神祇，而绛宫之下为横于双肾上的脾脏，其下三寸为黄庭宫神祇所居。严守黄庭宫内外，不使精气外泄。修行者须整治鼻孔毛，使呼吸顺畅，并对舌根下玄膺穴及喉管等精气产生及运行之所，加以固守，以维护自身，使积精养气而久寿。

以上是存思中丹田绛宫的神祇，并由此引气行身，下及脾脏、双肾、黄庭，气由鼻间进入，经舌喉而下至黄庭。而与此章文义相近者，为《黄庭内景玉经·中池章第五》：“中池内

---

[1] ［唐］梁丘子：《黄庭外景玉经注》，见《修真十书》卷五十八，自《正统道藏·洞真部·方法类·重字号》三家本，，第 4 册，第 870 页中下。底下引《黄庭外景玉经》同此，不另作注。又，《黄庭内景经》版本有多种，文字参差，本文所用《黄庭经》内景、外景文字，系采用笔者校注之《黄庭经古注今译》（香港青松出版社）本子，后文同此，不另作说明。

神服赤珠，丹锦云袍带虎符。横津三寸灵所居，隐芝翳郁自相扶。”又，《黄庭内景玉经·天中章第六》说：“舌下玄膺生死岸，出清入玄二气焕，子若遇之升天汉。”亦由外景此章所衍生。

《黄庭经》中这样的修行法门甚多，如《太上黄庭外景玉经·上部经第一·宅中章第四》：

> 宅中有士常衣绛，子能见之可不病。横立长尺约其上，子能守之可无恙。呼噏庐间以自偿，保守完坚身受庆。

此章先述面宅中的口舌神，能存思亲见，可以无灾病。其次存思横立在胃上的脾神，也能使我们消除病患。再藉由鼻孔间呼吸吐纳，自己补偿自身元气，可以使身体完固坚康，自得吉庆。与此章内容可以相参看者为：《太上黄庭内景玉经·天中章第六》：“宅中有真常衣丹，审能见之无疾患，赤珠灵裙华蒨粲。舌下玄膺生死岸，出清入玄二气焕。子若遇之升天汉。”

又如《太上黄庭外景玉经·上部经第一·明堂章第七》：

> 明堂四达法海源，真人子丹当吾前。三关之中精气深，子欲不死修崑仑。绛宫重楼十二环，琼室之中五色集。赤城之子中池立，下有长城玄谷邑。

其文义为：脑部明堂宫，四面通达，是精气运行的源头。存思明堂宫有真人名叫子丹，显现在我的面前。人身三丹田中积累深厚的精气。如果你想要长生不死，便要修行脑部泥丸宫长生法门。（从泥丸引精气而下，）经过喉管十二节，再至绛宫心脏。脑部诸宫室中，会集了五色云气，泥丸赤子站立在城池的中央。引气往下，有环绕腹部的小肠、大肠（长城、邑），有两肾（玄谷）。

此章先述头部第一宫明堂宫，也是精气运行始源。其次论述修行法门，在于由深厚精气所在的三丹田着手。先由泥丸宫经明堂、下喉管至绛宫心脏。泥丸下引之精气，再往下运行，经过大小肠至两肾。两肾是精气产生之所，对于男女房中术要加以谨慎，固守精气。然后藉由鼻孔之吐纳及三丹田之运行，可以涵养生命，使三丹田灵妙，而心里安舒平和。

与此章内容相近，可以相参看者为：《太上黄庭内景玉经·灵台章第十七》："明堂金匮玉房间，上清真人当吾前。黄裳子丹气频烦，借问何在两眉端。内侠日月列宿陈，七曜九元冠生门。"

以上所见《黄庭经》除存思身神外，并运用引气行身的法门来修行。《黄庭经》这一类的例子甚多，它的修行法门，后来被东晋上清派所吸收，成为该派的主要修行法。《黄庭经》外景、内景两部皆言及身神，而《黄庭内景经》所言的身神更多，如《黄庭内景经·至道章第七》云：

> 至道不烦决存真，泥丸百节皆有神。发神苍华字太元，脑神精根字泥丸。眼神明上字英玄，鼻神玉垄字灵坚。耳神空闲字幽田，舌神通命字正伦。齿神崿锋字罗千，一面之神宗泥丸。

人身中百节皆有神，有脑部九真、三部八景廿四真，以及发、脑、眼、鼻、耳、舌、齿等身神名讳，以存思、咽津、引气、吐纳等法来行修炼。

二、东晋上清派存思身神法门

上清派创立于东晋哀帝兴宁二年，由杨羲、许谧以降真的方式来传经，以魏华存为第一代太师，《太平广记·卷五十八·魏夫人》说魏华存曾为《黄庭内景经》作注，［梁］陶弘景《登真隐诀》卷下有诵《黄庭经》法[1]，可见上清派和《黄庭经》关系密切。

上清派的修行法门，是以存思人身内神为主，配合引气行身、诵经、书符、念咒等形式来进行。存思修炼的主要法门，首推以混合身中众神凝成道体的守“帝一”法门为最崇高；其次为存思脑部九宫的守“雄一”“雌一”；其次为存思泥丸、绛宫、命宫三丹田的“守一（或称守三一）”。上清经原始经典约有三十一卷，而以《大洞真经》《五老雌一宝经》《素灵大有妙经》为最主要的经典。

上清派的修行法门在存思内神及引气行身，今以上清经三十一卷首经《大洞真经》为例。

《上清大洞真经》，文分三十九章，系三十九位道君撰述修炼之方，分述人身三十九部位之不同守气尊神名讳、存思、运气方式；内有祝（咒）语及灵符。道教的“存思”，即是佛教所说的“观想”。乃是想象经文中神祇之法相、服饰、法器、能力等等，以其能力，助吾人修持。其方式是依次观想人身三十九部位的守气尊神，观想其名讳、气色、服饰、形状及人数等；想象这些神祇放出各色之光气，罩住吾身，并由修

[1] ［南北朝］陶弘景：《登真隐诀》，引自《正统道藏·洞玄部·玉诀类·逊字号》，新文丰出版公司，第11册，第348页上至350页上。

行者之身（称为“兆身”[1]）上，依次进入身中；在吾身中运行，并且守住吾身舌下、泥丸、腋下、喉中等三十九气门。使死气常闭，生气遍身，“六津调满，生根深密”。更藉着吐纳、诵咏“玉洞经文”、咒语，与佩带灵符，而使其作用臻于完善。道教徒以为藉由此法炼形，可使修行者“体有金光，面有玉泽”，可使“万魔不入，百神受灵”[2]。

《大洞真经》的修炼次第，在存思修炼三十九章之后，接着存思“此百神变成白气，混沌如白云之状”进入吾身遍转而出，并存思此百神所成的“紫云之气乃徊转，更相缠绕，忽结成一真人男形，如始生小儿，身长四寸，号曰大洞帝一尊君，名父宁在，字合母精延，守兆死关。众神徊风混化，共成此帝一君”。帝一吐气入吾身中，便“觉身体轻清，精神开爽”。由此可知《上清大洞真经》最终的目的在修炼“帝一”，其法是先存身中三十九章众神，再使人身诸神混合为“帝一”，并吐徊风之气入吾人身中，使身生变化。此为最高修炼法门，修行得法，足以登升上仙。

上清经派既是以观想身内神祇为主，所以上清经中所出现的内神名讳，极多极细，几乎已到全身各部位（发、肤、骨、血、脏、腑、头、腹、足），从头顶至脚底等等，皆有身神存在及主宰的地步。这些身神，各有形貌、衣饰、名讳、职司。

有关上清派的身神叙述及修行法门，详见笔者《六朝道教

[1] 道教将诵经者、修行者、或上章禀告神明者，都称为“兆”或“小兆”。

[2] 引文见《上清大洞真经》。

上清派研究》[1]。

三、《黄庭经》服食日月精气的法门

《楚辞·远游篇》："餐六气而饮沆瀣兮，漱正阳而含朝霞。保神明之清澄兮，精气入而粗秽除。"［东汉］王逸注云："餐吞日精，食元符也。《陵阳子明经》言："春食朝霞：朝霞者，日始欲出赤黄气也。秋食沦阴：沦阴者，日没以后赤黄气也。冬饮沆瀣：沆瀣者，北方夜半气也。夏食正阳：正阳者，南方日中气也。并天地玄黄之气，是为六气也。"

餐食天地日月等精气之说，在周朝已存在。《黄庭经》沿承其说，并下开汉魏六朝餐食五芽天气及郁仪结璘飞奔日月法门。今先将《黄庭经》和服食日月精气相关章节列述于下。

《黄庭外景经》谈到了藉由呼吸吐纳来服食日月五星之精气，原仅是单纯的服食精气而已，但到了《黄庭内景经》时，则由服食日月精气，更进而存思日中五帝，飞奔日月与日神月神同游的郁仪、结璘法门。

○《太上黄庭外景玉经·中部经第二·出日章第十二》：

出日入月是吾道，天七地三回相守。升降五行一合九，玉石落落是吾宝。子自有之何不守？

上文，出入，是指呼吸吐纳；天七，是日月五星；地三，是指人之精、气、神。［唐］梁丘子注："天有七星，地有三精，元气回行，无穷极也。"此章是说：以呼吸之出入配合存

[1] 国立编馆主编，萧登福：《六朝道教上清派研究》，台北：文津出版社，2005年11月版。

思，服食日月精气，是我的修行法门。天上有日月五星先天之气，地上人身有精气神三者，藉由呼吸使日月星之气在身中循回运行，相互持守。日月精气在身中升降进退，须依五行生克相配，以守一之法配合八卦九宫来施行。像玉石般的精气，都是我的宝贝。是你自身所拥有的（精气神），为何不去固守它呢？

此章叙述呼吸吐纳服食日月精气之法，天上日月五星所施放的精气，进入我们身中，在身上升降进退，储存于身里，成为我们的宝物，应加以牢守。

《黄庭外景经》仅是叙述吸食日月五星之精气，并没有谈到飞奔日月，但到《黄庭内景经》，则开始出现飞奔日月的郁仪结璘法，并加入了观想日中五帝的修行法门。

《太上黄庭内景玉经·高奔章第二十六》云：

> 高奔日月吾上道，郁仪结璘善相保。乃见玉清虚无老，可以回颜填血脑。口衔灵芒携五皇，腰带虎箓佩金珰。驾欻接生宴东蒙。[1]

文中的郁仪，是服食日精及奔登于日，和日神同游。结璘，是服食月精，奔登于月，与月神同游。《太上玉晨郁仪结璘奔日月图》说：“郁仪引日精，结璘致月神。”[2]［宋］李思聪《洞渊集》说：“日魂吐九芒之气，光莹万国，日名郁

---

[1] ［唐］梁丘子：《黄庭内景玉经注》，见《正统道藏·洞玄部·玉诀类·推字号》三家本。底下引《黄庭内景玉经》同此。又，本文所用《黄庭经》内景、外景文字，系采用笔者校注之《黄庭经古注今译》本子，后文同此，不另作说明。

[2] 《太上玉晨郁仪结璘奔日月图》，见《正统道藏·洞玄部·灵图类·国字号》，新文丰出版公司，第 11 册，第 473 页下。

仪……月魄常泛十华之彩，光莹万国，月名结璘。”[1] 郁仪为日名，结璘为月名，因此有关日月修炼法门，常以郁仪、结璘为称。

文中的“五皇”，以上清派道典来看，是指日中五帝。此章之文义为：高入天界，飞奔日月，是我修行中的上法。用奔日的郁仪法及结璘的奔月之法，吸食日月精气，善加保卫自己。于是可以升天晋见玉清境中的仙圣。可以转变衰老容颜，可以填补血液及脑中精气。口中含着日月光芒，携手日中五帝共同遨游。日月诸神，腰间佩带神虎符箓及流金火铃。随着日神接生驾御疾风，到东蒙仙山去赴宴。

又，《太上黄庭内景玉经·上睹章第十六》云：

上睹三元如连珠，落落明景照九隅。五灵夜烛焕八区，子存内皇与我游。身披凤衣衔虎符，一至不久升虚无。方寸之中念深藏，不方不圆闭牖窗。三神还精老方壮，魂魄内守不争竞。神生腹中衔玉珰，灵注幽阙那得丧。琳条万寻可荫仗，三魂自宁帝书命。

此章文义为：抬头上看日月星，像珠子般相连成串。璀璨明亮的光芒，照耀着大地各个角落（存思日月星光芒璀璨明亮，辉映洞照我全身各处）。灵妙的五行星，夜间光芒洞照八方各地（存思金木水火土五星，光明映照我全身）。你要存思镇守三光五星的神祇，观想星神和我同游。身上披着绣有龙凤形状的衣服，佩带着神虎符箓。专一存思，不久便能进入虚无的玄妙境界。在一寸见方的下丹田宫，以意念将精气谨密存藏

[1] ［北宋］李思聪：《洞渊集》，引自《正统道藏·太玄部·和字号》，新文丰出版公司刊本，第 40 册，第 233 页。

其中。不静止如方物，不动转如圆物（不妄动静），谨闭口目耳等门窗，使精气神不外泄。还返精气于三丹田，能使衰老的身体变成正强壮。向内固守魂魄，使不离散，不相竞扰。下丹田腹内自生神祇，神祇佩带流金火铃（或译“玉珠”），大放光明。心念凝注在两肾间（黄庭处），人哪会夭丧？琳树枝条高八万尺（喻身中之精气密茂高巍），可以荫庇吾身，可以依仗以成真。三魂自能安宁不远游，天帝登录名籍升天界。

上文中的三元，是指日月星三者。五灵，五颗灵妙的五行星，指金、木、水、火、土五星。内皇，指镇守日月五星之神祇。此章首述修炼日月星三光及金木水火土五星之法。存思光芒洞照全身，观想三光五星中之内皇与我同游，然后存思精气还返三丹田，魂魄内守，名登仙籍。

两部《黄庭经》相比较，外景较质朴，仅叙服食日月五星精气之法。《黄庭内景经》则进而飞奔日月，与日月神同游。上清派的郁仪奔日、结璘奔月等飞奔日月法门，以及吸食日月五星精气之法，皆是由《黄庭内景经》而来。详细论述，请见笔者《六朝道教上清派研究》第八章[1]。

四、汉魏六朝服食日月五星精气之道典

在服食日月精气上，《黄庭外景经》仅提及服食日月五星精气。至《黄庭内景经》，而有观想日中五帝及飞奔日月的郁仪、结璘法门。由于魏华存以《黄庭内景经》及上清经三十一

[1] 萧登福：《六朝道教上清派研究》，台北：文津出版社，2005 年 11 月版。

卷授杨羲，于是《内景经》的说法，在魏晋南北朝，开始流行。但服食日月五星精气的道典，在汉代除《黄庭外景经》外，另有《太上灵宝五符序》，这二经方法相近。而六朝上清派这类的道典甚多，如：《上清八素真经服日月皇华》《上清太上帝君九真中经》卷下、《上清太上九真中经绛生神丹诀》《太上玉晨郁仪结璘奔日月图》《上清黄气阳精三道顺行经》《皇天上清金阙帝君灵书紫文上经》《洞真上清青要紫书金根众经》等，上清派的道典，都已受《黄庭内景经》的影响了。

上述诸经，《太上灵宝五符序》中所言服食日月星精气之法，尚保留周秦及《黄庭外景经》吞服精气之说，其撰作年代应在《黄庭外景经》之后，《黄庭内景经》之前。《黄庭内景经》及上清经，则除吞服日月星精气外，更进而推演成奔登日月星辰，与诸帝神同登共游，以此而成仙不死。

上清派诸经中，其法门又较《黄庭内景经》为详尽。大抵以观想日中五帝、月中五帝夫人、日魂、月魄为主。略述于下：《洞真太上八素真经服食日月皇华诀》所观想者为日中五帝、月中五帝夫人，未详载日月帝神姓氏。《上清太上帝君九真中经》详细叙述日中五帝姓氏名讳，所穿衣冠形色；并说吞食日精奔日法时，除存思日中五帝外，须存思“月中夫人之魂精内神，名暖萧台摽。右月中魂配五帝”。而吞食月精奔月法，除思五帝夫人外，须以日中五帝魂相配，即“日中五帝魂内神，名珠景赤童。右日魂配月五夫人”。颇可看出是以日月相互为主辅来行修炼。

《皇天上清金阙帝君灵书紫文上经》所观想者，亦为日中五帝、月中五帝夫人、日魂、月魄，并诵念日魂、日中五帝字所成的十六字咒语，所谓“日魂朱景，照韬绿映，回霞赤童，玄炎飚像”。月魄、月中五帝夫人讳字所成的二十四字咒语：“月魄暧萧，芬艳翳寥，婉虚灵兰，郁华结翘，淳金清荧，炅容台摽。”《皇天上清金阙帝君灵书紫文上经》和《上清太上帝君九真中经》卷下的观想日中五帝及月中五帝夫人、日魂、月魄，基本上相近，而仪法略有不同。而《洞真上清青要紫书金根众经》《上清洞真天宝大洞三景宝箓》等等，所行所观想者，大都不外于此。但《上清洞真天宝大洞三景宝箓》在日中五帝之上又加入了日中赤气上皇；月中五帝夫人之上，加入了月中黄气上皇神母。于是日中赤气上皇成为日中最高神祇，月中黄气上皇神母，则为月中最高神祇。

修炼奔日奔月法门所存思之神祇，据《上清众经诸真圣祕》卷五《修真祕旨·奔日、奔月法》所见，日中大神依次为：日中赤气上皇真君，其次为日中五帝（日中青帝、日中赤帝、日中黄帝、日中白帝、日中黑帝），日魂。

月中之大神依次为：月中黄气上皇神母，其次为月中五帝夫人（月中青帝夫人、月中赤帝夫人、月中黄帝夫人、月中白帝夫人、月中黑帝夫人），月魄。

此外，又有“日中司命，接生君，字道灵。常守兆左手通真之户，死气之门”[1]“月中桃君，名方盈，字运梁。常守兆右手通真之户，死气之门”[2]。

以上是郁仪、结璘所存思的日月诸神。

---

[1] 《上清大洞真经》卷五第二十五章，引自《正统道藏·洞真部·本文类·荒字号》，新文丰出版公司，第1册，第830页。

[2] 见《上清大洞真经》卷五第二十六章。

修炼时所观想的五星星神名讳为：东方岁星（木星）始阳上真青皇道君，讳澄澜，字清凝；夫人讳宝容，字飞云。南方荧惑星（火星）丹火朱阳赤皇上道真君，讳维渟，字散融；夫人讳华瓶，字玄罗。西方太白星（金星）大素少阳白皇上真道君，讳寥凌，字振寻；夫人讳飚英，字灵恩。北方辰星（水星）太玄阴元黑皇道君，讳启喧，字精淳；夫人讳玄华，字龙娥。中央镇星（土星）中黄真皇道君，讳藏睦，字耽延；夫人讳空瑶，字非贤。

有关上清派服食日月精气及飞奔日月的郁仪结璘之法，详见笔者《六朝道教上清派研究》捌、三。

五、《黄庭经》对汉魏六朝服食五天五芽精气的影响

《黄庭经》有服食天气、地气之说，至汉魏六朝摒除地气不谈，并把天气分为五方天，称之为五芽。

（一）《黄庭经》中之服食天地精气法门

《太上黄庭外景玉经·中部经第二·心晓章第十三》云：

> 心晓根基养华采，服天顺地合藏精。七日之五回相合，昆仑之山不迷误。九原之山何亭亭，中有真人可使令，蔽以紫宫丹城楼，侠以日月如连珠，万岁昭昭非有期。外本三阳神自来，内养三神可长生。魂欲上天魄入泉，还魂返魄道自然。

上文的昆仑，指人体中的泥丸宫。全章文义为：心中明晓修道根源所在，便能涵养自己，使身体华丽光泽。服食上天精

气，顺着大地生物法则，配合天地将精气存藏于身中。脑部之山泥丸宫，为何那么地高耸直立？泥丸宫室中住有镇宫真人，可以差遣祂。（体内元阳在三丹田中，可令人长生。）七日之中，五脏精气回转运行，相互契合成一体。精气上往脑部泥丸宫，不会有所迷失错误。（泥丸之神）隐藏在紫色宫殿赤色城池的楼阁中。双眼像日月，如珠子般相连成串，夹辅在泥丸宫两旁。（两目神光）万年朗照，没有休止之期。对外以自己下临的日月星精气为修行根本，对内涵养体内的三丹田之神，可以获得长生不死。魂神想要上升天界，魄鬼想要沉沦地下渊泉。（拘魂制魄）让魂魄返归身体不远离，自然可以成就大道。

此章旨在论述服食上天精气法门，使其和身内五脏气相结合，并藉由泥丸宫及三丹田之运行，而得以长生。也说明魂魄之阴阳属性，要人拘魂制魄，而还归大道。

以上是《黄庭外景经》“服天顺地合藏精”的服食天地精气方法。

（二）汉魏六朝服食五方天气的五芽法门

《黄庭外景经》，只见服食天气，未见将天分为五方天；服食五方天气之五芽食气说，今所见较早的本子为《太上灵宝五符序》。芽为草木始生，五芽，指五方天始生之精气。五方天，指东、西、南、北、中五方天界。芽，有时写作“牙”。周朝时已有吸食天地日月精气之法。而天有东、南、中、西、北五方，主司五方天者为：青帝、赤帝、黄帝、白帝、黑帝五方天帝。五方天始生之气为五芽，“芽”字强调其始生，清纯无杂。

《太上灵宝五符序·卷下》皇人告黄帝守三一、食五芽之法。其法是观想法五方天各天气数（东九、南三、中一、西七、北五），向五方天服食五芽精气，以舌料齿牙上下内外而咽液吞气，所谓：“东方青芽：服食青芽，饮以朝华；已咒，舌料上齿之表，舐唇漱口，满而咽之，三次。”“南方朱丹：服食朱丹，饮以丹池；已咒，舌料下齿表，舐唇漱口咽之；三次。”“中央戊己：昂昂泰山，服食精气，饮以醴泉；已咒，舌料舌上玄膺，取玉泉，舐唇咽之，三次。”“西方明石：服食明石，饮以灵液；已咒，以舌料齿上，舐唇咽之。”“北方玄滋：服食玄滋，饮以玉饴；已咒，以舌料舌下，舐唇咽之；三次；毕。”[1]服食五方天气，可以达到不饥不渴，仙女下临供己使唤，护卫修行者身。

《太上灵宝五符序》而后，东晋灵宝派道经《太上洞玄灵宝赤书玉诀妙经·卷下·元始赤书服食青牙导引九气青天玉诀》据此而衍增，所述又较详尽。而上清经谈到服食五方天气者，当属魏华存所传的《太极真人服四极云牙神仙上方》和西王母传的《洞真太上青牙始生经》。《太极真人服四极云牙神仙上方》，其说基本上是仿自《太上灵宝五符序》，以存思五方天气，及以舌料齿唇吞服津液为主，依然服食东方青牙、南方朱丹、中央戊己、西方明石、北方玄滋五气，只是所诵之咒语及仪法略有不同。

[1]　《正统道藏·洞玄部·神符类·衣字号》，新文丰出版公司，第10册，第762页、763页。

（三）由服食天气而衍生的不饥不渴修行法门

《黄庭外景经》有勉人食气而不食五谷的章节，其法和服食天地之气无关，到了《太上灵宝五符序》及《黄庭内景经》，开始变成以服食五方天五芽之气，来达到不饥不渴的目的。今略举一二于下。

《太上黄庭外景玉经·下部经第三·中有章第十五》：

仙人道士非有神，积精所致为专年。人皆食谷与五味，独食太和阴阳气。故能不死天相既。

此章强调服气的重要。太和，是最冲和之气，此气为阴阳谐和所成。全文在说明：仙人道士，并不是天生即具有神仙的能力。由于积聚精气而能获得长享年寿。世人都吃食五谷和品尝五味。只有修道之人，独自服食最为冲和的阴阳调和之气。所以能够长生不死，和天地同年寿（相尽）。

又，《太上黄庭外景玉经·上部经第一·常存章第八》云：

常存玉房神明达，时念太仓不饥渴。

玉房，指三丹田宫神祇所住处。《太上黄庭内景玉经·常念章第二十二》作：“常念三房相通达。”太仓，指镇守胃部的神祇。

全句的意思是：常常存思三丹田宫室，使神祇精气相互往来通达；常常存思胃神，可以令人不饥不渴。

和《黄庭外景经》内容相近的为《黄庭内景玉经·仙人章第二十八》：“仙人道士非有神，积精累气以为真。”《太上黄庭内景玉经·百谷章第三十》：“百谷之实土地精，五味外美邪魔腥。臭乱神明胎气零，那从反老得还婴。三魂忽忽魄糜倾，何不食气太和精，故能不死入黄宁。”

《黄庭经》外景、内景，都在强调食气的重要，人食五谷，而五谷“五味外美邪魔腥。臭乱神明胎气零”，必须要食气才能长生。

《黄庭经》外景不饥渴之修炼法门，原本和服食五方天气无关，《黄庭内景经》一部分文字沿承外景之说，但也受到《太上灵宝五符序·卷下》的影响，开始和五方天气相连结。《太上灵宝五符序》之说已叙述于上。下文举《黄庭内景经》“存漱五芽不饥渴”之说于下。

《太上黄庭内景玉经·常念章第二十二》：

> 常念三房相通达，洞视得见无内外。存漱五芽不饥渴。[1]

常常存思三丹田之宫室，使精气相互通达往来。能存思使三丹田通彻朗明，才能看见没有内外之别、物我之分。存思并漱灌口中津液，服食五方精气，可以使人不再饥渴。

文中的“存漱五芽不饥渴”，是存漱五方天气。五芽，五方天始生精气。五方天，指东、西、南、北、中五方天界。芽，有时写作“牙”，此指始生之气。食五方天五牙精气之说，见载于《太上灵宝五符序·卷下》皇人告黄帝守三一、食五芽之法。《黄庭外景经》无“存漱五芽不饥渴”；《黄庭内景经》之说，疑亦是承自《太上灵宝五符序》而来。

不饥不渴原是服食五芽所带来的附属效果，但自《太上灵宝五符序》《黄庭内景经》而后，有的道典反而发展成以不饥

[1] 《正统道藏·洞玄部·本文类·人字号》，新文丰出版公司刊本，第10册，第110页下。

渴为修炼目的，称之为五厨法，五厨法是由五芽法演变而来。和五厨之说关系较密切的，当为《抱朴子·杂应篇》中所言不饥、不渴、不寒、不热的诉求。其后更有《老子说五厨经》[1]、《五灵心丹章》等以不饥、不寒、不热、不渴、长生五者，配合五方五天来行修仙的法门。五厨所标榜者为：不饥、不渴、不热、不寒、长生五者。五牙与五厨二者虽有别，但同为向东西南北中五方天，行服气之法，五厨应是源出于五牙。其后北周至隋初的达多罗及阇那崛多等奉诏译的《佛说三厨经》[2]，又乃是抄袭《老子说五厨经》一书而来。详见笔者《道家道教影响下的佛教经籍》壹贰、敦煌写卷斯二六七三号［隋］西国婆罗门达多罗及阇那崛多等奉诏译《佛说三厨经》一卷[3]。

六、结语

两部《黄庭经》都有服食外气与内气之法，外气为服食天地日月精气；内气为服食自身体内之精气。内气外气，皆藉由存思及导引来进行。《黄庭外景经》较质朴，在外气上，仅止于服食精气而已；在内气上，所述的身神名相较少。《黄庭内景经》原是阐释《黄庭外景经》之作，所以较详尽。不仅如此，《黄庭内景经》为上清派第一代太师魏华存所传，

---

[1] 《老子说五厨经》，自《正统道藏·洞神部·玉诀类·是字号》及《云笈七签》卷六十一，虽同样收录［唐］尹愔《老子说五厨经注》，但《云笈》本较详细，道藏本仅有偈文，无“东方”“南方”“北方”“西方”“中央”等字。

[2] 《佛说三厨经》，自《大正藏》，第 85 册，第 1413 页中至 1414 页下。

[3] 萧登福：《道家道教影响下的佛教经籍》，新文丰出版公司，2005 年 3 月版。

魏华存曾为该经作注，所以《黄庭内景经》对东晋上清派的影响较大。

《黄庭内景经》在服食自身精气方面，所存思的身神众多，以为泥丸百节皆有神，以为全身上下，连头发牙齿等皆有神（《黄庭内景经·至道章第七》）。

在服食外气方面，将天气细分为五天精气，称之为五芽法；在服食日月精气上，更有飞奔日月的郁仪结璘法门，如《太上黄庭内景玉经·高奔章第二十六》云："高奔日月吾上道，郁仪结璘善相保。"

《黄庭内景经》对上清派的影响较深，上清派即是依据《黄庭内景经》所说的来发展，有专门的经典论述修行法门，比原来的更加专精，更加详尽，除存思服食精气外，并配合诵咒、灵符等来进行。且在日月五星等精气上，除服气外，进而存思飞奔日月五星之上，与日神月神及五星之神同游，其中奔登日月之法较为繁琐，有一定的仪轨，奔日之法为郁仪，奔月为结璘，东晋上清派有不少这类的经典。

服食天地日月五星等精气，及服食自身体内精气，不仅可以使人飞升成仙，也可使有生命的动植物，依此来进行修炼。甚至没有生命的土石器物，也因天地日月精气长久照临，吸收了大自然的精气或秽气，而变化成为精魅物怪，或作福于人，或造祸于人。汉魏南北朝笔记小说，记载有情无情的物类，因吸收天地日月精气而能变化成人的精魅、物怪甚多。

笔者将有生命的飞禽走兽称为精魅，如老狸、老狗、老蝎、老鸡、老猪、老狐等，年久而成精者。将无生命的土石器物，如木槎、木杵、饭匙、扫帚、枕头、金、银、宝物等，日久而为怪者，称为物怪。精魅、物怪二者皆能幻化，能降福降祸于人。举例来说，动物之精魅，如［晋］干宝《搜神记·卷十七》所载的麋神度朔君，《搜神记·卷十八》的老狸精、白狗精、驿亭中的老蝎、老雄鸡、老母猪成为精魅、梁文家中的老羊神、老狐精，《搜神记·卷十九》的大蛇神；刘敬叔《异苑·卷八》所载的大蛇精，及和人相恋的白鹤女、牝猴精。

植物及土石器物之物怪，如［东汉］应劭《风俗通义·卷九·怪神·石贤士神》，载述石像被供奉为神；［晋］干宝《搜神记·卷十一》述大木槎为神，《搜神记·卷十七》载大树精、樟树精、梓树精为祟，《搜神记·卷十八》载张奋家中的金、银、铜钱、木杵皆幻化作怪；［刘宋］刘敬叔《异苑·卷八》载桃树精、赤苋精、石龟精、发髻怪、扫帚为怪。

汉魏六朝，笔记小说中所载的精魅物怪甚多，他们有的因造福于人，而被供为神，有的因作祟于人而被杀，有的和人类相恋，有的和人类为友。这些精魅物怪在汉魏六朝出现的特多，应和当时道教经典如《黄庭经》及上清经等强调服食天地日月五星之精气法门及服食自身精气之法门盛行有关。因而不仅人可以修炼成仙，动植物及草木土石器物等，也可以因吸收天地日月精气而变化为人，丰富了人间的情感生活。

第四章
《黄庭经》男女房中术对正一派黄赤之道及上清偶影说的影响

摘要

两部《黄庭经》皆有男女房中术的论述，其法门在男女交接时，配合存思神祇，及由鼻孔引气循行身体三丹田、黄庭等重要部位来进行，其目的在牢固精门，积聚精气。《黄庭外景经》影响东汉正一派的黄赤之道；《黄庭内景经》对上清派男女偶景说影响较多。道庙中传授房中术，始自东汉张道陵，自汉后，道教庙中公开传授房中术的情形，一直延续不断，到南北朝时依然存在。

孤阴不长，孤阳不生，男女房中正是阴阳平衡及和谐之道，也是万物生化之基。道教较重视房中说，以为下可治病，中可延年，上可修仙；自周秦以下，房中说之经典及修行法门，绵延不断。在宋末、明清时，甚至和内丹修炼说相结合在一起。房中术虽有其功能，但其弊病亦大，禁忌亦多，其甚者，易流于纵欲伤生，无益养生，因而也有不少反对者。

一、周秦及汉初房中术的发展背景

男女房中术，在周代已存在，《汉书・艺文志・房中》所载的房中八家为：《容成阴道》二十六卷、《务成子阴道》三十六卷、《尧舜阴道》二十三卷、《汤盘庚阴道》二十卷、《天老杂子阴道》二十五卷、《天一阴道》二十四卷、《黄帝三王养阳方》二十卷、《三家内房有子方》十七卷。此八家应该有一些是春秋战国等周朝人的著作，也应有汉代人的作品，可惜都已遗佚。

现存最早的房中术史料，为 1973 年在湖南长沙马王堆三号西汉墓出土的十四种医书，其中的《杂疗方》《十问》《天下至道谈》《合阴阳》《养生方》等，都与道教房中术有关。马王堆汉墓墓主葬于西汉文帝十二年（公元前 168 年），该批医书的撰成年代，有的应是在周秦。马王堆的这些房中书，相当重视性生活对身体健康及家庭生活的影响，以食补、食气、导引、性技巧等方式，来促使性功能恢复生机，使身体充满活力，并把它看做是医疗行为，公开来讨论，可以说是极富有正面的教育意义；虽也有久战不泄、求长生求仙之说，但瑕不掩瑜。

其后应为《黄庭外景经》所说男女房中术的修炼法门。《黄庭外景经》的撰作年代应在西汉宣帝前，刘向《列仙传》已提及。而汉代已有人在亲行房中术，刘向《列仙传・卷下・女丸》云：

> 女丸者，陈市上沽酒妇人也。作酒常美，遇仙人过其家饮酒，以素书五卷为质，丸开视其书，乃养性

交接之术。丸私写其文要，更设房室，纳诸年少饮美酒，与止宿，行文书之法，如此三十年，颜色更如二十时。仙人数岁复来过，笑谓丸曰："盗道无私，有翅不飞。"遂弃家追仙人去，莫知所之。玄素有要，近取诸身。彭聃得之，五卷以陈。女丸蕴妙，仙客来臻。倾书开引，双飞绝尘。[1]

刘向未说明女丸是哪朝代的人，她已亲行养性交接之术，而能使容颜如二十岁，不仅青春永驻，最后且弃家仙去。

以史料看来，由战国至西汉初，世人一直把房中术视为养生治病之方，甚至是神仙长生之术。刘向既记载女丸，其年代应在刘向前。

以上是周秦到西汉时期，房中术的修行情形，《黄庭外景经》产生在西汉初，自然也会有房中的修炼法门。

二、《黄庭经》藉由男女交媾、导引、存思来进行的房中修行法门

《黄庭经》外景、内景二部，所谈到的男女房中术，其施行细节，是要配合导引吐纳来进行，引气经行身体泥丸、丹田、黄庭等重要部位，甚且要存思（观想）身神及和生育相关的神祇，然后男女依次以身体部位相交接，相变换体位旋行，而至完成整个过程。其目的重在积精累气，使精气完满坚固，不以泄精失气之纵欲为主。

---

[1] ［西汉］刘向：《列仙传》，自《正统道藏·洞真部·记传类·字号》，三家本，第 5 册，第 75 页。

《太上黄庭外景玉经·下部经·璇玑章第十四》说：

> 璇玑悬珠环无端，玉户金籥身完坚。载地悬天周乾坤，象以四时赤如丹。前仰后卑各异门，送以还丹与玄泉，象龟引气至灵根。[1]

上文的名相，有些不易看懂，略做解释于下：璇玑，指北斗七星。玉户，指女性生殖器。金籥，指男性生殖器。

全文意谓：北斗像明珠相连，悬挂于空中；（引气行身）要像北斗运行般，循环运行，永无止息。似玉般的牝户（女户），黄金做成的锁匙（男根），男女房中阴阳开闭之事，要常令精气完满坚固。人被大地所载，有青天高悬于上，精气周流遍行于身体头部、腹部等全身之间。像四季一般循环不已，在体内结成赤红色丹药。前面高仰后面低下，人身内神宫室之门各异。将真气运送还归上丹田，再下送至口中为津液（或译：将真气运送还归上丹田，再下送至产生玄妙精水之两肾。）仿效灵龟呼吸，将真气引导至身中三丹田、黄庭等灵妙根源处。

此章首述行气宜如北斗，循环不已。男女在房中方面，宜贵存精气，并使精气运转全身，且宜仿效龟息，缓慢吐纳，引气深入三丹田。其房中修炼法门有男女交媾，有存思三丹田，有吐纳呼吸，及引气循行三丹田，积精黄庭。

与此章内容相近，可以相参看者，为《黄庭内景玉经·玄

---

[1] ［唐］梁丘子：《黄庭外景玉经注》，自《修真十书》卷五十八，自《正统道藏·洞真部·方法类·重字号》三家本，，第 4 册，第 874 页中下。但梁丘子注本原有讹误，参考王羲之抄本及内景经改，详见笔者《黄庭经古注今译》（香港青松出版社）。底下引《黄庭外景玉经》皆采自笔者校注本，不另作注。

元章第二十七》，文云：

> 玄元上一魂魄炼，一之为物叵卒见。须得至真始顾眄，至忌死气诸秽贱。六神合集虚中宴，结珠固精养神根。玉筤金籥常完坚，闭口屈舌食胎津。使我遂炼获飞仙。[1]

上文有不少名相，略述于下。玄元上一：玄妙元始，万物始源最高上的祖气；指元始祖气、先天元气而言。“玉筤金籥常完坚”，《黄庭外景经·下部经·璇玑章》作“玉户金籥身完坚”。玉户指女牝，金籥指男根。

其文义为：运用玄妙元始、万物始源最高上的祖气（元始祖气、先天元气），来修炼我们的魂魄。万物始源的先天祖气，这种东西，是无法在急忙仓猝间可以见得到的。须要契合至高的大道，才能看到作为始源的祖气。（修道时）最忌讳的是遇到死尸秽气等众多污秽低贱事物。存思主司心、肺、肝、肾、脾、胆等六腑的神灵，会集在脐后肾前的黄庭中宴聚。（存思身神会聚在脐后黄庭中虚处。）结成玄珠道体，牢固精气，培养元神的根源。美玉做的钥匙及黄金做成的门锁，男女房中阴阳开闭之事，要常令精气完满坚固。闭口，舌抵上颚，以胎息之法，咽食津液元气。于是使我完成修炼，获得成为飞升天界的仙人。

此章首述以玄妙祖气修炼魂魄之法，除服食先天祖气外，大道清静，须忌诸殗秽，存思诸神集中在黄庭中虚处，固精养神而得玄珠，也须慎用房中及胎息咽津诸法，如此才能因修炼

[1] 本文所用《黄庭经》内景、外景文字，系采用笔者校注之《黄庭经古注今译》本子，底下同此，不另作说明。

而得飞仙。

综上所说看来，《黄庭经》外景、内景的男女房中修炼法门，忌讳遇到死尸秽气等众多污秽低贱事物，除以身体相交媾外，另须引气行身，积气于黄庭，在房中进行时，须留意要使精气牢固，不外失泄。后人称房中术为还精补脑之术。

《黄庭经》所说的房中术，除要配合引气行身、存思身神及积气于黄庭外，有的更要配合指定的神祇来进行，其身神和桃康等太一五神有关，更有道父道母六十甲子神等，来作为观想的对象。

三、《黄庭经》存思特定身神形貌或相关神祇来进行的男女房中术

《黄庭经》男女交媾，藉由吐纳、引气循行三丹田及黄庭等处为基本之修行法门，有的更须存思特定身神形貌，所存思的身神形貌，有脑部九宫神、三丹田神，有六十甲子的道父道母等神。

（一）房中时存思脑部九宫及三丹田等身神形貌

《太上黄庭外景玉经·上部经第一·明堂章第七》说：

> 三关之中精气深，子欲不死修昆仑。绛宫重楼十二环，琼室之中五色集。赤城之子中池立，下有长城玄谷邑。长生要慎房中急，弃捐淫欲专守精。寸田尺宅可治生，系子长留心安宁。观志游神三奇灵，闲暇无事心太平。

此章原可以分为两部分，以“长生要慎房中急”以下为另一章，但《黄庭内景经·琼室章第二十一》将两者合为一章。显然以鼻引气，经行泥丸九宫及三丹田，下至黄庭的周天运转和男女房中术相配合成一体来进行修炼。

上文有许多名相须要解释。明堂：脑部九宫之第一宫，在两眉间却入一寸处。真人子丹：镇守明堂宫的真人名子丹。三关：三丹田。绛宫：中丹田。重楼十二：喉管。琼室：琼玉做成的宫室，此指脑室。赤城之子：镇守泥丸宫的泥丸赤子。长城，指环绕腹部的小肠、大肠；《黄庭内景经》作“长谷”，指鼻孔。玄谷，指肾。寸田，指三丹田。尺宅，指脸部鼻孔。鼻孔用以引气行身，三丹田为存思所在，及精气所聚处；文中的“三奇灵”，也是指三丹田。

全文文意为：脑部明堂宫，四面通达，是精气运行的源头。存思明堂宫有真人名叫子丹，显现在我的面前。人身三丹田中积累深厚的精气。如果你想要长生不死，便要修行脑部泥丸宫长生法门。（从泥丸引精气而下，）经过喉管十二节，再至绛宫心脏。脑部诸宫室中，会集了五色云气，泥丸赤子站立在城池的中央。引气往下，有环绕腹部的小肠、大肠（长城、邑），有两肾（玄谷）。

修行长生之道，最为急切的是要谨慎男女房中之术。捐弃淫欲，专心固守精气。体内三丹田、脸部鼻孔，可以用来处理养生之事。长期专心牢系你的心念，当可获得身心安宁。内观意念，运转心神，使奇妙的三丹田，灵妙神异。悠闲无事，心里安舒平和。

上文说长生首要为房中，而房中不能是以泄精为目的的淫欲之行，而是要藉由鼻孔引气进入身中，在三丹田中运行，固守精气，使三丹田灵妙，心里安舒平和，在整个房中术进行时，一方面导引，一方面要存思明堂宫、泥丸宫、三丹田等守宫真人形貌。

《黄庭外景经》把引气行身的周天法门和房中导引相配合的说法，在《黄庭内景经》中，更得以阐释。

《太上黄庭内景玉经·琼室章第二十一》：

> 琼室之中八素集，泥丸夫人当中立。长谷玄乡绕郊邑，六龙散飞难分别。长生至慎房中急，何为死作令神泣。忽之祸乡三灵殁，但当吸气录子精。寸田尺宅可治生，若当决海百渎倾，叶去树枯失青青，气亡液漏非己形。专闭御景乃长宁，保我泥丸三奇灵。恬淡闭视内自明，物物不干泰而平。悫矣匪事老复丁，思咏玉书入上清。[1]

文中的琼室，琼玉做成的宫室，此指脑部九宫。八素，指八方纯一之气。长谷：鼻孔；长指鼻，谷为孔。玄乡：玄妙之乡，指肾；玄为北方黑色，肾五行属水为黑。绕郊邑：围绕五脏城之外。三灵，［唐］梁丘子注："三灵，三魂也。"

全文的文义为：在脑部中蓄积了八方精气，泥丸夫人坐镇在泥丸宫中。鼻子呼吸，下通肾脏，围绕着五脏六腑。天地日月等六种精气，容易飞散，难以区别，应当存思采用。长生之

[1] ［唐］梁丘子：《黄庭内景玉经注》，自《正统道藏·洞玄部·玉诀类·推字号》三家本，第 6 册，第 530 页上中。底下引《黄庭内景玉经》同此。又，本文所用《黄庭经》内景、外景文字，系采用笔者校注之《黄庭经古注今译》本子，底下同此，不另作说明。

道最应该谨慎，最急切的是房中术。为何造作令己死亡之事，让神祇为我们哭泣。忽然沦落到灾难之地，三魂丧亡。只是应当外以吸食天地日月之气，内以采集你身中的精气为主。体内三丹田、脸部鼻孔，可以用来处理养生之事。如果不知节制，那就应当像大海决堤，百川尽泄般流失。叶片凋落，树木枯槁，失去青绿的颜色。精气丧亡，津液漏尽，不再象是自己的形貌。对内专心闭止精气，对外服食日月精气，这样才能获得长生与安宁。保护我泥丸宫等特殊的三丹田，灵妙神异。清静淡泊，闭眼内观，体内三丹田自然洞彻朗明。外在万物不会来触犯干扰，心灵安舒平和。虔谨修炼，不复有灾祸之事产生，年老的人能再返回壮盛之年。存思诵咏《黄庭内景玉经》，能飞升进入上清天境。

两部《黄庭经》都是以房中术和脑部九宫的存思导引相配合，引气由鼻入，观想脑部泥丸宫真人等形貌，使精气经五脏三丹田，然后储存精气于黄庭。而房中术和精气关系密切，也是要以积精累气为主。以文意看来，两部《黄庭经》既然把由鼻引气经三丹田五脏循行之精气，储存黄庭，并言及长生之道以房中为急，显然是房中术配合导引行身之法来运用。

又，《太上黄庭外景玉经·上部经·常存章第八》云“闭子精路可长活”、《太上黄庭内景玉经·常念章第二十二》“急守精室勿妄泄，闭而宝之可长活”，都是修行不饥渴的法门中，加入了“急守精室”“闭子精路”的警语，要人积精累气，而不要妄泄精气，这两章虽和房中无关，也是有关。

（二）《黄庭内景经》存思道父、道母、桃康等生育之神的房中术

《黄庭内景经》通常在阐释《黄庭外景经》，由于内景的年代约在东汉末，自然会加入当时所见的一些说法，房中术也是如此，在存思身神形貌时，更加入道父、道母、桃康等生化之神。

《太上黄庭内景玉经·脾长章第十五》说：

> 脾长一尺掩太仓，中部老君治明堂。厥字灵元名混康，治人百病消谷粮。黄衣紫带龙虎章，长精益命赖君王。三呼我名神自通，三老同坐各有朋。或精或胎别执方。桃孩合延生华芒，男女徊九有桃康，道父道母对相望，师父师母丹玄乡，可用存思登虚空。殊途一会归要终，闭塞三关握固停。含漱金醴吞玉英，遂至不饥三虫亡。心意常和致欣昌，五岳之云气彭亨。保灌玉庐以自偿，五形完坚无灾殃。

上文名相：太仓，指胃神。中部老君，指主司人身中部器官之神祇。三老：主司人身头、胸、腹三部之神祇。桃孩合延：桃君，名孩道康，字合精延。桃孩，也称命门桃君。道父道母，代表大道及阴阳始气的人格神，也用来称六十甲子神中的两位。东汉正一派在修行房中术时，常以六十甲神配合道父道母、师父师母，以及人身由首至足各部位神祇，以供男女房中时存思之用。如《正一法文十箓召仪·六甲六十真讳诀》即有道父道母之名。

上引《黄庭内景经》该章全文大意为：脾脏约有一尺长，

掩盖在胃的上面。主司人身中部的老君，在大殿中治理事务。祂的字叫灵元，名叫混康。能治人百病，消化胃中谷粮。中部老君身穿黄色衣，腰系紫色带，佩带龙虎符箓。增长精气添益寿命，有赖于镇脾之王的中部老君。三次呼请我的名讳，魂神自能与神祇相感应。主司人身上中下三部的老君，同坐在一起，而各自有祂们相邻的友朋。有的主司精气，有的主司胎命，各别有所执掌。

命门桃君，名孩道康，字合精延，令人身生光华。男女相媾合，九神吹气回风混合使之结胎，其中便有桃君。男女媾合时，观想道父、道母相对而望。观想师父、师母神祇进入丹田玄妙仙乡中。可以运用存思之法，登上虚空天界。房中方法虽然不同，总会汇聚一处，终究要回归到道要上来。关闭塞止耳、目、口三关（或译精、气、神）之外驰，双手结握固印（大拇指置小指根部，四指押大拇指紧握拳），停息精气外泄。口中满含津液（口水），在口中荡漱，然后慢慢吞下津液。于是便能修炼到腹不饥饿，身中三尸虫（彭倨、彭质、彭矫）自然消亡。心意常能保持平和，使身体达到愉悦昌荣的境地。五脏所生精气，充盛畅茂。永保气息灌注鼻子，而自我运补元始祖气。使全身完备坚康，没有灾殃。

此章上半部叙述镇守脾部之神为中部老君，以及存思三部黄庭之法。下半部叙述主司胞胎之桃康君，以及男女房中修炼术。房中之法和桃君有关，观想道父道母、师父师母，双手握固，闭塞耳目口三关，使精气神不漏泄，吞咽津液，消除身中三尸，使心意平和，而身体完坚无灾殃。

外景经中和上文相应者为《太上黄庭外景玉经·上部

经·宅中章第四》云："宅中有士常衣绛，子能见之可不病。横立长尺约其上，子能守之可无恙。呼噏庐间以自偿，保守完坚身受庆。"此章先述面宅中的口舌神，能存思亲见，可以无灾病。其次存思横立在胃上的脾神，也能使我们消除病患。再藉由鼻孔间呼吸吐纳，自己补偿自身元气，可以使身体完固坚康，自得吉庆。文中仅提及由口鼻呼吸，引气进入身中黄庭，未言及房中术。《太上黄庭内景玉经·脾长章第十五》将导引积存精气配合房中术来论说，应是后来的发展。

经文中的桃康等神，和生育有关，据《洞真太一帝君太丹隐书洞真玄经》及《上清洞真元经五籍符》所言，主司世人胎命符籍之神，为三五七九之神。三为三丹田真一（泥丸、绛宫、下丹田守宫神祇），五为太一五神（太一、司命、无英、白元、桃康）；三五合为八，加上玉帝君为九。玉帝君所吹七气成为七君（五气君及元父、玄母），另加太一及玉帝君为九君，主司世人胎命，也主司成仙符籍。其成仙之修行法门为：观想玉帝君以外之诸神，吐气混成一形，向玉帝呈奏修行者符籍，刊死定生，使修行者成仙。

上清派甚重视存思太一五神等生育之神的法门，如以《洞真太一帝君太丹隐书洞真玄经》所说，其修行法门为：存思太一五神各以玉案置修行者符籍（共五符五籍），于玉帝君前。并观想太一五神和三一（三丹田真一）、二老（玄一老子林虚夫、三素老子牢张上）、太微小童，以及修行者自身，混合为一，变形于玉帝君前，为兆奏事；如此即可刊死籍注仙籍。《洞真太一帝君太丹隐书洞真玄经》云："存帝君上在太极紫房宫中坐，存太微小童侍帝君后，又存太素元成老子侍帝君左，又存太和皇成老子侍帝君右，次存泥丸宫天帝君上入紫房，对帝君前。天帝者，三一之上真，帝君之子，泥丸洞房之宝神也。又存帝君命天帝（上丹田泥丸宫主神）使召六合宫五神。五神者，太一、公子、白元、司命、桃君，合五神，皆着朱衣绛巾。每一神各捧白玉桉，桉上有一符，长一寸广五分、籍长五寸广一寸。事事分别，各有所主，籍简在符之上也。存籍有乡里姓名，如上法，五神各奉以诣天帝，天帝以次取着帝君前……（复召中丹田绛宫、下丹田命宫主神、二老、太微小童）都毕，帝君尔时独坐太微紫房宫中也。其所命召诸神，并己合形内变，入形于帝君前矣。存帝君咒……混合既毕，死籍已灭，天帝有命，不得忘失，百神帝君，各宝其室。于是乃开目，毕。此为五神奉符籍之时，魂神混合之道。”[1] 有关这方面的论述，详见笔者《六朝道教上清派研究》五之《（二）主司符籍胞胎之神：九真七君三五七九之神）》[2]。

上清派以存思桃康等五神来修仙，未言及房中术。但《黄庭内景经》则以存思桃康及道父、道母等神来行男女房中之法，作为存思之对象。

综结来说，两部《黄庭经》所说的房中术，具有底下特色：男女交媾，须配合：1. 藉由口鼻引气以入，导引精气循行三丹田等处，并储存于黄庭。2. 在存思方面，有的存思精气在身中的运行，有的则存思特定身神及相关神祇形貌，如脑部九

[1] 《洞真太一帝君太丹隐书洞真玄经》，自《正统道藏·正乙部·广字号》，新文丰出版公司 56 册，第 400 页下至 401 页下。

[2] 萧登福：《六朝道教上清派研究》，台北：文津出版社，2005 年 11 月版，第 326 页至 328 页。

宫、三丹田、桃康、道父、道母等。3. 男女交媾，旨在完固精气，而非泄精丧气。两部《黄庭经》的聚积精气，都在黄庭；但其它的经典则有还精补脑说，以脑部泥丸为积存处。另外，今人皆以男女交媾，久战不泄，是强忍泄精，有害健康，但笔者认为长期修炼导引吐纳术及内丹功法的人，大概都可以办到久战不泄，并非刻意强忍。

四、《黄庭经》对东汉正一派黄赤之道房中术的影响

两部《黄庭经》所谈到的房中术，对正一派的黄赤之道及上清派的偶影说，都有深远的影响。

正一派和房中术相关的，称为黄赤之道，其所存思神祇和道父、道母等神有关。道父、道母等名称，见于正一派六十甲子神中。由于人之出生和男女交媾有关，也和出生之时日有关，主司时日之神，即为六十甲子神。道经中最早记载六十甲子神祇名讳的，当为正一派的《正一法文十箓召仪》，此书是三张正一派早期的道典，撰作年代应在汉末至魏晋间，南北朝时已流行[1]。六十甲子神中，甲寅神为道父，甲申神为道母，甲子神为师父，甲午神为师母，乙亥为神父，乙巳为神母，这些神祇都是房中术所常存思观想的神祇。

正一派的房中术，也是以男女交媾、配合存思神祇及导引吐纳、引气循行三丹田等为主要，这些应是受《黄庭外景经》的影响。至于观想道父道母等六十甲子神，和《黄庭内景经》

---

[1] 有关《正一法文十箓召仪》的撰作年代，详见笔者《新修正统道藏总目提要》第 1200 条该经提要，巴蜀书社，2021 年 3 月版。

相同，不知是张道陵影响《黄庭内景经》，或《内景经》影响张道陵。《内景经》的撰作年代在汉末，也许是张道陵说影响了《内景经》。

正一派道经，有关六十甲子神名讳的记载，见于《正一法文十箓召仪·六甲六十真讳诀》云：

甲寅明文章，道父八十一，长七寸，青色，神明君姓嬴名释，字玄明，从官十六人，治在紫宫，长乐乡，蓬莱里。

甲申扈文长，道母闔，长七寸，白色，神明君姓嬴名恒，字符龙，从官十六人，治在华盖宫，太清乡，东明里。

甲子王文卿，师父康，长九寸，黑色，神明君姓嬴名镜，字昌明，从官十八人，治在肾，绛宫乡，中元里。

甲午卫上卿，师母妞，长九寸，赤色，神明君姓嬴名嵩，字始丘，从官十八人，治在肾，绛宫太初乡，苞元里。

乙亥庞明心，神父橐，长四寸，其色黑，神明君姓姬名弈，字玄成，从官十二人，治在肾宫，清水乡，含命里。

乙巳唐文卿，神母闼，长四寸，色赤，神明君姓姬名灵，字初风，从官十二人，治在绛宫，清凌乡，丹丘里。

乙卯戴公阳，真父契，长六寸，青色，神明君姓姬名权，字虚玄，从官十四人，治在紫宫，丹阳乡，丹阴里。

乙酉孔利公，真母嬬，长六寸，白色，神明君姓姬名衡，字符，从官十四人，治在华盖宫，青阳乡，黄庭里。

甲辰孟非卿，天父杵，长五寸，黄色，神明君姓嬴名贡，字初元，从官十四人，治在脾宫，云降乡，炎昊里。

甲戌展子江，天母姃，长五寸，色黄，神明君姓嬴名统，字玄升，从官十四人，治在明堂宫，北极乡，玄武里。

乙丑龙季卿，圣父挐，长八寸，黄色，神明君姓姬名瑛字昌精，从官十六人，治在明堂宫，紫微乡，三相里。

乙未杜仲阳，圣母媤，长八寸，黄色，神明君姓姬名宫，字始台，从官十六人，治在明堂宫，原混乡，混沌里。

右十二真父母，六甲六乙主之。

丙寅张仲卿，脑神，道元道字道都，神母畾，长一寸一分，色白如雪，神明君姓仓名向，字昌隆，从官十四人，从官各千乘万骑，治在泥丸宫，天渊乡，紫生里。

丙申朱伯众，左无上道父道道字道衡，神名闆，长二寸二分，色如白雪，神明君姓崧名钟，字始驎，从官十四人，从官各千乘万骑，治在太清左岳宫，三生乡，自生里……

己未时通卿，右卯，袁道明道，道字生，神名婈，长七寸三分，青黄白三色，神明君姓武名赫，字虚胃，从官十七人，从官各千乘万骑，治在太清下宫，天中乡，丹黄里。

右二十四神人，六丙六丁六戊六己主之。

庚寅楮进卿，大道贤者，神名閿，长二寸七分，色如白雪，神明君姓雷名访，字符精，从官十五人，从官各千乘万骑，治在左岳宫，天义乡，渊明里。

庚申华文阳，清道贤者，神名嬺，长一寸一分，其色纯白如雪，神明君姓弇名充，字虚正，从官十五人，从官各千乘万骑，治在泥丸宫，天井乡，昌明里。……

癸未吕威明，极道贤者，神名闹，长二寸三分，青黄白三色，神明君姓龙名综，字玄都，从官十三人，从官各千乘万骑，治在玄泉宫、杨道乡，文明里。

右二十四贤者，六庚六辛六壬六癸主之。[1]

《正一法文十箓召仪·六甲六十真讳诀》叙述六十甲子神名讳，及其镇守在身中的相关部位，述其身长、形色、从官数等甚详，这些都是方便于存思观想时所用，尤其和汉代正一派房中说有关。其中称甲寅明文章为道父，甲申扈文长为道母闒，甲子王文卿为师父康，甲午卫上卿为师母妞，乙亥庞明心为神父橐，乙巳唐文卿为神母閪，乙卯戴公阳为真父契，乙酉孔利公为真母嬄，甲辰孟非卿为天父柞，甲戌展子江为天母娃，乙丑龙季卿为圣父挈，乙未杜仲阳为圣母嫏等等称号，实是汉魏南北朝正一派房中术观想所用之名词。此外，托言老君

[1] 《正一法文十箓召仪》，自《正统道藏·正乙部·逐字号》，新文丰出版公司刊本，第48册，第193页上至199页下。

于汉安元年壬午（142 年）及二年癸未授予张道陵的《洞真黄书》及《上清黄书过度仪》，载述正一派师徒间在观治里传授的房中术，都以六十甲子神为存思对象。《上清黄书过度仪》载述较详，书中记载了师及徒（男女）对话，教导男女存思六十甲子神，并配合身体姿势来进行。如《上清黄书过度仪·断死》第二十、二十一页云：

> 阳将膝鹄座，以两手从额将上至足，以两手各引足大指坐，又以两手历两膝一过，名断死路。阴对作，因望元元。阳以两手将丹田经命门敛还至玉父，以大拇指及手肞厉面上，举手高头于下望玉室，阴卧小举头，望元元腾天。阳腾天踏地，蝶翅而下。阳两手按黄土名曰踏地，自长跪举手高头名曰腾天，因下手着后名曰蝶翅而去。阳以左手叉阴，右手俱作龙倒三过。从头上过，男左回女右转，自还相向。次重越地网如上，初言左无上，中言右玄老，后言太上。慈父圣母，解罗脱网，除我死籍，上我生录，次重释罗，初左无上，中右玄老，后太上。生我者甲子王文卿师父康，怀我者甲午卫上卿师母妞，生我活我，事在大道，与父母。[1]

文中的阳、阴，指男女二人，详细叙述男女二人交欢之动作及存思之神祇。上引首句说男子（阳）以膝做成鹄鸟（天鹅）的形状，用两手从额头下至脚，两手拉两脚大趾而坐，又把两手透过两膝。女的相对坐而仰望。男的两手将丹田气经过命门还归玉父（未明其义），用大拇指及手肞至脸，举手高于

[1] 《上清黄书过度仪》，自《正统道藏·正一部·阶字号》，新文丰出版公司刊本，第 55 册，第 305 页下 306 页上。

头，下望玉室（疑为女性生殖器），女子仰卧稍举起头，望男子阳器上腾。男子由上往下，如蝶展翅而下。上引文字隐晦难明，仅能略述大义。底下所述“阳以左手叉阴，右手俱作龙倒三过。从头上过，男左回女右转，自还相向”等等，皆不外男女性爱之动作。而文中“生我者甲子王文卿师父康，怀我者甲午卫上卿师母妞”，即是《正一法文十箓召仪·六甲六十真讳诀》所言的六十甲子神真讳。《上清黄书过度仪》中《解结食》《九宫》《度甲首东卯，度乙首南午卧》《思三气》《思一宫》《自导》《甲乙咒法》《支干数》《还神》《王气》《婴儿回》《蹑时》等等章节，都是男女二人配合方位来存思神祇、导引行气、诵咒等，所存思的神祇大都以六十甲子神为主。接着为《谢生》向甲子神道父十师言谢，《言功》请功曹使者上天言谨按师法男女共奉行道德，上章达三天曹。甲子神在房中术中扮演了重要角色。

五、《黄庭经》对东晋上清派房中术男女偶景说的影响

“偶”字，有“匹”“配”“合”等义。“景”，为“影”之古字，原为日光、日影，引伸有身影、身“形”之义。上清经三十一卷有《上清石精金光藏景录形》一卷，“藏景录形”，即是“藏影录形”，隐摄身形，外人不能见。《真诰·卷十三·稽神枢第三》：“入晏东华上台，受学化形，濯景易气。”[1]“濯景”即“濯形”。

---

[1] 《真诰》，自《正统道藏·太玄部·安字号》，新文丰出版公司缩印本，第35册，第117页。

“偶景”是成双入对，二人形影相合不离，和形单影只的“单景”相对。

《真诰·卷二·运象篇第二》紫微夫人授书曰：“夫真人之偶景者，所贵存乎匹偶，相爱在于二景。”[1]《洞真太上飞行羽经九真玄上记》第十三页云：“若长斋久静，单景独往，仰秀空洞，心单事外者，皆宜此日行之。”[2]可以看出偶景即是“二景”，单景即是“只身”。“偶景”“单景”相对为称。“偶景”“单景”二名相，在道经中都曾出现过。

“偶景”二字，仅在说明二人成双相匹，虽然是房中的必备条件，但偶景并不全指房中，因而也不能视为修炼用的专有名词。只是在汉魏六朝房中术盛行的时代，房中须男女二人（偶景）合炼，于是“偶景”容易被冠上房中的色彩，“偶景”也就容易被误会为修仙术的一种，而正确的称呼，应仍是房中，或房中偶景，不能光称为偶景。又，偶景即二景，但“二景”有时指“偶景”，有时则指日月二者，或二者之光芒，如《真诰·卷三·运象篇第三》许长史书：“熠耀之近晖，不可参二景之远丽；嘒彼之小宿，难以厕七元之灵观。”文中的“二景”，即是指“日月”。

《真诰》一书中，载有东晋上清派的人神恋及房中偶景说，略举于下。

《真诰·卷二·运象篇第二》载兴宁三年（公元365年）

---

[1] 《真诰》，自《正统道藏·太玄部·安字号》，新文丰出版公司缩印本，第35册，第11页下12页上。

[2] 《洞真太上飞行羽经九真玄上记》，自《正统道藏·正乙部·内字号》，新文丰出版公司，第56册，第569页上。

七月一日安妃授杨羲书：

> 至于内冥偶景，并首玄好，轻轮尘蔼，参形世室，妾岂以愆累浮卑少时之滞而亏辱于当真之定质耶？夫阴阳有对，《否》《泰》反用，二象既罗，得失错综，此皆往来之径陌耳。[1]

“偶景”为双人身形，“并首”为两人头部相并。文中的“内冥偶景，并首玄好”，似指男女房中术时双身相合，两首相交。朱越利《六朝上清经的隐书之道》一文[2]说：“‘阴阳有对’，是说偶景。‘《否》《泰》反用’，似是用《否》《泰》卦象的相反相对喻男女交合。‘二象既罗，得失错综’，似是形容交合动作富于变化。‘此皆往来之径陌耳’，似指出这些都是交合的方法。”《否》《泰》为《易经》之二卦，《否卦》乾（男）上坤（女）下，《泰卦》坤上乾下，用词颇有房中男女体位变换的意味在。

又，《真诰·卷七·甄命授第三》寅年（东晋废帝太和一年，公元 366 年）正月十一日安妃告授杨羲：

> 体标高运，味玄咀真，呼引景曜，凝静六神，焕领八明，委顺灵根，宝炼三度，养液和魂。假使冲风繁激，将不能伐我之正性也。绝飚勃蔼，焉能回己之清淳耶？……淡泊眇观，顾景共欢，于是至乐。自枪零闻于两耳，云璈虚弹乎空轩也。口挹香风，眼接三云。

[1] 《真诰》，自《正统道藏·太玄部·安字号》，新文丰出版公司缩印本 35 册，第 15 页下。

[2] 朱越利：《六朝上清经的隐书之道》，文刊 2001 年《宗教学研究》，四川大学宗教所主办。

> 俯仰四运，日得成真。视盼所涯，皆已合神矣。夫真人之得真，每从是而获耳，不真而强真，亦于此而颠蹶。[1]

朱越利《六朝上清经的隐书之道》一文说：“‘顾景共欢’已表明是两人。‘口挹香风，眼接三云’，似描写亲热动作。‘俯仰四运’，使人想到性交合。”则安妃告杨羲所言者，似乎是房中修仙之事。

《真诰》中有关房中术之说，除见于本文前面杨羲、安妃，及许长史、右英夫人人神恋中所言者，以及上文《真诰·卷二·运象篇第二》所引清虚真人、紫微夫人之说外，《真诰·卷六·甄命授第二》载紫微夫人《服术叙》云：

> 又，顷者末学互相扰竞，多用混成及黄书赤界之法。此诚有生和合二象，匹对之真要也。若以道交接，解脱网罗，推会六合，行诸节气，却灾消患，结精宝胎。上使脑神不亏，下令三田充溢。进退得度而祸除，经纬相应而常康。敌人执辔而不失，六军长驱而全反者，乃有其益，亦非仙家之盛事也。呜呼危哉！此虽相生之术，俱度之法，然有似骋氷车而涉乎炎州，泛火舟以浪于溺津矣。自非真正，亦失者万万。或违戾天文，谮害嫉妒，灵根郁塞，否泰用隔，犯誓愆明，得罪三官。或构怨连祸，王师伤败。或坑降杀服，流血膏野。或马力以竭，而求之不已；若遂深入北塞而不御者，亦必绝命于匈奴之刀剑乎？将身死于外而家诛于内也。可不慎哉！可不慎哉！我见诸如此等，少有获益，徒

[1]　《真诰》，自《正统道藏·太玄部·安字号》，新文丰出版公司缩印本，第35册，第57页上。

有求生之妄作，常叹息于生生矣。[1]

上引论及黄书赤界之术，简称黄赤，此即是世人所熟知的房中术。由“顷者末学互相扰竞，多用混成及黄书赤界之法”，可以看出房中术，在东晋哀帝兴宁年间极为盛行，并互相扰竞。紫微夫人认为黄赤之法，“此诚有生和合二象，匹对之真要也”；是男女“相生之术，俱度之法”。但须行之得法，以道交接。陶弘景于篇首“紫微夫人”下细字注云：“紫微才丰情绮，动言富逸，牵引始末，恒超理外，其后所譬，深明黄赤之致矣。”紫微夫人在文中对房中术的评论，至为中肯，陶弘景认为能“深明黄赤之致矣”。

紫微文中虽肯定房中的作用，但认为须“以道交接”“推会六合，行诸节气”。所谓以道交接，即是男女须依道经中所载的方法来行房；其法可参阅下引北周甄鸾《笑道论·道士合气法》，在行房时男女心中着重在修道（存想神祇及导引炼气），忘情于淫爱（不执着于肉欲色相）。如果不如此，而挑美嫌丑，“谮害嫉妒”；或不度力量能，纵情淫欲，野战频繁，交媾不绝，力竭精枯，都是会反受其害。所谓“或构怨连祸，王师伤败。或坑降杀服，流血膏野。或马力以竭，而求之不已；若遂深入北塞而不御者，亦必绝命于匈奴之刀剑乎？”把男女的做爱，比喻成敌我两军的征战，把沉溺于女色，比喻成绝命于匈奴的杀人刀剑。又，文中“上使脑神不亏，下令三田充溢”，应即是房中书所谓的久战不泄、“还精补脑”之说。《真诰》中所见紫微夫人等人有关房中的论调，后来成为

[1] 《真诰》，自《正统道藏·太玄部·安字号》，新文丰出版公司缩印本35册，第51页。

房中说的正统修行法门。《洞真太上说智慧消魔真经》卷一云：

夫阴丹内御，房中之术，黄道赤气，交接之益，七九朝精，吐纳之要，六一回丹，雌雄之法，虽获仙名，而上清不以比德，虽均致化，而太上不以为贵。此秽仙浊真，固不得窥乎玉阙矣。且崄巇履冰，多见倒车之败，纵有全者，臭乱之地仙耳。[1]

上引虽肯定房中可以致仙，但认为仅能得地仙，不能上窥玉阙，是秽仙浊真。

以上是《真诰》中所见到杨羲和安真妃等人神恋的情形。叙述的手法，颇似小说，而文中对房中露骨的描述，则可作为探讨六朝道教房中说的珍贵史料。

六、汉魏南北朝道庙中传授房中术的情形

房中术来源久远，而公开在道观中教授房中术，则可能在东汉三张时已开始。敦煌写卷 s 6825 号《老子想尔注》云：

“谷神不死，是谓玄牝。”谷者，欲也。精结为神，欲令神不死，当结精自守。牝者，地也，体性安，女像之，故不掔。男欲结精，心当像地似女，勿为事先。“玄牝门，天地根。”牝，地也，女像之；阴孔为门，死生之官也；最要，故名根；男荼亦名根。“绵绵若存”，阴阳之道，以若结精，为生年以知命，当名自止；年少之时，虽有，

[1] 《洞真太上说智慧消魔真经》，自《正统道藏·正乙部·内字号》，新文丰出版公司，第 56 册，第 500 页下。

当闲省之。绵绵者，微也。从其微少，若少年，则长存矣。今此乃为大害，道造之何？道重继祠，种类不绝，欲令合精产生，故教之年少微省不绝，不教之懃力也。懃力之计，出愚人之心耳，岂可怨道乎？……能用此道，应得仙寿，男女之事，不可不勤也。

上述是说教令年少者“道重继祠，种类不绝，欲令合精产生，故教之年少微省不绝，不教之懃力也”“能用此道，应得仙寿，男女之事，不可不勤也”。可见道庙中公开教导房中术，在三张时确已存在，不仅张道陵一家说，他们都在教人房中时不能纵欲。房中与纵欲有别，此种观念，在《老子想尔注》中也曾有明言教诫。敦煌写卷 s 6825 号《老子想尔注》又云：

道教人结精成神，今世间伪伎，诈称道，托黄帝、玄女、龚子、容成之文相教，从女不施，思还精补脑，心神不一，失其所守，为揣悦不可长宝。

从上述的内容看来，三张虽认同房中术，但不赞同弄得“心神不一，失其所守”的房中说。由此看，当时倡导房中术的，有许多家，彼此相互攻击。而自东汉张陵而后，道观中率皆公开教授房中之法。由于张道陵的影响较大，所以后来道书所见，谈论房中术时，也都以张道陵为始。

［梁］陶弘景《真诰·卷二·运象篇第二》：

清虚真人授书曰：“黄赤之道，混气之法，是张陵受教，施化为种子之一术耳，非真人之事也。吾数见行此而绝种，未见种此而得生矣。百万之中，莫不尽被考罚者矣。千万之中，误有一人得之，得之远至于不死耳。张陵承此以教世人耳，陵之变举，亦不行此矣。尔慎言浊生之下道，坏真霄之正气也。思怀淫欲，存心色观，而以兼行上道者，适足明三官考罚耳。所谓抱玉赴火，以金棺葬狗也。色观谓之黄赤，上道谓之隐书。人之难晓，乃至于此。”紫微夫人授书曰：“夫黄书赤界，虽长生之祕要，实得生之下术也。非上宫天真流軿晏景之夫所得言也。此道在长养分生而已，非上道也。有怀于淫气，兼以行乎隐书者，适足握水官之笔，鸣三官之鼓耳。玄挺亦不可得恃，解谢亦不可得赖也。要而言之，贞则神降，专则神使矣。夫真人之偶景者，所贵存乎匹偶，相爱在于二景。虽名之为夫妇，不行夫妇之迹也。是用虚名以示视听耳。苟有黄赤存于胸中，真人亦不可得见，灵人亦不可得接；徒劬劳于执事，亦有劳于三官矣。”鸡鸣时，南岳夫人授书曰：“鸡既鸣矣，论好之缘笃也。”紫阳真人授书曰：“太虚远逸，高卑同接，体贤之义，著之于冥运，耳慎心系于黄赤之疑也。”茅中君授书曰：“玄摽触景，俯和尘藹，玉振愆房，清风逸迈，可不勗之也。”[1]

上引降真时清虚真人王褒之语，所谓：“是张陵受教，施化为种子之一术耳。”显然是认为道庙之教授房中术，以张陵为始。房中术，在战国时已盛行，西汉马王堆出土医书及《汉志》所载房中书，都说明战国时房中说流行已广；王褒特别提到张陵，只是着重张陵在道观中的公开传授。清虚真人、紫微

[1] 《真诰》，自《正统道藏·太玄部·安字号》，新文丰出版公司缩印本，第 35 册，第 11 页下至 12 页上。

夫人，二人降真对黄赤房中术的看法，都认为是道法的末流，“思怀淫欲，存心色观”，只会“坏真霄之正气也”，这说明了，六朝道教虽不禁房中，但认为以房中来求仙上，在男女行房时，不可有淫思，须依经而行。

上引《真诰·卷二·运象篇第二》说道庙教授房中，始自张陵所倡，此说在六朝时似乎是大家所公认的说法，［北魏］寇谦之《老君音诵诫经》三十二条云：

> （老君曰）房中之教，通黄赤经契，有百二十之法，步门庭之教，亦无交差一言。自从系天师道陵升仙以来，唯经有文在世，解者为是何人？得长生飞仙者，复是何人？身中至要，导引之诀，尽在师口。而笔谍之教，以官人心。若开解信之者，执经一心，香火自缨，精练功成，感悟真神，与仙人交游，至诀可得。今后人诈欺，谩道爱神，润饬经文，改错法度，妄造无端，作诸伪行，遂成风俗，劝教天下，男女受佩契，令愚暗相传，不能自度，而相领弟子，惑乱百姓，犯罪者众，招延灾考，浊欲道教，毁损法身……吾观世人，夫妻修行黄赤，无有一条按天官本要，所行专作浊秽，手犯靖庐治官禁忌，而天官、仙人、玉女，尚不犯治室之法。吾今以黄赤贪浊道教来久，无有真正，愚暗相传，尽各不得其中正。时有清真洁素之人，无经律错乱，吾尽欲灾除此辈之人，不令而犯诛诮之暴，是以先令诫约，迁遣一教。然房中求生之本，经契故有百余法，不在断禁之列。若夫妻乐法，但懃进问清正之师，按而行之，任意所好，传一法亦可足矣。今世浊恶，有形之人，

流转精神，罪缘难消，是以诫约，要须斋功，与返为始，雪罪除愆，乃得感悟真仙男女官，努力修斋，寻诸诵诫，香火建功，仙道不远，明慎奉行，如律令。[1]

文中寇谦之（365 年 -448 年），论述道庙中房中术流行情形，也是以东汉张道陵说起，可见众人认为道教传授房中，始自张陵。但上引《老子想尔注》中已出现多种不同房中教派，如此，似不必始于张道陵。虽然纵使不始于张陵，亦应是自张陵大力倡导，而成为道庙中的普遍现象。又上引说："自从系天师道陵升仙以来，唯经有文在世。"据此，则是张道陵有房中相关之经典传于后人。只是光有经文，而无口诀、步骤，则无法进行，而"身中至要，导引之诀，尽在师口"。口诀是师徒间口口相传，并不着于文字，所以须要明师指导，方能有成。张陵所传的房中经诀，到了北魏时期，已出现"今后人诈欺，谩道爱神，润饬经文，改错法度，妄造无端，作诸伪行"的现象，并且由"遂成风俗，劝教天下，男女受佩契，令愚暗相传，不能自度，而相领弟子，惑乱百姓，犯罪者众"。可以看出，当时道庙传授房中术，已蔚成遍布天下的风俗。而由于所学的已远离三张之法，"犯罪者众，招延灾考，浊欲道教，毁损法身。"所以寇谦之于北魏明元帝神瑞二年（公元 415 年；东晋安帝义熙十一年）十月乙卯，称太上老君降临嵩山，授寇谦之以天师之任，及《云中音诵新科经戒》九卷；要他"汝宣吾新科，清整道教，除去三张伪法、租米钱税及男女合气之术"。以为"大道清虚，岂有斯事"，而要寇谦之

[1] 《正统道藏·洞神部·戒律类·力字号》，新文丰出版公司刊本，第 30 册，第 540、541 页。

“专以礼度为首，而加之以服食闭练”。并授“谦之服气导引口诀之法，遂得辟谷，气盛体轻，颜色殊丽”[1]。寇谦之虽标榜自己为新天师，反对三张男女合气之术，但上引《老君音诵诫经》说：“然房中求生之本，经契故有百余法，不在断禁之列。若夫妻乐法，但懃进问清正之师，按而行之，任意所好，传一法亦可足矣。”可见房中术毕竟无法真正断绝，所以只要依经修炼，问清正之师，按而行之即可。

寇谦之，生于前秦建元元年（公元 365 年）七月七日，死于北魏太平真君九年（公元 448 年）。寇谦之出生那年，是东晋哀帝兴宁三年，正是杨、许降真的第二年。其实房中秽乱的情形，不仅在寇谦之时如此，在寇谦之生年的东晋兴宁时，房中术也已出现了诈欺谩道的现象了，甚至《老子想尔注》中所见东汉之世也已如此，似乎房中术各派，皆各自以己为正，以彼为邪，彼此间的相攻似乎永无已时。

在汉魏六朝道庙中，正一派是由祭酒来主持传授房中之术。《洞真太上八素真经修习功业妙诀》页十云：

> 《高上科》曰：“道士、祭酒、男女官，汝欲修炼太清神丹，并练三元牝牡之术，冥身山泽，思仙养志者，先受成生五戒。”[2]

据上述所言道士、祭酒、男女官在修炼太清神丹时，“并练三元牝牡之术”；牝牡之术即男女房中术，则知东晋上清经派在道庙中亦有专人传习房中术，且房中过程之运作，须配合

[1] 以上有关寇谦之的叙述，见北齐·魏收《魏书·卷一百一十四·释老志》。

[2] 《洞真太上八素真经修习功业妙诀》，见《正统道藏·正乙部·通字号》，新文丰出版公司，第 56 册，第 295 页下。

科戒来进行；通常都须配合导引食气及存思来进行。《皇天上清金阙帝君灵书紫文上经》第 13 页云：

> 若道士有行还精之道，回黄转赤，朝精灌命，注津溉液，使男女共丹，面生玉泽者，宜知大君之名要，服象符以不老矣。若徒行事，而不知神名，还精而不知服此符，不见其祝说，不测其宫府所注者，虽获千岁之寿，故自归尸于太阴，徒积历纪之生，故应还骨于三官也。道士暮卧，常存大君，为祝说之法，朔望服符，以运胎精之益者，如此亦成仙人，可不烦男女还补之术也。然御女以要飞腾，回气以求天仙，崄巇甚于水火，杀伐速于斧斵，自非灰心抱一之性，殆不可以此取丧失者也。中才行之，所谓吞剑而欲喉咽不伤，当可得耶？[1]

可知房中术须有存神（胎灵大神）、服符（太微天帝君天皇象符）、祝说等事，不仅是男女之交欢而已。且房中术流弊多，稍一不慎，反而害命。

《洞真太上青牙始生经》：

> 青牙始生，西王母所修，传太谷先生黄童真人谷希子。太极真人封一通于岱宗之山……
>
> 东方青牙，元象苍天，中为岁星，流为木精，下为太山，镇人肝府。其气始生，如春草之初萌，其光启耀，如晖日之发芒。二人共吞，与神同一。
>
> 南方朱牙，元象丹天，中为荧惑，流为火精，下

[1] 《皇天上清金阙帝君灵书紫文上经》，自《正统道藏·洞神部·本文类·伤字号》，新文丰出版公司刊本，第 19 册，第 67 页下。

为衡霍，镇人心府。其气始生，如绛云之包白日，其光肇照，如玄玉之映丹渊。二人共吞，与神同一……

男女年十二以下，知可及之，未可行之。十二以上，知之行之，不经私通，谓之始生。十五以上，皆为晚焉。晚知多已经损，补复弥为艰难，虽非私通，知生为晚，晚生犹可得延，不可名为始生矣。若经私通后知生道，先应斋谢，依科如期，不知谢法，不得参受始生之经。得受之者不死，能得之者必生。[1]

此经托为西王母所传，其服食法依五行生克说而进行，由五方天、五星、五行、五岳、五脏等说起，表面上是服食五方生气之法（五牙），但因文中修炼时是“二人共吞”，同时在服食法之后又提到男女十二岁至十五岁之间“不经私通，谓之始生”。十二至十五是刚懂性交的年纪，所以称为“始生”；至于“私通”，疑指不在庙中经人指点的私下的性行为。因而上文服食五牙之法，疑是二人共修房中时兼行五牙服气法，所以强调“二人共吞，与神同一”。文中特别强调修习此法的年龄为十二至十五岁，十五岁以上则已经有损，须先补复。其补复亦是由修炼五牙来修补。

上述可以看出六朝道经中修炼房中术的一斑。至于有关六朝时道观中房中传授的情形，则北朝的寇谦之《老君音诵诫经》有“经契故有百余法”一语，可看出当时房中术法门众多至百余法门，令人难以想象。在众多的房中术派别中，原难以有正邪之分，但自东晋降真，《真诰·卷六·甄命授第二》载

[1] 《洞真太上青牙始生经》，自《正统道藏·正乙部·内字号》，新文丰出版公司刊本，第56册，第557页。

紫微夫人等论述房中说，认为房中用在修仙上，男女二人在行房时，不可有淫念在，有淫念是在做爱，不是在修仙。男女二人在修仙上的关系，彼此仅是相配的修仙伙伴，不可挑肥捡瘦，不可耽于色貌爱欲。这样的修炼方式，后来成为房中说的正统。

房中术各派虽彼此相攻，但他们也有共同点，即是认为房中得宜，可以修仙。

道教的房中说，以独身出家为主的佛教甚不以为然。[北周]甄鸾《笑道论》即曾攻击道教的房中说。

[北周]甄鸾《笑道论·三十五道士合气法》云：

> 《真人内朝律》云："真人曰：凡男女至朔望日，先斋三日，入私房，诣师所立功德。阴阳并进，日夜六时。"此诸猥杂，不可闻说。又，《道律》云："行气以次，不得任意排丑近好，抄截越次。"又《玄子》曰："不鬲戾，得度世；不嫉妒，世可度；阴阳合，乘龙去。"云云。
>
> 臣笑曰：臣年二十之时，好道术，就观学，先教臣黄书合气三五七九，男女交接之道。四目两舌正对，行道在于丹田；有行者，度厄延年，教夫易妇，唯色为初；父兄立前，不知羞耻，自称中气真术。今道士常行此法，以之求道，有所未详。[1]

甄鸾（536年-578年），系六朝末期的人，仕于北周。由[北周]甄鸾所言，可以看出纵使至六朝末，在道观中，依

[1] [北周]甄鸾：《笑道论》（《广弘明集》卷九），自《大正新修大藏经》第五十二卷，第152页上。

旧仍有祭酒在传授男女房中术。这段史料，至为珍贵，可以看出六朝时道教房中术实际进行的情形。在房中术上，不得执着于容貌美丑，不能有淫念，把它当做在修道，着重在引气于丹田，并有老师在现场指导。而由“行气以次，不得任意排丑近好，抄截越次”一句看来，似乎当时的道庙中有一批女性神职人员，依次排定，供人来庙修房中术时所用，且修行有一定的程序步骤，不可越级修炼。又，［唐］释明概《决对傅奕废佛僧事表》云：

又依《老子金丹之经》《真人内朝之律》，朔望之际，侍师私房，情意相亲，男女交接。使四目两鼻，上下相当；两口两舌，彼此相对。阴阳既接，精气遂通。[1]

释明概之文，收入于唐初释道宣《广弘明集》中，则明概所引的《老子金丹之经》《真人内朝之律》等房中书，当是六朝或之前的道书，内容和甄鸾所引者相近，可见六朝时这类的道典必多。

七、结语

《易经·系辞上传》说：“一阴一阳之谓道，继之者善也，成之者性也。”《易经》上经以乾坤二卦为始，下经以咸恒二卦为始；乾坤即是天地阴阳，咸恒即是男女夫妇。不仅《易经》重视男女夫妇，道教也重视房中术，甚至内丹修炼体

---

[1] ［唐］释明概：《决对傅奕废佛僧事表》，文见［唐］释道宣《广弘明集·卷十二·辨惑篇·决对傅奕废佛法僧事》，自《大正新修大藏经》第五十二卷，第172页中。

内阴阳二气的交会，也以男女交媾为名相。

有人类以来，即有男女房中，而房中书的著作，在周世已然，以《汉书·艺文志》所载看来，周秦两汉皆有房中书，出土马王堆医书中，也有不少作品和房中术相关。

道教房中术沿承周秦之说，两部《黄庭经》所见的房中修炼法门，系在男女交媾时，引气行身，并存思相关之神祇，用以保精固气，延年益寿。

受《黄庭经》的影响，汉代正一派及东晋上清派，皆有房中术相关的道经出现，其修行法门，除沿承《黄庭经》之方式外，常须先斋戒及佩带符箓、诵咒等，有一定的科仪须遵行，以修道为务，不以纵淫为目的。

道教重视房中术，不把它当成淫秽，而是看成医疗行，也是修仙法门之一。不仅私相传授，甚至公开在道庙中教化道众。其中较著者，当为东汉张道陵创正一派时，在道庙中教授房中术，师徒依经而行，把它视为修行法门。自汉至南北朝时，道庙传授房中术，蔚然成风，传承不绝。

房中术到了宋代，更和内丹相结合了。宋代有人将张伯端《悟真篇》外药内药说，解读成男女双修。因此内丹男女双修，应始于北宋末，今所见以房中结合内丹修炼的书，应以《钟吕二仙采真问答》为最早，抄写于北宋末。[1]

房中和内丹相结合，虽起于宋末，而盛行于明代，明代因皇帝爱好内丹双修法，所以流传了不少明人所撰的男女双修书。有关内丹、房中相结合的道书，今所见大概有二处，一是

[1] 《四库未收书辑刊》，北京出版社，1997年12月版，第9辑，第10册。

［清］傅金铨所辑道书《济一子道书十七种》，收录了《赤水吟》《金丹真传》《三丰丹诀》《玄微心印》《吕祖五篇注》[1]。一是，今人编纂《四库未收书辑刊》，收录有《吕纯阳房事秘诀》一卷、《孙真人金丹妙诀》一卷、《三峰采战房中妙术秘诀》一卷、《钟吕二仙采真问答》一卷等[2]双修采战书。这些书都是以女子为鼎，以交媾为采药，然后在己身中行取坎填离，以成金丹大药。

[1] 《济一子道书十七种》，自《藏外道书》，第11册，第1页下至743页。
[2] 《四库未收书辑刊》，北京出版社，1997年12月版，第9辑，第10册。

中篇 《太上黄庭内景玉经》详解

凡例

◎《黄庭内景玉经》，共三十六章，每章以首句二字为章名。如《上清章第一》，是因为第一章首句为“上清紫霞虚皇前”，因而以前二字“上清”为章名。这种命名方式有如《论语》的《学而篇》是以首句“学而时习之”的前二字为篇名。

◎本书以《正统道藏·洞玄部·玉诀类·推字号》（新文丰出版公司刊本第11册）梁丘子《黄庭内景玉经注》为底本。梁丘子即唐睿宗时人白履忠。其注解《黄庭经》之事，见《旧唐书·卷一百九十二·隐逸·白履忠传》。

◎本书用以校雠的本子有：

1. [唐] 务成子注本《云笈七签·卷十一·三洞经教部·上清黄庭内景经》（收入于《正统道藏·太玄部·优字号》）。

2. [金] 刘长生《黄庭内景玉经注》（收入于《正统道藏·洞玄部·玉诀类·推字号》）。

3. 元人编《修真十书》梁丘子《黄庭内景玉经注》本，《修真十书》卷五十五至五十七（收入于《正统道藏·洞真部·方法类·菜、重字号》）。

4. 白文本，采《正统道藏·洞玄部·本文类·人字号》所收本子。

以上诸本为较早之刊本。此外，明清注本，及《藏外道书》第九册第326页至330页上白文本，仅作参考，不用来校对。

◎本书所采古注，以务成子注（今仅存前两章注）及梁丘子注为主，抄录现存二注全文于本书相关各章之注中。后代注解家，以宋人蒋慎修及明人冷谦之注较佳，亦采用之。

◎务成子为隋唐之际的人，在梁丘子之前。务成子《内景经注》，今仅存前二章之注。务成子注本，今所见者有三：

1.为《云笈七签·卷十一·三洞经教部·上清黄庭内景经》（《正统道藏·太玄部·优字号》），前有梁丘子注叙及务成子注叙，未明题该注为务成子注。

2.《影印文渊阁四库全书·子部·道家类》所收《云笈七签本》，此书系据《正统道藏·太玄部·优字号》之《云笈七签》而来，亦未明题该注为务成子注。

3.今人萧天石《道藏精华》第一集之九，第21页至67页，收录《上清黄庭内景经》，下题为“务成子注”，此本缺经前梁丘子叙、务成子注、释题及诵经诀等，只有三十六章注。

以上三种务成子注本，皆属同一系统，即皆据《云笈七签》本而来。其各章注文，除前二章为务成子注外，其余三十四章同于梁丘子注。

◎梁丘子注本，今所见者有五：

1.《正统道藏·洞玄部·玉诀类·推字号》梁丘子注本。

2.《云笈七签·卷十一·三洞经教部·上清黄庭内景经》务成子注，此书除第一、二章为务成子注外，其余三十四章皆是梁丘子注。

3. 元人编《修真十书》卷五十五至五十七，收录梁丘子《黄庭内景玉经注》，见《正统道藏 · 洞真部 · 方法类 · 菜、重字号》。

4.《重刊道藏辑要》尾集二，梁丘子注《太上黄庭内景玉经》，新文丰出版公司刊本第 6 册第 2206 页至 2217 页。

5. 萧天石编《道藏精华》第十四集之一第 11 页至 191 页，收录明刊本梁丘子《黄庭内景玉经注》，内容同于《正统道藏 · 洞玄部 · 玉诀类 · 推字号》。

梁丘子注本以第一及第三种较重要。本书所采用梁丘子注，系以《正统道藏 · 洞玄部 · 玉诀类 · 推字号》梁丘子注本为底本，以《云笈七签 · 卷十一、卷十二 · 三洞经教部 · 上清黄庭内景经》务成子注及《修真十书》梁丘子注本作注文校勘。

◎除务成子注及梁丘子注外，本书所参考的古今注疏约如下述：

○北宋蒋慎修《黄庭内外玉景经解》，收入于《正统道藏 · 洞玄部 · 玉诀类 · 推字号》，新文丰出版公司刊本第 11 册第 231 页至 236 页。今仅残存一卷。残存部分为《黄庭内景经》第二十八、二十九、三十章之注。

○刘长生注本，采金代刘长生《黄庭内景玉经注》，收入于《正统道藏 · 洞玄部 · 玉诀类 · 推字号》，经题下题“神仙刘长生解”；刘长生即王重阳弟子刘处玄，为全真七子之一。

○［明］冷谦注《太上黄庭内景玉经》，收入萧天石《道藏精华》第三集之四第 1 页至 124 页。

○［明］张三丰《黄庭要道》，收入萧天石《道藏精华》第二集之二第 107 页至 122 页。

○［明］李一元《黄庭内景经注》，收入《道藏精华》第十四集之一第 263 页至 416 页。

○清代扶鸾注：八仙及其他仙真注《太上黄庭内景玉经》上下卷，收入于《道藏辑要》尾集二，新文丰出版公司刊本第 2170 至 2192 页。又收入《藏外道书》第 10 册第 722 页至 745 页。

○［清］蒋国祚注《黄庭内景经》一卷，原收录于《道藏辑要》尾集二，新文丰出版公司刊本第 6 册第 2193 至 2202 页，又收入《藏外道书》第 10 册第 746 页至 755 页。

○［清］刘一明《黄庭经解》及附图，收入《道藏精华》第四集之三第 95 至 100 页；其后又收入《藏外道书》第 8 册第 557 页至 561 页。

○《上清黄庭内景经》白文本，《藏外道书》第 9 册第 326 页至 330 页上。

○民国陈撄宁《黄庭经讲义》，《藏外道书》第 26 册第 145 页上至 158 页上。后又增补成《道教与养生》，北京，华文出版社，2000 年 3 月出版。

○张超中、杜琮《黄庭经今译　太乙金华宗旨今译》，北京，中国社会科学出版社，1996 年 12 月。

◎本书所采用《道藏精华》，以精装本之册集为主。《道藏精华》在诸集的称呼上，常有含混不一的情形出现。如刘一明《黄庭经解》在《道藏精华》第四集之三，但在刘一明《黄庭经解》书页上却写《道藏精华》第四集之五。《道藏精华》编者不能统一称呼，易造成翻查者的困扰。

◎本书注中关于《黄庭经》各章经文押韵字之认定，系据韵书而来。由于《黄庭经》撰成在汉代，所以应以较早的韵书为依据，韵书较早者为［隋］陆法言《切韵》，其书今佚，其次为《广韵》。本书中关于《黄庭经》各章押韵的认定上，采用宋真宗大中祥符元年（公元1008年），陈彭年等奉诏编纂之《广韵》为主，兼参考［清］陈澧《切韵考》及［清］段玉裁《说文解字》中之古韵十七部分类法，以及［清］余照辑《诗韵集成》韵字分部及古韵通押之说。

梁丘子撰《黄庭内景玉经诀》（梁丘子《黄庭内景玉经注·卷上》，收入《正统道藏·洞玄部·玉诀类·推字号》）：

> 《黄庭内景玉经》者，一名《太上琴心文》，琴，和也。诵之可以和六府，宁心神，使人得仙也。一名《大帝金书》，扶桑大帝君宫中尽诵此经。以金简刻书之，故曰“金书”。一名《东华玉篇》。东华者，东方诸宫名也，东海青童君所居。其中玉女仙人皆诵咏之。刻玉书之，故为“玉篇”也。当清斋九十日，诵之万过，使调和三魂，制炼七魄，除去三尸，安和六府，五藏生华，色反婴孩，百病不能伤，灾害不得干。万过既毕，自然洞观鬼神，内视肠胃，得见五藏。其时当有黄庭真人、东华玉女教子之神仙焉。此文不死之道也，子有仙相，得吾此书也。此文罗列，一形之神室处，胎神之所在耳。恒诵咏之者，则神室明正，胎真安宁，灵液流通，百关调畅，血髓充溢，肠胃虚盈，五藏结华，耳目聪明，白发还黑，朽齿更生。所以却邪痾之纷若者，谓我已得魂精六纬之姓名也。形充神宁，而曰欲死不可得也。

故曰内景黄庭，为不死之道。受者斋九日，或七日，或三日，然后受之。授者为师，受者奉焉。结盟立誓，期以勿泄。古者盟用玄云之锦九十尺，金简凤文之罗四十尺，金钮九双，以代割发歃血不泄之约。此物是神乡之奇帛，非赤县之所有也。今锦可用白绢，罗可用青布，钮可用金镮，亦足以誓信九天，制告三官矣。皆奉有经之师，散之寒栖，违盟负誓，七祖受考于汤谷河源，身为考鬼于风刀也。汤谷，神山王口诀也。一人受书，得传九人，审视形气，必慈仁忠信耽玄注真者，不毁真正，敬乐神仙，乃可示耳。非其才是为漏泄，谨量可授亦诚难也。又先求感应，推讯虚灵者乃佳也。审可传者，亦将梦以告悟，临时之宜亦玄解于心矣。宣泄之科既重，传之者良为崄巇，有《黄庭内经》之子宁不慎密之哉！《清虚真人口诀》："夫《内景黄庭经》者，扶桑大帝君之金书，炼真之秘言也。"

读《黄庭内景经》者，常在别室，烧香洁盛，乃执之也。诸有此经，辟百邪。若入山林及空暗之地，心中震怖者，正心向北读《内经》一过，即神静意平，如与千人同旅而止。能读之万过，自见五藏肠胃，及天下鬼神，役使在己。若困病者，心存读之，垂死亦愈。大都忌食六畜、鱼臊、五辛、殗涔之事，若脱履之者，沐浴盥漱，烧香于左右，读经一过，百痾除也。右小君言，暮卧先读《黄庭经》一过乃眠，使人魂魄自制炼，得三四过乃佳也。

夫万法以人为主，人则以心为宗，无主则法不生，无心则身不立。心法多门，取用非一；有无二体，随事应机。故有凡圣浅深、愚智真假，莫匪心神辨识，运用之所由也。但天下之道殊涂而同归，百虑而一致。从粗入妙，权实则有二阶；吻迹符真，是非同乎一见。有《黄庭内景经》者，东华之所秘也，诚学仙之要妙，羽化之根本。余襞习未周，而观想粗得，裁灵万品，模拟一形。义有四宗，会明七字；指事象谕，内外两言。绌聪隳体之余，任嘘从呬之暇，舐笔磨墨，辄贻原筮。

案：《正统道藏·洞玄部·玉诀类·推字号》所见梁丘子撰《黄庭内景玉经诀》，内容约分三段，一是诵经功德及传经科仪；二是诵咏《黄庭经》之仪法；三是作者自述注经心得。但《黄庭内景玉经诀》，在《云笈七签》卷十一，却被割裂成数段，并分属不同人所撰。《云笈七签·卷十一·三洞经教部·上清黄庭内景经》（《正统道藏·太玄部·优字号》）将《黄庭内景玉经诀》第三段“夫万法以人为主”，题为《梁丘子注释叙》。将《黄庭内景玉经诀》第一、第二段题为《务成子注叙》，并有附注。另外，元人所编《修真十书》卷五十五梁丘子撰《黄庭内景玉经注并序》，将《黄庭内景玉经诀》第三段摆在序文最前头，其次为梁丘子《黄庭经》题注，其次为《黄庭内景玉经诀》第一段第二段文字。

就《黄庭内景玉经诀》全部文字内容而言，梁丘子《黄庭内景玉经注·卷上》（收入《正统道藏·洞玄部·玉诀类·推字号》）及《修真十书》卷五十五梁丘子撰《黄庭内景玉经注并序》，皆归之为梁丘子撰。但《云笈七签》卷十一，则以《黄庭内景玉经诀》第一、第二段题为《务成子注叙》，第三段为其务成子注叙，《梁丘子注释叙》。《云笈七签》卷十一在梁丘子叙、务成子序之后，又有《释题》及《诵黄庭经诀》，未题撰者；《释题》，以内容看，应为梁丘子注。《云笈七签》卷十一有杂糅而未细辨之嫌；且《云笈七签》卷十一之注，未说明为何人所注，一般人以其前有务成子序而误把它归为务成子序，但经比对，除前二章为务成子注外，其余三十四章皆采自梁丘子注。笔者以为《黄庭内景玉经诀》全部三段内容，应归属于梁丘子所撰。但以《云笈七签》有附注，参考价值高。今谨将《云笈七签》卷十一卷首原貌，抄录于下，以供研究《黄庭内景玉经》者参考。

《云笈七签·卷十一·三洞经教部·上清黄庭内景经》（《正统道藏·太玄部·优字号》）：

> 《梁丘子注释叙》：夫万法以人为主，人则以心为宗。无主则法不生，无心则身不立。心法多门，取用非一。有无二体，随事应机，故有凡圣、浅深、愚智、真假，莫匪心神辩识运用之所由也。但天下之道，殊涂而同归，百虑而一致。从粗入妙，权实则有二阶；吻迹符真，是非同乎一见。《黄庭内景经》者，东华之所祕也，诚学仙之要妙，羽化之根本。余嬖习未周，而观想粗得，裁灵万品，模拟一形；义有四宗，会明七字；指事象谕，内外两言。绌聪隳体之余，任嘘从呬之暇，舐笔摩墨，辄贻原筮。

《务成子注叙》：扶桑大帝君命旸谷神仙王传魏夫人。旸谷神王，当是大帝之臣。授此经之时，与青童君俱来。夫人初在修武县中也。《黄庭内景》者，脾为黄庭命门。明堂中部老君居之，所以云“黄庭内人服锦衣也”。自脐后三寸，皆号黄庭命门，故下一云命门，中有黄庭元王玄阙大君。又云：坐当命门。犹如头中亦呼为泥丸洞房中也。此《经》以虚无为主，故用黄庭标之耳。其景者，神也。其《经》有十三神，皆身中之内景名字。又别有《老君外景经》。总真云：“黄庭内外。涓子云：《黄庭内经》《外经》者，皆是也。此神名与八景不同。”又递述有无者，盖所施用处异也。名服既殊，源本亦别。太极太微者，品号域也。一名《太上琴心文》，“琴，和也。诵之可以和六腑、宁心神，使得神仙。”此十七字，本经所注也。一名《大帝金书》，扶桑大帝君宫中尽诵此经。以金简刻书之，故曰金书。此二十一字，本经所注也。一名《东华玉篇》。东华者，方诸宫名也，东海青童君所居也。其中玉女、仙人皆诵咏之。刻玉书之为玉篇。此三十三字，本经所注。夫此二宫之神仙犹诵之者，非复以辟邪，正谓和神耳。但诵万遍毕，当得洞经。不信此义，亦为一滞也。当清斋九十日，诵之万遍，此谓先斋九十日，乃就诵之。非九十日斋令诵得万遍也。诵日数无定限，若专此一法，日夜自可二十遍。若兼以余事者，乘闲正可四五遍耳。计得十遍，亦可依法礼拜。若遍限既毕，未能通感者，但更精心诵之，勿便止也。使调和三魂，制炼七魄；除去三尸，安和六府；五藏生华，色反孩童；百病不能伤，灾祸不得干。万过既毕，自然洞观鬼神，内视肠胃，得见五藏。其时当有黄庭真人、中华玉女，教子神仙焉。此不死之道也。临目外观，则鬼神摽形，接手内视，则藏腑洞别，乃得表里无隔，栖真降灵，然后禀受玄教，施行妙诀也。既曰不死，则天地长存，复何索乎。子有仙相，得吾此书。吾者，应是旸谷神王自称也。此文罗列一形之神室，处胎神之所在耳。于形中诸神，乃不都尽，而目其室宅，亦备穷委密矣。胎神即明堂三老君，所谓胎灵大神也。此最为黄庭之本。恒诵咏之者，则神室明正，胎真安宁，灵液流通，百关朗清，血髓充溢，肠胃虚盈。无复滓秽为虚，津液常满为盈。所谓六气盈满，神明灵也。五藏结华，耳目聪明；朽齿白发，还黑更生。所以却邪痾之纷若者，谓我已得魂精六纬之姓名也。纷若者，犹乱杂也。今五藏并胆，是为六纬，并神魂之精爽矣。形充魂精而曰欲死不可得也。故曰内景黄庭为不死之道。人之死也，常在形神相离。今形既恒充，则神栖而逸；神既常宁，则形全无毁。两者相守，死何由萌？虽曰欲逝，其可得乎？此道乃未能控景登虚，高宴上清，而既无死患，形固神洁，内彻身灵，外降英圣，隐芝大洞，于是而至，端坐招真，不俟游涉，筌蹄之妙，岂复踰此。受者斋九日，或七日，或三日，然后受之。授者为师，受者奉焉。此师及弟子俱应结斋。斋日多少，随其身事。若履涉世尘，宜须积日自洁。其山居清整者，三日便足也。结盟立誓，期以勿泄。古有盟用玄云之锦九十尺，金简凤文之罗四十尺，金钮九双，以代割发歃血勿泄之约。此物是神乡之奇帛，非赤县之所有也。今锦可用白绢，罗可用青布，钮可用金镮，亦足以誓信九天，制告三官矣。诸经中信用金龙、玉鱼之例，多是宝贵，非寒栖能办，故许听以世中易得物比之。今罗、锦异类，事绝人工，理宜准代。犹应选极精洁者。绢九丈，当使连织。镮小细于钮，以上金九分作九双，于丰俭为适。皆奉有经之师，散之寒栖。违盟负约，七祖受考于旸谷河源，身为下鬼，考于风刀。“旸谷神仙王口诀。”此七字本经中所注。一人受书，得传九人，诸经多云七百年传三人，此非世上之格。今此虽限人数，不制年期，当是止就一生之身为言也。审视形气，必慈仁忠信、耽玄注真、不毁真正、敬乐神仙者，乃可示耳。自非其才，是为漏泄。谨量可授，亦诚难也。人虽不可常保，或始勤而末怠，初善而后恶。但本性既能慈仁惠信，耽玄乐仙，应当无复为过咎矣。此六德则未可全亲，故后云宁慎密之。又当先求感应，推讯虚灵者乃佳也。审可传者，亦将得梦以告悟。临时之宜，亦玄解于心矣。宣泄之科既重，传之者良为崄巇。有《黄庭内经》之子，宁慎密之。“清虚真人口诀：夫《内景黄庭经》者，扶桑太帝君之金书，炼真祕言矣。”二十六字，本经所注。案此二篇，是说传授科格，非扶桑东华金书玉字本文，止是二匠授南真时口诀，故并题注言之也。读《黄庭内景经》者，常在别室烧香洁净，乃执之也。凡欲读此经，皆当如此。施高座东向、烧香、沐浴、束带，舒经于案格之上，微其音响，吟讽斫咏，无使辍误。辍误之时，当依消摩法，重却前三十字更读也。记其遍数十过，则应起拜。诸有此经，能辟百邪。若入山林空暗之地，心中震怖者，正心向北读《内经》一过，即神静意平，如与千人同旅而止。邪却则神安，故无复疑惧之患。能读之万过，自见五藏肠胃，又见天下鬼神，役使在己。内视既朗，则外鉴亦彻。玉女尚来降授，鬼神何足役使也。若困病者，心存读之，垂死亦愈。不能执书，故心存读之。若不堪首尾周遍，但取神名处诵之。涓子云：“灵元是脾神，长四寸，坐脾上，如婴儿，着黄衣，位为中部明堂老君。若体中有疾，及饥饱不和适之时，但存中部老君之服色，便仿佛在脾。三呼其名毕，咽液七过，万病如愿也。”此即经中所云三呼我名，神自通者也。大都通忌食六畜及鱼臊肉，六畜，牛、马、猪、羊、鸡、犬也。鱼臊，当谓生臊耳，故为禁也。忌五辛、生葱、蒜、薤、韭、葫荽也。淹洿之事。世间所可为淹秽事者，皆宜避之，不复曲辩之也。若脱履淹洿之者，沐浴盥漱，烧香于左，读经一过，百痾除也。其余饮食所忌，学者本不待言。若脱遇淹秽，则可以桃竹而解之，烧香于左，以阳消阴。若不如此，则当致故气，百痾难除矣。按《经》后云：“入室东向读玉篇。”而《序》云：“北向读《内景经》一过”者，此谓却邪折恶时，与和神召灵时异也。今若依法恒读，自可依前所注东向之事也。又小君言山世远受孟先生法，暮卧先读《黄庭内景经》一遍乃眠，使人魂魄自制，但行此二十一年亦仙矣。是为合万过也。夕得三四过乃佳。北岳蒋夫人云：“读此经，亦使人无病，是不死之道也。”如此暮临卧，每烧香东向，于寝床而诵之，旦夕一过者，至二十七年，正得万遍耳。今云二十一年，或是字误。若不尔，则夕不恒一过也。故复云：“夕三四过乃佳。”计此十遍毕，亦可礼。所以云万过，亦是取其限义也。读不患数，患人不能勤耳。

《释题》：黄庭内景。黄者，中央之色也。庭者，四方之中也。外指事，即天中、人中、地中；内指事，即脑中、心中、脾中；故曰黄庭。内者，心也。景者，象也。外象谕，即日月、星辰、云霞之象；内象谕，即血肉、筋骨、藏府之象也。心居身内，存观一体之象色，故曰内景也。

《诵黄庭经诀》：入室诵《黄庭内景玉经》，

当烧香，清斋，身冠法服，入户北向四拜，长跪，叩齿二十四通，启曰："上启高上万真玉晨太上大道君，臣今当入室，诵咏玉经，炼神保藏；乞胃宫荣华，身得乘虚，上拜帝庭。"毕，次东向揖四太帝，又叩齿十二通，启曰："上启扶桑太帝、旸谷神王，臣某甲今入室披咏玉经，乞使静室神芝自生，玉华宝辉，三光洞明，万遍胎仙，得同帝灵。"咒毕，东向诵经，十遍为一过，便还北向四拜，东向四揖，不须复启。

案：以上系《云笈七签·卷十一·三洞经教部·上清黄庭内景经》经文前面序论。依次为：序文、题注与诵经诀。序文有二，首题为《梁丘子注释叙》，次题《务成子注叙》有附注；务成子序，其实即是梁丘子《黄庭内景玉经诀》前两段文字，其附注保留了梁丘子六处自注，并于其下注明右多少字，本经所注。如《太上琴心文》下，注云："'琴，和也。诵之可以和六腑、宁心神，使得神仙。'此十七字，本经所注也。"可知《云笈七签》本之注，其撰者在梁丘子之后。则《务成子注叙》应是梁丘子注之误题。又，《云笈七签》的《释题》，即是《道藏》梁丘子注本的题注，注中说明黄庭的意思，以及梁丘子用"内象谕""外象谕"的析论方式来注经，此二句亦常见于《黄庭内景玉经》三十六章梁丘子注中，以此来做检验。《云笈七签》本的注，前两章为务成子注，后三十四章注文与《道藏》梁丘子注及《修真十书》梁丘子注全同，且注中常有"内象谕""外象谕"等语，其观点亦与《黄庭外景玉经》梁丘子注的观点相同，可以确定《云笈七签》第三章以后的注即是梁丘子注，而非务成子注。

《太上黄庭内景玉经》详解[1]

【题注】

此书托名玉晨大道君所作，全经为七言韵语，分三十六章，每章以首句二字为题，叙述人身中三部八景二十四神、脏腑、三丹田等内神名讳形貌，及修炼身神之法。王褒、景林真人传予魏华存，为东晋上清派重要道典，撰作年代约在东汉末。

关于《黄庭内景玉经》的撰造时代，据《太平广记·卷五十八·魏夫人》载魏华存之师王褒降临斋室，授魏华存（251年－334年）上清三十一卷经；另外景林真人又授以《黄庭内景经》，令“昼夜存念，读之万遍后，乃能洞观鬼神，安适六府，调和三魂五脏，主华色，反婴孩，乃不死之道也。”并说魏夫人“又述《黄庭内景注》”。《太平广记》的魏夫人传，出自［晋］范邈《南岳夫人内传》，据此可知此书是魏华存所得之经，并曾为之作注，此书撰作年代应在东汉。

[1] 底本据《正统道藏·洞玄部·玉诀类·推字号》，新文丰出版公司刊本，第11册梁丘子注本。
书中古注：采《正统道藏·洞玄部·玉诀类·推字号》梁丘子注及《云笈七签·卷十一、卷十二·三洞经教部·上清黄庭内景经》务成子注前二章注。以《修真十书》梁丘子注本作注文校勘。

《黄庭经》有内外景，而内外景一词，在先秦时已存在。见诸载籍者《荀子·解蔽篇》云：“浊明外景，清明内景。”《大戴记·曾子天圆篇》曾子引述孔子之言，孔子以天为外景，地为内景；天为阳，地为阴；阳为神，阴为灵；阳主施予，阴主化育，阳施阴受，阴阳为万物之本源。孔子内外景之说，当为道教《黄庭经》内外景名称由来，但其义则较近于《汉书·淮南王传》所说《淮南子》有内书、外书，及后来《抱朴子》的内、外篇，以内篇为尊，外篇为下。[唐]梁丘子以天象来解释外景，以人体骨肉脏腑来解释内景；乃是沿承汉儒以人体效法天象的观点而来；人体既与天象宇宙同，则修道不外观思此身。此又与孔子以天为外景、地为内景之说有别，将天地换成人体。

[唐]梁丘子《黄庭内景玉经注》上卷经题下注云：

> 黄者，中之色也。庭者，四方之中也。外指事：即天中、人中、地中；内指事：即脑中、心中、脾中；故曰黄庭。内者，心也。景者，象也。外象谕，即日月星辰云霞之象也。内象谕，即血肉筋骨脏腑之象也。心居身内，存观一体之象色，故曰内景也。

梁丘子把黄庭说成三处，明显和两部《黄庭经》所说黄庭在脐内肾前的说法不同。另外，《黄庭经》及梁丘子所言的脾，其功能职司及位置，都是把胰当成了脾来叙述。胰在五脏中央，在胃后两肾间，有辅助消化的功能，脾、胰原是不同，但古人混而一之，汉代《说文解字》甚且无“胰”字，所以在古文中的脾，实兼指脾胰二者。

上清章第一

上清紫霞虚皇前①，太上大道玉晨君②，闲居蕊珠作七言③，散化五形变万神④，是为黄庭曰内篇⑤。

琴心三叠舞胎仙⑥，九气映明出霄间⑦。神盖童子生紫烟⑧，是曰玉书可精研⑨。咏之万徧升三天⑩，千灾以消百病痊⑪。不惮虎狼之凶残⑫，亦以却老年永延⑬。

【章旨】

此章说明《黄庭内景玉经》的撰写因缘，及修炼此经之殊胜功德。此经的“上清紫霞虚皇前，太上大道玉晨君，闲居蕊珠作七言，散化五形变万神，是为黄庭作内篇”，仿自《黄庭外景玉经》首句“老君闲居作七言，解说身形及诸神”。

此章押先仙韵。先仙韵字为：前、言、篇、仙、间、烟、研、天、痊、残、延，段玉裁古音十四部。另，真韵字为：君、神，段玉裁古音十二部。

【注释】

① 上清紫霞虚皇前：在上清境紫色云霞遍布虚皇所治的圣境里。

上清：三清之一，道教最高的天境，在大罗天中。三清依次为：玉清境清微天、上清境禹余天、太清境大赤天。三清的统治者，据《上清太上开天龙蹻经》及《洞玄灵宝自然九天生神章经》所载，依次为：天宝君、灵宝君、神宝君三人。更据

《洞玄灵宝真灵位业图》《上洞神天公消魔护国经》，而知天宝君为元始天尊、灵宝君为玉晨大道君、神宝君为太上老君。

紫霞：紫色云霞，天界以紫色为尊贵，如《上清大洞真经诵经玉诀》："诀曰：先于室外，秉简当心，临目扣齿三通，存室内有紫云之气遍满，又郁郁来冠兆身……念入户咒曰：天朗气清，三光洞明，金房玉室，五芝宝生，玄云紫盖 来映我身，仙童玉女，为我致灵，九气齐景，三光同軿，上乘紫盖，升入帝庭。"上引一再谈到紫云之气、玄云紫盖、上乘紫盖，显然以紫色为仙圣所用。

虚皇：六朝道教仙圣中最崇高阶位之称，此处的虚皇即是太上大道玉晨君。六朝道经中称"皇""帝""丈人""先生""王""君"等名号者，其地位常高于一般之神；如扶桑大帝九老仙皇君、后圣金阙帝君、小有玉真万华先生、玄洲二十九真伯上帝司禁君、道德丈人、元始天王、九天元父等。如以"圣""真""仙"作划分，这些神都应归入"圣"级之中。[1]

前：指称地点的用词，译为地方。文言文中的"上""下""内""外""际""前"等，都用来指称某地方，如塞上、塞下、迁武北海上、三日入厨下，都仅是说明其地，译成边塞的地方，北海地方，厨房的地方，不能翻成边塞上面、边塞的下面，北海的上面，厨房的下面。

［唐］务成子注："上清者，三清名也。虚皇者，紫清太

[1] 有关道教神仙阶位，详见笔者《汉魏六朝佛道两教之天堂地狱说》修订版下编第三章，香港：青松出版社，2013 年 2 月版。

素高虚洞曜三元道君内号也。太上即高圣太真玉晨玄皇大道君也。理在上清协晨观蕊珠之房，紫霞焕落，瑞气交映也。”

［唐］梁丘子注：“三清之境，有玉清、上清、太清，此三清之中，一切大圣之所居也。按《玉纬经》云：上清者，虚皇大道君之所治也。即大道之域，包罗三清。又常朝仪西南方，有太灵虚皇天尊，即元始之本号也。道君欲明作七言之所，始乎紫霞之宫也，亦名紫琼宫，亦曰紫晨之宫。”

② 太上大道玉晨君：上清教主太上大道玉晨君。

太上大道玉晨君：三清教主之一，也称灵宝天尊。三清为最高之天界，在玉京山上，依次为：玉清境清微天、上清境禹余天、太清境大赤天。三清的统治者，据《上清太上开天龙蹻经》及《洞玄灵宝自然九天生神章经》所载，依次为天宝君、灵宝君、神宝君三人。更据《洞玄灵宝真灵位业图》《上洞神天公消魔护国经》，而知天宝君为元始天尊、灵宝君为玉晨大道君、神宝君为太上老君。亦即玉清（清微天），为元始天尊（天宝君）所治，元始天尊所说经为道藏中之洞真部。上清（禹余天），为玉晨大道君（灵宝君）所治，玉晨大道君所说经为道藏之洞玄部。太清（大赤天），为太上老君（神宝君）所治，所说经为道藏之洞神部。

③ 闲居蕊珠作七言：在蕊珠宫中悠闲无事，撰作了七言诗。

闲居：在家中悠闲无事。

蕊珠：蕊珠宫，太上大道玉晨君所居宫殿。［唐］梁丘子《黄庭内景经注》云：“《秘要经》云：‘仙官中有寥阳之殿，蕊珠之阙，七映之房，道君在中而说经也。人身备有之也。’”务成子注：“蕊珠，上清境宫阙名也。述作此经，皆以七言为句也。”

作七言：撰作七言诗，此指古体七言诗，七字一句，可押平声韵，可押仄声韵，句数无限，可长可短。言：字。

［唐］务成子注：“太上即高圣太真玉晨玄皇大道君也。理在上清协晨观蕊珠之房，紫霞焕落，瑞气交映也。蘂珠，上清境宫阙名也。述作此经，皆以七言为句也。”

梁丘子注：“太上大道玉晨君，太上尊之号也。按《本行经》，有元始五老之君号也。玉晨君，即皇老之一号也。”

④ 散化五形变万神：析散解化万物赖以生成的五行结构，变易成万种不同神祇。

五形：指五行，“形”通“行”。万物皆由道生一，一即是气，气分阴阳，阴阳衍生五行：阳中之阳为太阳，即火；阴中之阴为太阴，即水；阳中有阴为少阳，为木；阴中有阳为少阴，为金；阴阳相调和为土。万物皆由阴阳五行所构成，能掌握五行生克，即可变化万形。《子华子·北宫意问》云：“夫天降一气，则五气[1]随之，寄备于阴阳，合气而成体；故有太阳、有少阳、有太阴、有少阴；阴中有阳，阳中有阴；故阳中之阳者，火是也；阴中之阴者，水是也；阳中之阴者，木是也；阴中之阳者，金是也；土居二气之中间，以治四维，在阴而阴，在阳而阳，故物非土不成，人非土不生。”万物禀五行而生，在天为五行，在人为五脏及五脏所藏之精神魂魄意。能散化五行，自能随意聚散一气，而成万物、万民、万神。

---

[1] 案：“五气”，《正统道藏·太清部·颠字号》本子作“五气”，《四库全书·子部·杂家类》作“吾”。

务成子注："散化形体，变通万神，明此经祕妙矣。"

［明］冷谦注："七言之旨，能化五行之气，散弥六合，而变通万神。"

⑤ 是为黄庭曰内篇：这本书就叫做《黄庭内景玉经》。

案：道藏白文本"曰"作"作"，梁丘子注本、务成子注本皆作"曰内篇"。

黄庭：经名。内篇：指内景。

务成子注："真言叹美，又曰内篇也。"

⑥ 琴心三叠舞胎仙：以似琴音般平和之心念引气入身，聚气炼形于上、中、下三丹田中，使脱离凡胎成仙胎而飞升天界。

琴心：似琴音般和柔之心，清静之心，即意念平和，以平和之意引气入身。在内丹修炼上，意念为黄婆。琴：和谐。

三叠：三处聚气，指聚气于上、中、下三丹田。叠：积聚。上丹田为泥丸（两眉间却入三寸处），《洞真太一帝君太丹隐书洞真玄经》说："从两眉间却入一寸为明堂，却入二寸为洞房，却入三寸为丹田。"[1] 中丹田指绛宫（心脏），《上清众经诸真圣祕》卷七《握中诀》说绛宫所在："从心尻尾下一寸却入三寸许，方一寸。"[2] 下丹田，在脐下三寸许却入，方一寸，《上清众经诸真圣祕》卷七《握中诀》说下丹田所在

[1] 《正统道藏·正乙部·广字号》，新文丰出版公司刊本，第 56 册，第 392 至 393 页。

[2] 《正统道藏·洞玄部·谱箓类·有字号》，新文丰出版公司，第 11 册，第 626 页。

“对脐却入三寸许，方一寸”。[1]

舞胎仙：使脱离凡胎成仙胎而飞升天界。“胎仙”，为仙胎之倒装句，即是仙胎。梁丘子以胎仙为胎息之仙。仙字，道藏白文本作“僊”。

［唐］务成子注：“琴，和也。三叠，三丹田，谓与诸宫重叠也。胎仙，即胎灵大神，亦曰胎真，居明堂中，所谓三老君，为黄庭之主，以其心和则神悦，故儛胎仙也。”案：务成子所说，是指下丹田黄庭元王而言，《上清众经诸真圣秘》卷七《握中诀》云：“下丹田，号命门黄庭宫，对脐却入三寸许，方一寸。左有婴儿，号黄庭元王，名始明精，字符阳昌。右有弼卿，名归上明，字谷下玄。”[2]《大洞玉经》卷上《三元紫精君道经第六》“命门桃康君”一段下注：“（命门）在脐下三寸，其形方圆一寸；男子藏精，女子藏胎；下丹田也。”[3]

梁丘子注：“琴，和也；叠，积也。存三丹田，使和积如一，则胎仙可致也。胎仙，胎息之仙也，犹胎在腹中有气而无息。”

［明］冷谦注：“琴音清和具五行。琴心者，清其心而和合五行。三叠，乃三田。则三田之中，胎仙自舞。”

［明］李一元注：“儛胎仙者，由是而神全，由是而调养，由是而无为升天，谒帝受箓，号真逍遥，阆苑拜舞宸墀神

[1] 《正统道藏·洞玄部·谱箓类·有字号》，新文丰出版公司，第 11 册，第 626 页。

[2] 同上。

[3] 《正统道藏·洞真部·本文类·日字号》，新文丰出版公司，第 2 册，第 8 页下。

仙领袖。”

⑦ 九气映明出霄间：九天混元之气，光明辉焕，入于鼻而上达于脑部泥丸宫。

九气：或说三丹田之气，或说九天之气。九天，泛指天界。

映明：光明炳焕。

霄：云霄，指人脑中泥丸等宫。

案：内丹河车之运行，气由鼻入，下至丹田，再由尾闾（脊椎尽处），经命门（身后与脐相对位置）、夹脊（身后与心脏相对位置，两肩夹骨处），上行至泥丸（两眉间却入二寸处，头顶中心处）。

［唐］务成子注：“九天之气入于人鼻，周流脑宫，映明上达，故曰出霄间。《九天生神经》曰：‘三元育养，九气结形。’”

［唐］梁丘子注：“三田之中，有九气炳焕，无不烛也。《大洞经》云：三丹田及三元、三洞房，合为九宫，宫中有天皇九魄变为九气，化为九神也。”

［明］冷谦注：“九为阳数，九气，纯阳之气。暎发光明，出于霄汉之间。”

⑧ 神盖童子生紫烟：两眉双眼散发出坎离调和的紫色光芒。

神盖：两眉，如盖遮掩双眼。

童子：瞳仁，指双眼。

紫烟：紫色云气，此指目光。紫色系红与蓝相调和而成，象征离火（心）与坎水（肾）之调合。

［唐］务成子注：“神盖谓眉也。童子，目神也。紫烟，

即目光气也。”

[唐]梁丘子注：“观照存思，假目为事。下文云眉号华盖覆明珠。华盖即神盖，谓眉也。明珠，目童子也。紫烟，目精妙之气。”

[明]冷谦注：“心神，属离。童子即婴儿，属坎。盖，乃盖合之意。神盖童子，即以神驭气，坎离交而紫烟生，乃结丹之象也。”

⑨ 是曰玉书可精研：是说这本似美玉般珍贵的道书，可以专精来研读。

[唐]梁丘子注：“文因述始，专则能通。”

⑩ 咏之万偏升三天：诵咏万遍，可以使人飞升三清天境。

三天：即玉清、上清、太清等三清境，为道教最高仙境。

[唐]务成子注：“此经亦曰玉书，谓精心研虑，诵满万遍即自升天矣。三天者，太清、上清、玉清也。”

[唐]梁丘子注：“精备神充，名上三清。”

⑪ 千灾以消百病痊：千种灾难得以消除，百种疾病因而痊愈。

痊：病愈。

[唐]梁丘子注：“精神具，则灾病自消。”

⑫ 不惮虎狼之凶残：不必畏惧虎狼的凶残。

惮：畏惧。

[唐]梁丘子注：“无残伤也。”

⑬ 亦以却老年永延：也可以返老还童，年寿长延。

却老：退除老年，返老还童。却：退。

永延：长久延续下去。

［唐］务成子注："真经尊重，持诵蒙恩，灾病自除，虎狼不犯，衰年转少，寿命延长。《道经》曰：'摄生者，毒虫猛兽不搏也。'此一章初说经之旨也。此经盖是太上弟子所撰记耳。犹如《孝经》《礼记》，称孔子闲居也。"

［唐］梁丘子注："此一章都说黄庭之道也。"

【今译】

在上清境紫色云霞遍布虚皇所治的圣境里，上清教主太上大道玉晨君，在蕊珠宫中悠闲无事，撰作了七言诗。析散解化万物赖以生成的五行结构，变易成万种不同神祇，这本书就叫做《黄庭内景玉经》。

以似琴音般平和之心念引气入身，聚气炼形于上、中、下三丹田中，使脱离凡胎成仙胎而飞升天界。九天混元之气，光明辉焕，入于鼻而上达于脑部泥丸宫。两眉双眼散发出坎离调和的紫色光芒。是说这本似美玉般珍贵的道书，可以专精来研读。诵咏万遍，可以使人飞升三清天境。千种灾难得以消除，百种疾病因而痊愈。不必畏惧虎狼的凶残，也可以返老还童，年寿长延。

上有章第二

上有魂灵下关元①，左为少阳右太阴②，后有密户前生门③，出日入月呼吸存④。元气所合列宿分⑤，紫烟上下三素云⑥。灌溉五华植灵根⑦，七液洞流冲庐间⑧，回紫抱黄入丹田⑨，幽室内明照阳门⑩。

【章旨】

此章在说明黄庭的所在位置，其位置在心脏绛宫之下，下丹田之上，前有脐，后有肾，即是脐后肾前之处为存思聚气所在的黄庭。与此章文义相近的为《太上黄庭外景玉经·上部经》："上有黄庭下关元，后有幽阙前命门。呼吸庐间入丹田，玉池清水灌灵根。审能修之可长存。"

此章押元韵及删韵，段玉裁古音同在十四部。元文韵字为：元、门、存、分、云、根。删先韵：间、田。

【注释】

① 上有魂灵下关元：它的上面有魂神所栖的心脏，底下有在脐下三寸的下丹田。

魂灵：心，心为魂神所栖。灵：神；《尚书·泰誓》"惟人万物之灵"，孔安国《传》："灵，神也。"陈撄宁《道教与养生·黄庭经讲义》："魂灵即心神，关元在脐下三寸。"（陈撄宁《道教与养生》，北京，华文出版社，2000 年 3 月，252 页）

关元：下丹田，在脐下三寸却入处。

案：此章在叙述人身黄庭的部位所在。

［唐］务成子注："魂，魂魄也。灵，胎灵也。魂在肝，魄在肺，胎灵在脾。关元，脐也。脐为受命之宫，则魂魄在上，关元居下。"

［唐］梁丘子注："上魂，天分也；下关，地分也。魂灵无形，关元有质，人法天地，形象具之。一如后说。"

［明］冷谦注："魂，心魂也。关，肾关也。"

② 左为少阳右太阴：左右为产生精气的双肾。

案：少阳、太阴指黄庭所在的左右，以此经所言黄庭的位置在脐后命门前看来，脐后两侧为双肾，脐直对背后的命门关，所以少阳太阴，应指双肾而言；肾性属阴，但肾能生精生气，精属阴，气为阳，左阳右阴，所以用称二肾。务成子用双目来解释它应误。梁丘子以"左东右西，卯生酉杀"释之，亦是混淆难明。东，五行为木、为春、为卯；西，为金、为秋、为酉；春生秋杀，卯生酉杀，此为五行生克，但与黄庭的位置应无关。其余注家，如明代李一元以左胆右肺释之，亦与黄庭位置不合。

［唐］务成子注："少阳，左目也。太阴，右目也。"

［唐］梁丘子注："左东右西，卯生酉杀。"

［明］冷谦注："少阳，足少阳。胆经：胆乃肝腑，属木，能生心火。太阴，手太阴。肺经：属金，能生肾水。言心肾二家之母气。"

③ 后有密户前生门：黄庭后面为密户（肾），前面为生门（脐）。

密户：两肾，也称幽阙。

生门：脐，也称命门。命门有多种说法，《外景经》所说黄庭所在云"后有幽阙前命门"，此命门指脐。又，宋元丹道家以人身脊后与脐相对之部位为命门，此命门在黄庭及两肾后，为河车运行所必经之地。

案：《外景经》云"后有幽阙前命门"，与此句相同，密户即幽阙，生门即命门。务成子注以肾为幽阙，梁丘子亦以为两肾。但近人陈撄宁以为幽阙是脐，陈撄宁《道教与养生》第二编《黄庭经讲义》第一章《黄庭》云："幽阙即生门，生门即脐，针灸家名为神阙，又名气舍。"（陈撄宁《道教与养生》，北京，华文出版社，2000 年 3 月，252 页）今以外景"幽阙侠之高巍巍"看来，应指肾而言，陈撄宁之说恐误。黄庭在生门（脐）后，在两肾之前，也在两肾之间，《外景经》云："后有幽阙前命门。"务成子注云："肾为幽阙目相连。脐为命门三寸，日出月入阴阳并，呼吸元气养灵根也。"其说近是。脐为命门三寸，三寸指脐之大小。

又，陈撄宁《道教与养生》第二编《黄庭经讲义》第一章《黄庭》："命门即密户，在背脊骨第十四椎下，即第二腰椎骨之部。"（陈撄宁《道教与养生》，北京，华文出版社，2000 年 3 月，252 页）陈说将身体脊后之命门用来称密户，并不正确。此命门即生门，不然无法解释《黄庭外景经》黄庭"后有幽阙前命门"一语，以外景看，命门在黄庭之前，命门即是内景的生门，即是脐。

又案：自首句至此，说明人身中的黄庭，位在心脏下，下丹田之上，在脐后肾前，由于肾有两个，分处两旁，所以黄庭的左右也是两肾，也就是黄庭的位置，在肚脐后命门前，两肾间前的空虚处，其位置即为黄庭。南宋内丹北宗王重阳仍以脐内一寸三分为黄庭，为结丹处。南宗白玉蟾等以两肾间之气海为主，以为先天一阳之气即由此而生。虽名相有所不同，但所指的位置应相近。其明确的位置，以人身之部位而言，脐（神阙）之后重要穴位有两肾之间，两肾间之后为命门，命门和脐相对，黄庭其处即在脐后命门前，两旁稍后为两肾，所以黄庭其处和两肾间的气海说部位相连。

［唐］务成子注："密户，肾也。肾为藏精宫，当密守之，使不躁泄。生门，命门也。"

［唐］梁丘子注："前南后北。密户，后二窍，言隐密也。生门，前七窍，言借以生也，合为九窍也。"

［明］冷谦注："两肾藏精为密户，附脊居后，左右相对，中虚一窍为命门，即生门。初生受胎，未形先具，浑如太极，先天真一之气存此。其生气从命门出，则向前与脐相对。"

④ 出日入月呼吸存：观想左目为日右目为月，两目射出光芒，返照身内。并存思呼吸，引气循身。（或译：人之呼与吸，就像日和月相循环更递。）

出日入月：观想左目为日右目为月，两目射出光芒，并返照身内。日月，指双目。出入，指发出光芒及返照。

呼吸：专心存思呼吸导引。存：存思，专注观想。案：陈撄宁《黄庭经讲义》解释为："今按呼为出，吸为入；出为辟（辟），入为阖；辟为阳，阖为阴；阳为日，阴为月，故曰：出日入月呼吸存。"

［唐］务成子注："谓常存日月于两目，使光与身合，则通真矣。《九真中经》曰：'夜半生气，或鸡鸣时正坐闭气，存左目出日，右目出月，两耳之上为六合高窗，令日月使照一身，内彻泥丸，下照五藏肠胃之中，了了洞见。内彻外合，一身与日月光共合。良久，叩齿九通，咽液九过，微祝曰：太上玄一，九皇吐精，三五七变，洞观窈冥。日月垂光，下彻神庭，使照六合，太一黄宁。帝君命简，金书不倾。五老奉符，

天地同诚。使我不死，以致真灵，却遏万邪，祸害咸平。上朝天皇，还老返婴，太帝有制，百神敬听。’”

［唐］梁丘子注：“日月者，阴阳之精也。左出右入，身有阴阳之气。出为呼气，入为吸气，呼吸之间，心当存之。《上清紫文》云：‘心存日月，坐立任所便。’是也。”

［明］冷谦注：“日，阳也；月，阴也。取坎中之一阳，出入于离中之一阴，所谓取坎填离，一出一入。存吾呼吸间耳。此言心肾交姤之妙。”

⑤ 元气所合列宿分：使元始祖气和吾身相合为一，观想身中脏腑诸神如同天地星辰般依次序列分明。（或译：存思元始祖气与身相合，日月星辰光气分明照耀。）

案：“元气”，务成子本子作“四气”，道藏白文本、梁丘子注本、刘长生解本均作“元气”。

元气：天地未分前的混沌之气，亦即元始一气，万物所禀之以生之祖气。

列宿：天上的星宿，一般指排列在天空中的二十八宿；务成子及梁丘子解释为日月星。

［唐］务成子注：“四气，四时灵气也。列宿，三景也。谓常存元气合于身，兼思日月斗星分明焕照，久则通灵。”

［唐］梁丘子注：“元气，一也。使心与道一合。存日月星辰辉光，照耀罗列，一身分明，与天地合也。”

［明］冷谦注：“四气，金木水火。四气和合其精华，如列宿分布周流。”

⑥ 紫烟上下三素云：眼中发出紫色光芒，三色祥云上下周身环绕。

紫烟：即第一章“神盖童子生紫烟”的紫烟，指两眉双眼散发出坎离调和的紫色光芒。

三素云：由纯一精气所成三种不同颜色的祥云。素：纯一不杂。案：据《上清太上帝君九真中经·中央黄老君八道祕言章》所言“三素飞云”，系依不同神仙及季节，所乘坐的云色各不同，有紫、绿、白三色，有玄、青、黄三色，有紫、青、黄三色等。此经是上清派太师魏华存所传三十一卷上清经之一，撰成年代应在汉末三国前，可以用来解释《黄庭经》。

［唐］务成子注：“三素者，紫素、白素、黄素也。常存三元妙气上下在身，则形神通感。”

［唐］梁丘子注：“紫烟，是目精之气。存见三丹田中，上下俱有白气，白气流通一体。又云：目光有紫青绛三色，为三素云。仙经云：‘云林夫人咒曰：目童三云，两目真君。’”

［明］冷谦注：“紫烟上下，呼吸进火之法象。三素云，乃三田之中，素净之气。如云蒸雨降，灌溉五藏之精华，以植灵根。此言交姤后，元气滋溢，聚精华而立丹基。”

⑦ 灌溉五华植灵根：云气灌溉五脏散出光华，培植生命灵妙根源的黄庭。

五华：五脏所生光芒。

灵根：灵妙根源。陈撄宁《黄庭经讲义·第五章漱津》：“灵根，乃人身脐下之命根也。常人此根不固，易为情欲疾病所摇动，日衰一日，而人死矣。修炼家运用升降吐纳之功，使口中津液源源而来，汩汩而吞，如草木得肥料之培养，而根自固矣。”案：灵根可以用来泛指生命灵妙根源所在，但此章以黄庭为主，此处之灵根应是指黄庭。参见本书《外景经》第一章灵根下注。

［唐］务成子注："五华者，五方之英华，即气也。灵根，舌本也。谓漱咽津液，兼吸引五气而服之，则灵根永存，神府清畅。"

［唐］梁丘子注："素云之气，在口为玉液，存咽之以灌五华。五华者，五脏之英华。灵根，命根植生。"

⑧ 七液洞流冲庐间：日月星及四季运行所生之气，使脏腑产生津液通流全身，上冲头顶两眉之间。

七液：泛指脏腑所生津液，即脏腑真气。务成子以为七液是日月星及四季所施放之气，在人身所结成灵液。梁丘子以为是人身头部七窍（两眼、两耳、两鼻孔及口）所生之液。［明］冷谦注以心、肝、肺、脾、肾、气、血为七液；今人杜琮《黄庭经今译》取其说云："七液，指五脏之精液，即人身中心液、肝液、脾液、肺液、肾液、气液、血液，犹体内真气。"今以下句"回紫抱黄"看来，应是指脏腑真气。

洞流：通流。洞：通。

庐间：头颅两眉间处，有时指鼻子。陈撄宁《黄庭经讲义·第四章呼吸》："庐间，亦名规中，即黄庭也。"陈以黄庭为庐间，说法与务成子及梁丘子不同，今不采。

［唐］务成子注："胪间，两眉间，谓额也。七液者，谓四气三元结成灵液，流润藏府，气冲脑盛也。"

［唐］梁丘子注："七窍之液，上下周流，上流曰冲，下流曰回。庐，额庐之间明堂中。"

［明］冷谦注："七液：心、肝、肺、脾、肾、气、血之七液。以灵根既植，通流而冲入于神庐之间。"

⑨ 回紫抱黄入丹田：守聚紫黄等脏腑真气，汇入人身三丹田中。

回紫抱黄：环抱聚守紫黄等脏腑真气。梁丘子说：“脾气黄，目气紫。”此处泛指脏腑所生气。

丹田：此泛指三丹田，人身三处重要修炼处，上丹田为泥丸，中丹田为绛宫，下丹田为脐下三寸处丹田宫。

［唐］务成子注：“丹田，上丹田。在两眉间却入三寸之宫，即上元真一所居也。紫、黄者，三元灵气也。”

［唐］梁丘子注：“内象谕也。脾气黄，目气紫，七液周流，抱黄回紫，出入呼吸，俱入丹田。丹田有三所，灵命之根也。按《大洞经》云：‘眉间却入三分为双田一，入骨际三分为台阙，左为青房，右为紫户，二神居之。眉间却入一寸为明堂宫，左明童真君，右明女真宫，中明镜神君。眉间却入二寸为洞房，左无英君，右白元君，中央黄老魂。眉间却入三寸为丹田宫，亦名泥丸宫，左有上元赤子君，右有帝卿君。又却入四寸为流珠宫，有流珠真神居之。又却入五寸为玉帝宫，有玉清神母居之。又当明堂上一寸为天庭宫，有上清神女居之。又洞房直上一寸为极真宫，太极帝妃居之。又丹田直上一寸为丹玄宫，有中黄太一君居之。又流珠直上一寸为太皇宫，太上君居之。男为雄一，女为雌一，雄雌二神，男女并可兼修之。’”

［明］冷谦注：“回紫，乃紫烟气中，抱黄之金丹，而入中丹田。”

⑩ 幽室内明照阳门：存思黄庭幽室，使体内光明，命门辉耀。

幽室：黄庭；务注为肾，两肾间前即是黄庭。

阳门：身后与脐相对之命门，为内丹修炼三关（尾闾、命门、夹脊）之一。又，［明］李一元注："阳门，顶门也。"说法恐误。

［唐］务成子注："幽室，肾也。阳门，命门也。谓存念肾脏，令其内明；专气保精，无使泄散；朗照内外，兼守命门也。此一章先说黄庭宫府所在，气液周流，上下相通。"

［唐］梁丘子注："幽隐之室，内自思存，心目明鉴，燎如日月。夫神者，无方之谓也。心识无方，存之则有，遣之则亡。"

［明］冷谦注："幽室，命也。即密户内起火，而明光返照于顶上之阳门，性也。"

【今译】

黄庭的上面有魂神所栖的心脏，底下有在脐下三寸的下丹田。左右为产生精气的双肾。黄庭后面为密户（肾），前面为生门（脐）。观想左目为日、右目为月，两目射出光芒，返照身内。并存思呼吸，引气循身。（或译：人之呼与吸，就像日和月相循环更递。）使元始祖气和吾身相合为一，观想身中脏腑诸神如同天地星辰般依次序列分明。（或译：存思元始祖气与身相合，日月星辰光气分明照耀。）眼中发出紫色光芒，三色祥云上下周身环绕。云气灌溉五脏散出光华，培植生命灵妙根源的黄庭。日月星及四季运行所生之气，使脏腑产生津液通流全身，上冲头顶两眉之间。守聚紫黄等脏腑真气，汇入人身三丹田中。存思黄庭幽室，使体内光明，命门辉耀。

口为章第三

口为玉池太和官[①]，漱咽灵液灾不干[②]。体生光华气香兰[③]，却灭百邪玉炼颜[④]。审能修之登广寒[⑤]，昼夜不寐乃成真[⑥]。雷鸣电激神泯泯[⑦]。

【章旨】

此章叙述口中津液的功能及修炼方式，能使口中生津液并荡漱于口中，吞咽而下，使五脏六腑皆受润泽，则能却病登真。此章可与本书《天中章第六》"舌下玄膺生死岸，出清入玄二气焕"下注相参看。另外，与此章内容相近的为：《太上黄庭外景玉经·黄庭第二》"玉池清水上生肥，灵根坚固老不衰。"

又，道书详述以口中玉液来炼形的有：［明］白庭阶《性命圭旨》万神圭旨亨集第一节口诀《玉液炼形法则》，文云：

> "初学之人，平素劳碌，乍入圜中，一但安逸，逸则四肢不运动，安则百节不流通，以致脉络壅塞，气血凝滞，此通关荡秽之法，不能无也。此法先用行气主宰，照在玄膺一窍，此窍可通气管，即《黄庭经》所谓'玄膺气管受精符'是也。少顷，则津液满口，如井水然，微漱数遍，徐徐以意引以重楼，渐达膻中、尻尾、中脘、神阙，至气海而止。就从气海分开两路，至左右大腿，从膝至三里下脚背，及大拇指，又转入涌泉，由脚跟脚弯循大腿而上，至尾闾合做一处，过肾堂夹脊双关，分送两肩两膀两臂至手背，由中指转

手掌，一齐旋回过手腕，由胸傍历腮后，从脑灌顶，复下明堂上腭，以舌迎之，至玄膺而止。此为一转毕，稍停，又照前行功，则壅滞之处，渐次疏通，不惟贯穿诸经，亦能通达诸窍，即《心印经》所谓‘七窍相通，窍窍光明’是也。盖吾人灵明一窍，六合而内，六合而外，本无不周，本无不照，其不能然者，为形所碍耳。直要炼到形神俱妙，方才与道合真。”

本章押寒、真二韵。寒韵字为：官、干、兰、颜、寒，段玉裁古音十四部。真韵：真、泯，段玉裁古音十二部。

案：自此章以下，云笈卷十一及十二所见务成子注，实即是梁丘子注；二者注文全同，务注实际上已亡佚，今删去不录。

【注释】

① 口为玉池太和官：口的功能在分泌津液，滋润调和五脏，所以称为玉池，也称为主司太和的官吏。

案：“太和官”，梁丘子注本作“太和官”，叶韵；白文本作“太和宫”不能叶韵。

玉池：指口而言。口中津液为玉液，所以称口为储存玉液的池子。

太和官：调和脏腑之功能。太和：至为调和之气。《易经·乾卦·彖》：“保命太和，乃利贞。”朱熹《周易本义》注云：“太和，阴阳会合冲和之气也。”官：主司其职。

［唐］梁丘子注：“口中津液为玉液，一名醴泉，亦名玉浆。贮水为池，百节调柔，五藏和适，皆以口为官主也。一

本有作太和宫，于文韵不便也。《大洞经》云：‘心存胃口有一女子，婴儿形，无衣服，正立胃管，张口承注魂液，仰吸五气。当即漱满口中内外津液，满口咽之，遣直入玄女口中，五过毕，叩齿三通，微咒曰：玉清高上九天九灵，化在玄女，下入胃清，金和玉映，心开神朗，服食日精，金华充盈。’”

［明］冷谦注：“此由结丹后，方有此太和灵液聚于口中。嗽咽而效验如此。官者，主也，司也。”

② 漱咽灵液灾不干：荡漱口中神妙津液并吞咽下去，可以使灾病不来干犯。

漱：口中含水荡洗。

咽：吞咽。

灵液：神妙的津液，指口水。灵：神。

干：冒犯、触犯。

［唐］梁丘子注：“灵液真气，邪不干正。”

③ 体生光华气香兰：使身体产生润泽光滑，散发出兰花般香气。

光华：光芒、光辉。

［唐］梁丘子注：“不食五谷，无秽滓也。”

④ 却灭百邪玉炼颜：能驱退消灭百种邪魔，修炼成似玉般容颜。

却：退。

玉炼颜：炼成玉般容颜。

［唐］梁丘子注：“肌肤若霜雪，绰约若处子。”

⑤ 审能修之登广寒：真能详尽明确地修炼它，可以飞升登上月中广寒宫。

审：详细、真实明确。

广寒：广寒宫，月中宫殿，嫦娥所居。

［唐］梁丘子注："广寒，北方仙宫之名，又云山名，亦曰广霞。《洞真经》云：'冬至之日，月伏于广寒之宫，其时育养月魄于广寒之池。天人采青华之林条，以拂日月光也。'"

［明］冷谦注："前已征验，审能修之，即登广寒。广寒，尾闾穴名。从广寒而逆运泥丸，经玉池而下三田，周而复始。昼夜工勤不寐，乃得成真。"

⑥ 昼夜不寐乃成真：（若能达到）不论白昼黑夜皆不须睡眠，是为成就仙真之位。

乃：是。

案：此句意谓仙人精气纯满，不须睡眠，所以《庄子·刻意篇》说圣人："其寝不梦，其觉无忧。其神纯粹，其魂不罢。虚无恬淡，乃合天德。"其寝不梦，应该是以其不寐，所以无梦。

［唐］梁丘子注："勤修静定，则为真人。"

⑦ 雷鸣电激神泯泯：纵使雷声振恐电光激射，心神都是幽寂恬淡，不为所动。

泯泯：幽寂不动的样子。

案：此句形容悟道者之心境，能寂然不动，纵使疾雷破山飘风振海，也不受外物所影响。《庄子·齐物论》云："至人神矣！大泽焚而不能热，河汉冱而不能寒，疾雷破山而不能伤，飘风振海而不能惊。若然者，乘云气，骑日月，而游乎四海之外，死生无变于己，而况利害之端乎！"

［唐］梁丘子注："泯泯，取平声读。调神理气，精魄恬

愉。虽遇震雷而不惊慴。又曰：雷鸣电激为叩齿。叩齿存思，乃是神用，不得言泯泯。”

［明］冷谦注：“关窍已通，如雷之鸣，如电之激，而神依乎恍恍惚惚，绵绵若存，故曰神泯泯。此丹成之候也。自上有灵魂至此，乃概言丹道。”

【今译】

口的功能在分泌津液，滋润调和五脏，所以称为玉池，也称为太和官。荡漱口中津液并吞咽下去，可以使灾病不来干犯。使身体产生润泽光滑，散发出兰花般香气。能驱退消灭百种邪魔，修炼成似玉般容颜。真能详尽明确地修炼它，可以飞升登上月中广寒宫。（若能达到）不论白昼黑夜皆不须睡眠，是为成就仙真之位。纵使雷声振恐电光激射，心神都是幽寂恬淡，不为所动。

黄庭章第四

黄庭内人服锦衣①，紫华飞裙云气罗②。丹青绿条翠灵柯③。七蕤玉籥闭两扉④，重掩金关密枢机⑤。玄泉幽阙高崔嵬⑥，三田之中精气微⑦。娇女窈窕翳霄晖⑧，重堂焕焕明八威⑨。天庭地关列斧斤⑩，灵台盘固永不衰⑪。

【章旨】

此章叙述黄庭宫之守宫真人服色形貌，以供修炼时存思之用，与此相近的为《太上黄庭外景玉经·上部经》："黄庭中人衣朱衣，关门壮籥合两扉。幽阙侠之高巍巍，丹田之中精气微。玉池清水上生肥，灵根坚固老不衰。"

此章押脂微合韵、歌韵，押脂微韵字为：衣、扉、机、嵬、微、晖、威、衰，在段玉裁古韵十五部。歌韵字为：罗、柯。

【注释】

①黄庭内人服锦衣：身中黄庭宫（在脐后肾前）内的真人，上身穿着彩色锦绣衣服。

锦：有彩色花纹的丝织品。

案：《太上黄庭外景玉经·黄庭第二》："黄庭中人衣朱衣。"则黄庭真人所穿为赤色锦衣。

［唐］梁丘子注："黄庭内人谓道母，黄庭真人谓道父，人身备有之。锦衣，具五色也。即谓五藏之真气也。三庭之中备有之。"

［明］冷谦注："黄庭内人，脾神。服锦衣，乃翳膜之华彩。"

②紫华飞裙云气罗：下身穿着散发紫色光芒，绣有云朵飞扬的长裙（或译：紫色光芒的裙子飘动，像云气般罗列天空）。

紫华：紫色光芒。

罗：散布、罗列。

［唐］梁丘子注："《十方经》云：高上玉皇衣文明飞云之裙，即神仙之所服也。"

［明］冷谦注：“紫华飞裙，丹青翠绿，脾之本色。脾有两边，紫色光华，如裙之飞动。云气罗，脾中之气，如云气之罗列。”

③ 丹青绿条翠灵柯：衣上用丹青做颜料，画出灵妙的翠绿色枝条。

丹青：红色青色等颜料。丹：红色。

柯：草木的枝条。

［唐］梁丘子注：“五色，杂气共生。枝条，仙衣之饰。”

［明］冷谦注：“灵柯者，其运动甚灵，与乔柯相似。”

④ 七蕤玉籥闭两扉：七窍似花蕤低垂，要用锁籥来闭锁它双眼的开关门户（闭七窍内视返听，不受物囿）。

案：“七蕤”道藏白文本作“七莛”，道藏梁丘子注及《云笈七签》卷十一本子作“七蕤”。七蕤喻七窍，人以七窍来视听食息，其中耳目口，更是修道之三要，须谨慎闭藏，勿引是非上身。《黄帝阴符经》说：“性有巧拙，可以伏藏。九窍之邪，在乎三要，可以动静。”《黄帝阴符经集解》：“葛仙翁曰：‘三要者，眼、耳、口也。’动静不失其时，其道光明，故曰：‘非礼勿视，非礼勿听，非礼勿言也。’”

七蕤：七窍似花蕤。蕤：草木之华下垂的样子，引伸为作为装饰用如中国结等的下垂物，或花。《说文解字·卷一·艸部》：“蕤，艸木华垂皃。从艸甤声。”

玉籥：玉做的锁籥。籥：似笛之乐器，此借为“钥”，指开关门的锁钥。

两扉：两扇门，此指双眼。

［唐］梁丘子注："外象谕也。七窍开阖以谕关籥。用之以道，不妄开也。蕤，籥之饰也。存神必闭目，故名曰闭两扉。"

［明］冷谦注："七，乃七液。蕤，初生之貌。籥，似笛有窍。两扉，阴阳二窍之两扉。言七液初生，而心肾如玉籥之有窍，阴阳二扉，尚闭而不通。"

⑤ 重掩金关密枢机：用金属做成的门关，重重关门紧闭，谨守人身的重要精气不外泄。

重掩：重重掩闭。

金关：金属所做关门。

密：谨守。

枢机：事物的重要部位，此指人之精气。枢：门户的转轴。机：弩牙，弓弩发射的部位。

案："掩"字，梁丘注原作"扉"，白文本作"掩"，《云笈七签》卷十一本子作"扇"。今以文意看来，应以"重掩金关"为是。

［唐］梁丘子注："金，取坚刚也。故《老子》云：善闭者，无关揵而不可开。言养生者善守精神，不妄泄也。"

［明］冷谦注："以黄庭之灵柯，扇动坎中之金关，而真阳上升，以就离中之阴汞。工夫慎密，运转枢机。"

⑥ 玄泉幽阙高崔嵬：玄妙泉液（口中津液）与身内高耸的两肾相通。

玄泉：玄妙泉液，指口中津液。

幽阙：两肾；肾在脐后两旁，高耸似观阙；肾主津液。《黄帝内经素问·卷二十二·逆调论》："肾者水藏（脏），主津液。”［清］王秉衡撰《重庆堂随笔·书〈医林改错〉后》：“肾者，收藏督脉中雾露之精气，润泽周身之骨者也。督脉贯心而过，两肾有两管通督脉，故曰心肾相交。此五脏饮食气血津液之运用也。”

崔嵬：山高耸的样子。

［唐］梁丘子注：“玄泉，口中之液也，一曰玉泉，一名醴泉，一名玉液，一名玉津，一名玉浆。两眉间为阙庭，两肾间为幽关。如门之左右象魏，中间阙然为道。肾在身中，故曰幽阙也。据肾在五脏之下，而云高者，形伏（状）存神即在丹田之上，故言高也。”案：《云笈》务成子注本作“形状”。

［明］冷谦注：“玄泉，天一真水。幽阙，玄关一窍。崔巍，高貌。言枢机运转，能收真水之药，开窍成丹。”

⑦ 三田之中精气微：三丹田之中，精气微妙。

三田：指人身上、中、下三丹田。上丹田主神，中丹田主气，下丹田主精。《钟吕传道集·论还丹》：“丹田有三：上田神舍、中田气府、下田精区。精中生气，气在中丹。气中生神，神在上丹。真水真气合而成精，精在下丹。奉道之士莫不有三丹。然而气生于肾，未朝于中元；神藏于心，未超于上院。所谓精华不能返合，虽三丹终成无用。”（《修真十书·钟吕传道集卷之十六》，《正统道藏·洞真部·方法类》）丹田有三，内丹修炼时，炼精化气在下丹田，炼气化神在中丹田，炼神还虚在上丹田。

［唐］梁丘子注：“内指事也。丹田之中，神气变化，感应从心，非有非无，不可为象也。从粗入妙，必其有系，故以气言之。气以心为主，因主立象，至精至微，不可数求也。

《道机经》云：‘天有三光日、月、星，人有三宝三丹田。’三丹田中，气左青右黄，上白下黑也。”

［明］冷谦注：“心，上田。脾，中田。肾，下田。言得真一之气，充满三田，精化气而微妙。”

⑧ 娇女窈窕翳霄晖：娴静的耳神，遮蔽了外面的炫丽光辉（案：指闭耳内听，不受外诱）。

娇女：耳神名讳。耳神或名娇女，或名娇女云仪（名娇女，字云仪），或名空闲（名空闲，字幽田）。《龙鱼河图》：“耳神名娇女。”（《古微书·卷三十四·河图纬》）《太上灵宝五符序》卷上：“两耳神四人，字娇女。”[1]《太上黄庭内景玉经》第七章云：“耳神空闲，字幽田。”[2]《太上老君中经·第二十二·神仙》：“两耳神四人，阴阳之精也，字娇女。”[3]《洞真太上素灵洞元大有妙经·太上道君守元丹上经》：“于是赤子帝君乃命两耳神娇女云仪使引进之。”[4]《上清众经诸真圣秘》卷一引《镇神养生内思飞仙法》云：“耳神名空闲，字幽田。”[5]《登真隐诀·卷下·诵黄庭经法》：“耳神，空闲，字幽田，形长三寸一分……已上面部七神，同衣紫衣飞罗裙，并婴儿之形。存之审正，罗列一

[1] 《正统道藏·洞玄部·神符类·衣字号》，新文丰出版公司，第 10 册，第 731 页下。

[2] 《正统道藏·洞玄部·玉本文类·人字号》，新文丰出版公司刊本，第 10 册，第 108 页。

[3] 《正统道藏·太清部·退字号》，新文丰出版公司，第 46 册，第 226 页下。

[4] 《正统道藏·正乙部·右字号》，新文丰出版公司刊本，第 56 册，第 193 页下。

[5] 《正统道藏·洞玄部·谱箓类·有字号》，新文丰出版公司，第 11 册，第 571 页。

面，各填其宫。”[1]有关耳神及人身中诸神名讳的讨论，请见笔者台北文津出版社 2005 年 11 月出版的《六朝道教上清派研究》伍。

窈窕：娴静美好的样子。

翳：遮蔽。

霄晖：天上的日光。

［唐］梁丘子注：“《真诰》云：娇女，耳神名，言耳聪朗彻明，掩玄晖也。”

［明］冷谦注：“娇女，心也。窈窕，性淑善也。霄晖，日光。翳霄晖，乃依日之光。”

⑨ 重堂焕焕明八威：喉管通津液，使身体各处皆散发光亮及威力。

重堂：十二重楼，指人的喉管。

焕焕：光亮鲜明。

明：彰显、散发。

八威：指身体各处皆散出威力。八：八方，各处。

案：梁丘子注本“明”字，道藏白文本作“扬”。

［唐］梁丘子注：“重堂，喉咙名也，一曰重楼，一曰重环。本经云：‘绛宫重楼十二级。’绛宫，心也。喉咙在心上，故曰重堂。喉咙者，津液之路，流通上下，滋荣一体，焕明八方。八卦之神曰八威也。”

［明］冷谦注：“重堂，坎离二宫。焕焕，昭融之意。扬，进也。八威，八卦之火候也。言微妙之精气，由心而依

[1] 《正统道藏·洞玄部·玉诀类·逊字号》，新文丰出版公司缩印本，第 11 册，第 349 页上。

肾，则坎离交焕昭融。进用八卦火候，此乃枢机已密之效。”

⑩ 天庭地关列斧斤：人身中上下诸关窍，守护严密，如同士兵手持斧斤等武器罗列两旁。

天庭：天门，指两眉间泥丸诸宫。

地关：地户，此处指足。天庭地关，泛指人身上下诸关窍。《黄庭内景经·脾长章第十五》：“闭塞三关握固停。”［唐］梁丘子注：“口为天关精神机；手为人关把盛衰；足为地关生命扉。”

列斧斤：士兵手持斧斤等武器罗列两旁。

［唐］梁丘子注：“两眉间为天庭。紫微夫人祝曰：‘开通天庭，使我长生。’列斧斤，言勇壮。”

［明］冷谦注：“上为天庭，下为地关。爱恶淫欲，上下斧斤，布列以伐是身。”

⑪ 灵台盘固永不衰：心是灵妙之台，只要盘结坚固，身体永远不会衰老。

灵台：灵妙之台，指心。

盘固：盘结坚固。

［唐］梁丘子注：“心为灵台，言有神灵居之。静则守一，动则存神，神具体安，不衰竭矣。”

［明］冷谦注：“灵台，心也。惟有一心清净，坚守磐固，自能永年，长生不衰。”

【今译】

身中黄庭宫（在脐后肾前）内的真人，上身穿着彩色锦绣衣服。下身穿着散发紫色光芒，绣有云朵飞扬的长裙（或译：

紫色光芒的裙子飘动，像云气般罗列天空）。衣上用丹青做颜料，画出灵妙的翠绿色枝条。七窍似花蕤低垂，要用锁籥来闭锁它双眼的开关门户（闭七窍内视返听，不受物囿）。用金属做成的门关，重重关门紧闭，谨守人身的重要精气不外泄。玄妙泉液（口中津液）与身内高耸的两肾相通。三丹田之中，精气微妙。娴静的耳神，遮蔽了外面的炫丽光辉（案：指闭耳内听，不受外诱）。喉管通津液，使身体各处皆散发光亮及威力。人身中上下诸关窍，守护严密，如同士兵手持斧斤等武器罗列两旁。心是灵妙之台，只要盘结坚固，身体永远不会衰老。

中池章第五

中池内神服赤珠①，丹锦云袍带虎符②。横津三寸灵所居③，隐芝翳郁自相扶④。

【章旨】

此章在叙述人身中池（中丹田绛宫）及下丹田之守宫神祇形貌居所，以供修炼时存思心肾相交、中下丹田相互灌注之用。与此相近者为《黄庭外景经》中池章第三："中池有士衣朱衣，横下三寸神所居。中外相距重闭之，神庐之中当修治。玄膺气管受精符，急固子精以自持。"

此章押虞鱼韵，韵字为：珠、符、居、扶。

【注释】

① 中池内神服赤珠：中丹田绛宫之守宫真神，身上穿着

绣有赤色火珠之衣服。

中池：或说中丹田，或说胆。梁丘子注以为是胆；明人李一元注及今人杜琮《黄庭内景经今译》皆以为中池是中丹田，指绛宫心脏。

案：此处说“服赤珠”，下文“丹锦云袍”都是讲中池内神之服色，其服色为赤丹，而本经《胆部第十四》章说胆神所穿为“九色锦衣绿华裙”，胆色绿，以绿色为主。五脏中红色属心，则中池宜指绛宫而言。《登真隐诀·卷下·诵黄庭经法》：“心神，丹元，字守灵，形长九寸。丹锦飞裙……六府真神，处五藏之内，六府之宫，形如婴儿，色如华童。存之审正，罗列一形。”[1]文中说心神衣“丹锦飞裙”和此章中池内神的“丹锦云袍”的文意相同，可证中池即是中丹田。又，《洞真太上素灵洞元大有妙经·太上大洞守一内经法》：“绛宫心丹田宫，中一元丹皇君处其中。中一丹皇，讳神运珠，字子南丹，一名生上伯，一名史云拘，位为绛宫丹皇君，治在心宫。”[2]《大洞玉经》卷上《上元太素三元君道经第八》：“绛宫中一丹元君，名皇神运珠，字子南丹，一名生上伯，一名史云拘。常镇我顶中央大椎骨，首户之下。”“神运珠”，为绛宫丹皇君之名。本文“服赤珠”，赤珠亦暗指神名。

内神：身内守宫之神祇，也称为真一。

服赤珠：穿着绣有赤色火珠之衣服。

---

[1] 《正统道藏·洞玄部·玉诀类·逊字号》，新文丰出版公司缩印本，第11册，第349页上。

[2] 《正统道藏·正乙部·右字号》，新文丰出版公司刊本，第56册，第201页下。

［唐］梁丘子注："胆为中池，舌下为华池，小腹胞为玉池，亦三池之通名。胆部曰：'龙旂横天掷火铃'，赤珠者，火铃之服。"

［明］冷谦注："中池内人，中田脾神。赤珠，心也。心为脾母，故服赤珠。"

② 丹锦云袍带虎符：赤红色锦袍上绣云彩，佩带着玄龙神虎符。

虎符：此有二义：一为灵符之名称，修行时所用，梁注为："玄龙神虎符"。一为古代调兵遣将时所用的凭证，以青铜铸成虎形，分两半，右半留存朝廷，左半给统兵将帅，调动军队时须持朝中留存之半个虎符做验证。

［唐］梁丘子注："丹锦云袍，心肺之色也。在胆之上，故曰云袍。符，命符也。《九真经》云：'皇老君佩玄龙神虎符，带流金之铃。'并道君之服也。"

［明］冷谦注："丹锦云袍，服之色也。带虎符，喻金。金为土子，故曰带。"

③ 横津三寸灵所居：横列于肾上的脾（胰），其下三寸是黄庭宫神祇所居处。（或译：横在肾前的脐，其下三寸是下丹田宫真一所在处。）

横津：横列在双肾之上的脾（胰），肾主水，所以称肾为津，脾为横津。《黄庭外景经·上部经》作："横下三寸神所居。"意谓横津之下三寸处是神祇所居。横津指脾，古代脾胰合称，《内景经·脾长章》："脾长一尺掩太仓"，实指胰而言。脾在肾上，脾下三寸应是两肾间，其处即是黄庭所在之处，黄庭之神，居处其中。

案：横津，可以解释为脾，梁丘子解释为脐，脐在胞上，所以称横津。《太上老君中经·第十七神仙》云：“丹田者，人之根也，精神之所藏也，五气之元也，赤子之府。男子以藏精，女子以藏月水，主生子，合和阴阳之门户也。在脐下三寸，附着脊膂，两肾根也。丹田之中，中赤，左青，右黄，上白，下黑，方圆四寸之中……清水乡敖丘里。丹田名藏精宫，神姓孔名丘字仲尼，传之为师也。”[1]《洞真太上素灵洞元大有妙经·太上大洞守一内经法》：“脐下三寸，号命门丹田宫，下元婴儿居其中，宫正四方，面各一寸，白气衡天，白气中有日象，圆五寸，外映照五万里。兆形变，倏欻忘其形，恍惚在意存之。”[2]

［唐］梁丘子注：“内指事也。脐在胞上，故曰横津。脐下三寸为丹田，真人赤子之所居也。”

［明］冷谦注：“三寸，舌也。津，乃舌下所生。横溢口房。灵，心也。心到津至，故曰灵所居。”

④ 隐芝翳郁自相扶：身中五脏之液，茂盛隐密，自相灌注相扶持。

隐芝：五脏之液为内芝，即为隐芝。

翳郁：茂密荫蔽的样子。

［唐］梁丘子注：“谓男女之形体也。隐翳交合，自然之道。按《内外神芝诀》云：‘五脏之液为内芝。’内芝，则隐芝也。又云：‘隐，奥者也。’”

[1] 《正统道藏·太清部·退字号》，新文丰出版公司，第46册，第226页下。

[2] 《正统道藏·正乙部·右字号》，新文丰出版公司刊本，第56册，第202页上。

［明］冷谦注：“以心之灵，受意炼土，以取虎符之金丹，如隐芝合为一气，郁茂自相扶助。”

【今译】

中丹田绛宫之守宫真神，身上穿着绣有赤色火珠之衣服。赤红色锦袍上绣云彩，佩带着玄龙神虎符。横列于肾上的脾（胰），其下三寸是黄庭宫神祇所居处。（或译：横在肾前的脐，其下三寸是下丹田宫真一所在处。）身中五脏之液，茂盛隐密，自相灌注相扶持。

天中章第六

天中之岳精谨修①，灵宅既清玉帝游②。通利道路无终休③，眉号华盖覆明珠④。九幽日月洞空无⑤，宅中有真常衣丹⑥。审能见之无疾患⑦，赤珠灵裙华蒨粲⑧。舌下玄膺生死岸⑨，出清入玄二气焕⑩。子若遇之升天汉⑪。

【章旨】

此章叙述如何存思及修炼头部鼻、目、口等诸器官，修炼时以鼻、目、口（舌）三者为中心，能修炼得宜，则能上升霄汉。与此章相近者为《黄庭外景经·上部经》：“宅中有士常衣绛，子能见之可不病。横立长尺约其上，子能守之可无恙。呼噏庐间以自偿，保守完坚自受庆。”

此章押尤韵转元寒韵，尤韵字为：修、游、休，古韵在一部。寒翰合韵字，古韵在十四部，韵字为：元、丹、患、粲、岸、焕、汉。

【注释】

① 天中之岳精谨修：鼻是头中高耸的山岳，要精专谨慎地来修炼它。

天中之岳：鼻是头中高耸的山岳。天：头顶。《说文解字·卷一·一部》："天，颠也。至高无上，从一大。"颠，指人之头顶。

［唐］梁丘子注："天中之岳，谓鼻也。一名天台。《消魔经》云：'鼻欲数按其左右，令人气平。'所谓溉灌中岳，名书帝录。"

② 灵宅既清玉帝游：灵妙的脸面为眉目口鼻等各器官之所在，能修炼使之清朗自正，则能与玉帝相偕而遨游。

灵宅：指脸。灵妙的脸面，是眉目口鼻所在处。《云笈七签》卷十一本子"灵宅"作"云宅"。

清：清朗，指脸部之眉目口鼻，能各得其正。

玉帝游：与玉帝为侣，相偕遨游。玉帝：泛指天界高圣大神。玉帝君原指头部九宫中太极宫之守宫真一。《洞真太一帝君太丹隐书洞真玄经》："帝君讳逢凌梵，字履昌灵，一名七灵，一名神丈人，常治太极紫房中，端坐平正，貌如婴儿之状。常有紫气覆其神形，衣五色华衣，巾日月之冠。左耳上有日，径九寸；右耳上有月，径一尺。"[1]《大洞玉经》卷前

[1] 《正统道藏·正乙部·广字号》，新文丰出版公司，第 56 册，第 402 页下、403 页上。

《大洞神慧隐书》注："履昌灵，玉帝君字也。"[1]

［唐］梁丘子注："面为云宅，一名尺宅。以眉、目、鼻、口之所居，故为宅也。修之清通，则神仙矣。《洞神经》曰：'面为尺宅。'字或作赤泽。"

③ 通利道路无终休：脸部各器官气脉循行所经之路，能通达便利，永无休止阻碍。

休：止。

［唐］梁丘子注："《太素丹景经》曰：'一面之上，常欲两手摩拭之，高下随形，不休息，则通利耳目鼻口之气脉。'"

④ 眉号华盖覆明珠：眉称为华盖，覆盖在眼睛上面。

华盖：古代帝王所用的华丽伞盖，此处指眉。

明珠：明亮的珠子，此指眼睛。

案：此句至"赤珠灵裙华蒨粲"，明代冷谦将华盖解释为肺，明珠为心，"肺叶如眉两分覆心，心悬肺下如明珠之内照。外观虽处九幽之地，朗若日月丽空而洞然。"以为整段在讲心，以见性为说。其说不可从。

［唐］梁丘子注："明珠，目也。"

⑤ 九幽日月洞空无：幽隐的头部九宫，存思双目如日月洞照，无处不见，宛如空寂虚无。

九幽：幽隐的头部九宫。案：人头部有九宫，九宫之守宫真一，有四女性神（雌一），五男性神（雄一）。《洞真太上素灵洞玄大有妙经·太上道君守元丹上经》云："两眉间上却

[1]《正统道藏·洞真部·本文类·日字号》，新文丰出版公司，第2册，第3页。

入三分为守寸双田，却入一寸为明堂宫，却入二寸为洞房宫，却入三寸为丹田宫，却入四寸为流珠宫，却入五寸为玉帝宫。明堂上一寸为天庭宫，洞房上一寸为极真宫，丹田上一寸为玄丹宫，流珠宫上一寸为太皇宫。凡一头中有九宫也。”[1] 九宫中玉帝宫、太皇宫、天庭宫、极真宫等四宫为雌一（或称雌真一），玄丹宫、洞房宫、流珠宫、丹田宫、明堂宫，此五宫为雄一（雄真一）；雌一神道高于雄一。图列如下：

头上九宫名称：（守寸不在九宫中）

	天庭宫	极真宫	玄丹宫	太皇宫	
守寸	明堂宫	洞房宫	泥丸宫	流珠宫	玉帝宫
（两眉却入三分）	（却入一寸）	（却入二寸）	（却入三寸）	（却入四寸）	（却入五寸）

以上有关九宫之说，详见笔者《六朝道教上清派研究》第五、六章，台北，文津出版社出版。

日月：两目，左为日，右为月，修炼时存想左目为日，右目为月，洞照头部九宫及身内诸宫。

洞：透彻、清楚，洞见。

空无：空寂无物，形容无物不见，无物可藏。“空无”，道藏、梁注本、《云笈七签》卷十一本子皆作“空无”，道藏白文本、《修真十书》本子作“虚无”。

［唐］梁丘子注：“《五辰行事诀》云：‘眉上直入一寸为玉珰紫阙，左日右月。’又《玉历经》云：‘太清上有五色华盖九重，人身亦有之。当存目童如日月之明也。’”

⑥ 宅中有真常衣丹：灵宅脸部之中有口舌神，身上常穿

[1] 《正统道藏·正乙部·右字号》，新文丰出版公司刊本，第 56 册，第 194 页。

赤红色衣服。

宅中：灵宅脸部之中有口舌神。案：“宅”字和上文“灵宅”相呼应，皆指脸面，梁丘子以为指心，恐误。

有真：有守宫神祇，指口舌神，梁丘子以为是心神。

常衣丹：常穿赤红色衣服。

案：《黄庭外景经》上部经：“宅中有士常衣绛，子能见之可不病。”文义与此章相近。又案：口神，或名丹珠，或名清净和。道经中以口为心关，心思而口言。《太上老君中经·第二十二神仙》：“口旁神二人，厨宰守神也。口中神一人，太一君也，字丹朱。”[1]舌神，道经中或名通命（字正伦）；或名丹黄；或名始梁峙（字道岐），色赤。《洞玄灵宝二十四生图经》：“上真八景舌神，名始梁峙，字道岐，色赤，八景玉符，上元洞天气部八景神。”[2]口、舌神皆和赤色有关，以下文“赤珠灵裙华蒨粲，舌下玄膺生死岸”看来，应指舌神。

［唐］梁丘子注：“真谓心神，即赤城童子也，亦名真一，亦名赤子，亦名子丹，亦名真人。心存见之，常存目前，与心相应。衣丹，象心气赤色也。”

⑦ 审能见之无疾患：修炼时详审存思其神，能见到祂时，便能免除疾病患害。

［唐］梁丘子注：“元阳子曰：‘常存心神，则无病也。’”

⑧ 赤珠灵裙华蒨粲：舌神身穿绣有赤珠的灵妙衣裙，衣

---

[1] 《正统道藏·太清部·退字号》，新文丰出版公司，第46册，第226页下。

[2] 《正统道藏·正乙部·亦字号》，新文丰出版公司，第57册，第579页。

上花草粲烂明亮。

华蒨粲：花草粲烂。华：古“花”字。蒨：草盛貌。粲：鲜明的样子。

［唐］梁丘子注：“玄膺之象色。外谕也。”

⑨ 舌下玄膺生死岸：在舌根下的玄膺穴，它是超越生死的边岸。

玄膺：穴位名称，玄膺是舌下舌系带中间的一个穴位，位于舌下玉液、金津的两个穴位中间。有的针灸书，把玄膺穴称为海泉。玄膺一穴是津液之海、升华之源，道书常以内视去观照此穴，以生津液。《黄帝内经·素问·刺疟篇》：“舌下两脉者，廉泉也。”《大洞玉经》卷上《太极大道君道经第十六》注：“舌下为华池，内有二窍，下通肾水，谓华舌妙通玉华也。”[1]［宋］曾慥《道枢·卷七·黄庭篇》：“舌之下有三穴焉：左曰金津，右曰玉液，中曰玄膺，皆涌生甘泉以灌于气海。气海者，命门也，此生死之岸也。”又，《黄庭外景经·上部经》：“玄膺气管受精符。”务成子注：“喉中之央则为玄膺。”

［唐］梁丘子注：“内指事。玄膺者，通津液之岸也。本经云：‘玄膺气管受精府。’”

［明］冷谦注：“舌乃心苗，下有玄膺之窍，以生津液而通膀胱。此水得之方生，一絶即死。故曰生死岸。”

⑩ 出清入玄二气焕：清津玄液（金津玉液）由此出入，阴阳二气使全身光明焕发。

---

[1] 《正统道藏·洞真部·本文类·日字号》，新文丰出版公司，第 2 册，第 14 页上。

案：出清入玄，指舌下玄膺，其左为金津，右为玉液，二液循流一身，清新玄妙，使身中阴阳气焕。

［唐］梁丘子注："谓吐纳阴阳二气，焕然着明也。"

［明］冷谦注："盖从此水而生出者，乃木之气，故出青。然此生水者，由先天真一之气所降，故入玄。青玄之气，焕然发生，若能遇之，仙道即成，故曰升天。自黄庭内人至此，乃约言开关修炼，采药成丹方法。"

⑪ 子若遇之升天汉：如果你能好好地处理呼吸、内视及吞液等道理，就能飞升云霄成就仙真之位。

若：如。遇：对待、处理，指此章所说的鼻、目、舌等修炼法门。

天汉：天上的银河。

［唐］梁丘子注："人能善遇吐纳之理，则成天仙矣。"

【今译】

鼻是头中高耸的山岳，要精专谨慎地来修炼它。灵妙的脸面为眉目口鼻等各器官之所在，能修炼使之清朗自正，则能与玉帝相偕而遨游。脸部各器官气脉循行所经之路，能通达便利，永无休止阻碍。眉称为华盖，覆盖在眼睛上面。幽隐的头部九宫，存思双目如日月洞照，无处不见，宛如空寂虚无。灵宅脸部之中有口舌神，身上常穿赤红色衣服。修炼时详审存思其神，能见到祂时，便能免除疾病患害。舌神身穿绣有赤珠的灵妙衣裙，衣上花草粲烂明亮。在舌根下的玄膺穴，它是超越生死的边岸。清津玄液（金津玉液）由此出入，阴阳二气使全身光明焕发。如果你能好好地处理呼吸、内视及吞液等道理，就能飞升云霄成就仙真之位。

至道章第七

至道不烦决存真[①]，泥丸百节皆有神[②]。发神苍华字太元[③]，脑神精根字泥丸[④]。眼神明上字英玄[⑤]，鼻神玉垄字灵坚[⑥]。耳神空闲字幽田[⑦]，舌神通命字正伦[⑧]。齿神崿锋字罗千[⑨]，一面之神宗泥丸[⑩]。

泥丸九真皆有房[⑪]，方圆一寸处此中[⑫]。同服紫衣飞罗裳[⑬]，但思一部寿无穷[⑭]。非各别住俱脑中[⑮]，列位次坐向外方[⑯]，所存在心自相当[⑰]。

【章旨】

此章论述头部眼、耳、鼻、舌、齿、发等神，及头上九宫神，借由存思观想而得以上契大道，悟道得真。

此章押真韵转寒先及阳、东等韵。真谆韵字：真、神、伦。寒元先合韵，段玉裁十四部韵字：元、丸、玄、坚、田、千、丸。阳韵：房、裳。东韵：穷、中。阳韵：方、当。

【注释】

① 至道不烦决存真：至高的大道，不会烦琐，其要诀在专心观想守宫之神祇。

决：通“诀”，诸本作“决”，道藏白文本作“诀”。诀，也称为口诀、诀要，系师徒口耳相传，修行时临场指导，用以补充原经所叙之不足，通常不写在纸上。《抱朴子·释滞篇》说："此法乃真人口口相传，本不书也。虽服名药，而复不知此要，亦不得长生也……若不得口诀之术，万无一人为之而不以此自伤煞者也。"文中的"法""要"，都是指临场所用的口诀而言。《抱朴子·黄白篇》："黄白术亦如合神丹，皆须斋洁百日已上，又当得闲解方书，意合者乃可为之……其中或有须口诀者，皆宜师授。"又云："且夫不得明师口诀，诚不可轻作也。"说明徒有经书而无诀，不能成丹。

存真：存想守宫之真一，即专心观想守宫之神祇。存：存思、专心观想。真：真一，指镇守各宫之神祇。

［唐］梁丘子注："专心则至。"

② 泥丸百节皆有神：脑神及身上各处，都有专门主司的神祇镇守。

泥丸：脑神名字，也指脑部九宫之泥丸宫。说详下注。

［唐］梁丘子注："神者，妙万物而为言。因象立名，则如下说。"

③ 发神苍华字太元：发神，名叫苍华，字太元。

发神：道经中发神或名寿长，或名苍华（字太元），或名玄父华（字道衡），或名玄文华。大抵都是依头发"黑（玄、苍）"与"长"的特色来命名；是主掌头发健康与否之神。《太上灵宝五符序》卷上："子欲为道，长生不死，当先存其神，养其根，行其气，呼其名。头发之神七人，字寻长。"[1]《洞玄灵宝二十四生图经》："上真二景发神，名玄父华，字

[1] 《正统道藏·洞玄部·神符类·衣字号》，新文丰出版公司，第10册，第731页下。

道衡，色玄，二景玉符，上元洞天气部二景神。”[1]《上清众经诸真圣祕》卷一引《九真中经黄老祕言》云：“发神，名玄文华，字道衡。”[2]《上清众经诸真圣祕》卷七引《镇神养生内思飞仙上法》云：“发神，名苍华，字太元。形长二寸一分。”[3]《洞真造形紫元二十四神经》（《无上秘要》卷五引）：“发神，名玄文华，字道行。”[4]《太微帝君二十四神回元经》：“发神，名玄文华，字通衡，形长道二寸二分，色玄。”[5]《登真隐诀·卷下·诵黄庭经法》：“发神，苍华，字太元，形长二寸一分……已上面部七神，同衣紫衣飞罗裙，并婴儿之形。存之审正，罗列一面，各填其宫。”[6]《云笈七签》卷五十二《二十四神行事诀》：“发神，玄文华，字道衡，长二寸一分，玄衣。”[7]

以上是道经中有关发神形貌、名讳、职司的叙述。对于发神名讳的说法，道经中并不统一；或名玄文华，字道衡；或名苍华，字太元。

［唐］梁丘子注：“白与黑谓之苍。最居首上，故曰

[1]　《正统道藏·正乙部·亦字号》，新文丰出版公司，第 57 册，第 579 页。

[2]　《正统道藏·洞玄部·谱箓类·有字号》，新文丰出版公司缩印本，第 11 册，第 567 页。

[3]　《正统道藏·洞玄部·谱箓类·有字号》，新文丰出版公司，第 11 册，第 627 页上。

[4]　《正统道藏·太平部·叔字号》，新文丰出版公司，第 42 册，第 182 页下。

[5]　《续道藏·漆字号》，自新文丰出版公司刊《正统道藏》，第 57 册，第 339 页。

[6]　《正统道藏·洞玄部·玉诀类·逊字号》，新文丰出版公司缩印本，第 11 册，第 349 页上。

[7]　《正统道藏·太玄部·职字号》，新文丰出版公司，第 37 册，第 655 页下。

太元。”

④ 脑神精根字泥丸：脑神名叫精根，字泥丸。

脑神：名精根，字泥丸；一说南极君，字符先；一说名觉元子，字道都。镇守人体脑部。早期道经只讲脑神，其后才有泥丸九宫等说法出现。《太上黄庭内景玉经》本章云：“脑神精根，字泥丸。”《太上老君中经·第八神仙》：“泥丸君者，脑神也，乃生于脑，肾根心精之元也。华盖乡，蓬莱里。南极老人，泥丸君也，字符先，衣五色珠衣，长九分，正在兆头上脑中，出现于脑户目前。”[1]

［唐］梁丘子注：“丹田之宫，黄庭之舍；洞房之主，阴阳之根。泥丸，脑之象也。”

⑤ 眼神明上字英玄：眼神，名明上，字英玄。

眼神：道经中或名珠映，或名英明，或名明上（字英玄），或名虚监（字道童）。《龙鱼河图》：“目神名珠映。”（《古微书·卷三十四·河图纬》）《太上灵宝五符序》卷上：“两目神六人，字英明。”[2]《太上黄庭内景玉经》本章云：“眼神明上，字英玄。”《洞玄灵宝二十四生图经》：“上真四景目神，名虚监，字道童，五色，四景玉符，上元洞天气部四景神。”[3]《太上老君中经·第二十二神仙》云：“两目神六人，日月精也；左目字英明，右目字玄光。”[4]

---

[1] 《正统道藏·太清部·退字号》，新文丰出版公司，第 46 册，第 226 页下。

[2] 《正统道藏·洞玄部·神符类·衣字号》，新文丰出版公司，第 10 册，第 731 页下。

[3] 《正统道藏·正乙部·亦字号》，新文丰出版公司，第 57 册，第 579 页。

[4] 《正统道藏·太清部·退字号》，新文丰出版公司，第 46 册，第 226 页下。

《上清众经诸真圣祕》卷一引《九真中经黄老秘言》云："目神，名虚监生，字道童。"[1]《上清众经诸真圣祕》卷七引《镇神养生内思飞仙上法》云："眼神名明上，字英玄。形长三寸。"[2]《洞真造形紫元二十四神经》（《无上秘要》卷五引）："目神，名虚监生，字道童。"[3]《太微帝君二十四神回元经》："目神，名虚监生，字道童，形长三寸六分，衣五色。"[4]《登真隐诀・卷下・诵黄庭经法》："眼神，明上，字英玄，形长三寸……已上面部七神，同衣紫衣飞罗裙，并婴儿之形。存之审正，罗列一面，各填其宫。"[5]《云笈七签》卷五十二《二十四神行事诀》："目神，监生，字道童，长三寸五分，青衣。"[6]

道经中所见目神名讳，归结来说，大抵出于《黄庭经》、《二十四生图经》二大系统。《龙鱼河图》之说较少见。

［唐］梁丘子注："目谕日月，在首之上，故曰明上。英玄，童子之精色也，内指事也。"

⑥ 鼻神玉垄字灵坚：鼻神，名玉垄，字灵坚。

鼻神：道经中，鼻神或名勇卢，或名通卢，或名玉垄（字灵坚），或名仲龙王（字道微）；或名羽童、或名明梁、或名

[1] 《正统道藏・洞玄部・谱箓类・有字号》，新文丰出版公司，第 11 册，第 567 页。

[2] 《正统道藏・洞玄部・谱箓类・有字号》，新文丰出版公司，第 11 册，第 627 页上。

[3] 《正统道藏・太平部・叔字号》，新文丰出版公司，第 42 册，第 182 页下。

[4] 《续道藏・漆字号》，自新文丰出版公司刊《正统道藏》，第 57 册，第 339 页。

[5] 《正统道藏・洞玄部・玉诀类・逊字号》，新文丰出版公司缩印本，第 11 册，第 349 页上。

[6] 《正统道藏・太玄部・职字号》，新文丰出版公司，第 37 册，第 655 页下。

辟非、或名玉根、或名灵户、或名开合。又，明梁，为鼻神，亦指人之鼻息；羽童亦称益元羽童[1]。再者，玉根一词，也用来指人的鼻子，《大洞玉经》第十二章注云："玉根者，天中之山名；或以为人之鼻。"[2]。又，神庐也是鼻子的异称。《太上黄庭外景玉经》卷上："呼吸庐间入丹田……神庐之中当修治。"梁丘子注："神庐为鼻，鼻中毛常须修理除去之，行气鼻中，除邪恶也。"[3]

《龙鱼河图》："鼻神名勇卢。"（《古微书·卷三十四·河图纬》）《太上灵宝五符序》卷上："鼻中神，字通卢。"[4]《太上黄庭内景玉经》第七章云："鼻神玉垄，字灵坚。"《洞玄灵宝二十四生图经》："上真七景鼻神，名仲龙王，字道微，青黄白三色，七景玉符，上元洞天气部七景神。"[5]《太上老君中经·第二十二神仙》："鼻人中神一人，名太一，字通卢，本天灵也。"[6]《大洞玉经》卷下第三十六章注："鼻神曰羽童、曰明梁、曰辟非、曰玉根、曰灵户、曰开合。"[7]《大洞玉经》卷前《大洞神慧隐书》注：

[1] 见《大洞玉经》太微章注，自《正统道藏·洞真部·本文类·日字号》，第2册，第4页。

[2] 《正统道藏·洞真部·本文类·日字号》，新文丰出版公司，第2册，第11页。

[3] 《修真十书》，自《正统道藏·洞真部·方法类·重字号》，新文丰出版公司，第7册，第787页下。

[4] 《正统道藏·洞玄部·神符类·衣字号》，新文丰出版公司，第10册，第731页下。

[5] 《正统道藏·正乙部·亦字号》，新文丰出版公司，第57册，第579页。

[6] 《正统道藏·太清部·退字号》，新文丰出版公司，第46册，第226页下。

[7] 《正统道藏·洞真部·本文类·日字号》，新文丰出版公司，第2册，第26页上。

"明梁者，人之鼻息。益元羽童，鼻之神也。"[1]《大洞玉经》卷上《高上太素君道经第十二》注："玉根者，天中之山名，或以为人之鼻也。"[2]《大洞玉经》卷上《太清大道君道经第十五》注："玉根，鼻神名也。"[3]《上清众经诸真圣祕》卷一引《九真中经黄老祕言》云："鼻神，名冲龙玉，字道微。"[4]《上清众经诸真圣祕》卷一引《镇神养生内思飞仙上法》云："鼻神，名玉垄，字灵坚。形长二寸五分。"[5]《洞真造形紫元二十四神经》（《无上秘要》卷五引）："鼻神，名冲龙玉，字道微。"[6]《太微帝君二十四神回元经》："鼻神，名冲龙玉，字道微，形长二寸五分，青白黄色衣。"[7]

《登真隐诀·卷下·诵黄庭经法》："鼻神，玉垄，字灵坚，形长二寸五分……已上面部七神，同衣紫衣飞罗裙，并婴儿之形。存之审正，罗列一面，各填其宫。"[8]

《云笈七签》卷五十二《二十四神行事诀》："鼻神，冲龙玉，字道微，长二寸五分，青黄白色衣。"[9]

---

[1] 《正统道藏·洞真部·本文类·日字号》，新文丰出版公司，第 2 册，第 4 页下。

[2] 《正统道藏·洞真部·本文类·日字号》，新文丰出版公司，第 2 册，第 11 页下。

[3] 《正统道藏·洞真部·本文类·日字号》，新文丰出版公司，第 2 册，第 13 页下。

[4] 《正统道藏·洞玄部·谱箓类·有字号》，新文丰出版公司，第 11 册，第 567 页。

[5] 《正统道藏·洞玄部·谱箓类·有字号》，新文丰出版公司，第 11 册，第 627 页上。

[6] 《正统道藏·太平部·叔字号》，新文丰出版公司，第 42 册，第 182 页下。

[7] 《续道藏·漆字号》，新文丰出版公司刊《正统道藏》，第 57 册，第 339 页。

[8] 《正统道藏·洞玄部·玉诀类·逊字号》，新文丰出版公司第缩印本，第 11 册，第 349 页上。

[9] 《正统道藏·太玄部·职字号》，新文丰出版公司，第 37 册，第 655 页下。

以上是道经所见鼻神之名讳，六朝道经大都或采《黄庭经》，或采《二十四生图经》之说。

［唐］梁丘子注：“玉垄之骨，象玉也。神气通天，出入不竭，故曰灵坚。”

⑦ 耳神空闲字幽田：耳神名空闲，字幽田。

耳神：或名娇女，或名娇女云仪（名娇女，字云仪），或名空闲（名空闲，字幽田）。《龙鱼河图》：“耳神名娇女。”（《古微书·卷三十四·河图纬》）《太上灵宝五符序》卷上：“两耳神四人，字娇女。”[1]《太上黄庭内景玉经》本章云：“耳神空闲，字幽田。”《太上老君中经·第二十二神仙》：“两耳神四人，阴阳之精也，字娇女。”[2]《洞真太上素灵洞元大有妙经·太上道君守元丹上经》：“于是赤子帝君乃命两耳神娇女云仪使引进之。”[3]

《上清众经诸真圣祕》卷一引《镇神养生内思飞仙法》云：“耳神名空闲，字幽田。”[4]《登真隐诀·卷下·诵黄庭经法》：“耳神，空闲，字幽田，形长三寸一分……已上面部七神，同衣紫衣飞罗裙，并婴儿之形。存之审正，罗列一面，各填其宫。”[5]《云笈七签》卷五十二《二十四神行事诀》：

---

[1] 《正统道藏·洞玄部·神符类·衣字号》，新文丰出版公司，第 10 册，第 731 页下。

[2] 《正统道藏·太清部·退字号》，新文丰出版公司，第 46 册，第 226 页下。

[3] 《正统道藏·正乙部·右字号》，新文丰出版公司刊本，第 56 册，第 193 页下。

[4] 《正统道藏·洞玄部·谱箓类·有字号》，新文丰出版公司，第 11 册，第 571 页。

[5] 《正统道藏·洞玄部·玉诀类·逊字号》，新文丰出版公司缩印本，第 11 册，第 349 页上。

“耳神，名梁峙，字道岐，长七寸，衣赤衣。”[1][2]

耳神之名讳，大抵取自《龙鱼河图》及《黄庭经》二大系统，《云笈七签》引《二十四神行事诀》说：“耳神，名梁峙，字道岐，长七寸，衣赤衣。”应是误以舌神为耳神。以上为耳神。又，道经中又将耳区分为左耳、右耳，各有神祇主司其事。

［唐］梁丘子注：“空闲幽静，听物则审。神之所居，故曰田也。”

⑧ 舌神通命字正伦：舌神名通命，字正伦。

舌神：道经中或名通命（字正伦）；或名丹黄；或名始梁峙（字道岐）。《太上黄庭内景玉经》第七章云：“舌神通命，字正伦。”《太上灵宝五符序》卷上：“舌神，字丹黄。”[3]《洞玄灵宝二十四生图经》：“上真八景舌神，名始梁峙，字道岐，色赤，八景玉符，上元洞天气部八景神。”[4]《上清众经诸真圣祕》卷一引《九真中经黄老祕言》云：“舌神，名始梁峙，字道岐。”[5]《上清众经诸真圣祕》卷一引《镇神养生内思飞仙上法》云：“舌神，名通命，字正伦。形长七寸。”[6]《洞真造形紫元二十四神经》（《无上秘要》卷

[1] 案：此处耳神，应是舌神之误。二十四神中无耳神名讳。

[2] 《正统道藏·太玄部·职字号》，新文丰出版公司，第 37 册，第 655 页下。

[3] 《正统道藏·洞玄部·神符类·衣字号》，新文丰出版公司，第 10 册，第 731 页下。

[4] 《正统道藏·正乙部·亦字号》，新文丰出版公司，第 57 册，第 579 页。

[5] 《正统道藏·洞玄部·谱箓类·有字号》，新文丰出版公司，第 11 册，第 567 页。

[6] 《正统道藏·洞玄部·谱箓类·有字号》，新文丰出版公司，第 11 册，第 627 页上。

五引）："舌神，名始梁峙，字道岐。"[1]《太微帝君二十四神回元经》："舌神，名始梁峙，字道歧，形长七寸，正赤色。"[2]《登真隐诀·卷下·诵黄庭经法》："舌神，通命，字正伦，形长七寸……已上面部七神，同衣紫衣飞罗裙，并婴儿之形。存之审正，罗列一面，各填其宫。"[3]

六朝道经舌神之名，大抵或从《黄庭经》，或从《二十四生图经》说，而以从《二十四生图经》说者居多。舌神的名讳，也都是依舌头的形状及颜色来命名。

［唐］梁丘子注："咽液以舌，性命得通；正其五味，各有伦理。"

⑨ 齿神崿锋字罗千：齿神，名崿锋，字罗千。

齿神：道经中或名丹朱，或名崿锋（字罗千）。《龙鱼河图》："齿神名丹朱。"（《古微书·卷三十四·河图纬》）《太上灵宝五符序》卷上："齿神，三十六人，字卫士。"[4]《太上黄庭内景玉经》第七章云："齿神崿锋，字罗千。"《上清众经诸真圣祕》卷七引《镇神养生内思飞仙上法》云："齿神，名锷锋，字罗千。形长一寸五分。"[5]《登真隐诀·卷下·诵黄庭经法》："齿神，峰崿，字罗千，形长一寸

[1] 《正统道藏·太平部·叔字号》，新文丰出版公司，第 42 册，第 182 页下。

[2] 《续道藏·漆字号》，新文丰出版公司刊《正统道藏》，第 57 册，第 339 页。

[3] 《正统道藏·洞玄部·玉诀类·逊字号》，新文丰出版公司缩印本，第 11 册，第 349 页上。

[4] 《正统道藏·洞玄部·神符类·衣字号》，新文丰出版公司，第 10 册，第 731 页下。

[5] 《正统道藏·洞玄部·谱箓类·有字号》，新文丰出版公司，第 11 册，第 627 页上。

五分……已上面部七神，同衣紫衣飞罗裙，并婴儿之形。存之审正，罗列一面，各填其宫。”[1]

齿神称为崿锋或卫士，都是因为牙齿坚硬锐利，且耸立如山而得名。至于字罗千，则是因为牙齿众多排列在一起，所以称为“罗千”。

［唐］梁丘子注：“牙齿坚利如剑崿刀锋，摧罗众物而食之者也。”

⑩ 一面之神宗泥丸：面部之神，以脑中泥丸宫为主。

［唐］梁丘子注：“脑中丹田，百神之主。”

⑪ 泥丸九真皆有房：头部泥丸宫等共有九宫之守宫真一，皆各有宫房处所。

泥丸九真：即守泥丸宫等脑部九处守宫真神。脑部九宫见上章注。

［唐］梁丘子注：“《大洞经》云：‘三元隐化，则成三宫；三三如九，故有三丹田，又有三洞房，合上元为九宫，中有九真神。三九二十七，神气相合，人当存见之。亦谓天皇九魄变成九气，化为九神，各居一洞房。’”

⑫ 方圆一寸处此中：九个宫房各方圆一寸，都在脑中。

处：在。

［唐］梁丘子注：“房有一寸，故脑有九宫。”（“九宫”二字原作“辩”，据《云笈》本改）

⑬ 同服紫衣飞罗裳：脑部九真（或译：头部发、脑、眼、耳、鼻、舌、齿等七神），都同样穿着紫色上衣、轻飘的丝罗

[1] 《正统道藏·洞玄部·玉诀类·逊字号》，新文丰出版公司印本，第 11 册，第 349 页上。

下裳。

衣：腰部以上所穿上衣。

裳：腰部以下所穿下裳。

飞：轻细。

案：陶弘景《登真隐诀·卷下·诵黄庭经法》："平坐临目，叩齿三十六通，乃存神。发神苍华字太元，形长二寸一分；脑神精根字泥丸，形长一寸二分；眼神明上字英玄，形长三寸；鼻神玉垄字灵坚，形长二寸五分；耳神空闲字幽田，形长三寸一分；舌神通命字正伦，形长七寸；齿神峰愕字罗千，形长一寸五分。已上面部七神，同衣紫衣飞罗裙，并婴儿之形，存之审正，罗列一面，各填其宫。"[1] 陶弘景以为是头部头发、脑、眼、耳、鼻、舌、齿等七神，同服紫衣飞罗裳。但以经文下文"非各别住居脑中"看来，此处"同服紫衣飞罗裳"者，应是脑部九宫神，不是发齿耳目等神。

［唐］梁丘子注："九真之服，皆象气色。飞，犹轻也。"

⑭ 但思一部寿无穷：只要专心存思头部九宫神，便可以使人寿命无穷。

一部：指头部。

［唐］梁丘子注："存思九真，不死之道。"

⑮ 非各别住俱脑中：这些守宫诸神，不是各别住在他处，而是都居处在脑中。

案："俱"字，梁丘注本、《云及七签》作"俱"，白文本、《修真十书》本作"居"。

[1] 《正统道藏·洞玄部·玉诀类·逊字号》，新文丰出版公司缩印本，第 11 册，第 349 页上。

［唐］梁丘子注："丹田之中，众神所居。"

⑯ 列位次坐向外方：九宫诸神依序排列坐次，脸朝外面。

［唐］梁丘子注："神绕丹田而外其面，以扞不祥。《八素经》云：'真有九品，向外列位，则当上真上向，高真南向，太真东向，神真西向，玄真北向，仙真东北向，天真东南向，灵真西南向，至真西北向。夫真者，不视而明，不听而聪，不言而正，不行而从。'"

⑰ 所存在心自相当：所要存思的神祇，全部都在心中进行，自能使内外相互感应。

相当：指内心与外神能相合相感应。

［唐］梁丘子注："心存玄真，内外相应。"

【今译】

至高的大道，不会烦琐，其要诀在专心观想守宫之神祇。脑神及身上各处，都有专门主司的神祇镇守。发神，名叫苍华，字太元。脑神名叫精根，字泥丸。眼神，名明上，字英玄。鼻神，名玉垄，字灵坚。耳神名空闲，字幽田。舌神名通命，字正伦。齿神，名崿锋，字罗千。面部之神，以脑中泥丸宫为主。头部泥丸宫等共有九宫之守宫真一，皆各有宫房处所。九个宫房各方圆一寸，都在脑中。脑部九真，都同样穿着紫色上衣，轻飘的丝罗下裳。只要专心存思头部九宫神，便可以使人寿命无穷。这些守宫诸神，不是各别住在他处，而是都居处在脑中。九宫诸神依序排列坐次，脸朝外面。所要存思的神祇，全部都在心中进行，自能使内外相互感应。

心神章第八

心神丹元字守灵①，肺神皓华字虚成②。肝神龙烟字含明③，翳郁导烟主浊清④。肾神玄冥字育婴⑤，脾神常在字魂停⑥。胆神龙曜字威明⑦，六腑五脏神体精⑧。皆在心内运天经⑨，昼夜存之自长生⑩。

【章旨】

此章叙述心、肝、脾、肺、肾等五脏神及六腑中胆神之名讳职司，以供修炼时存思之用。五脏六腑神虽并列，但修行法门以心之意念为主，所谓："皆在心内运天经，昼夜存之自长生。"

此章押庚青韵，韵字为：灵、成、明、清、婴、停、明、精、经、生。《诗韵集成·下平声·八庚》下云："（庚），古通真韵，略通青蒸。"

【注释】

① 心神丹元字守灵：心脏神，名丹元，字守灵。

心神：即心脏神。心，又名"大隐生"。道经中心神，或字呴呴；或名丹元，字守灵；或名焕阳昌，字道明；或名太始南极老人；或名法坦，或名神慧；或名豪丘，字陵阳子明；或姓张，字巨明。镇守人之心脏。大抵《黄庭经》等上清经系以心神名丹元者居多。

《太上灵宝五符序》卷上："心神，字呴呴。"[1]《太上黄庭内景玉经》第八章云："心神丹元，字守灵。"[2]《洞玄灵宝二十四生图经》："中真三景心神，名焕阳昌，字道明，色赤，洞玄中元三景真符部三景神。"[3]《太上老君中经·第二十三神仙》："心神九人，太尉公也，名曰绛宫，太始南极老人元光也。其从官三千六百人，乘赤云气之车，朱雀为盖，丹蛇为柄，骖驾朱雀，或乘赤龙。"[4]《上清众经诸真圣祕》卷一引《九真中经黄老祕言》云："心神，名焕阳昌，字道明。"[5]《上清众经诸真圣祕》卷七引《镇神养生内思飞仙上法》云："心神，名丹元，字守灵。形长九寸。"[6]《洞真造形紫元二十四神经》（《无上祕要》卷五引）："心神，名焕阳昌，字道明。"[7]《太微帝君二十四神回元经》："心神，名焕阳昌，字道明，形长九寸，色赤。"[8]《云笈七签》卷五十二《二十四神行事诀》："心神，焕阳昌，字道明，长九寸，赤衣。"[9]《云笈七签》卷五十二《五帝杂修行乘龙图·五

[1]《正统道藏·洞玄部·神符类·衣字号》，新文丰出版公司，第 10 册，第 731 页下。

[2]《正统道藏·洞玄部·玉本文类·人字号》，新文丰出版公司刊本，第 10 册，第 108 页。

[3]《正统道藏·正乙部·亦字号》，新文丰出版公司，第 57 册，第 581 页。

[4]《正统道藏·太清部·退字号》，新文丰出版公司，第 46 册，第 227 页上。

[5]《正统道藏·洞玄部·谱箓类·有字号》，新文丰出版公司，第 11 册，第 567 页。

[6]《正统道藏·洞玄部·谱箓类·有字号》，新文丰出版公司，第 11 册，第 627 页上。

[7]《正统道藏·太平部·叔字号》，新文丰出版公司，第 42 册，第 183 页上。

[8]《续道藏·漆字号》，新文丰出版公司刊《正统道藏》，第 57 册，第 340 页。

[9]《正统道藏·太玄部·职字号》，新文丰出版公司，第 37 册，第 656 页上。

藏神名》引《黄书西方兵法》：“心，南方，赤，其人姓为张氏，字巨明，衣赤衣……心神，名为豪丘，字陵阳子明……南方丙丁者，火气起于心，其气赤，中有神人，姓为张氏，字巨明，衣绛衣，戴绣冠帻，带龙头纽，镆铘刃，常治太清之中，腰带紫绶，能与天皇语。”[1]《登真隐诀·卷下·诵黄庭经法》：“心神，丹元，字守灵，形长九寸。丹锦飞裙……六府真神，处五藏之内，六府之宫，形如婴儿，色如华童。存之审正，罗列一形。”[2]《四气摄生图》：“心神，名丹元，字守灵。心之状，其色赤，其象如莲华，其神如朱雀。”[3]《大洞玉经》卷上经前《大洞神慧隐书》注语：“神慧，心神名。”[4]《大洞玉经》卷下《天皇上真玉华三元君道经第二十四》注语：“法坦，心神名。朱霄，心神宫。”[5]《大洞玉经》卷上经前《玉清真王咒》注语：“大隐生，人之心也。”[6]《大洞玉经》卷上《上皇先生紫宸君道经第四》注语：“玮寂者，心君内名。”[7]按：内名，指在天上所称名讳。地上世人所称之名讳为外名。

---

[1] 《正统道藏·太玄部·职字号》，新文丰出版公司，第 37 册，第 659 页下、660 页上。

[2] 《正统道藏·洞玄部·玉诀类·逊字号》，新文丰出版公司缩印本，第 11 册，第 349 页上。

[3] 《正统道藏·洞神部·灵图类·竞字号》，新文丰出版公司，第 29 册，第 19 页下。

[4] 《正统道藏·洞真部·本文类·日字号》，新文丰出版公司，第 2 册，第 4 页上。

[5] 《正统道藏·洞真部·本文类·日字号》，新文丰出版公司，第 2 册，第 18 页下。

[6] 《正统道藏·洞真部·本文类·日字号》，新文丰出版公司，第 2 册，第 4 页下。

[7] 同上。

以上是道经所见有关心神名讳、形貌之叙述。

[唐]梁丘子注："内象谕也。心为脏腑之元，南方火之色，栖神之宅，故曰守灵也。"

② 肺神皓华字虚成：肺神名皓华，字虚成。

肺神：道经中或名鸿鸿；或名皓华，字虚成；或名素灵生，字道平。或以白帝为肺神，名彰安幸，字西华。据道经而言，肺神有二说，其一以名皓华或名素灵生者为肺神；其二以白帝为肺神。另外《云笈七签》卷五十二《五帝杂修行乘龙图》引《黄书西方兵法》之说，以为肺神姓文氏，字元明。

《太上灵宝五符序》卷上："肺神，字鸿鸿。"[1]《太上黄庭内景玉经》第八章云："肺神皓华，字虚成。"[2]《洞玄灵宝二十四生图经》："中真二景肺神，名素灵生，字道平，色白，洞玄中元二景真符部二景神。"[3]《太上老君中经·第二十三神仙》："肺神八人，太和君也，名曰玉真宫，尚书府。其从官三千六百人，乘白云气之车，骖驾白虎，或乘白龙。"[4]《上清众经诸真圣秘》卷一引《九真中经黄老秘言》云："肺神名素灵生，字道平。"[5]《上清众经诸真圣秘》卷七引《镇神养生内思飞仙上法》云："肺神，名皓华，字虚

[1] 《正统道藏·洞玄部·神符类·衣字号》，新文丰出版公司，第10册，第731页下。

[2] 《正统道藏·洞玄部·玉本文类·人字号》，新文丰出版公司刊本，第10册，第108页上。

[3] 《正统道藏·正乙部·亦字号》，新文丰出版公司，第57册，第581页。

[4] 《正统道藏·太清部·退字号》，新文丰出版公司，第46册，第227页上。

[5] 《正统道藏·洞玄部·谱箓类·有字号》，新文丰出版公司，第11册，第567页。

成。形长八寸。”[1]《洞真造形紫元二十四神经》（《无上祕要》卷五引）：“肺神，名素灵生，字道平。”[2]《太微帝君二十四神回元经》：“肺神，名素灵生，字道平，形长八寸一方（分），纯白。”[3]《云笈七签》卷五十二《二十四神行事诀》：“肺神，素灵生，字道平，长八寸一分，白衣。”[4]《云笈七签》卷五十二《五帝杂修行乘龙图·五藏神名》引《黄书西方兵法》：“肺，西方，白，其人姓为文氏，字符明，衣白衣……肺神，名为方长宜，字子元……西方庚辛金者，金气起于肺，其气白，中有神人，姓为文氏，字符明，衣白衣，戴绣冠帻。”[5]《登真隐诀·卷下·诵黄庭经法》：“肺神，皓华，字虚成，形长八寸。素锦衣裳黄带……六府真神，处五藏之内，六府之宫，形如婴儿，色如华童。存之审正，罗列一形。”[6]《四气摄生图》：“肺神，名皓华，字虚成。肺之状，其色白，其象悬磬，其神如白兽。”[7]

以上为道经中所见肺神名讳、形貌、服色。

［唐］梁丘子注：“肺为心之华盖。皓，白也，西方金之色，肺色白。其质轻虚，故曰虚成也。”

---

[1] 《正统道藏·洞玄部·谱箓类·有字号》，新文丰出版公司，第11册，第627页上。

[2] 《正统道藏·太平部·叔字号》，新文丰出版公司，第42册，第182页下。

[3] 《续道藏·漆字号》，自新文丰出版公司刊《正统道藏》，第57册，第340页。

[4] 《正统道藏·太玄部·职字号》，新文丰出版公司，第37册，第656页上。

[5] 《正统道藏·太玄部·职字号》，新文丰出版公司，第37册，第659页下、660页下。

[6] 《正统道藏·洞玄部·玉诀类·逊字号》，新文丰出版公司缩印本，第11册，第349页上。

[7] 《正统道藏·洞神部·灵图类·竞字号》，新文丰出版公司，第29册，第21页下。

③ 肝神龙烟字含明：肝神名龙烟，字含明。

肝神：道经中肝神，或字临临；或名龙烟，字含明；或名老子君；或名开君童，字道清；或姓娄氏，字君明；或名青龙，字薳龙子方。

《太上灵宝五符序》卷上："肝神，字临临。"[1]《太上黄庭内景玉经》第八章云："肝神龙烟，字含明。"[2]《洞玄灵宝二十四生图经》："中真四景肝神，名开君童，字道清，色青，洞玄中元四景真符部四景神。"[3]《太上老君中经·第二十三神仙》："肝神七人，老子君也，名曰明堂宫，兰台府也。其从官三千六百人，乘青云气之车，骖驾青龙，或乘白鹿。"[4]《上清众经诸真圣祕》卷一引《九真中经黄老祕言》云："肝神，名开君童，字道青。"[5]《上清众经诸真圣祕》卷七引《镇神养生内思飞仙上法》云："肝神，名龙烟，字含明。形长七寸。"[6]《洞真造形紫元二十四神经》（《无上祕要》卷五引）："肝神，名开君章，字道青。"[7]《太微帝君二十四神回元经》："肝神，名开君童，子（字）道青，形

[1] 《正统道藏·洞玄部·神符类·衣字号》，新文丰出版公司，第 10 册，第 731 页下。

[2] 《正统道藏·洞玄部·玉本文类·人字号》，新文丰出版公司刊本，第 10 册，第 108 页。

[3] 《正统道藏·正乙部·亦字号》，新文丰出版公司，第 57 册，第 581 页。

[4] 《正统道藏·太清部·退字号》，新文丰出版公司，第 46 册，第 227 页上。

[5] 《正统道藏·洞玄部·谱箓类·有字号》，新文丰出版公司，第 11 册，第 567 页。

[6] 《正统道藏·洞玄部·谱箓类·有字号》，新文丰出版公司，第 11 册，第 627 页下。

[7] 《正统道藏·太平部·叔字号》，新文丰出版公司，第 42 册，第 183 页上。

长六寸，色青黄。”[1]《登真隐诀·卷下·诵黄庭经法》：“肝神，龙烟，字含明，形长七寸。青锦帔裳……六府真神，处五藏之内，六府之宫，形如婴儿，色如华童。存之审正，罗列一形。”[2]《云笈七签》卷五十二《二十四神行事诀》：“肝神，开君童，字道清，长六寸，青衣。”[3]《四气摄生图》：“肝神，名龙烟，字含明。肝之状，其色青，其象如悬匏，其神如龙。”[4]《大洞玉经》卷上经前《大洞神慧隐书》注：“养光子，肝神名也。”[5]按：养光君为脾中五真神名，非肝神名。《云笈七签》卷五十二《五帝杂修行乘龙图·五藏神名》引《黄书西方兵法》：“肝，东方，青，其人姓为娄氏，字君明，衣青衣……肝神，名为青龙，字蒠龙子方……东方甲乙者，木气起于肝，其气青，中有神人，姓为娄氏，字君明，衣羽衣，戴绣冠帻。”[6]

六朝上清经所见肝神之名讳，或采《黄庭经》说，或采《二十四生图经》说。大抵以这两大系统为主。

［唐］梁丘子注：“肝位木行，东方青龙之色也。于藏主目。日出东方，木生火，故曰含明。”

④翳郁导烟主浊清：肝脏引导体中茂密盎然之生气，主

[1] 《续道藏·漆字号》，新文丰出版公司刊《正统道藏》，第57册，第340页。

[2] 《正统道藏·洞玄部·玉诀类·逊字号》，新文丰出版公司缩印本，第11册，第349页上。

[3] 《正统道藏·太玄部·职字号》，新文丰出版公司，第37册，第656页上。

[4] 《正统道藏·洞神部·灵图类·竞字号》，新文丰出版公司，第29册，第18页上。

[5] 《正统道藏·洞真部·本文类·日字号》，新文丰出版公司，第2册，第4页上。

[6] 《正统道藏·太玄部·职字号》，新文丰出版公司，第37册，第659页下、660页上。

司气之清浊升降。

翳郁：茂密荫蔽的样子。

导："导"字，《修真十书》本子作"道"。

烟：气。

案：肝，五行属木，为东方，为春，象征万物盎然之生气，主司气之浊清升降。

［唐］梁丘子注："翳郁，木象也。得火而烟生，得阳而气生。清则目明，浊即目暗。有别本无此一句。"

［明］冷谦注："翳郁，目中所聚之精华。道烟，肝中之烟气。所主清浊，目中可见。"

⑤ 肾神玄冥字育婴：肾神名玄冥，字育婴。

肾神：道经中或字濔濔；或名玄冥，字育婴；或姓玄，字子真；或名双以，字林子。

《太上灵宝五符序》卷上："两肾神，字濔濔。"[1]《太上黄庭内景玉经》第八章云："肾神玄冥，字育婴。"[2]《太上老君中经·第十九神仙》："两肾间名曰大海，一名弱水。中有神龟，呼吸元气，流行作为风雨，通气四支，无不知者。上有九人，三三为位。左有韩众，右有范蠡，中有大城子；左为司徒公，右为司空公，中有太一君；左有青腰玉女，右有白水素女，中有玄光玉女。玄光玉女者，道元气之母也。左有司录，右有司命，风伯雨师，雷电送迎，仙人玉女，宿卫门户，

[1] 《正统道藏·洞玄部·神符类·衣字号》，新文丰出版公司，第 10 册，第 731 页下。

[2] 《正统道藏·洞玄部·玉本文类·人字号》，新文丰出版公司刊本，第 10 册，第 108 页上。

故曰太渊之宫。”[1]《上清众经诸真圣祕》卷七引《镇神养生内思飞仙上法》云：“肾神，名玄冥，字育婴。形长三寸六分。”[2]《云笈七签》卷五十二《五帝杂修行乘龙图·五藏神名》引《黄书西方兵法》：“肾，北方，黑，其人姓为玄氏，字子真，黑衣……肾神，名为双以，字林子……北方壬癸者，水气起于肾，其气黑，中有神人，姓为玄氏，字子真，衣黑衣，戴绣冠帻。”[3]《登真隐诀·卷下·诵黄庭经法》：“肾神，玄冥，字育婴，形长三寸六分。苍锦衣……六府真神，处五藏之内，六府之宫，形如婴儿，色如华童。存之审正，罗列一形。”[4]《四气摄生图》：“肾神，名玄冥，字育婴。肾之状，其色黑，其象如圆石，其神如白鹿两头。”[5]

肾神之名，六朝道经大抵取《黄庭经》之说，名玄冥，字育婴。又，肾分左肾、右肾，亦各有主司神祇，分司其事。此左、右肾神，当归属肾神管辖。

［唐］梁丘子注：“肾属水，故曰玄冥。肾精为子，故曰育婴也。”

⑥ 脾神常在字魂停：脾神名常在，字魂停。

脾神：道经中，或字裨裨；或名常在，字魂停；或名宝无

---

[1]《正统道藏·太清部·退字号》，新文丰出版公司，第46册，第225页下。

[2]《正统道藏·洞玄部·谱箓类·有字号》，新文丰出版公司，第11册，第627页下。

[3]《正统道藏·太玄部·职字号》，新文丰出版公司，第37册，第659页下、660页下。

[4]《正统道藏·洞玄部·玉诀类·逊字号》，新文丰出版公司缩印本，第11册，第349页上。

[5]《正统道藏·洞神部·灵图类·竞字号》，新文丰出版公司，第29册，第23页上下。

全，字道骞；或名玄光玉女；或名黄庭，字飞黄子；或姓己，字元巳。

《太上灵宝五符序》卷上："脾神，字裨裨。"[1]《太上黄庭内景玉经》第八章云："脾神常在，字魂停。"[2]《洞玄灵宝二十四生图经》："中真八景脾神，名宝无全，字道骞，正黄色，洞玄中元八景真符部八景神。"[3]《太上老君中经·第二十三神仙》："脾神五人，玄光玉女，子丹母也。乘黄金珠玉云气之车，骖驾凤凰，或乘黄龙，从官三千六百人。真人子丹在上，卧胃管中，黄云气为帐，珠玉为床，食黄金玉饵，饮醴泉玉液，服太一神丹，噉玉李芝草。"[4]

《上清众经诸真圣祕》卷一引《九真中经黄老祕言》云："脾神，名元全，字道骞。"[5]

《上清众经诸真圣祕》卷七引《镇神养生内思飞仙上法》云："脾神，名常在，字魂庭。形长七寸三分。"[6]《洞真造形紫元二十四神经》（《无上秘要》卷五引）："脾神，名宝元全，字道骞。"[7]《太微帝君二十四神回元经》："脾神，名宝元全，字道骞，形长七寸三分，色正黄。"[8]《登真

[1] 《正统道藏·洞玄部·神符类·衣字号》，新文丰出版公司，第10册，第731页下。

[2] 《正统道藏·洞玄部·玉本文类·人字号》，新文丰出版公司刊本，第10册，第108页上。

[3] 《正统道藏·正乙部·亦字号》，新文丰出版公司，第57册，第582页。

[4] 《正统道藏·太清部·退字号》，新文丰出版公司，第46册，第227页下。

[5] 《正统道藏·洞玄部·谱箓类·有字号》，新文丰出版公司，第11册，第567页。

[6] 《正统道藏·洞玄部·谱箓类·有字号》，新文丰出版公司，第11册，第627页下。

[7] 《正统道藏·太平部·叔字号》，新文丰出版公司，第42册，第183页上。

[8] 《续道藏·漆字号》，见新文丰出版公司刊《正统道藏》，第57册，第340页。

隐诀·卷下·诵黄庭经法》：“脾神，常在，字魂庭，形长七寸三分。黄锦衣……六府真神，处五藏之内，六府之宫，形如婴儿，色如华童。存之审正，罗列一形。”[1]《云笈七签》卷五十二《二十四神行事诀》：“脾神，名宝元全，字道骞，形长七寸三分，色正黄。”[2]《云笈七签》卷五十二《五帝杂修行乘龙图·五藏神名》引《黄书西方兵法》：“脾，为中央，戊己，土，黄，其人姓为己氏，字元巳，衣黄衣。知吾者生，不知吾者死……脾神，名为黄庭，字飞黄子……中央戊己者，土气起于脾，其气黄，中有神人，姓为己氏，字元巳，衣黄衣，戴绣冠帻。”[3]《四气摄生图》：“脾神，名常在，字魂庭。脾之状，其色黄，其状如覆盆，其神如凤。”[4]

有关脾神名讳，早期有《太上灵宝五符序》《黄庭经》及《二十四生图经》等三说。六朝道经大多采《二十四生图经》之说，间亦有用《黄庭经》说者。

［唐］梁丘子注：“脾，中央土位也，故曰常在，即黄庭之宫也。脾磨食消，神康力壮，故曰魂停。”

⑦ 胆神龙曜字威明：胆神名龙曜，字威明。

胆神：道经或字获获；或名龙曜，字威明；或名龙德拘，字道放；或名太一道君；或姓昊，字元仙。

---

[1] 《正统道藏·洞玄部·玉诀类·逊字号》，新文丰出版公司缩印本，第 11 册，第 349 页上。

[2] 《正统道藏·太玄部·职字号》，新文丰出版公司，第 37 册，第 656 页上。

[3] 《正统道藏·太玄部·职字号》，新文丰出版公司，第 37 册，第 659 页下、660 页下。

[4] 《正统道藏·洞神部·灵图类·竞字号》，新文丰出版公司，第 29 册，第 25 页上。

《太上灵宝五符序》卷上："胆神，字获获。"[1]《太上黄庭内景玉经》第八章云："胆神龙曜，字威明。"[2]《洞玄灵宝二十四生图经》："中真五景胆神，名龙德拘，字道放，色青黄绿，洞玄中元五景真符部五景神。"[3]《太上老君中经·第二十三神仙》："胆神五人，太一道君也，居紫房宫。乘五彩玄黄紫盖，珠玉云气之车，骖驾六飞龙。从官三千六百人。"[4]《大洞玉经》卷上《太极大道君道经第十六》注："威明者，胆神之字。"[5]《上清众经诸真圣秘》卷一引《九真中经黄老秘言》云："胆神，名龙德拘，字道放。"[6]《上清众经诸真圣秘》卷七引《镇神养生内思飞仙上法》云："胆神，名龙曜，字威明。形长三寸六分。"[7]《洞真造形紫元二十四神经》（《无上秘要》卷五引）："胆神，名龙德拘，字道放。"[8]《太微帝君二十四神回元经》："胆神，名龙德拘，字道放，形长二寸六分，色青黄绿。"[9]《云笈七签》卷

[1] 《正统道藏·洞玄部·神符类·衣字号》，新文丰出版公司，第10册，第731页下。

[2] 《正统道藏·洞玄部·玉本文类·人字号》，新文丰出版公司刊本，第10册，第108页。

[3] 《正统道藏·正乙部·亦字号》，新文丰出版公司，第57册，第581页。

[4] 《正统道藏·太清部·退字号》，新文丰出版公司，第46册，第227页上至227页下。

[5] 《正统道藏·洞真部·本文类·日字号》，新文丰出版公司，第2册，第20页下

[6] 《正统道藏·洞玄部·谱箓类·有字号》，新文丰出版公司，第11册，第567页。

[7] 《正统道藏·洞玄部·谱箓类·有字号》，新文丰出版公司，第11册，第627页下。

[8] 《正统道藏·太平部·叔字号》，新文丰出版公司，第42册，第183页上。

[9] 《续道藏·漆字号》，见新文丰出版公司刊《正统道藏》，第57册，第340页。

五十二《二十四神行事诀》："胆神，龙德拘，字道放，长二寸六分，青黄绿衣。"[1]《云笈七签》卷五十二《五帝杂修行乘龙图·五藏神名》引《黄书西方兵法》："胆为长命宫，中有神人，姓为吴氏，字元仙，衣黄衣，持北斗。"[2]《登真隐诀·卷下·诵黄庭经法》："胆神，龙曜，字威明，形长三寸六分。九色锦衣，绿华裙……六府真神，处五藏之内，六府之宫，形如婴儿，色如华童。存之审正，罗列一形。"[3]《四气摄生图》："胆神，名龙耀，字威明。胆之状，其色青，其象如悬瓠，其神如龟蛇。"[4]

胆神之名讳，六朝道经采《二十四生图经》之说（名龙德拘，字道放）者较多。

［唐］梁丘子注："胆色青黄，故曰龙曜。主于勇悍，故曰威明。外取东方青龙，雷震之象者也。"

［明］冷谦注："以上，心、肺、肝、肾、脾、胆之神名，皆因其妙用而名之。"

⑧ 六腑五脏神体精：六腑五脏神祇，保护身体神气精妙。

六腑：有二说：一指心肝脾肺肾及胆。二指人身中大肠、小肠、胃、膀胱、三焦、胆等六个器官。"腑"，道藏白文本、《云笈七签》本作"腑"字，梁丘子注本作"府"。

五脏：指人身中，心、肝、脾、肺、肾等五大器官。

[1] 《正统道藏·太玄部·职字号》，新文丰出版公司，第 37 册，第 656 页上。
[2] 《正统道藏·太玄部·职字号》，新文丰出版公司，第 37 册，第 660 页下。
[3] 《正统道藏·洞玄部·玉诀类·逊字号》，新文丰出版公司缩印本，第 11 册，第 349 页上。
[4] 《正统道藏·洞神部·灵图类·竞字号》，新文丰出版公司，第 29 册，第 23 页上下。

“脏”字，《云笈七签》《修真十书》本作“藏”。

［唐］梁丘子注：“资保一身，废一不可，故曰神体精。心、肝、肺、肾、脾为五脏。胆、胃、大肠、小肠、膀胱、三焦为六腑。所言腑者，犹府邑之府，取中受物之义，故曰腑也。脏者，各是一质，共藏于身，谓之脏也。言三焦者多矣，而未的言其所在。盖心、肝、肺三脏之上，系管之中为三焦。《中黄经》云：‘肺首为三焦’，当指其所也。又据五方之色，脾为黄，应为五脏之主，而今共以心为主者何也？答曰：心居脏中，其质虚受也。夫虚无者，神识之体，运用之源，故遍方而得其主，动用而获其神，不可以象数言，不可以物类取也。”

⑨ 皆在心内运天经：都由心中意念来运转精气之周天循行。

运天经：运转精气之周天循行。经：经过、循行。

［唐］梁丘子注：“五脏六腑，各有所司，皆有法象，同天地，顺阴阳，自然感摄之道，故曰运天经也。”

［明］冷谦注：“心、肝、脾、肺、肾，五藏也。胆、胃、大小肠、膀胱、命门，六府也。各真其真，则神体精明。五藏六府虽各有神，而运用之神，皆在心内，取法乎天经之道。经，常也。周天三百六十五度，一昼一夜一周天，呼吸升降，息息与天合度，昼夜存之，自得长生之道。自至道不息至此，乃疏言泥丸九真五脏六府之真神。”

⑩ 昼夜存之自长生：不论白天晚上，如能存思脏腑之神，自能获得长生。

存之：存思五脏六腑神。

［唐］梁丘子注："依上五神服色，思存不舍，不死之道也。《仙经》曰：'存五脏之气，变为五色云，常在顶上，覆荫一身。日居于前，月居于后，左青龙，右白虎，前朱雀，后玄武。即去邪长生之道也。'"

【今译】

心脏神名丹元，字守灵。肺神名皓华，字虚成。肝神名龙烟，字含明，肝脏引导体中茂密盎然之生气，主司气之清浊升降。肾神名玄冥，字育婴。脾神名常在，字魂停。胆神名龙曜，字威明。六腑五脏神祇，保护身体神气精妙。都由心中意念来运转精气之周天循行。不论白天晚上，如能存思脏腑之神，自能获得长生。

肺部章第九

肺部之宫似华盖①，下有童子坐玉阙②。七元之子主调气③，外应中岳鼻脐位④。素锦衣裳黄云带⑤，喘息呼吸体不快⑥。急存白元和六气⑦，神仙久视无灾害⑧。用之不已形不滞⑨。

【章旨】

此章叙述肺部诸神名讳及职司，肺主鼻气之出入，存思肺部诸神，可使身内气息流畅，百病不生；而所存思者，以镇守肺部的白元尊神为主。按据魏华存所传上清经三十一卷所载，肺部相关之神有：肺神名皓华字虚成、西方白帝名彰安幸字西华（一名凌梵七灵）、肺中六真，名上元素玉君，字梁南中童（镇守肺筒两边与颈相连的十二条大筋）、肺部童子名素明字无映（或字虚成，镇守肺部之下，五关死气之门），以及脑部九宫中洞房宫三位守宫神祇之一的白元。白元尊神名洞阳君郁灵标，字玄夷绝，一名朱精，一名启成。所镇为右腋之下，肺之后户，死气之门。

以上有关肺部诸神，详见笔者《六朝道教上清派研究》第五章《道教上清经身内诸神名讳及修行时所常观想之神祇》，台北，文津出版社出版。

此章押泰置未韵，古合押，《诗韵集成·去声·九》下云："（泰），古通置。"段玉裁古音在十五部。韵字为：盖、阙、气、位、带、快、气、害、滞。

【注释】

① 肺部之宫似华盖：肺部的样子像个华丽的伞盖。

案：肺有两叶，在心肝脾胃等脏腑之上，像个伞盖。

［唐］梁丘子注："金宫也。肺在五藏之上，四垂为宇也。"

② 下有童子坐玉阙：肺部内有貌似童子的肺部守护神，坐在用美玉做成的华丽宫殿中。

下：表示地点的用语，文言文，上、下、中、外等字，常用来表示地点，不可以用字面直译。如《汉书·苏武传》："乃徙武北海上无人处。"［唐］王建《新嫁娘》诗："三日入厨下"，以及唐诗常见的塞下、塞上、塞外等词，都不能直翻为上面、下面、外面，它们仅是用来表示地点。

童子：所言的童子，疑是指下文的白元尊神。另外，肺部也有肺部童子：名素明，字无映（或字虚成），镇守肺部之下，五关死气之门。《上清大洞真经》卷五第二十九章："肺部童子，名素明，字无映。常守兆肺部之下，五关死气之门。使玄晖充彻，华盖上精，神室有光，五关太明，万魔不入，百神受灵。"[1]《大洞玉经》卷下《辰中黄景元君道经第二十九》："肺部童子，名素明，字虚成，常镇我肺部之下。"[2]《上清众经诸真圣祕》卷一引《九真中经黄老祕言》云："肺部童子素明。"[3]按：道经中肺部童子应字无映，其作字虚成者，应是受肺神名皓华字虚成之影响而来。

玉阙：用美玉做成的华丽宫殿。

案：《上清黄庭五藏六府真人玉轴经·五藏六府图文·肺藏图》云："夫肺者，兑之气，金之精，其色白，其象如悬磬，其神如白兽。肺生魄，化为玉童，长七寸，持杖往来于肺藏。其神多怒者，盖发于肺藏也。欲安其魄而存其形者，则当收思敛欲，含仁育义，不怒其怒，不声其声，息其生则合乎太和。肺合于大肠，上主于鼻。"[4]

［唐］梁丘子注："童子名皓华。肺形如盖，故以下言之。玉阙者，肾中白气，上与肺连也。"案：肺神名皓华字虚成，肺部童子名素明字无映。

---

[1] 《正统道藏·洞真部·本文类·荒字号》，新文丰出版公司，第 1 册，第 835 页。

[2] 《正统道藏·洞真部·本文类·日字号》，新文丰出版公司刊本，第 2 册，第 21 页下。

[3] 《正统道藏·洞玄部·谱箓类·有字号》，新文丰出版公司，第 11 册，第 567 页。

[4] 《中华道藏》，第 23 册，第 103 页下。

③ 七元之子主调气：肺部众神主司调理呼吸之气息。

七元之子：主司肺部诸神。肺，属西，属金，数字为七，所以肺部诸神称为七元之子；梁丘子注以为七元是七窍之元气。

案：肺在五行生克之相配上，肺属金，色白，主魄，四季为秋，四方为西，五音为商，五味为辛，五官为鼻。又，肺属西，西方之数为七。《黄帝内经·灵枢·九宫八风第七十七》将立春等八节气分属八方及数目，其中秋分为西方，其数为七。《易经》的《洛书》图所见："戴九履一，左三右七，二四为肩，六八为足"，所见之数字与方位和《黄帝内经》相同。又，《易纬乾凿度·卷下》郑玄注、《黄帝九宫经》（隋·萧吉《五行大义·卷一·论九宫数》引）及安徽阜阳西汉汝阴侯墓出土《太乙九宫占盘》《六壬栻盘》等与九宫说相关者，也都是左三右七之排列方式。以方位看，三属春、属东、属肝、为魂，七属秋、为西、肺、魄；于是魂数为三，魄数为七，所以有三魂七魄之说，详见笔者《道教与民俗》第六章《道教三魂七魄说探源》，台北，文津出版社。

［唐］梁丘子注："元阳子曰：'七元之君负甲持符，辟除凶邪而布气七窍，主耳目聪明。七元，七窍之元气也。'"

［明］冷谦注："气有七，肺之神主调气。七元之子，即玉阙童子。外应面之中岳鼻位。"

④ 外应中岳鼻脐位：肺宫和身体外貌脸部中央高耸如山岳的鼻子相应和，两者位置相配系。（或译：肺宫和身体外部脸中央的鼻及下身的脐相呼应，位置相配系。）

中岳：脸部中央的山岳，指鼻。

脐：道藏梁丘子注本作“脐”，诸本作“齐”。齐，可借为“脐”，梁注即解为脐。

案：五行与五官、五脏之相配系为：木：东、肝、眼；火：南、心、舌。土：中央、脾、口。金：西、肺、鼻。水：北、肾、耳。肺和鼻有关，所以也和呼吸及气之出入有关。

［唐］梁丘子注：“中岳者，鼻也，又为脐也。脐为崑仑之山，鼻为七气之门。位犹主也。”

⑤ 素锦衣裳黄云带：神祇身穿白色丝锦衣裳，腰系黄色彩云衣带。

［唐］梁丘子注：“素锦衣裳，肺膜之色也。黄云带者，肺中之黄脉，蔓延罗络，有象云气。”

⑥ 喘息呼吸体不快：有时呼吸急促，身体不畅快。

喘息：呼吸急促。

［唐］梁丘子注：“有时而然。”

［明］冷谦注：“呼吸存自然之道，若不得其道，而致有喘息不快。”

⑦ 急存白元和六气：赶快凝神存思主镇肺后死气之门的白元尊神，以调和天地日月等四方上下精气进入身中所带来的不顺遂。（或译：调和身中精、气、津、液、血、脉等六气。）

白元：脑部九宫中洞房宫之守宫之神。洞房宫（两眉间却入二寸），在明堂宫之后，由左无英公子、右白元君、中央黄老君所共治，以中央黄老君为主神。三人皆太素三元君之孙。太素三元君生三女：紫素左元君、黄素中央元君、白素右元君；白素右元君为白元君之母；紫素左元君为无英公子之母；

黄素中央元君为中央黄老君之母。事详《洞真高上玉帝大洞雌一玉检五老宝经》。

洞房宫中，无英主镇肝，白元主镇肺，中央黄老君主定生扶命。

《洞真太上素灵洞元大有妙经·太上道君守元丹上经》："洞房中有三真，左为无英公子，右有白元君，中为黄老君；三人共治洞房中，此为飞真之道，自别有经，事在《金华经》中。"[1]

右白元尊神：名洞阳君郁灵标，字玄夷绝，一名朱精，一名启成。所镇为右腋之下，肺之后户，死气之门。其处在背去脊骨右三寸，与前（右）乳相对，右臂甲骨之下。道经有关白元尊神的叙述，约如下：

《上清大洞真经》卷二第五章："右白元洞阳君，郁灵标，字玄夷绝。常守兆右腋之下，肺之后户，死气之门。使右腋之下，常有金光，引神明入六气之宫。"[2]《大洞玉经》卷上《上皇先生紫宸君道经第四》："右白元尊神，名洞阳宫（君）蔚灵标，字玄夷绝，一名朱精，一名启成。常镇我右腋之下，肺之后户。"注云："在背去脊骨右三寸，与前（右）乳相对，右臂甲骨之下。"[3]《上清众经诸真圣祕》卷一《太极真人四时记书思存百神混本命帝君大变之道》云："右白

[1] 《正统道藏·正乙部·右字号》，新文丰出版公司刊本，第56册，第192页下。

[2] 《正统道藏·洞真部·本文类·荒字号》，新文丰出版公司，第1册，第802页。

[3] 《正统道藏·洞真部·本文类·日字号》，新文丰出版公司，第2册，第7页下。

元君者，或曰洞阳君也。主摄魂魄之气，检御灵之神，名郁灵标，字玄夷絶，又一名朱精，一名启成，治在玉室上清之内。”[1]《洞真高上玉帝大洞雌一玉检五老宝经》《太一帝君洞真玄经存五神法》云：“右白元君者，或曰洞房君也。主摄魂魄之气，检御灵液之神。故魂魄生于九灵之宫，神液运于三气之真，是以御之者号曰白元洞阳君，摄持魂魄之符命焉。白元君，名郁灵标，字玄夷绝，又一名朱精，一名启成。治在玉堂上清之内……太上神精，高清九宫，三气结变，正当神门，龙衣虎带，扶命还魂，腰佩玉书，黄晨华冠，把籍持符，呼吸混分，名曰郁灵，号曰白元。”[2]

六气：有二种说法，一是指天、地、日、月等四季四方及上下之精气（《陵阳子明经》）；一是指阴、阳、风、雨、晦、明之气（杜预及司马彪说）。天地日月精气说见《楚辞·远游篇》：“餐六气而饮沆瀣兮”。［东汉］王逸注云：“《陵阳子明经》言：‘春食朝霞，朝霞者，日始欲出赤黄气也。秋食沦阴，沦阴者，日没以后赤黄气也。冬饮沆瀣，沆瀣者，北方夜半气也。夏食正阳，正阳者，南方日中气也。并天地玄黄之气，是为六气也。’”《庄子·逍遥游》：“若夫乘天地之正，而御六气之辩。”又案：《黄帝内经·灵枢·决气第三十》所言之六气为：身中所生之精、气、津、液、血、脉。

［唐］梁丘子注：“白元君主肺宫也。《大洞经》云：

[1]《正统道藏·洞玄部·谱箓类·有字号》，新文丰出版公司，第11册，第565页下。

[2]《正统道藏·正乙部·右字号》，新文丰出版公司，第56册，第174页下。

‘白元君者，居洞房之右’是也。”

［明］冷谦注：“白，为肺色；元者，肺神。急须存养肺神，调和六气。”

⑧ 神仙久视无灾害：长久存思观想肺部白元等神仙，可以消除疾病等灾害。

神仙：指白元等肺部诸神。仙，诸本作“仙”，白文本作“僊”。

［唐］梁丘子注：“邪不干正。”

⑨ 用之不已形不滞：能存思修行不止，可以使气息流通形体畅顺无滞病。

已：止。

滞：停聚不通。

［唐］梁丘子注：“常存此道，形气华荣，至诚感神之所致也。”

【今译】

肺部的样子像个华丽的伞盖。肺部内有貌似童子的肺部守护神，坐在用美玉做成的华丽宫殿中。肺部众神主司调理呼吸之气息。肺宫和身体外貌脸部中央高耸如山岳的鼻子相应和，两者位置相配系。（或译：肺宫和身体外部脸中央的鼻及下身的脐相呼应，位置相配系。）神祇身穿白色丝锦衣裳，腰系黄色彩云衣带。有时呼吸急促，身体不畅快。赶快凝神存思主镇肺后死气之门的白元尊神，以调和天地日月等四方上下精气进入身中所带来的不顺遂。（或译：调和身中精、气、津、液、血、脉等六气。）长久存思观想肺部白元等神仙，可以消除疾病等灾害。能存思修行不止，可以使气息流通形体畅顺无滞病。

心部章第十

心部之宫莲含华①，下有童子丹元家②。主适寒热荣卫和③，丹锦飞裳披玉罗④。金铃朱带坐婆娑⑤，调血理命身不枯⑥。外应口舌吐五华⑦，临绝呼之亦登苏⑧。久久行之飞太霞⑨。

【章旨】

此章叙述镇守心脏之神及其职司，与存思之法。心，五行属火，和夏天、南方及口中的舌等相配系。道经中和心脏相关之神，有心神名丹元字守灵。有镇守中丹田绛宫（在心，“从心尻尾下一寸却入三寸许，方一寸”）的元丹皇君（位左）及辅弼卿（位右），二人以左位元丹皇君为主神。此外另有心中一真，名天精液君，字飞生上英，常镇我胸中四极之口，所镇处在胸前两乳之上正中央，自心坎鸠尾骨度上四寸，为神所居处。

以上是和心脏相关诸神，此章以存思心神名丹元者为主。

此章押歌麻韵，段玉裁古音在十七部。韵字有：华、家、和、罗、娑、华、霞。

【注释】

① 心部之宫莲含华：心脏部位像个含苞待放的莲花。

莲含华：莲花含苞待放。

［唐］梁丘子注：“火宫也。心脏之质，象莲华之未开也。”

② 下有童子丹元家：在心脏地方，有貌像童子名叫丹元的心神住所。

下：表示地点的用语。

丹元：心（心脏）神名。心，又名“大隐生”。道经中，心神，名丹元，字守灵。详见本书第八章注。

［唐］梁丘子注：“心神丹元，字守灵，神在心内而云下者，据华盖而言。”

③ 主适寒热荣卫和：主管体内寒热的调适，以及血气循环的谐和。

荣卫：有二义，一为营卫、保卫；一为中医名词，荣指血的循环，卫指气的周流，见《伤寒论·辨脉法》。又，《御纂医宗金鉴·卷一·辨太阳病脉证并治上篇》按语云：“荣卫二者，皆胃中后天之谷气所生。其气之清者为荣，浊者为卫。卫即气中之慓悍者也，营即血中之精粹者也，以其定位之体而言则曰气血，以其流行之用而言则曰营卫。营行脉中，故属于阴也。卫行脉外，故属于阳也。然营卫之所以流行者，皆本乎肾中先天之一气，故又皆以气言曰营气卫气也。”

［唐］梁丘子注：“寒热，阴阳静躁之义也。人当和适以荣卫其身。老子《经》云：‘躁胜寒，静胜热。清静以为天下正。’”

［明］冷谦注：“主适均寒热，而调和荣卫。血为荣，气为卫。”

④ 丹锦飞裳披玉罗：心神身穿赤红色轻细丝质衣裳，披着似玉的白色丝罗。

飞裳：轻细丝质的下裳。《修真十书》本子“飞”作“衣”。

玉罗：莹白的丝织品。

［唐］梁丘子注：“象心脏之色也。有肺之白气象玉罗。”

［明］冷谦注：“裳者，心之膜，其色赤，故曰丹锦。心易动，故曰绯裳。心悬肺下，肺色白，故曰披玉罗。”

⑤ 金铃朱带坐婆娑：手持流金火铃，腰系赤红衣带，容貌柔美地端坐着。

金铃：流金火铃，道教法事科仪中所常用的法器，摇动金铃时，观想散发流火，冲击万里，使鬼魅灰灭。《太上洞玄灵宝无量度人上品妙经》云：“掷火万里，流铃八冲。”“火”与“流铃”，皆指流金火铃而言。流金火铃为道教制灭魔精的一种法器。上引意谓：流金火铃，一掷万里；流金火铃的威力，冲击八方。

婆娑：盘旋舞蹈的样子，此处形容容貌柔美。

［唐］梁丘子注：“金铃，肉蕊之象。朱带，血脉之象。坐婆娑者，言神之安静也。《九真经》云：‘黄老君带流金之铃’，仙服也。”

［明］冷谦注：“肺，金也。心体如铃，系于肺，故曰金铃。心之包络，有赤筋如丝，上系肺，下系肾，故曰朱带。坐婆娑者，端居之容也。”

⑥ 调血理命身不枯：调和血气，治理人命，使身体润泽不干枯。

［唐］梁丘子注：“心安体和，则无病夭。”

［明］冷谦注："调养其心，则血足。血足，则命得其理。身自不枯矣。外应乎口舌，而吐五藏之精华。"

⑦ 外应口舌吐五华：心脏和体表脸部的舌（生津液）相呼应，吐纳五脏精华之津液。

外应口舌：心脏和脸部五官的舌相呼应。案：心，五行属火，和四季的夏、四方的南、五官的舌、五味的苦等相配系。

五华：五脏精华之津液。五华，白文本误为"玉华"，诸本不误。

［唐］梁丘子注："心主口舌，吐纳五藏之液，辨识五行之味，故言外应。"

⑧ 临绝呼之亦登苏：危病将死，存思呼唤心神丹元的名讳，也会立即苏醒。

临绝：面临命绝，危病将死。

登苏：立即苏醒。

［唐］梁丘子注："有病厄，当存丹元童子朱衣赤冠以救护之也。"

［明］冷谦注："临绝，临死也。亦登苏，复生也。一线尚存，呼之有觉。可见百骸易坏，而此心不灭。是心之功用最大。"

⑨ 久久行之飞太霞：长久的修行存思心神之术，可以飞升云霄。

太霞：高空中的云霞。

［唐］梁丘子注："常修此道，能获飞仙。"

［明］冷谦注："若能未绝之先，久久行修炼之法，身轻似羽，飞太霞而仙也。"

【今译】

心脏部位像个含苞待放的莲花。在心脏地方，有貌像童子名叫丹元的心神住所。祂主管体内寒热的调适，以及血气循环的谐和。心神身穿赤红色轻细丝质衣裳，披着似玉的白色丝罗。手持流金火铃，腰系赤红衣带，容貌柔美地端坐着。调和血气，治理人命，使身体润泽不干枯。心脏和体表脸部的舌（生津液）相呼应，吐纳五脏精华之津液。危病将死，存思呼唤心神丹元的名讳，也会立即苏醒。长久的修行存思心神之术，可以飞升云霄。

肝部章第十一

肝部之宫翠重里①，下有青童神公子②。主诸关镜聪明始③，青锦披裳佩玉铃④。和制魂魄津液平⑤，外应眼目日月清⑥。百痾所钟存无英⑦，同用七日自充盈⑧。垂绝念神死复生⑨，摄魂还魄永无倾⑩。

【章旨】

此章叙述镇守肝脏之神及其职司，以及存思之法。肝，五行属木，和春天、东方及五官中的眼等相配系。道经中和肝脏相关之神有：1. 肝神，名龙烟，字含明；2. 肝中四真，名青明君，字明轮童子，镇我胃管之户，膏膜之下。3. 脑部两眉间却入二寸的洞房宫，由左无英公子、右白元君、中央黄老君所共治，以中央黄老君为主神，其中无英公子所镇在肝后，所以也成为镇肝之神。本章所存思者，以文字看，即是以存思无英公子为主。

与此章文义相近的为：《黄庭外景经·肝之章第十八》："肝之为气修且长，罗列五脏生三光。上合三焦道饮浆，精候天地长生道。我神魂魄在中央。"

此章押纸韵转押庚韵。纸韵字：里、子、始。庚韵字：铃、平、清、英、盈、生、倾。

【注释】

① 肝部之宫翠重里：肝脏的部位，深藏在重重翠绿色中。

翠重：重重的翠绿色。

[唐] 梁丘子注："木宫也。肝色苍翠，大小相重之象也。"

[明] 冷谦注："肝色青，青有光焰曰翠。色青兼翠，故曰重里。"

② 下有青童神公子：在肝脏里，有貌似青色童子的镇肝之神无英公子。

案：本书第八章："肝神龙烟，字含明"，《登真隐诀·卷下·诵黄庭经法》："肝神，龙烟，字含明，形长七寸。青锦帔裳。"[1] 详见该章注。但此处经文中的"下有青童神公子"一句，和下文"百痾所钟存无英"相应，疑即是存思无英公子。

左无英公子：也写作无英公子，简称公子，名玄充叔，字合符子，一名元素君，一名神公子。镇守左腋之下，肝之后

[1] 《正统道藏·洞玄部·玉诀类·逊字号》，新文丰出版公司缩印本，第 11 册，第 349 页上。

户，死气之门。所镇处在背去脊骨左三寸，与前左乳相对，左臂甲骨之下。道经有关无英公子形貌的叙述，约如下：

《上清大洞真经》卷二第四章："左无英公子，玄充叔，字合符子。常守兆左腋之下，肝之后户，死气之门。使左腋之下常有玉光，引神明上入两眼睛之中。"[1]《大洞玉经》卷上《皇上玉帝君道经第三》："左无英公子，名玄无叔，字合符子，一名元素君，一名神公子。常镇我左腋之下，肝之后户。"注云："在背去脊骨左三寸，与前左乳相对，左臂甲骨之下。"[2]《上清众经诸真圣秘》卷一《太极真人四时记书思存百神混本命帝君大变之道》云："左无英公子者，结精固神之主，三元上气之神，名玄元叔，字合符子，又一名元素君、神公子，常在玉房上清之内。"[3]

［唐］梁丘子注："肝，东方木位，主青，故曰青童。左位为公子。公子一名含明。上有华盖，故曰下。"

［明］冷谦注："青童，肝神也。肝乃东方震木，震为长男，故称公子。"

③ 主诸关镜聪明始：肝脏主管人体三关之一的眼目，眼目像镜子般映照外物，是世人奠立智慧才能的开始。

关镜：指眼目为关为镜。眼目是人体的三关之一，也像镜子般映照外物。人体以耳、目、口为三关，也称三要。《黄

[1] 《正统道藏·洞真部·本文类·荒字号》，新文丰出版公司，第1册，第801页。

[2] 《正统道藏·洞真部·本文类·日字号》，新文丰出版公司，第2册，第6页上。

[3] 《正统道藏·洞玄部·谱箓类·有字号》，新文丰出版公司，第11册，第565页下。

帝阴符经》云："九窍之邪，在乎三要，可以动静。"《黄帝阴符经集解》："葛仙翁曰：'三要者，眼、耳、口也。动静不失其时，其道光明，故曰：非礼勿视，非礼勿听，非礼勿言也。'"又，《淮南子·主术篇》："夫目妄视则淫，耳妄听则惑，口妄言则乱。夫三关者，不可不慎守也。"文中即以耳、目、口为三关。

聪明：比喻人的智慧高才能好。耳朵听力好为聪，眼睛目力好为明。

［唐］梁丘子注："于时主春，青阳之本始；于窍主目，五行之关镜，故曰聪明之始。"

［明］冷谦注："能阅物曰关，能照物曰镜。聪明本具于心，而由目睹以发其聪，故曰聪明始。"

④ 青锦披裳佩玉铃：无英公子身穿青色丝锦披风及衣裳，腰着佩带玉制的流金火铃。

案：《洞真高上玉帝大洞雌一玉检五老宝经》《太一帝君洞真玄经存五神法》云："左无英公子者，结精固神之主，三元上气之神。结精由于天精，精生归于三气矣。故无英公子，常摄精神之符命也。名玄充叔，字合符子，又一名元素君，一名神公子。常在玉房上清之内……黄阙金室，中有大神，握固流铃，首建华冠，紫盖回飚，龙衣虎文，貌状婴儿，四灵洞均，出丹入虚，合形帝君，呼阴召阳，天道有真，名曰玄充叔，号为无英君。"[1]

［唐］梁丘子注："青锦，肝之色。玉铃，白脉垂之象

[1]　《正统道藏·正乙部·右字号》，新文丰出版公司，第 56 册，第 174 页上。

也。《升玄经》云：‘三天玉帝，带火玉之珮。’《素灵经》云：‘灵耀君衣青锦单裳。’皆神仙之服也。”

［明］冷谦注：“青锦，肝之正色。披裳，肝之衣膜。肝悬华盖之下，肺色白，故曰佩玉铃。”

⑤和制魂魄津液平：调和制御阳魂阴魄，使身中津液润泽平顺。

魂魄：主宰人体思维的精神力为魂，主宰肉体动作的精神力为魄。魂阳魄阴，魂善魄恶。《左传·昭公七年》子产论魂魄下，［唐］孔颖达《正义》注云：“魂魄，神灵之名，本从形气而有。形气既殊，魂魄亦异。附形之灵为魄，附气之神为魂也。附形之灵者，谓初生之时耳目心识、手足运动、啼呼为声，此则魄之灵也。附气之神者，谓精神性识，渐有所知，此则附气之神也。”有关魂魄及三魂七魄等说，详见笔者《道教与民俗》《第六章　道教三魂七魄说探源》，台北，文津出版社出版。

［唐］梁丘子注：“内指事也。东春和煦，万物生成。”

［明］冷谦注：“肝藏魂，能制魄。和魂制魄，而津液得平。则外应于眼，自如日月之精明。”

⑥外应眼目日月清：肝和人体外貌五官中的眼目相应，眼睛就像日月般的清明。（或译：眼目就像天地精华的日与月。）

外应眼目：肝，五行属木，在五行生克上，和人体外貌五官中的目相应。

日月清：眼目就像日月般的清明。存思时，常观想左目为日，右目为月。道藏白文本及《修真十书》本，“清”作“精”。

案：心肝脾肺肾五脏和耳目口鼻舌五官相配，在周代已如此。《管子·卷十四·水地篇》：“人，水也。男女精气合，而水流形。三月如咀，咀者何？曰五味。五味者何，曰五藏。酸主脾，咸主肺，辛主肾，苦主肝，甘主心。五藏已具，而后生肉。脾生隔，肺生骨，肾生脑，肝生革，心生肉。五肉已具，而后发为九窍：脾发为鼻，肝发为目，肾发为耳，肺发为窍[1]，五月而成，十月而生。”《子华子·卷下·北宫意问》：“夫心也，五脏之主也，精神之舍也。心之精为火，其气为离，其色赤，其状如覆莲，其神为朱鸟，其窍上通于舌。肝之精为木，其气为震，其色青，其状如悬瓢，其神为苍龙，其窍上通于目。肺之精为金，其气为兑，其色白，其状如悬磬，其神为伏虎，其窍上通于鼻。肾之精为水，其气为坎，其色黑，其状如介石，其神为玄龟，其窍上通于耳。脾之精为土，其气为戊己，其色黄，其状如覆缶，其神为凤凰，其窍上通于口。是故脾肾心肝肺，五官之司；口舌鼻耳目，五官之候。脾之藏意，肾之藏精，心之藏神，肝之藏魂，肺之藏魄。金木水火土，五精之总也。寒热风燥温，五气之聚也。水以润之，火以熯之，土以溽之，木以敷之，金以敛之，此以其性言也。水之冽也，火之炎也，土之蒸也，木之温也，金之清也，此以其气言也。水在下，火在上，土在中，木在左，金在右，此以其位言也。水之平也，火之锐也，土之圜也，木之曲直也，金之方也，此以其形言也。水则因，火则革，土则化，木则变，金则从革，此以其材言也。水并洫也，火文焚治也，木金器械

[1] ［日本］安井衡《管子纂诂》云：“窍，古本作口，下更有‘心发为舌’四字。”

也，土爰稼穑也，此以其事言也。夫盈于天地之间而充物者，惟此五物也。凡五物之有，不可无也；其所无，不可有也。”（案：以上据《四库全书·子部·杂家类》本，《正统道藏》与此文字略有微异。）

［唐］梁丘子注：“肝位属眼，象日月明。”

⑦ 百痾所钟存无英：当身体百病丛生时，就要存思观想镇守肝脏的无英公子。

百痾所钟：百病聚生。痾：疾病。钟：聚。

［唐］梁丘子注：“左为无英，肝神在左，故存之。有本‘为无英’。无英者，物生之象也。”

［明］冷谦注：“一切物诱，皆眼招之，是眼为百病所钟。惟存无欲内观，勿使眼光之英华外现，去人欲而还天理，用七日清净之功，自得充盈。”

⑧ 同用七日自充盈：同时一起存思五脏诸神，经过七日后，自然精气会充满身中。

充盈：满盈。

［唐］梁丘子注：“五藏兼存，故言同用。七日为一竟。一竟，一复也。故《周易》曰‘七日来复’是也。”

⑨ 垂绝念神死复生：将死之人存念无英公子，能让人死而复生。

垂绝：将死之时。

念神：存念无英神。

［唐］梁丘子注：“存念青衣童子，形如上说。”

⑩ 摄魂还魄永无倾：招制三魂还返七魄，使魂魄相聚不离于身，便能永远不倾灭。

案："永无倾"，"无"字梁丘注本作"无"，《云笈》《修真十书》、白文本皆作"無"。

摄魂还魄：招制三魂还返七魄，使魂魄相聚不离于身。道教《皇天上清金阙帝君灵书紫文上经·太微灵书紫文拘三魂之法》，有拘三魂制七魄之法。经文说三魂易游飙，七魄易流荡；三魂游飙的日子在每月月光始见及上下弦时（初三、十三、二十三），七魄易流荡之日为每月的月圆月缺时（初一、十五、三十）。三魂游飙，易为外面邪鬼精魅所制，不得返身；七魄流荡，则易勾结外面邪鬼，共同为恶，并向三官诉人过恶，更且引邪鬼窃占人身，残害肉体，使人患病困迫，所以须要以术法来制摄七魄，导而正之。《皇天上清金阙帝君灵书紫文上经》即梁丘子注所引之《太微灵书》。

［唐］梁丘子注：《太微灵书》云："每月三日、十三日、二十三日夕，三魂弃身游外，摄之者当仰眠，去枕，伸足，交手心上，瞑目，闭气三息，叩齿三通，存心中有赤气如鸡子，从内出于咽中。赤气转大，覆身；变成火以烧身，使匝。觉体中小热，呼三魂名曰：爽灵、胎光、幽精。即微咒曰：'太微玄宫，中黄始青。内炼三魂，胎光安宁。神宝玉室，与我俱生。不得妄动，鉴者太灵。若欲飞行，唯诣上清。若有饥渴，得饮玄水玉精。'又每月朔、望、晦日，七魄流荡，交通鬼魅。制检还魄之法，当此夕仰眠，伸足，掌心掩两耳，令指相接于项上，闭息七遍，叩齿七通，心存鼻端白气如小豆大，须臾渐大，冠身上下九重。气忽变成两青龙，在两目中；两白虎在两鼻孔中，皆向外；朱鸟在心，上向人口；苍龟在左足下，灵蛇在右足下。两玉女着锦衣，手把火光，当两耳

门。毕，咽液七过，呼七魄名曰：尸狗、伏矢、雀阴、吞贼、非毒、除秽、臭肺。即微咒曰：‘素气九回，制魄邪奸。天兽守门，娇女执关。炼既和柔，与我相安。不得妄动，看察形源。若有饥渴，听饮月黄日丹。’”

【今译】

肝脏的部位，深藏在重重翠绿色中。在肝脏里，有貌似青色童子的镇肝之神无英公子。肝脏主管人体三关之一的眼目，眼目像镜子般映照外物，是世人奠立智慧才能的开始。无英公子身穿青色丝锦披风及衣裳，腰着佩带玉制的流金火铃。调和制御阳魂阴魄，使身中津液润泽平顺。肝和人体外貌五官中的眼目相应，眼睛就像日月般的清明。（或译：眼目就像天地精华的日与月。）当身体百病丛生时，就要存思观想镇守肝脏的无英公子。同时一起存思五脏诸神，经过七日后，自然精气会充满身中。将死之人存念无英公子，能让人死而复生。招制三魂还返七魄，使魂魄相聚不离于身，便能永远不倾灭。

肾部章第十二

肾部之宫玄阙圆[①]，中有童子冥上玄[②]。主诸六府九液源[③]，外应两耳百液津[④]。苍锦云衣舞龙幡[⑤]，上致明霞日月烟[⑥]。百病千灾急当存[⑦]，两部水王对生门[⑧]。使人长生升九天[⑨]。

【章旨】

此章叙述镇守肾脏之神及其职司，以及存思之法。肾，五行属水，和冬天、北方及五官中的耳等相配系。道经中和肾脏相关之神有：1. 肾神，《黄庭经》第八章说，肾神名玄冥，字育婴。2.《洞玄灵宝二十四生图经》另有左肾神、右肾神之名，亦各有主司神祇，分司其事。左肾神，名春元真，字道卿。3. 右肾神，名象他无，字道王。4. 左肾七真，名玄阳君，字冥光生，一名元生，一名玄冥，一名五帝；为太一五神所化九神之一。5. 右肾七真，名玄阴君，字太真，一名上生。常镇我背下骨玉关之户。左、右肾神等，皆归属肾神管辖。

此章主要存思对象以肾神名玄冥者为主。

此章押真元韵，《诗韵集成・上平声・十一真》下云："（真），古通庚、青、蒸，转文、元韵，略通文、元、寒、删、先。"韵字有：圆、玄、源、津、幡、烟、存、门、天。

【注释】

① 肾部之宫玄阙圆：肾脏的部位，像两个椭圆形的玄妙观阙。

玄阙：玄妙观阙。玄：玄妙，也暗喻肾为水，于色为黑为玄。阙：古代皇宫门前两边供人瞭望的高楼，中间为通道，两边高楼称为阙。

案：人体有两个肾脏，在脐后，分属左右两边，像古代的阙楼，但肾为椭圆形，所以用"玄阙圆"来形容它。

［唐］梁丘子注："水宫也。玄阙圆者，肾之形状也。

玄，水色。内象谕也。”

［明］冷谦注：“肾居幽黑之地，故曰玄阙。圆者，肾之形。”

② 中有童子冥上玄：肾脏里有面如童子的肾神，名叫玄冥。

冥上玄：“冥”字上为“玄”字，即是玄冥。

中：表示地点之词，和“下”字用法相同，本书《肝部章第十一》“下有青童神公子”，“下”字与此“中”字义同。

［唐］梁丘子注：“肾为下玄，其神玄冥，字育婴。心为上玄。上玄幽远，气与肾连，故言冥上玄。”

［明］冷谦注：“童子，肾神，名玄冥。”

③ 主诸六府九液源：主宰人身中六腑津液，也是九窍等器官水液的来源。

府：通“腑”。道藏白文本作“腑”。六府，指人身中大肠、小肠、胃、膀胱、三焦、胆等六个器官。

九液：九窍津液。九窍：指头部七窍：双眼、双耳、双鼻孔、口嘴，以及下身二窍：尿孔、肛门。

［唐］梁丘子注：“五脏六腑，九液交连，百脉通流，废一不可。六府如上说。九液，九窍之津液。”

［明］冷谦注：“主诸六府之津，而滋润九窍之液源。”

④ 外应两耳百液津：肾脏和外表头部的两耳相呼应，产生百种津液。

［唐］梁丘子注：“肾宫主耳，气衰则聋。阴阳和合，血液流通。”

［明］冷谦注：“外应于两耳肾窍，内而四肢百脉，津液

贯通，故曰百液津。”

⑤ 苍锦云衣舞龙幡：肾神身穿青色丝质锦衣，上面绣有云彩，有飞龙蟠舞。

幡：假借为“蟠”，《修真十书》本作“蟠”。蟠：盘绕。

案：《登真隐诀·卷下·诵黄庭经法》：“肾神，玄冥，字育婴，形长三寸六分。苍锦衣。”[1]

［唐］梁丘子注：“苍锦，肾色之象也。云衣，肾膜之象也。龙幡，青脉之象也。《九真经》云：‘道君服青锦衣、苍华之裙也。’”

［明］冷谦注：“苍锦，肾色也。云衣，肾膜也。龙为汞之弦气，虎为铅之弦气。龙虎招摄，勾结蟠绕，故曰舞蟠然。”

⑥ 上致明霞日月烟：肾气腾达上升，可以使得身体如霞气鲜明，似日月光芒。

烟：气。

［唐］梁丘子注：“肾气充足，耳目聪明，阴阳不衰。外象谕也。”

［明］冷谦注：“铅汞结，形如明窗尘，色如五彩霞，故曰明霞。若肾能存真，则能上致明霞，而日月之精华，发现如烟霭，此结丹之象也。凡有百病千灾，急当存肾神，不致精枯气衰矣。”

⑦ 百病千灾急当存：身体罹患百种疾病，遇上千种灾难，应当急忙存思肾神玄冥名讳。

---

[1] 《正统道藏·洞玄部·玉诀类·逊字号》，新文丰出版公司缩印本，第 11 册，第 349 页上。

［唐］梁丘子注：“元阳子曰：‘寒暑相生，男女相形。肾中二神常衣青，左男戴日，右女戴月，存想见之，则永无灾患者也。’”

⑧ 两部水王对生门：两个肾脏水王，面对着前面的生门“脐”。

水王：指肾，肾脏主水，所以称为水王。

生门：脐。说见本书《上有章第二》“后有密户前生门”下注。

［唐］梁丘子注：“肾藏双对，故曰两部。肾官水王，则化为赤子，故曰对生门。”

⑨ 使人长生升九天：长久修炼，能使人长生，上升九天。

九天：泛指天界。案：六朝道教所谓的“九天”，是指：“郁单无量天”“上上禅善无量寿天”“梵监须延天”“寂然兜术天”“波罗尼蜜不骄乐天”“洞元化应声天”“灵化梵辅天”“高虚清明天（或作“梵迦摩夷天”）”“无想无结无爱天（或作“波梨答惒天”）”。此九天依其去地面高底不同，分为九重，一层比一层高。九天说见《龙跷经》及《上清外国放品青童内文》等经。九天系的经书，是以九天为天界之中心，再由九天中，每一层天各衍生三天，于是形成了九玄三十六天（九天各衍三天，共二十七天，加上原有之九天，共计三十六天）。至于元始天尊等所在的三清天，或说在九天中，或说在九天上。

［唐］梁丘子注：“赤子化为真人而升九天。九天者，谓九气青天，其气主生者也。”

【今译】

肾脏的部位，像两个椭圆形的玄妙观阙。肾脏里有面如童子的肾神，名叫玄冥。主宰人身中六腑津液，也是九窍等器官水液的来源。肾脏和外表头部的两耳相呼应，产生百种津液。肾神身穿青色丝质锦衣，上面绣有云彩，有飞龙蟠舞。肾气腾达上升，可以使得身体如霞气鲜明，似日月光芒。身体罹患百种疾病，遇上千种灾难，应当急忙存思肾神玄冥名讳。两个肾脏水王，面对着前面的生门“脐”。长久修炼，能使人长生，上升九天。

脾部章第十三

脾部之宫属戊己①，中有明童黄裳里②。消谷散气摄牙齿③，是为太仓两明童④。坐在金台城九重⑤，方圆一寸命门中⑥。主调百谷五味香⑦，辟却虚羸无病伤⑧。外应尺宅气色芳⑨，光华所生以表明⑩。黄锦玉衣带虎章⑪，注念三老子轻翔⑫。长生高仙远死殃⑬。

【章旨】

此章叙述镇守脾脏之神及其职司，以及存思之法，所存思之对象，以脾神魂停及中部老君等三老为主。脾，五行属土，和季夏、中央方位及五官中的口等相配系。道经中和脾脏相关之神有：1. 本书第八章云：“脾神常在，字魂停。”2.《上清大洞真经》卷三第十五章所说脾中五真，名养光君，字太仓子，一名羽台子。常镇我喉内极根之户。3.《上清大洞真经》卷六第三十七章所说镇脾胃之神，中央黄帝。中央黄帝，道经中或名含光露，字中细（或云字魂明）；或名万福，字太仓；镇脾胃之中。4. 中部黄庭玄老君，即中部老君，名混康，字灵元。本章存思脾部神祇，而说“注念三老子轻翔”，本书第十五章《脾长章》说：“脾长一尺掩太仓，中部老君治明堂。厥字灵元名混康，治人百病消谷粮。黄衣紫带龙虎章，长精益命赖君王。三呼我名神自通，三老同坐各有朋。或精或胎别执方，桃孩合延生华芒。”文中也提到所存思的脾神为中部老君及三老。中部老君即名混康字灵元。脾为中央之宫，所以脾神为中部老君。

又，韩国学者郑宇镇博士跟随我读道经时，提及古人常把脾和胰混而一之，今观《黄帝内经》及《黄庭经》等均无谈到胰脏，《说文解字》亦无胰字，胰藏之观念显然后出。胰脏在胃后，长约一尺，在两肾中间，有消化功能。《黄帝内经》及此经所说的脾有消化功能，脾长一尺，以及脾居五脏中央，其实都是指胰脏而言。

与此章同样论述脾神的为：《黄庭外景经》下部经：“脾中之神游中宫，朝会五神和三光。上合天气及明堂，通利六腑调五行。金木水火土为王，通利血脉汗为浆。修护七窍去不祥，上禀元气年益长，日月列布张阴阳，二神相得下玉英。”

此章押纸韵，转东韵，再转阳韵。纸韵字为：己、里、齿。东韵字为：童、重、中。阳韵字为：香、伤、芳、明、章、翔、殃。

【注释】

① 脾部之宫属戊己：脾脏的部位，属于中央戊己之位（在五脏的中央位置）。

案：脾，五行属土，其方位为中央，四季为季夏，五味为甘，五色为黄，五音为宫，干支为戊己。

［唐］梁丘子注："土宫也。戊己，中央之辰也。"

② 中有明童黄裳里：脾脏里有貌似童子的脾神名常在，身穿黄色丝质衣裳。

明童：明神童子、童子神祇，貌似童子之神祇。明：神灵、神祇。《登真隐诀·卷下·诵黄庭经法》："脾神，常在，字魂庭，形长七寸三分。黄锦衣……六府真神，处五藏之内，六府之宫，形如婴儿，色如华童。存之审正，罗列一形。"[1]《云笈七签》卷五十二《五帝杂修行乘龙图·五藏神名》引《黄书西方兵法》："脾，为中央，戊己，土，黄，其人姓为己氏，字元巳，衣黄衣。知吾者生，不知吾者死……脾神，名为黄庭，字飞黄子……中央戊己者，土气起于脾，其气黄，中有神人，姓为己氏，字符巳，衣黄衣，戴绣冠帻。"[2]

［唐］梁丘子注："明童谓魂停。黄裳，土之色。"

③ 消谷散气摄牙齿：脾脏主司消化谷物，将营养之气流散全身，对上统摄了口齿的食物功能。

[1] 《正统道藏·洞玄部·玉诀类·逊字号》，新文丰出版公司缩印本，第11册，第349页上。

[2] 《正统道藏·太玄部·职字号》，新文丰出版公司，第37册，第659页下、660页下。

摄：管治、统御。

案：五脏和五官之相配系为：心主舌，肝主目，脾主口，肺主鼻，肾主耳。脾和胃相连，与口相配系，口中有齿，司咀嚼食物。下引道经说："脾连胃，上主于口，消谷之府也，如磨之转，化生而入熟也。"正是此意。

《上清黄庭五藏六府真人玉轴经·五藏六府图文·脾藏图》："治脾当用呼，呼为泻，吸为补。夫脾者，坤之气，土之精，其色黄，其状如覆盆。脾主意，其神如凤，化为玉女，长六寸，循环于脾藏也。其神多疾妒，人之疾妒盖起于脾藏也。土无正形，故妒之无准也，妇人则妒剧者，乘阴气也。欲安其神，则当去欲寡色，少思屏虑，长其土德而后全其生也，则合乎太阴。脾连胃，上主于口，消谷之府也，如磨之转，化生而入熟也。食不消者，脾不转也，食坚硬之物，磨之不化也。人不欲食讫便卧，其脾则侧不转，食坚物生食不化，则为宿食之患也。故藏不调则伤脾，脾藏不调则伤质，质神俱损则伤人之速。故人之不欲食生硬坚涩之物，全人之道也。"[1]

又案：今之医界，认为脾脏是胚胎早期的造血器官，有滤血的作用，内有大量巨噬细胞可以清除血液中的异物、抗原，有免疫功能，脾内有抗衰老的红细胞。至于有辅助消化之作用者，则为胰，古人脾胰不分，皆称为脾。

［唐］梁丘子注："脾为五藏之枢。脾磨食消，性气乃全。齿为罗千，故摄牙齿。"

［明］冷谦注："脾为消化之器，能消谷食之气，散布养

[1]《中华道藏》，第23册，第105页。

身，故曰消谷散气。开窍于口，管摄齿牙。”

④ 是为太仓两明童：因此脾神和胃神，是两位貌如童子的神祇。

太仓：指胃，见本书第十五章注。胃为收纳食物之处，如人间储存粮米的太仓。又《大洞玉经》卷上《无英中真上老道经第十八》云：“胃管二真，名坚玉君，字凝羽珠。常镇我太仓之府，五肠之口。[1]

［唐］梁丘子注：“太仓，脾府。此明童谓脾神，神名混康。”

［明］冷谦注：“太仓，廪之名。两明童，脾与胃之神也。”

⑤ 坐在金台城九重：脾神坐在九重城门的黄金台上。

案：脾，五行属土，土色黄，所以用金台来代表脾神所在。

［唐］梁丘子注：“注念存思，神状当然。”

［明］冷谦注：“金台者，脾神傅肺，土生金，故曰坐金台。土居中央，水火金木环列，如百官朝宗，故曰城九重。”

⑥ 方圆一寸命门中：脾神所在为方圆一寸，在生命门户的脾宫中。

方圆一寸：上清经所说人身各部位诸宫，守宫真神所在，大都说是方圆一寸。［梁］陶弘景《登真隐诀·卷上·九宫》“凡一头中九宫也”下注云：“此后八宫并各方一寸，唯明堂

[1] 注云：“胃为太仓，是传送达于五肠之口，口乃胃之下窍，心肺相接处，谓之五攒头，即胃口纳食处。”见《正统道藏·洞真部·本文类·日字号》，新文丰出版公司，第2册，第15页下。

与守寸共方一寸。守寸非他宫，犹明堂之外台阙耳。明堂之内，上下两边犹各一寸，但南北为浅，正七分也。”[1]

命门：此为泛称，指生命所经之门户。

［唐］梁丘子注：“即黄庭之中，丹田之所也。”

⑦ 主调百谷五味香：主司调和百谷，产生五种味道的香气。

五味：辛（辣）、酸、甘（甜）、苦、咸。

［唐］梁丘子注：“口中滋味，脾磨之所致也。”

⑧ 辟却虚羸无病伤：避离身体虚弱，没有疾病伤痛。

辟却：避除。辟：通“避”。却：退离。

虚羸：身体虚弱。羸：瘦弱。

［唐］梁丘子注：“内指事也。食消故也。”

⑨ 外应尺宅气色芳：和外面的脸色相呼应，使精神脸色美好。

尺宅：指脸。气色：人的精神和脸色。

［唐］梁丘子注：“尺宅，面也。饥饱虚羸，形乎面色。”

［明］冷谦注：“尺宅，面部。脾健则外应于面。”

⑩ 光华所生以表明：身体产生光滑润泽，而外貌明亮。

［唐］梁丘子注：“亦知虚实。”

［明］冷谦注：“气色芳美，必生光华，以表明于外也。”

⑪ 黄锦玉衣带虎章：脾神身穿黄色丝锦玉衣，腰间佩带神虎符箓。

虎章：神虎符箓。箓是道教用来表示修行阶位之信物，上

---

[1] 《正统道藏·洞玄部·玉诀类·逊字号》，新文丰出版公司，第 11 册，第 333 页。

书符文神图，可以召请箓中所列神祇，依修行不同，而拥有不同符箓，可召唤之神祇阶位亦各不同。

［唐］梁丘子注："脾主中黄，谓黄庭真人服锦衣也。《玉清隐书》云：'太上道君佩神虎大章也。'"

⑫ 注念三老子轻翔：专注心念存思人身上中下三部老君等三老，你就可以轻身飞翔。

注念：专心存思。

三老：应和脾胃神有关，以本书第十五章《脾长章》看来，当指中部老君名混康字灵元及其他上下部老君而言。［唐］梁丘子以为是元老、玄老、黄老之君，本书第十五章《脾长章》"三老同坐各有朋"下，梁丘子有详注。又，［明］李一元《黄庭内景经秘解》云："戊土为肾老，己土为心老，二土合而真土为脾老，故曰三老。"蒋国祚《太上黄庭内景经注》云："三老，精气神也。"（《藏外道书》第10册）参照本书十五章梁丘子注看来，梁丘子之说似较可取，其余二说恐是臆测。但由《黄庭内景玉经·脾长章第十五》所说："中部老君治明堂"及"三老同坐各有朋"等句看来，《黄庭经》是将人身分上中下三部，然而是否如梁丘子所说称为三部黄庭，则仍有可议，较可能者是和《洞玄灵宝二十四生图经》所言人身三部八景廿四神的说法相近。将人体神祇分为头部、胸部及腹部以下三部。上部指头部而言；中部以五脏（心、肝、脾、肺、肾）为主；下部以六腑（大肠、小肠、胃、膀胱、三焦）为主。本文的三老，即上中下三部老君。

轻翔：身轻而能飞翔天界。

［唐］梁丘子注："三老谓元老、玄老、黄老之君也。念

脾中真人，自然变化。子谓受黄庭之学。”

⑬ 长生高仙远死殃：长生成为仙界高真，远离死亡灾殃。

高仙：仙界之高真，指地位崇高之仙人。仙，道藏白文本作“僊”。

［唐］梁丘子注：“《庄子》曰：‘方生方死，方死方生；方可方不可，方不可方可。’以此而谈，其理均也。故长生者不死，寂灭者不生。不死不生，则真长生；不生不死，则真寂灭。何死殃之所及也？”

【今译】

脾脏的部位，属于中央戊己之位（在五脏的中央位置）。脾脏里有貌似童子的脾神名常在，身穿黄色丝质衣裳。脾脏主司消化谷物，将营养之气流散全身，对上统摄了口齿的食物功能。因此脾神和胃神，是两位貌如童子的神灵。脾神坐在九重城门的黄金台上。脾神所在为方圆一寸，在生命门户的脾宫中。主司调和百谷，产生五种味道的香气。避离身体虚弱，没有疾病伤痛。和外面的脸色相呼应，使精神脸色美好。身体产生光滑润泽，而外貌明亮。脾神身穿黄色丝锦玉衣，腰间佩带神虎符箓。专注心念存思人身上中下三部老君等三老，你就可以轻身飞翔。长生成为仙界高真，远离死亡灾殃。

胆部章第十四

胆部之宫六腑精[①]，中有童子曜威明[②]。雷电八振扬玉旌[③]，龙旂横天掷火铃[④]。主诸气力摄虎兵[⑤]，外应眼童鼻柱间[⑥]。脑发相扶亦俱鲜[⑦]，九色锦衣绿华裙[⑧]。佩金带玉龙虎文[⑨]，能存威明乘庆云[⑩]，役使万神朝三元[⑪]。

【章旨】

此章叙述镇守胆部之神及其职司，以及存思之法，所存思之对象，以胆神为主。道经中和胆相关之神有：1.《太上黄庭内景玉经》第八章云："胆神龙曜，字威明。"2.《上清大洞真经》卷三第十二章所说胆中八真，名合景君，字北台，一名玄精，一名威明。常镇背中穷骨下节，所镇在椎骨下七节。

此章先押庚韵；再转山文元韵，三者古音通转，见《诗韵集成》。庚韵字为：精、明、旌、铃、兵。山韵字：间、鲜。文元韵：裙、文、云、元。

【注释】

① 胆部之宫六腑精：胆是六腑中最精华的器官。

腑：人体内部器官。《云笈七签》及《修真十书》作"府"。

《康熙字典·未集下·肉部·腑》："《金匮论》言人身之藏府中阴阳，则藏者为阴，府者为阳。肝、心、脾、肺、肾，五藏皆为阴。胆、胃、大小肠、膀胱、三焦，六府皆为阳。《注》：'五藏属里，藏精气不泻，故为阴。六府属表，传化物而不藏，故为阳。'"

［唐］梁丘子注："胆、胃、大肠、小肠、膀胱、三焦，为六腑也。《太平经》云：'积清成精。'故胆为六腑之精

也。”案：清、精二字原互倒，据《云笈七签》本子改。

［明］冷谦注：“胆部之宫，聚六府之精华。”

② 中有童子曜威明：胆中有貌如童子的胆神，名龙曜，字威明。

曜威明：胆神的名和字。胆神，名龙曜，字威明。

［唐］梁丘子注：“文云胆神龙曜，字威明。勇捍之义也。”

［明］冷谦注：“童子，胆神也。胆气勇敢刚决，所以奋耀威明。”

③ 雷电八振扬玉旌：胆神所在处，八方震响雷电，随从的步卒玉旌飞扬。

雷电八振：八方震起雷电，形容胆神威武。振字，《修真十书》本子作“震”。

扬玉旌：玉旌飘扬。

案：胆主决断及威怒，有勇力，人威怒，则如雷电之震动，谚语：“怒从心头起，恶向胆边生。”所以用八方雷震及军队之旌旗来形容胆的雄伟。

［唐］梁丘子注：“八方雷震，有威怒之象也。玉旌，刚气之色也。”

［明］冷谦注：“雷者，天之郁气；电者，雷之光明。胆附肝叶，肝主恚怒，亦若雷电交作，震动八方，而闪烁旌旂也。”

④ 龙旂横天掷火铃：画有龙形的旗子，布满天空，胆神手中摇动着金铃法器。

火铃：也称流金火铃，道士所用法器，金属做成的铃，摇动金铃，能散发流火，消灭鬼魅精怪。《元始无量度人上品妙经四注》卷二“掷火万里，流铃八冲”，［齐］严东注云：“左右流金火铃，一掷万里，流光焕烂，交错八冲，充满空虚之中，消魔灭鬼也。”［唐］薛幽栖注：“掷火、流铃者，流金火铃也。掷之有声，闻乎太极，光振千里，故彻万里以交焕，达八方以冲击，则真人常持之以制御魔精。”[1]

［唐］梁丘子注：“胆，青龙之色。旌旃，威战之具也。火铃者，胆边肉珠之象也。怒则奋张，故言掷也。”

⑤ 主诸气力摄虎兵：胆主司气魄勇力，威摄虎狼及刀兵。

［唐］梁丘子注：“胆力互用，主于捍难，故摄虎兵。”

⑥ 外应眼童鼻柱间：胆和体表的眼睛至鼻柱间的部位相呼应。

眼童鼻柱间：指两眼下鼻上之处，胆的情况可以在此反映出来。童：通“瞳”。童字，《修真十书》本子作“瞳”。

案：人怒时则眼张鼻叱，是胆与眼鼻有关。

［唐］梁丘子注：“内指事也。心之喜怒，形于眉目之间。”

⑦ 脑发相扶亦俱鲜：脑上头发相助，也和胆一起鲜丽。

俱鲜：一起鲜丽，同其荣枯。案：人怒则发冲冠。

［唐］梁丘子注：“人之震怒，发上冲冠。”

⑧ 九色锦衣绿华裙：胆神上身穿九色丝质锦衣，下身穿绿色华丽裙裳。

案：《登真隐诀·卷下·诵黄庭经法》云：“胆神，龙

[1] 《正统道藏·洞真部·玉诀类·寒字号》，新文丰出版公司刊本，第 3 册，第 54 页上。

曜，字威明，形长三寸六分。九色锦衣，绿华裙。”[1]

［唐］梁丘子注：“青锦，东方九气之色也。绿华裙，胆膜之象。”

［明］冷谦注：“天得之九，阳数潜龙；人得之九，肝气内藏。胆乃肝之府，故衣锦衣。胆，绿色；裙，下裳。胆居肝下，故曰绿华裙。”

⑨ 佩金带玉龙虎文：腰间佩带金玉所做成上绘龙虎的符文。

［唐］梁丘子注：“胆神，威明之服饰也。”

⑩ 能存威明乘庆云：能存思胆神字威明的形貌，便能驾御祥云升天而去。

庆云：五色祥云。

［唐］梁丘子注：“内象谕也。思存胆神不倦，则仙道可致也。”

⑪ 役使万神朝三元：驱役万神，朝见玉清境元始天尊等三位天界大神。

役使：差遣驱役。

万神：众神。神字，《修真十书》本子作“灵”。

三元：三位天界大神，指元始天尊、玉晨大道君、太上老君等三位道祖。元：大、始、首。万神朝见元始天尊，叫做朝元。朝三元，指朝见元始天尊等三位道祖。

［唐］梁丘子注：“三元道君各处三清之上，诸天神仙并朝宗之故也。”

---

[1] 《正统道藏·洞玄部·玉诀类·逊字号》，新文丰出版公司缩印本，第11册，第349页上。

【今译】

胆是六腑中最精华的器官。胆中有貌如童子的胆神，名龙曜，字威明。胆神所在处，八方震响雷电，随从的步卒玉旌飞扬。画有龙形的旗子，布满天空，胆神手中摇动着金铃法器。胆主司气魄勇力，威摄虎狼及刀兵。胆和体表的眼睛至鼻柱间的部位相呼应。脑上头发相助，也和胆一起鲜丽。胆神上身穿九色丝质锦衣，下身穿绿色华丽裙裳。腰间佩带金玉所做成上绘龙虎的符文。能存思胆神字威明的形貌，便能驾御祥云升天而去。驱役万神，朝见玉清境元始天尊等三位天界大神。

脾长章第十五

脾长一尺掩太仓①，中部老君治明堂②。厥字灵元名混康③，治人百病消谷粮④。黄衣紫带龙虎章⑤，长精益命赖君王⑥。三呼我名神自通⑦，三老同坐各有朋⑧。或精或胎别执方⑨。

桃孩合延生华芒⑩，男女徊九有桃康⑪，道父道母对相望⑫，师父师母丹玄乡⑬，可用存思登虚空⑭。殊途一会归要终⑮，闭塞三关握固停⑯。含漱金醴吞玉英⑰，遂至不饥三虫亡⑱。心意常和致欣昌⑲，五岳之云气彭亨⑳。保灌玉庐以自偿㉑，五形完坚无灾殃㉒。

【章旨】

此章上半部叙述镇守脾部之神为中部老君，以及存思三部黄庭之法。下半部叙述主司胞胎之桃康君，以及男女房中修炼术。房中之法和桃君有关，观想道父道母，师父师母，双手握固，闭塞耳目口三关，使精气神不漏泄，吞咽津液，消除身中三尸，使心意平和，而身体完坚无灾殃。

与此章内容可以相参看者为：《太上黄庭外景玉经·上部经第一》："宅中有士常衣绛，子能见之可不病。横立长尺约其上，子能守之可无恙。呼噏庐间以自偿，保守完坚身受庆。"

此章押阳韵转东、庚等韵。阳韵字：仓、堂、康、粮、章、王、方、芒、康、望、乡。东韵字：空、终。庚韵字：停、英、亨。阳韵字：亡、昌、偿、殃。

【注释】

① 脾长一尺掩太仓：脾脏约有一尺长，掩盖在胃的上面。

一尺：古代一尺，约为今日 23.1 公分。

［唐］梁丘子注："太仓，胃也。《中黄经》云：'胃为太仓君。'元阳子曰：'脾正横在胃上也。'"

② 中部老君治明堂：主司人身中部的老君，在大殿中治理事务。

中部老君：主司人身中部的老君。案：此句说"中部老君"，下句有"三老同坐各有朋"，明白将人身分为三部，梁丘子以为是三部黄庭（脑中、心中、脾中），上部黄庭元老君、中部黄庭玄老君、下部黄庭黄老君。但黄庭只一处，不宜称三处。《黄庭经》的三部分法，应是如《洞玄灵宝二十四生图经》所分的头部、胸部、腹部以下。《黄庭经》的三部，并不是指脑、心、脾。《太上黄庭内景玉经·治生章第二十三》："治生之道了不烦，但修洞玄与玉篇。兼行形中八景神，二十四真出自然。"可以证明《黄庭经》的三部，是指三部八景二十四神。三老：主司人身头、胸、腹三部之神祇。

明堂：古代天子召见群臣议事的地方。

［唐］梁丘子注："脾，黄庭之宫也，黄老君之所治。上应明堂，眉间入一寸是也。"

［明］冷谦注："脾立中部，曰黄老，故曰老君。明堂，王者发政令之堂也。脾亦居中以运中黄之化，故曰治明堂。"

③ 厥字灵元名混康：祂的字叫灵元，名叫混康。

案：中部黄庭玄老君，名混康，字灵元。

［唐］梁丘子注："脾磨食消，内外相应。大肠为胃之子，混元而受纳之。康，安。"

④ 治人百病消谷粮：能治人百病，消化胃中谷粮。

［唐］梁丘子注："胃宫荣华，则无疾伤。"

⑤ 黄衣紫带龙虎章：中部老君身穿黄色衣，腰系紫色带，佩带龙虎符箓。

［唐］梁丘子注："脾居胃上，故曰黄衣也。紫带龙虎章，胃络之象。"

［明］冷谦注："黄衣，中色。龙虎二脉，紫带系于脾经。黄紫交错，故为黄衣紫带龙虎章。"

⑥ 长精益命赖君王：增长精气添益寿命，有赖于镇脾之王的中部老君。

［唐］梁丘子注："太仓混康，为君为王。"

⑦ 三呼我名神自通：三次呼请我的名讳，魂神自能与神

祇相感应。

［唐］梁丘子注："存思胃腑之神，则心虚洞鉴也。"

⑧ 三老同坐各有朋：主司人身上中下（头、胸、腹）三部的老君，同坐在一起，而各自有祂们相邻的友朋。

三老：主司人身上中下三部的老君，三部，据《洞玄灵宝二十四生图经》所说，指头部、胸部及腹部以下。

［唐］梁丘子注："上元老君居上黄庭宫，与泥丸君、苍华君、青城君及明堂中君臣、洞房中父母及天庭真人等共为朋也。又中玄老君居中黄庭宫，与赤城童子丹田君、皓华君、含明君、英玄君、丹元真人等为朋也。下黄老君居下黄庭宫，与太一君、魂停君、灵元君、太仓君、丹田真人等为朋也。常存三老和合，百神流通，部位营卫，无有差失也。"

［明］冷谦注："心，土己老；肾，土戊老；戊己合成真土，为黄老。小肠，己土之朋；膀胱，戊土之朋；胃，黄老之朋。己非戊，则孤阴不成；戊非己，则孤阳不生。惟戊己自相招呼，二土成圭而婴儿结，故曰三呼我名神自通。三土会而为一，故曰同坐。西南得朋，各从其类，故曰各有朋。此二句泄尽黄庭妙用。"

⑨ 或精或胎别执方：有的主司精气，有的主司胎命，各别有所执掌。

［唐］梁丘子注："《玉历经》云：'下丹田者，人命之根本，精神之所藏，五气之元也。在脐下三寸附着脊，号为赤子府。男子以藏精，女人以藏胎。主和合赤子，阴阳之门户也。其丹田中气，左青右黄，上白下黑。'"

⑩ 桃孩合延生华芒：命门桃君，名孩道康，字合精延，

令人身生光华。

桃孩合延：桃君，名孩道康，字合精延。桃孩，也称命门桃君。“孩”字，道藏梁丘子注及《云笈七签》务成子注，本皆作“孩”；道藏白文本及《修真十书》作“核”。

生华芒：令人身生光芒。

案：命门桃君（桃康）：名孩道康，字合精延，一名命王，一名胞根，一名时非子。桃君常镇我脐中之关，命门之外，主司胞胎，男女精液相合之事，所以名孩道康，字合精延，与人之始生相关。有关命门桃君的主要道经如下：

《上清大洞真经·卷二·命门桃君章第七》：“命门桃君，孩道康，字合精延。常守兆脐中之关，命门内宫，死气之门。使兆脐中徘徊，黄云盈溢，三命生根，胞结解泄。”[1]

《洞真高上玉帝大洞雌一玉检五老宝经·太一帝君洞真玄经存五神法》云：“桃君，名孩道康，字合精延，一名命王，一名胞根，白日治在金门五城中，是为脐中命门下丹田之宫也。夕治在六合中，太一之右焉……桃君形如始生，晖晖冲天，衣服五色，华彩凤文，手执神符，合帝之魂，腰带虎书，赤巾丹冠，金床玉榻，正当命门，口吸精气，强我骨筋。右有神女，手执朱幡；左有玉童，书记帝言。”[2]

《洞真高上玉帝大洞雌一玉检五老宝经·中央黄老君所撰玉经诀》云：“桃康大君，胎生内晨，珠衣佩铃，散气七源，紫盖华冠，正当命门。扶身安神，摄炼三魂，长生驾景，白日

---

[1] 《正统道藏·洞真部·本文类·荒字号》，新文丰出版公司，第1册，第805页上。

[2] 《正统道藏·正乙部·右字号》，新文丰出版公司，第56册，第175页下。

升仙。”[1]

《洞真太一帝君太丹隐书洞真玄经》云：“命门桃君者，摄禀气之命，此始气之君也。还精归神，回精变白，合化规始，挺生立肇，寔天地之资元，阴阳之灵宗，金门玉关房户之宝，并制命于桃君之气也。故太一还景，帝君合魂。还景者，俱混同以万变；合魂者，化精液而生生也。精变之始，由桃君而唱，以别男女之兆焉。桃君名孩道康，字合精延，一名命玉，一名胞根。白日治在金门五域之中，是为脐中命门，下丹田之宫也。夕治在六合中，太一之右焉。”[2]

《大洞玉经·卷上·三元紫君道经第六》：“命门桃康君，名孩道康，字合精延，一名命门，一名胞根。常镇我脐中之关，命门之外。”赵注云：“在脐下三寸，其形方圆一寸，男藏精，女藏胎，下丹田也。”[3]

《上清众经诸真圣祕·卷一·太极真人四时记书思存百神混本命帝君大变之道》云：“命门桃君者，摄禀气之命，此始气之君，名孩道康，字合精延，一名命王，一名胞根。白日治在金门五城之中，是脐中命门下丹田也。夕治在六合中太一之右焉。”[4]

《云笈七签·卷三十·禀生受命》：“命门桃君，孩道康，字合精延，一名命王，一名胞根；恒守我脐中之关，命门

[1] 《正统道藏·正乙部·右字号》，新文丰出版公司，第 56 册，第 163 页下。

[2] 《正统道藏·正乙部·广字号》，新文丰出版公司刊本，第 56 册，第 397 页上。

[3] 《正统道藏·洞真部·本文类·日字号》，新文丰出版公司，第 2 册，第 8 页下。

[4] 《正统道藏·洞玄部·谱箓类·有字号》，新文丰出版公司，第 11 册，第 565、566 页。

外宫；命门外宫，是死气之门，桃君孩道康严固守之，使脐中徘徊黄云盈溢，三命生根，胞结解泄。”[1]

［唐］梁丘子注：“桃孩，阴阳神名，亦曰伯桃。《仙经》曰：‘命门脐宫中有大君，名桃孩，字合延。衣朱衣，巾紫芙蓉冠。暮卧存之，六甲、六丁来侍人也。生华芒，谓阴阳之气不衰也。”

⑪ 男女徊九有桃康：男女相媾合，九神吹气回风混合使之结胎，其中便有桃君。

徊九：指九神回气结胎。据《洞真太一帝君太丹隐书洞真玄经》及《上清洞真元经五籍符》所言，主司世人胎命符籍之神，为三五七九之神。三为三丹田真一（泥丸、绛宫、下丹田守宫神祇），五为太一五神（太一、司命、无英、白元、桃康）；三五合为八，加上玉帝君为九。玉帝君所吹七气所成七君（五气君及元父、玄母），另加太一及玉帝君为九君，主司世人胎命，也主司成仙符籍。其成仙之修行法门为：观想玉帝君以外之诸神，吐气混成一形，向玉帝呈奏修行者符籍，刊死定生，使修行者成仙。

《洞真太一帝君太丹隐书洞真玄经》：“帝君主变，太一主生，司命主命，无英主精，白元主魂魄，桃康主神灵。人有五籍五符，禀之帝君，五神执之，各主其一，间关本命，除死上生。”[2]

---

[1]　《正统道藏·太玄部·登字号》，新文丰出版公司刊本，第 37 册，第 433 页。

[2]　《正统道藏·正乙部·广字号》，新文丰出版公司刊本，第 56 册，第 395 页上。

太一五神：太一、司命、无英、白元、桃康。

三丹田真一：上中下三丹田主神。上丹田真一：泥丸天帝上一赤子玄凝天。中丹田真一：绛宫心丹田宫中一元丹皇君神运珠。下丹田真一：命门下一黄庭元王始明精。

玉帝君：讳逢凌梵，字履昌灵，一名七灵，一名神丈人，常治太极紫房中，端坐平正，貌如婴儿之状，常有紫气覆其神形，衣五色华衣，巾日月之冠，左耳上有日，径九寸，右耳上有月，径一尺。

案：《洞真太一帝君太丹隐书洞真玄经》载太一五神掌人魂、魄、精、神、胎命，存思五神等神与修行者混合成一神，奉符籍为修行者上呈玉帝，玉帝授予修行者五符以服之，如此才能刊定仙籍而得仙。

《洞真太一帝君太丹隐书洞真玄经》叙述存思太一五神各以玉案置修行者符籍（共五符五籍），于玉帝君前。并观想太一五神和三一（三丹田真一）、二老（玄一老子林虚夫、三素老子牢张上）、太微小童，以及修行者自身，混合为一，变形于玉帝君前，为兆奏事；如此即可刊死籍注仙籍。《洞真太一帝君太丹隐书洞真玄经》云："存帝君上在太极紫房宫中坐，存太微小童侍帝君后，又存太素元成老子侍帝君左，又存太和皇成老子侍帝君右，次存泥丸宫天帝君上入紫房，对帝君前。天帝者，三一之上真，帝君之子，泥丸洞房之宝神也。又存帝君命天帝（上丹田泥丸宫主神）使召六合宫五神。五神者，太一、公子、白元、司命、桃君，合五人，皆着朱衣绛巾。一神各捧白玉桉，桉上有一符，长一寸广五分、籍长五寸广一寸。事事分别，各有所主，籍简在符之上也。存籍有乡里姓名，如上法，五神各奉以诣天帝，天帝以次取着帝君前……（复召中丹田绛宫、下丹田命宫主神、二老、太微小童）都毕，帝君尔时独坐太微紫房宫中也。其所命召诸神，并己合形内变，入形于帝君前矣。存帝君咒……混合既毕，死籍已灭，天帝有命，不得忘失，百神帝君，各宝其室。于是乃开目，毕。此为五神奉符籍之时，魂神混合之道。”）[1]

以上是五神奉五符五籍以刊死注生于玉帝君前之存思法门。

［唐］梁丘子注：“男女合会，必存三丹田之法。桃康，丹田下神名，主阴阳之事。徊三为九，故曰徊九。《大洞真经》云：‘三元隐化，则成三宫。三宫中有九神，谓上、中、下三元君，太一、公子、白元、无英、司命、桃康，各有宫室。’故曰有桃康。”

⑫ 道父道母对相望：男女媾合时，观想道父道母相对而望。

道父道母：代表大道及阴阳始气的人格神，东汉正一派在修行房中术时，常以六十甲神配合道父道母、师父师母，以及人身由首至足各部位神祇，以供男女房中时存思之用。如《正一法文十箓召仪·六甲六十真讳诀》云：

“甲寅明文章，道父八十一，长七寸，青色，神明君姓嬴名释，字玄明，从官十六人，治在紫宫，长乐乡，蓬莱里。甲申扈文长，道母阖，长七寸，白色，神明君姓嬴名恒，字符龙，从官十六人，治在华盖宫，太清乡，东明里……戊子乐石

[1] 《正统道藏·正乙部·广字号》，新文丰出版公司，第 56 册，第 400 页下至 401 页下。

阳，右肾神，肾道真道，字道主，神名橐，长三寸五分，色带白黑，神明君姓袁名寿，字符阳，从官十四人，从官各千乘万骑，治在仓龙宫，太阴乡，三童里……”[1]

《正一法文十箓召仪·六甲六十真讳诀》是正一派较早期的道典，撰作年代约在汉末至魏晋间，详见笔者《正统道藏总目提要》1200条该书提要，台北，文津出版社，2011年11月。上引文中叙述六十甲子神名讳，及在身中相关部位相配情形，述其身长、形色、从官数等甚详，这些都是方便于存思观想时所用，尤其和汉代正一派房中说有关。其中称甲寅明文章为道父，甲申扈文长为道母闟，甲子王文卿为师父康，甲午卫上卿为师母妞，乙亥庞明心为神父橐，乙巳唐文卿为神母閪，乙卯戴公阳为真父契，乙酉孔利公为真母嫕，甲辰孟非卿为天父杵，甲戌展子江为天母娃，乙丑龙季卿为圣父拿，乙未杜仲阳为圣母嫏等等称号，实是汉魏南北朝正一派房中术观想所用之名词。托言老君于汉安元年壬午（142年）及二年癸未授予张道陵的《洞真黄书》及《上清黄书过度仪》载述正一派师徒间在观治里传授的房中术，都以六十甲子神为存思对象。《上清黄书过度仪》载述较详，书中载师及徒（男女）对话，教导男女存思六十甲子神，并配合身体姿势来进行。如《上清黄书过度仪·断死》第20、21页云：

“阳将膝鹄座，以两手从额将上至足，以两手各引足大指坐，又以两手历两膝一过，名断死路。阴对作，因望元元。阳以两手将丹田经命门斂还至玉父，以大拇指及手胏厉面上，

[1] 《正统道藏·正乙部·逐字号》，新文丰出版公司刊本，第48册，第193页上至199页下。

举手高头于下望玉室，阴卧小举头，望元元腾天。阳腾天踖地，蝶翅而下。阳两手按黄土名曰踖地，自长跪举手高头名曰腾天，因下手着后名曰蝶翅而去。阳以左手叉阴，右手俱作龙倒三过。从头上过，男左回女右转，自还相向。次重越地网如上，初言左无上，中言右玄老，后言太上。慈父圣母，解罗脱网，除我死籍，上我生录，次重释罗，初左无上，中右玄老，后太上。生我者甲子王文卿师父康，怀我者甲午卫上卿师母妞，生我活我，事在大道，与父母。”[1]

文中的阳、阴，指男女二人，详细叙述男女二人交欢之动作及存思之神祇。上引首句说男子（阳）以膝做成鹄鸟（天鹅）的形状，用两手从额头下至脚，两手拉两脚大趾而坐，又把两手透过两膝。女的相对坐而仰望。男的两手将丹田气经过命门还归玉父（未明其义），用大拇指及手胚至脸，举手高于头，下望玉室（疑为女性生殖器），女子仰卧稍举起头，望男子阳器上腾。男子由上往下，如蝶展翅而下。上引文字隐晦难明，仅能略述大义。底下所述“阳以左手叉阴，右手俱作龙倒三过。从头上过，男左回女右转，自还相向”等等，皆不外男女性爱之动作。而文中“生我者甲子王文卿师父康，怀我者甲午卫上卿师母妞”，即是《正一法文十箓召仪·六甲六十真讳诀》所言的六十甲子神真讳。《上清黄书过度仪》《解结食》《九宫》《度甲首东卯，度乙首南午卧》《思三气》《思一宫》《自导》《甲乙咒法》《支干数》《还神》《王气》《婴儿回》《蹑时》等等章节，都是男女二人配合方位来存思神

[1]　《正统道藏·正一部·阶字号》，新文丰出版公司刊本，第55册，第305页下306页上。

祇、导引行气、诵咒等，所存思的神祇大都以六十甲子神为主。接着为《谢生》向甲子神道父十师言谢，《言功》请功曹使者上天言谨按师法男女共奉行道德，上章达三天曹。甲子神在房中书中扮演重要角色。

［唐］梁丘子注：“阴阳两半成一，故曰相望。”

⑬ 师父师母丹玄乡：观想师父师母神祇进入丹田玄妙仙乡中。

师父师母：正一派房中术时所观想的神祇，详上注。

丹玄乡：下丹田玄妙仙乡。

［唐］梁丘子注：“道为宗师，阴阳之主也。丹玄乡，谓存丹田法也。”

⑭ 可用存思登虚空：可以运用存思之法，登上虚空天界。

［唐］梁丘子注：“学仙之道。”

⑮ 殊途一会归要终：方法虽然不同，总会汇聚一处，终究要回归到道要上来。

殊途：方法不同，指房中术之法有许多种不同。

一会：汇归一处。要：道要、大道。

［唐］梁丘子注：“合三以为一，散一以为三，道之要也。《玄妙内篇》云：‘兆欲长生，三一当明。’”

⑯ 闭塞三关握固停：关闭塞止耳、目、口三关（或译精、气、神）之外驰，双手结握固印（大拇指置小指根部，四指押大拇指紧握拳），停息精气外泄。

三关：有多种说法，一为耳、目、口，一为精、气、神，一为口、手、足。本书第十八章以口、手、足为天、地、人三关。

握固：语出《老子·五十五章》：“含德之厚，比于赤子：蜂虿虺蛇不螫，猛兽不据，攫鸟不搏；骨弱筋柔而握固，未知牝牡之合而朘（王弼原作“全”，据诸本改）作，精之至也。”握固：手能牢固紧握；道教以大拇指押小指根部，四指押大拇指而握的握法为握固，［梁］陶弘景《养性延命录·卷下·服气疗病篇第四》页二引《服气经》“瞑目握固”下注云：“握固者，如婴儿之拳手，以四指押母指也。”《养性延命录·卷下·导引按摩篇第五》页四引《导引经》，陶弘景于文末云：“按经文拘魂门制魄户，名曰握固，与魂魄安门户也。此固精明目留年还白之法，若能终日握之，邪气百毒不得入。”自注云：“握固法：屈大拇指于四小指下，把之。”握固法，是先将大拇指弯曲置于掌心小指根部，再用其余四指押握大拇指。

案：房中术常和握固、吞液及鼻息之出入有关，所以此处云“闭塞三关握固停”，下文云：“含漱金醴吞玉英”“五岳之云气彭亨、保灌玉庐以自偿”等语，皆和房中有关。如［唐］孙思邈《备急千金要方·卷二十七养性·房中补益第八》云：“凡人习交合之时，常以鼻多纳气，口微吐气，自然益矣。交会毕蒸热，是得气也。以菖蒲末三分，白粱粉敷摩令燥，既使强盛，又湿疮不生也。凡欲施泻者，当闭口张目闭气，握固两手，左右上下缩鼻取气，又缩下腹及吸腹，小偃脊膂，急以左手中两指抑屏翳穴，长吐气并啄齿千遍，则精上补脑，使人长生。若精妄出，则损神也。《仙经》曰：‘令人长生不老，先与女戏，饮玉浆。’玉浆，口中津也。使男女感动，以左手握持，思存丹田，中有赤气，内黄外白，变为日月，徘徊丹田中，俱入泥垣，两半合成一因。闭气深纳勿出但入，上下徐徐咽气，情动欲出，急退之。”文中可以看到“以鼻多纳气，口微吐气”，以及握固、咽津（饮玉浆）等在房中进行时的使用情形，其目的在于使精不泄而能还精补脑。

［唐］梁丘子注：“文云：‘口为天关精神机，手为人关把盛衰，足为地关生命扉。’又脐下三寸为关元，亦曰三关，言固精护气，不妄施泄。”

⑰ 含漱金醴吞玉英：口中满含津液（口水），在口中荡漱，然后慢慢吞下津液。

金醴：金液做成的甜酒，形容口中之津液甚为珍贵。

玉英：玉树之花，此亦用来形容口中之津液珍贵。

［唐］梁丘子注：“金醴、玉英，口中之津液。《大洞经》云：‘服玄根之法，心存胃口有一女子，婴儿形，无衣服，正立胃管，张口承注魂液，仰翕五气。当漱满口中内外津液，满口咽之，遣入玄女口中。五过毕，叩齿三通，咽液九过也。’”

⑱ 遂至不饥三虫亡：于是便能修炼到腹不饥饿，身中三尸虫（彭倨、彭质、彭矫）自然消亡。

不饥：不饥饿。道藏梁丘子注本原作“不死”，《云笈七签》本、道藏白文本、《修真十书》皆作“不饥”，今据改。不饥和辟谷术有关，道经《老子说五厨经》，以诵念五行五方偈语，来行辟谷，是道教辟谷食气的重要心法。这类心法，在汉代道书《太上灵宝五符序》中已有详论。道教的《五厨经》除在隋朝被隋代西国婆罗门达多罗及阇那崛多等奉诏译《佛说三厨经》一卷仿袭外，也曾被其他僧人所仿袭，见《云笈七签·卷一百十九·道教灵验记·僧行端辄改五厨经验》。详细论述，请见笔者台北新文丰出版公司 2005 年 2 月出版的《道家道教影响下的佛教经籍》第六章。

三虫：即三尸。三尸，又名三虫、谷虫、三彭、三姑；这些不同的名称，恰好说明了三尸的性质、颜色与由来。由于古人视它为鬼类，所以称为“三尸”；由于它是寄生于吾人体中，所以称为“三虫”；因为是人食五谷，随谷气而来，所以称为“谷虫”；又因其名为彭倨、彭质、彭矫，所以称“三彭”；因其颜色为青、白、血（黑），所以称为青姑、白姑、血姑。《太上灵宝五符序》卷中《仙人下三虫伏尸方》说：“此三尸与人俱生，常欲令人死，至晦朔日，上天白人罪过。晦至，其日当拘魂制魄，及守庚申夕，于是三尸不能得动矣。”该经并且明言三尸之形状及特性，所谓：“上尸如手，中尸如足，下尸如鸡子（鸡蛋）。上尸黑，中尸青，下尸白。”又说：“上尸好宝货千亿，中尸好五味，下尸好五色。”《五符经》所说的三尸形貌、颜色，及不同嗜好（好财、好食、好色），引诱人走向耽财货、耽饮食、耽声色等，被后来的道书所沿用。又，道教三途亦称三恶门（色欲、爱欲、贪欲）、五苦道（太山地狱苦道、风刀苦道、提石负山苦道、填海作河苦道、吞火食炭镬汤苦道）；三途五苦，合为八难。《上清元始谱录太真玉诀》叙述三尸引诱人行恶，使人贪财货、耽五味、爱声色，导致人体魂魄走作，气散神游；由于三尸的关系，于是使人进入色欲、爱欲、贪欲等三徒门；扰乱人体中之精、神、心、魂、形，使得色累苦心、爱累苦神、贪累苦形、华竞苦精、身累苦魂，并因此而坠入太山地狱苦道、风刀苦道、擔山负石苦道、作江河苦道、吞火食炭镬汤苦道等五苦地狱中。经中将三尸所代表人类的色、爱、贪，拿来和代表人体内外的精、神、心、魂、形相结合，由三欲，引出了形神上的五种痛苦，由五苦而进入五种地狱苦道。所以修仙之人，必先去除身中之三尸。

［唐］梁丘子注："《洞神诀》云：'上虫白而青，中虫白而黄，下虫白而黑。人死三虫出为尸鬼，各化为物，与形为殃，击之冲破也，其余众虫，皆随尸而亡。故学仙者精谨备于五情之气，然后服食药物以去三虫。'又云：'上尸彭琚，使人好滋味，嗜欲凝滞；中尸彭质，使人贪财宝，好喜怒；下尸彭矫，使人爱衣服，耽淫女色。亦名三毒。'"

⑲ 心意常和致欣昌：心意常能保持平和，使身体达到愉悦昌荣的境地。

［唐］梁丘子注："道通无碍。"

⑳ 五岳之云气彭亨：五脏所生精气，充盛畅茂。

五岳之云气：形容五脏所生精气。五脏于人，如大地之五岳。

彭亨：盛满的样子。

［唐］梁丘子注："五脏之气为五岳之云。彭亨，流通无拥之称也。"

㉑ 保灌玉庐以自偿：永保气息灌注鼻子，而自我运补元始祖气。

玉庐：鼻子。

自偿：自己偿补元始祖气。

［唐］梁丘子注："玉庐，鼻庐也。言三虫既亡，真气和

洽，出入玄牝，绵绵不绝，故曰自偿。”

㉒ 五形完坚无灾殃：使全身完备坚康，没有灾殃。

五形：四肢及头，泛指全身。

［唐］梁丘子注：“五体、五藏，自然相应故也。”

【今译】

脾脏约有一尺长，掩盖在胃的上面。主司人身中部的老君，在大殿中治理事务。祂的字叫灵元，名叫混康。能治人百病，消化胃中谷粮。中部老君身穿黄色衣，腰系紫色带，佩带龙虎符箓。增长精气添益寿命，有赖于镇脾之王的中部老君。三次呼请我的名讳，魂神自能与神祇相感应。主司人身上中下三部的老君，同坐在一起，而各自有祂们相邻的友朋。有的主司精气，有的主司胎命，各别有所执掌。

命门桃君，名孩道康，字合精延，令人身生光华。男女相媾合，九神吹气回风混合使之结胎，其中便有桃君。男女媾合时，观想道父、道母相对而望。观想师父、师母神祇进入丹田玄妙仙乡中。可以运用存思之法，登上虚空天界。房中方法虽然不同，总会汇聚一处，终究要回归到道要上来。关闭塞止耳、目、口三关（或译精、气、神）之外驰，双手结握固印（大拇指置小指根部，四指押大拇指紧握拳），停息精气外泄。口中满含津液（口水），在口中荡漱，然后慢慢吞下津液。于是便能修炼到腹不饥饿，身中三尸虫（彭倨、彭质、彭矫）自然消亡。心意常能保持平和，使身体达到愉悦昌荣的境地。五脏所生精气，充盛畅茂。永保气息灌注鼻子，而自我运补元始祖气。使全身完备坚康，没有灾殃。

上睹章第十六

上睹三元如连珠[①]，落落明景照九隅[②]。五灵夜烛焕八区[③]，子存内皇与我游[④]。身披凤衣衔虎符[⑤]，一至不久升虚无[⑥]。方寸之中念深藏[⑦]，不方不圆闭牖窗[⑧]。三神还精老方壮[⑨]，魂魄内守不争竞[⑩]。神生腹中衔玉珰[⑪]，灵注幽阙那得丧[⑫]。琳条万寻可荫仗[⑬]，三魂自宁帝书命[⑭]。

【章旨】

此章首述修炼日月星三光及金木水火土五星之法。存思光芒洞照全身，观想三光五星中之内皇与我同游，然后存思精气还返三丹田，魂魄内守，名登仙籍。

此章所说日月星修炼法，和上清派的郁仪奔日、结璘奔月等飞奔日月法门，以及吸食日月五星精气之法相类似。日之光气赤，月之光气黄；日之光气称为“赤景”，月之光气称为“黄景”。“景”，光影。奔日之经文称为《郁仪奔日赤景玉文》，奔月之经文称为《结璘奔月黄景玉章》。有关吸食日月五星精气及飞奔之法，详细论述，请见笔者《六朝道教上清派研究》第八章，台北，文津出版社出版。

与此章内容可以相参看者为：《太上黄庭外景玉经·上部经》：“方寸之中谨盖藏，精神还归老复壮。心结幽阙流下竟，养子玉树令可杖。”

此章押虞韵转漾宕韵。虞韵字有：珠、隅、区、符、无。漾宕韵字：藏、壮、珰、丧、仗。

【注释】

① 上睹三元如连珠：仰头上看日月星，像珠子般相连成串。

三元：义有多种，或指天地水三官，或指天地人，此指日月星。

［唐］梁丘子注："三元谓三光之元，日、月、星也。非指上、中、下之三元也。"

② 落落明景照九隅：璀璨明亮的光芒，照耀着大地各个角落（存思日月星光芒璀璨明亮，辉映洞照我全身各处）。

落落：石头众多的样子，引伸为众多鲜明的样子。《老子》三十九章："不欲琭琭如玉，珞珞如石。"

九隅：八方及中央，泛指所有各处。八方：东、西、南、北、东南、东北、西南、西北。隅：角落。

案：道经中存思吸食天地日月精气之道典，早期有《陵阳子明经》，见《楚辞·远游篇》"餐六气而饮沆瀣"下，［东汉］王逸注引。现存的道典，则有：《太上灵宝五符序》《元始五老赤书玉篇真文天书经》《太极真人服四极云牙神仙上方》《上清八素真经服日月皇华》《上清太上帝君九真中经》卷下、《上清太上九真中经绛生神丹诀》《太上玉晨郁仪结璘奔日月图》《上清黄气阳精三道顺行经》《皇天上清金阙帝君灵书紫文上经》《洞真上清青要紫书金根众经》等等。

［唐］梁丘子注："三光在上而下烛九隅。九隅，九方也。言常存日月，洞照一身也。"

③ 五灵夜烛焕八区：灵妙的五行星，夜间光芒洞照八方

各地（存思金木水火土五星，光明映照我全身）。

五灵：五颗灵妙的五行星；指金、木、水、火、土五星。灵：神。

烛：洞照、洞悉。焕：光明。

八区：八方，泛指全天下。

案：道教存思五星的经典有：《上清太上八素真经》《太上飞步五星经》及《洞真太上八素真经精耀三景妙诀》等经，均载述飞登木、火、金、水、土五行星及吸食五星精气之法。五星：东方木星也称岁星，南方火星也称荧惑，中央土星也称镇星（填星），西方金星也称太白，北方水星也称为辰星。道经中所言吞气之数，有时会略有差异。其观想法门，则大抵按照各星所在方位来说，观想该星宫室守神及真君名讳、容颜，叩齿、咽液、诵咒、观想星芒，并吞服星气，与该星帝神同奔共登星辰。

［唐］梁丘子注："五灵，谓五星也，炳焕罗列一身。常能存之，则与天地同休也。"

④ 子存内皇与我游：你要存思镇守三光五星的神祇，观想星神和我同游。

存：存思、观想。

内皇：镇守日月五星之神祇。修炼奔日奔月法门所存思之神祇，据《上清众经诸真圣祕》卷五《修真祕旨·奔日、奔月法》所见，日中大神依次为：日中赤气上皇真君，其次为日中五帝（日中青帝、日中赤帝、日中黄帝、日中白帝、日中黑帝），日魂。月中之大神依次为：月中黄气上皇神母，其次为月中五帝夫人（月中青帝夫人、月中赤帝夫人、月中黄帝夫人、月中白帝夫人、月中黑帝夫人），月魄。此外，又有“日中司命，接生君，字道灵。常守兆左手通真之户，死气之门。”[1] 月中桃君，名方盈，字运梁。常守兆右手通真之户，死气之门。（见《上清大洞真经》卷五第二十六章）

修炼时所观想的五星星神名讳为：东方岁星（木星）始阳上真青皇道君，讳澄澜，字清凝；夫人讳宝容，字飞云。南方荧惑星（火星）丹火朱阳赤皇上道真君，讳维淳，字散融；夫人讳华瓶，字玄罗。西方太白星（金星）大素少阳白皇上真道君，讳寥凌，字振寻；夫人讳飙英，字灵恩。北方辰星（水星）太玄阴元黑皇道君，讳启喧，字精淳；夫人讳玄华，字龙娥。中央镇星（土星）中黄真皇道君，讳藏睦，字耽延；夫人讳空瑶，字非贤。

［唐］梁丘子注：“大道无心，有感则应。”

⑤ 身披凤衣衔虎符：身上披着绣有龙凤形状的衣服，佩带着神虎符箓。

衔：口中含物，引伸为拥有、佩有。

案：此句说明神祇服色，以便观想之用。如《上清太上帝君九真中经·卷下·太上玉晨郁仪奔日赤景玉文·太上玉晨结璘奔月黄景玉章》云：

“太上郁仪日中五帝讳字服色：日中有青帝，讳圆常无，字照龙韬。衣青玉锦帔，苍华飞羽裙，首建翠蓉扶晨冠。日中赤帝，讳丹灵峙，字绿虹映。衣绛玉锦帔，丹华飞羽裙，建丹扶灵明冠。日中白帝，讳皓郁将，字回金霞。衣素玉锦帔，白

[1] 《上清大洞真经》卷五第二十五章，自《正统道藏·洞真部·本文类·荒字号》，新文丰出版公司，第 1 册，第 830 页。

羽飞华裙，建皓灵扶盖冠。日中黑帝，讳澄增停，字玄录炎。衣玄玉锦帔，黑羽飞华裙，建玄山芙蓉冠。日中黄帝，讳寿逸阜，字飙晖像。衣黄玉锦帔，黄羽飞华裙，建扶灵紫蓉冠。右日中五帝君讳字服色。欲行奔日道，当祝识名字，存帝服色在我之左右前后。月中夫人之魂精内神，名暖萧台摽。右月中魂配五帝。次之又祝之：能知月魂名，终身无灾，万害不伤。太上藏日月帝君夫人讳字于太素宫，有知之者神仙。

太上结璘月中五帝夫人讳字服色：月中青帝夫人，讳娥隐珠，字芬艳婴，衣青琼锦帔，翠龙凤文飞羽裙。月中赤帝夫人，讳翳逸寥，字宛延虚。衣丹蕊玉锦帔，朱华凤络飞羽裙。月中白帝夫人，讳灵素兰，字郁连华。衣白琳四出龙锦帔，素羽鸾章飞华裙。月中黑帝夫人，讳结连翘，字淳属金。衣玄琅九道云锦帔，黑羽龙文飞华裙。月中黄帝夫人，讳清荣襟，字炅定容。衣黄云山文锦帔，黄羽龙文飞华裙。右五夫人头并颓云，三角髻，余发垂之至腰。右月中五帝夫人讳字服色。欲行奔月之道，当祝识名字，存夫人服色在己之左右前后。日中五帝魂内神，名珠景赤童。右日魂配月五夫人。次又存祝之：能知日魂名，终身无疾，万祸不犯。太上藏日月魂名于紫虚玉宫。有知之者，通神使灵。存奔日月道者，任意所便行耳，不必尽为之也。欲得静室隐止，唯令见日月之始晖处也。若不绝人事，与外物相干者，不得行此道也。夜半当烧香，存五帝、五帝夫人名字，心祝曰：‘愿与帝君太一五神，合景如一。于是二十四年，亦白日升天，亦不必行奔存之道也。常存在我之左右，并心祝窃诵，勿令耳闻。’

行郁仪奔日之道，旦旦视日初出之时，时无日，当在静室，先临目闭气十息，因又咽日光晖十过，当存令日光霞，使入口，即而吞之。毕，微呼日中五帝君字，并月魂名，凡三过。毕，阴祝曰：'愿得与五帝真君，月魂精神，共乘景云，上奔日宫。'又闭目。乃存青帝君从日光中来下，在我之左；次又存赤帝君从日光中来，在我之右；次又存白帝君从日光中来，在我之背；次又存黑帝君从日光中来，在我之左手上；次又存黄帝君从日光中来，在我之右手上。次五帝都来，存帝服色，令仿佛。于是又叩齿五通，咽液九过，微祝曰：'赤炉丹景，圆华九明，太晖启晨，焕曜朱精。五帝肇霞，暎洞万生，观落上真，空洞条平。运气炼彩，流荡五形，使我神化，六府敷盈。同与帝君，太一无英，骖乘绛云，阳遂九軿。上奔日宫，与帝合灵，寿均天地，二晨相倾。'毕，又叩齿三通，咽液三过，微祝曰：'月魂精神，暖萧台摽，使我得到，日窟之天。东蒙长丘，得受挥神之章，带九有之符，食青精日粭，饮云碧之腴，宴八极之城，登明真之台，坐希林之殿，咏玉晨之辞。'毕，又存阳遂绛云之车，驾九赤龙，从日光中来到我之前，仍存与五帝共乘而奔日也。自忘形良久，又咽液十四过讫，乃开目极念，存思自有仿佛。能久行此道者，必得乘景奔日，此郁仪之道毕矣。"[1]

［唐］梁丘子注："仙官之服御也。"

⑥ 一至不久升虚无：专一存思，不久便能进入虚无的玄妙境界。

一：专一。

---

[1] 《正统道藏·正乙部·既字号》，新文丰出版公司缩印本，第 57 册，第 111 页上至 113 页上。

［唐］梁丘子注："一者，无二之称也。学道专一，与虚同体，则神仙可致也。《庄子》云：'人能知一万事毕。'"

⑦ 方寸之中念深藏：在一寸见方的下丹田宫，以意念将精气谨密存藏其中。

方寸之中：泛指身神所在之宫。上清经所见人身诸宫，如泥丸宫、绛宫等，皆以方寸为宫。此处所言，应指下丹田宫。

［唐］梁丘子注："方寸之中，下关元，在脐下三寸，方圆一寸，男子藏精之所。言谨闭藏之。"

⑧ 不方不圆闭牖窗：不静止如方物，不动转如圆物（不妄动静），谨闭口目耳等门窗，使精气神不外泄。

不方不圆：不静止不动转，喻不妄动。方物静止，圆物滚动。

牖窗：窗户；指人身与外接触的耳目口等三要。

［唐］梁丘子注："方止圆动，不动不静；但当杜塞，不妄泄也。"

⑨ 三神还精老方壮：还返精气于三丹田，能使衰老的身体变成正强壮。

三神：镇守泥丸、绛宫、丹田宫等三丹田守宫之神祇。

还精：精气还返身中。还精补脑，是还返精气，上补于脑中。

方壮：正强壮。

［唐］梁丘子注："还精神于三田，则久寿延年也。"

⑩ 魂魄内守不争竞：向内固守魂魄，使不离散，不相竞扰。

魂魄：阳气为魂，阴气为魄。人是由精神与肉体组成，也是由“气”“形”“质”所组成。“形”“质”组成肉体。至于形成精神的“气”，据《文子・九守》《列子・天瑞》等道家说及《左传・昭公七年》。[唐]孔颖达《正义》等书看来，则有阴气、阳气之分；在气、形、质组合成人体时，阴气形成“魄”，阳气形成“魂”。“魄”为主宰吾人肉体动作（耳目敏锐）方面的精神力；“魂”为主宰吾人思维辨识方面的精神力。“魂盛”者（思辨力强者），死后为“神”；“魄盛”者（较执着于肉体者），死后为“鬼”。有关魂魄的讨论，详见笔者《道教与民俗》《第六章　道教三魂七魄说探源》，台北，文津出版社出版。

内守：向内存思固守，即是《老子》第十章“载营魄抱一”。

《老子》第十章：“载营魄抱一，能无离乎？专气致柔，能婴儿乎？涤除玄览，能无疵乎？爱民治国，能无知乎？天门开阖，能为雌乎？明白四达，能无为乎？”河上公注：“‘载营魄’：营魄，魂魄也。人载魂魄之上得以生，当爱养之。喜怒亡魂，卒惊伤魄。魂在肝，魄在肺，美酒甘肴，腐人肝肺，故魂静则志道不乱，魄安则得寿延年。‘抱一能无离乎’：言人能抱一，使不离于身，则长存。一者，道始所生，太和之精气也，故曰一。布名于天下，天得一以清，地得一以宁，侯王得一以为正平。入为心，出为行，布施为德，总名为一。一之为言，志一无二也。”

案：道经中以为魂使人行善，魄引人行恶，道经《皇天上清金阙帝君灵书紫文上经》有三魂七魄名讳及拘魂制魄法。魂魄内守，即是抱一之法。抱一：与道体契合为一、合道。抱：

固守。一：指道体而言。但其后演变为人体身中守护身体重要部位之神祇，汉末六朝有守“三一”之法，三一系指人体三丹田（泥丸宫、绛宫、丹田宫）中之真一；“一”，在道经中为守丹田之神祇，守三一系存思守三丹田之神祇入身中镇守三丹田，并配合导引吐纳、符咒之修行法门；另有守脑部九宫雄一、雌一神之法，及徊风混合帝一之法，详参台湾文津出版社2005年11月出版的笔者《六朝道教上清派研究》一书。

［唐］梁丘子注：“魂阳魄阴，各得其一，故《易》曰：‘一阴一阳之谓道。’”

⑪ 神生腹中衔玉珰：下丹田腹内自生神祇，神祇佩带流金火铃（或译玉珠），大放光明。

珰：1. 耳珠，2. 流金火铃。《康熙字典·午集上·玉部》：“珰：金琅珰，铃铎也。”

案：存思丹田腹内神祇，使之现形，光照腹内，并照一身。

［唐］梁丘子注：“（内守不泄，神生衔珰。）腹心内明，口吐珠玉。按《五神行事诀》云：‘两眉间直入一寸为玉珰紫阙。’窃观文意，未应是此也。”案：括号内梁丘子注首句，据《修真十书》本补入。又，梁丘注此处引《五神行事诀》，但在《灵台章第十七》“内侠日月列宿陈”下注，则引作《五辰行事诀》，以所引“招五辰于洞房”看，似应以作“五辰”为是。

⑫ 灵注幽阙那得丧：心念凝注在两肾间（黄庭处），人哪会夭丧？

灵注：心念凝注。灵：神魂，心念。《太上黄庭外景玉经·上部经》作“心结幽阙流下竟”，心结为心念凝注。

幽阙：指两肾。见本书《黄庭章第四》注。

［唐］梁丘子注：“存神守一，无横夭也。”案：以上为道藏梁丘子注本。又，《修真十书》卷五十六《黄庭内景玉经注》梁丘子注作：“腹中神生，灵气流通，故不亡也。固精阙于肾，肾主水，色黑，气通于耳。双立阙者，象于峻极也。”

⑬ 琳条万寻可荫仗：琳树枝条高八万尺（喻身中之精气密茂高巍），可以荫庇吾身，可以依仗以成真。

琳条：玉树的枝条。琳：美玉。

万寻：八万尺。寻：八尺。

案：琳条万寻，比喻身中之精气密茂高巍，自可荫庇吾身，仗以成真。《太上黄庭外景玉经·上部经》作“养子玉树令可杖”，文意相互发明。

［唐］梁丘子注：“（身随众灵，森然交映，如万寻玉树可荫庇也。）外象谕也。琳条，玉树。万寻，高远。象身形同真，则神明之所庇荫者也。”案：梁丘子注前三句，括号内，据《修真十书》卷五十六《黄庭内景玉经注》梁丘子注补入。

⑭ 三魂自宁帝书命：三魂自能安宁不远游，天帝登录名籍升天界。

三魂：爽灵、胎光、幽精。《太平经钞甲部》卷一：“七者拘三魂，八者制七魄。”《皇天上清金阙帝君灵书紫文上经》说：“其爽灵、胎光、幽精三君，是三魂之神名也。”“其第一魄名尸狗，第二魄名伏矢，第三魄名雀阴，第四魄名吞贼，第五魄名非毒，第六魄名除秽，第七魄名臭肺。此皆七魄之阴名也，身中之浊鬼也。”三魂为神明，七魄为浊鬼。

帝书命：天帝登录名籍，即天界有名，可以登升天界。

［唐］梁丘子注："（修身神安，帝书下召），真道既成，名书帝录，（则久视之也）。"案：括号内之字，系据《修真十书》补入。

【今译】

抬头上看日月星，像珠子般相连成串。璀璨明亮的光芒，照耀着大地各个角落（存思日月星光芒璀璨明亮，辉映洞照我全身各处）。灵妙的五行星，夜间光芒洞照八方各地（存思金木水火土五星，光明映照我全身）。你要存思镇守三光五星的神祇，观想星神和我同游。身上披着绣有龙凤形状的衣服，佩带着神虎符箓。专一存思，不久便能进入虚无的玄妙境界。在一寸见方的下丹田宫，以意念将精气谨密存藏其中。不静止如方物，不动转如圆物（不妄动静），谨闭口目耳等门窗，使精气神不外泄。还返精气于三丹田，能使衰老的身体变成正强壮。向内固守魂魄，使不离散，不相竞扰。下丹田腹内自生神祇，神祇佩带流金火铃（或译玉珠），大放光明。心念凝注在两肾间（黄庭处），人哪会夭丧？琳树枝条高八万尺（喻身中之精气密茂高巍），可以荫庇吾身，可以依仗以成真。三魂自能安宁不远游，天帝登录名籍升天界。

灵台章第十七

灵台郁蔼望黄野[①]，三寸异室有上下[②]。间关营卫高玄受[③]，洞房紫极灵门户[④]。是昔太上告我者[⑤]，左神公子发神语[⑥]，右有白元并立处[⑦]。明堂金匮玉房间[⑧]，上清真人当吾前[⑨]。黄裳子丹气频烦[⑩]，借问何在两眉端[⑪]。内侠日月列宿陈[⑫]，七曜九元冠生门[⑬]。

【章旨】

此章旨在存思脐内肾前的黄庭及上中下三丹田，并以脑部九宫中之明堂、洞房为主要存思处。

与此章内容可以相参看者为：《太上黄庭外景经·上部经》："灵台通天临中野。方寸之中间关下，玉房之中神门户。皆是公子教我者。明堂四达法海源，真人子丹当吾前。"

此章押语韵，古音在段玉裁五部；其后转先韵、真韵。语韵字为：野、下、户、者、语、处。先韵字：间、前、烦、端。真韵字：陈、门。《诗韵集成》真韵下说先真古略通，因而此处先真应合为一韵。

【注释】

① 灵台郁蔼望黄野：心中生气盎然，专心存思脐内肾前黄庭所在处。

灵台：心。《庄子·庚桑楚》："不可内于灵台。灵台者有持，而不知其所持，而不可持者也。"郭象注："灵台者，心也，清畅，故忧患不能入。"成玄英疏："内，入也。灵台，心也。妙体空静，故世物不能入其灵台也。"

郁蔼：草木茂盛的样子，喻生意盎然。

黄野：黄庭之野，指黄庭，本经之黄庭所在为脐内肾前，近于两肾之间的空虚处，见本书《上有章第二》注。

［唐］梁丘子注："灵台，心也。谓心专一存见黄庭，黄庭即黄野也。"案：《修真十书》卷五十六梁丘子注作："心曰灵台，脾为黄野。常专一存见黄庭也。"

［明］冷谦注："灵台，心也。郁靄，虚灵之意。望，候也。黄野，即黄庭也。言运用在心，须虚心炼己，守大药之生，候而得之。"

② 三寸异室有上下：三丹田分别有一寸方圆之宫室，在上中下不同处所。

三寸：指三丹田之宫室各为一寸方圆。

［唐］梁丘子注："三丹田上、中、下三处各异，每室方圆一寸，故云三寸。今人犹谓心为方寸，即一所。"

③ 间关营卫高玄受：（三丹田）路途险阻，而气血流通，全身高深（高低）各处皆受其滋润。

间关：道路险峻。

营卫：有二义，一为护卫，一为血气运流。《黄帝内经·灵枢经·营卫生会第十八》："营卫者，精气也；血者，神气也。故血之与气，异名同类焉。"[1]

高玄：高处及深处。《修真十书》梁丘子注说："至高至低。"

［唐］梁丘子注："三田之间各有间关，营卫分部，至高至玄。心当受以存念之也。"案："至高至玄"，《修真十书》梁丘子注作"至高至低"。

④ 洞房紫极灵门户：脑部九宫前有洞房，最前端为紫户

[1] 《中华道藏》，第 20 册，第 468 页下。

大神所守的“守寸双田”，是脑部九宫大神出入的门户。

洞房：洞房宫，在两眉间却入二寸处，在明堂宫之后，由左无英公子、右白元君、中央黄老君所共治，以中央黄老君为主神。三人皆太素三元君之孙。太素三元君生三女：紫素左元君、黄素中央元君、白素右元君；白素右元君为白元君之母；紫素左元君为无英公子之母；黄素中央元君为中央黄老君之母。事详《洞真高上玉帝大洞雌一玉检五老宝经》。《洞真太上素灵洞元大有妙经·太上道君守元丹上经》云：“洞房中有三真，左为无英公子，右有白元君，中为黄老君；三人共治洞房中，此为飞真之道，自别有经，事在《金华经》中。”[1]

紫极：最前端的紫户大神。极：最前。紫户大神和青房大神是镇守“守寸双田”的两大神祇；主司管辖鬼神进入脑部九宫的重责大任。守寸双田在两眉间向内退三分处，是进入脑部九宫所必经之处。九宫为大神所在处，守寸双田为九宫之大门（右紫户、左青房），由右紫户大神、左青房大神二神共治；此处以紫户为称。

灵门户：神祇出入的门户。灵：神。《道藏》梁丘子注本“门”字作“明”，刘长生注本同；《云笈七签》《修真十书》《道藏》白文本作“门”，依梁丘子注文看来，应以作“门”字为是，今据改。

案：脑部九宫详见本书《天中章第六》笔者注引《洞真太上素灵洞玄大有妙经·太上道君守元丹上经》之文。今为方便研读，再将脑部九宫图例于下：

[1]　《正统道藏·正乙部·右字号》，新文丰出版公司刊本，第56册，第192页下。

	天庭宫	极真宫	玄丹宫	太皇宫	
守寸	明堂宫	洞房宫	泥丸宫	流珠宫	玉帝宫
（两眉却入三分）	（却入一寸）	（却入二寸）	（却入三寸）	（却入四寸）	（却入五寸）

［唐］梁丘子注："《大洞经》云：两眉直上却入三分为守寸双田。入骨际三分有台阙明堂。正深七分，左为青房，右为紫户。却入一寸为明堂宫，左有明童真君，右有明女真官，中有明镜神君。却入二寸为洞房，左有无英君，右有白元君，中有黄老君。却入三寸为丹田宫，亦名泥丸宫，左有上元赤子，右有帝卿君。却入四寸为流珠宫，有流珠真神居之。却入五寸为玉帝宫，有上清神母居之。其明堂上一寸为天庭宫，上清真女居之。洞房上一寸为极真宫，太极帝妃居之。丹田上一寸为玄丹宫，中黄太一真君居之。流珠上一寸为太皇宫，太上真君居之。故曰灵门户也。"

⑤ 是昔太上告我者：这是从前太上玉晨大道君所告诉我的。

太上：太上玉晨大道君，此经之作者。我：梁丘子以为是传此经之扶桑太帝。

案：《太上黄庭玉景内经》是由太上道君传予扶桑太帝，再由扶桑太帝传予魏晋间正一派女祭酒魏华存（251—334年）。

［唐］梁丘子注："我者，扶桑大帝君自谓也。言我道成，昔承道君授以黄庭之术也。言此道不远，止在丹田，故即言是昔也。"

⑥ 左神公子发神语：洞房宫左位神公子（无英公子），现身告以修炼法门。

左神公子：即洞房宫守宫三真之一，在左位，称为左无英公子，简称公子，名玄充叔，字合符子，一名元素君，一名神公子。镇守左腋之下，肝之后户，死气之门。所镇处在背去脊骨左三寸，与前左乳相对，左臂甲骨之下，见《上清大洞真经》卷二第四章。

发神语：即神发语，指虔诚存思，感得无英公子现身，告以修炼法门。

［唐］梁丘子注："按《大洞经》云：'左有无英。'此云公子，亦互言耳。发神语者，用心专一，则教之以道。"

⑦ 右有白元并立处：洞房宫和无英并立的，是右位白元尊神。

白元：右白元尊神，名洞阳君郁灵标，字玄夷绝，一名朱精，一名启成。所镇为右腋之下，肺之后户，死气之门。其处在背去脊骨右三寸，与前（右）乳相对，右臂甲骨之下。见《上清大洞真经》卷二第五章。

［唐］梁丘子注："右为学道者之侍者也。"案：《修真十书》梁丘子注作："左右为学道者之持。"意为左无英右白元，为学道者所诵持之神，义较佳。

［明］冷谦注："左神公子，汞龙也，由木生之，故曰左。发神语，龙吟也。右有白元，铅虎也，由金生之，故曰右。并立处，乃龙吟虎啸，风生雨降，合并于一处，其并立之处，乃在明堂金匮玉房之间，虽三名，则一黄庭中处也。"

⑧ 明堂金匮玉房间：明堂宫以美玉为房黄金为匮，是神仙所居。

明堂：脑部九宫之第一宫，在两眉间却入一寸处，由左明童真君、右明女真官、中明镜神君三人共治。以中央明镜神君为主，其余二人为辅神。《洞真太上素灵洞元大有妙经·太上道君守元丹上经》："明堂宫中，左有明童真君，右有明女真官，中有明镜神君。明童真君，讳玄阳，字少青；明女真官，讳微阴，字少元；明镜神君，讳照精，字四明。此三君共治明堂宫，并着绿锦衣，腰带四玉铃，口衔玉镜；镜铃并如赤玉也。头如婴儿，形亦如之，对坐，俱向外面，或相向也。"[1]

金匮玉房：美玉为房室黄金为匣匮，形容神仙居处。

案：《黄庭外景经·上部经》："明堂四达法海源。"《黄庭外景经·上部经》："玉房之中神门户。"务成子注："玉房，一名洞房，一名紫房，一名绛宫，一名明堂，玉华之下金匮乡，神明门户，一之所从者哉。"

［唐］梁丘子注："皆上元之宫。释如下说也。"

⑨ 上清真人当吾前：明堂宫的上清真人现身在我的面前。

上清真人：此指明堂宫中的真人，下文云身穿黄裳字子丹。

案：《黄庭外景经·上部经》："明堂四达法海源，真人子丹当吾前。"

［唐］梁丘子注："上元部神，想在天庭之际。"

⑩ 黄裳子丹气频烦：身穿黄色衣裳，神名子丹，使我气盛不衰。

子丹：明堂宫上清真人之字。刘长生注本作"紫丹"，诸本皆作"子丹"。案：《黄庭外景经·上部经》："真人子

[1] 《正统道藏·正乙部·右字号》，新文丰出版公司刊本，第 56 册，第 191 页下。

丹当吾前”之下，务成子注云：“象长一寸两眉端，俯仰见之心勿烦。”梁丘子注云：“赤子为真人，字子丹，在明堂中，常能思之，寿乃可延。”又，《太上老君中经·第二十三神仙》：“真人子丹在上，卧胃管中，黄云气为帐，珠玉为床，食黄金玉饵，饮醴泉玉液，服太一神丹，噉玉李芝草，存而养之，九年成真矣。”[1]

频烦：气盛不衰的样子。

［唐］梁丘子注：“谓中元童子处于赤城。频烦，气盛不衰竭。”

⑪ 借问何在两眉端：请问明堂宫为何在两眉间的前端呢？

［唐］梁丘子注：“明堂之前。”

⑫ 内侠日月列宿陈：里面两旁夹列左日右月双眼，象征星宿陈列的天界。

侠：通“挟”“夹”，指两旁。

日月：指双眼。在观想时，左目为日，右目为月。

列宿陈：星宿陈列在天界。陈：排列。

［唐］梁丘子注：“《五辰行事诀》云：‘太上真人招五辰于洞房，南极元君受传。每夜半坐卧，心存西方太白星在两眉间（上，直入一寸）为玉珰紫阙，左日右月。又次存北方辰星在帝乡玄宫，在发际下五分直入一寸也。又次存东方岁星在洞阙朱台，洞阙朱台在目后一寸直入一寸是也。又次存南方荧惑星在玉门华房，玉门华房在两目眦际直入五分是也。又次存中央镇星在金匮黄室长谷，黄室长谷在人中直入二分是也。

[1] 《正统道藏·太清部·退字号》，新文丰出版公司，第 46 册，第 227 页下。

存之缀悬于上。毕，叩齿五通，咽液二十五过，微咒曰：“高元紫阙，中有五神。宝曜敷晖，放光冲门。精气积生，化为老人。首巾素容，绿帔绛裙，右带流铃，左佩虎真，手把天刚，散绛飞晨，足蹑华盖，吐芒练身。三景保守，令我得真。养魂制魄，乘飙飞仙。”’是其事也。内象谕。”案：括号内之字，据《修真十书》改。

⑬ 七曜九元冠生门：七曜象征七窍，九辰有如九窍，是生命门户中最为重要的部位（人靠七孔九窍以视听食息，所以是最为重要）。

七曜：一般指日、月及水、火、木、金、土等五大行星，也称七政。梁丘子以为是七星，七星一般指北斗七星，象征人的七窍，七窍指脸部双眼、双耳、双鼻孔及口，也称七孔。七窍再加下身尿孔、屎孔（肛门），即为九窍。

九元：即九辰，九星。辰是日月星的总称。九辰，指北斗七星再加上外辅、内弼二星，也称北斗九皇。

案：九辰不宜译为九曜（七政加罗睺、计都），罗睺、计都二者是印度幻想出来的星神，《黄庭经》未必已受佛教影响，所以不宜以九曜译九元。此处七曜九元，宜以北斗七星及北斗九辰为说。七星九辰皆属北斗，七窍九窍同属人身，因而以此为喻。

生门：生命之门户。七孔九窍，人以之视听食息，是生命之门户。

［唐］梁丘子注：“七曜，七星；配人之七窍。九元，九辰；配人之九窍。废一不可，故曰生门。”

【今译】

心中生气盎然，专心存思脐内肾前黄庭所在处。三丹田分别有一寸方圆之宫室，在上中下不同处所。（三丹田）路途险阻，而气血流通，全身高深（高低）各处皆受其滋润。脑部九宫前有洞房，最前端为紫户大神所守的“守寸双田”，是脑部九宫大神出入的门户。这是从前太上玉晨大道君所告诉我的。洞房宫左位神公子（无英公子），现身告以修炼法门。洞房宫和无英并立的，是右位白元尊神。明堂宫以美玉为房黄金为匮，是神仙所居。明堂宫的上清真人现身在我的面前。身穿黄色衣裳，神名子丹，使我气盛不衰。请问明堂宫为何在两眉间的前端呢？里面两旁夹列左日右月双眼，象征星宿陈列的天界。七曜象征七窍，九辰有如九窍，是生命门户中最为重要的部位（人靠七孔九窍以视听食息，所以是最为重要）。

三关章第十八

三关之中精气深①，九微之内幽且阴②。口为天关精神机③，足为地关生命棐④，手为人关把盛衰⑤。

【章旨】

此章首述三关，次述九微。意旨三丹田及头部九宫等重要身体所在。其修行皆须仰口、手、足三者。所以接着论述口、手、足在修炼法门中的重要性，三者乃是人们据以言语及行动所必须依据的器官，关系着人一生的祸福盛衰及修行的成败。

与此章内容可以相参看者为：《太上黄庭外景经·上部经》："三关之中精气深，子欲不死修崑仑。绛宫重楼十二环，琼室之中五色集。赤城之子中池立，下有长城玄谷邑。"文中在三关下即述及崑仑（泥丸）、绛宫等名相，据此看来，三关似指三丹田。但本章在三关之下，则是直接以口、足、手为三关，疑此口、足、手之三关为外三关，而三丹田则为内三关。内三关之修炼，须依仗外三关而来。

此章押侵韵转微韵。侵韵字为：深、阴。微韵字：机、棐、衰。

【注释】

① 三关之中精气深：在三关（三丹田）之中，深深地储存精气。

三关之中：在三关里面。《道藏》梁丘子注本"中"作"内"；《云笈七签》、《道藏》白文本、刘长生注本、《修真十书》，皆作"中"，《黄庭外景玉经》也作"中"，今据改。

案：据《太上黄庭外景经·上部经》："三关之中精气深"，系以昆仑、绛宫等来解说，是则三关应指三丹田，本书下章"若得三宫存玄丹"，也指三丹田，可为明证。而下文所言：口为天关，足为地关，手为人关等说，应是指精气在内存之三丹田，发之在外则为口、足、手三关。可以视三丹田为内三关，口、足、手为外三关。

［唐］梁丘子注："谓关元之中，男子藏精之所也。又据下文，口、手、足为三关。又元阳子以明堂、洞房、丹田为三

关。并可以义取而存也。”

② 九微之内幽且阴：微妙的脑部九宫之内，幽深而隐密。

九微：微妙的九宫，疑指脑部九宫。存思三丹田及九宫皆是重要的修炼法门，上清派称存思三丹田为守三一，存思九宫为守雄一及雌一。

幽且阴：幽深而隐密。

［唐］梁丘子注：“《上清大洞经》云：‘三元隐化，则成三宫，是名太清、太素、太和。三三如九，故有三丹田，又有三洞房，合上三元为九宫。九宫中精微，故曰九微，言幽玄而不可见也。”

③ 口为天关精神机：口是头部重要器官，是精神抒发的重要枢纽。

天关：此指头部的重要关口。案：文中之天地人，系依人身之上中下而立称。

机：主司发动运转之称。《说文解字·卷六·木部》：“机，主发谓之机。从木几声。”

［唐］梁丘子注：“言发于情，犹枢机也。”

④ 足为地关生命棐：脚是下身重要器官，是生命的辅助工具。

棐：辅。或借为“扉”。《道藏》梁丘子注本、《云笈七签》、刘长生注本作“棐”；《道藏》白文本、《修真十书》作“扉”。

［唐］梁丘子注：“言运用己身而生也，棐或为扉。”

⑤ 手为人关把盛衰：手是处理人事的器官，掌握着命运的祸福盛衰。

［唐］梁丘子注："纵舍由己。"

【今译】

在三关（三丹田）之中，深深地储存精气。微妙的脑部九宫之内，幽深而隐密。口是头部重要器官，是精神抒发的重要枢纽。脚是下身重要器官，是生命的辅助工具。手是处理人事的器官，掌握着命运的祸福盛衰。

若得章第十九

若得三宫存玄丹[①]，太一流珠安昆仑[②]。重中楼阁十二环[③]，自高自下皆真人[④]。玉堂绛宇尽玄宫[⑤]，璇玑玉衡色兰玕[⑥]。瞻望童子坐盘桓[⑦]，问谁家子在我身[⑧]。此人何去入泥丸[⑨]，千千百百自相连[⑩]。一一十十似重山[⑪]，云仪玉华侠耳门[⑫]。赤帝黄老与我魂[⑬]，三真扶胥共房津[⑭]。五斗焕明是七元[⑮]，日月飞行六合间[⑯]。帝乡天中地户端[⑰]，面部魂神皆相存[⑱]。

【章旨】

此章以观想人身三丹田为主。其修炼法门，在以眼睛内观上丹田的泥丸宫，然后往下经喉管下入中丹田绛宫，观想绛宫神祇及下丹田。再由中丹田上溯泥丸及头部诸神，并及全身诸神。再观想吾身即宇宙，使吾身飞行于帝乡及天地之间。

与此章内容可以相参看者为：《太上黄庭外景经·上部经》："三关之中精气深，子欲不死修崑仑。绛宫重楼十二环，琼室之中五色集。赤城之子中池立，下有长城玄谷邑。”

此章押寒先真元等韵，古合押，见《诗韵集成》真寒等韵下说明。韵字为：丹、仑、环、人、玕、桓、身、丸、连、山、门、魂、津、元、间、端、存。

【注释】

① 若得三宫存玄丹：如果能找到三丹田，便来储存玄妙的丹药。

三宫：指三丹田：泥丸（脑部）、绛宫（心）、下丹田宫（脐下）。

玄丹：玄妙的内丹，修炼精气神所成。

［唐］梁丘子注：“三丹田之宫，故曰三宫。玄丹，丹元；谓心也。存思在心，故偏指一所也。”

② 太一流珠安昆仑：存思时，眼光内观，安放在上丹田泥丸宫中。

太一流珠：目精、目光。

昆仑：指上丹田泥丸宫。昆仑山原为人间圣山，天帝之下都，也是西王母所居处，其上为天界玉京山。《山海经·西次三经》：“昆仑之丘，是实惟帝之下都，神陆吾司之。”有关昆仑山的论述，详见笔者《西王母信仰研究》第二章，台北，新文丰出版公司，2012 年 3 月。

［唐］梁丘子注：“太一流珠谓目精。《洞神经》云：‘头为三台君，又为昆仑，指上丹田也。’又云：‘脐为太一君，亦为昆仑，指下丹田也。’言心存三丹田，诸神皎然在目前。本经曰：‘子欲不死修崑仑。’昆仑，山名也。”案：

《道藏》梁注本，“目精”讹为“心精”，据《云笈》及《修真十书》改。

③ 重中楼阁十二环：（再由泥丸下经喉咙），喉咙有十二环，象是楼阁重重相叠。

重中楼阁十二环：指喉咙，喉咙有十二气管，所以喉咙也称十二重楼、十二玉楼，简称重楼、重环。

［唐］梁丘子注：“谓喉咙。十二环相重，在心上。心为绛宫，有象楼阁者也。”

④ 自高自下皆真人：从高到低，都有神祇镇守。

案：镇守喉咙之神有喉神及胎中白气君、太一精魂。《洞玄灵宝二十四生图经》说：“中真一景喉神，名百流放，字道通，九色，洞玄中元一景真符部一景神。”[1]《上清大洞真经》卷五第三十章云：“胎中一元白气君，务玄子，字育上生。太一精魂，玄归子，字盛昌。共守兆五藏之上，结喉本户，死气之门。使三华之气入帝一之府，九明之津生六胎之下。九玄散祸，七祖解结。身登玉堂，位列太一。”[2]

［唐］梁丘子注：“高下三田，十二楼阁，皆有真神。文如上说。”

⑤ 玉堂绛宇尽玄宫：在喉管之下，有美玉殿堂朱红屋宇，都是玄妙的绛宫宫殿所在。

宇：屋檐，泛指房屋。玄宫：玄妙的宫殿。

案：玉堂绛宇，是形容中丹田绛宫镇宫诸神所在之殿堂

[1] 《正统道藏·正乙部·亦字号》，新文丰出版公司，第 57 册，第 581 页。

[2] 《正统道藏·洞真部·本文类·荒字号》，新文丰出版公司，第 1 册，第 836 页。

屋舍。

[唐]梁丘子注："绛宫、明堂，上下相应，皆宫室也。"

⑥ 璇玑玉衡色兰玕：绛宫（心）如天上北斗，运转诸星辰，色如美玉，主司四季（北斗司四季，人心司言行）。

璇玑玉衡：有二义：一指以美玉做成的观测天象之器，如汉代之浑天仪。璇：美玉。玑、衡为观测天文之器，见《尚书·舜典》"在璇玑玉衡"下孔颖达疏。二指北斗七星，《史记·天官书》说："北斗七星，所谓璇玑玉衡，以齐七政。"汉谶纬书《春秋运斗枢》《春秋合诚图》《洛书纬》说北斗七星之名为天枢、天璇、天玑、天权、玉衡、开阳、摇光等；此是一般性的北斗星名称呼。《河图纬》说："北斗魁第一星开枢受枢""第二星提执序，第三星玑耀序，第四星权拾取，第五星玉衡拒，第六星开阳纪辅星纪，第七星摇光吐。"所说星名，则是将七星之星名，称之为：枢、璇、玑、权、衡、开阳、摇光。北斗七星既是由天枢、天璇、天玑、玉衡等组成，所以有时也直接以"璇玑玉衡"四字来代表北斗七星。

案：北斗斗杓所指，常因四季而异，古人因此以为四季的变化，出自北斗的辖掌，《鹖冠子·环流》说："斗柄东指，天下皆春；斗柄南指，天下皆夏；斗柄西指，天下皆秋；斗柄北指，天下皆冬。"由于北斗斗柄的方向和四季有密切关系，所以古来星象家，便以为是天帝以北斗为车，来运转天上诸星宿。此处以北斗喻心，心能主宰一切思维言行。

色兰玕：如美玉之色。兰玕：同"琅玕"，似珠玉的美石。

［唐］梁丘子注："喉骨环圆，动转之象也。兰玕，其色也。"

⑦ 瞻望童子坐盘桓：存思看见貌如童子的绛宫镇宫神祇，悠闲地坐在里面。

盘桓：徘徊，比喻悠闲从容。盘字，《道藏》梁丘子注本作"槃"、《云笈七签》、刘长生注本、《道藏》白文本、《修真十书》作"盘"。案：槃，同"盘"。

童子：指镇守绛宫之神元丹皇君。中丹田绛宫（在心，"从心尻尾下一寸却入三寸许，方一寸"）：由元丹皇君（位左）及辅弼卿（位右）所治。二人以左位元丹皇君为主神。中一元丹皇君（绛宫心丹田宫中一元丹皇君），名神运珠，字子南丹，一名生上伯，一名史云拘，位为绛宫丹皇君，治在心宫，镇守人脊骨第一椎之下。《上清大洞真经》卷三第九章："绛宫心丹田宫，中一元丹皇君，神运珠，字子南丹，常守兆项中大椎骨首之户，死气之门。使兆百骨受真气，大椎有日光。"[1]

［唐］梁丘子注："存见赤城童子丹皇真人坐，言其神安静。"

⑧ 问谁家子在我身：请问是谁家的童子（绛宫元丹皇君）出现在我的身中。

陈撄宁《道教与养生》第二编《黄庭经讲义》第二章泥丸："谁家子，乃内丹之喻名，内丹既结于下田，是不可不迁，迁将何去，即上入泥丸。盖返观内照，乃静以养性之功；

[1] 《正统道藏·洞真部·本文类·荒字号》，新文丰出版公司，第1册，第809页。

丹成上迁，乃动以凝命之术。作用虽异，道理则同。”

［唐］梁丘子注：“言己有之。”

⑨ 此人何去入泥丸：此位绛宫神祇将到甚么地方去呢？祂将往上进入上丹田泥丸宫。

案：修炼法门，炼精化气在下丹田，炼气化神在中丹田，炼神还虚在上丹田。由绛宫往上修炼，即进入上丹田之修炼阶段。

［唐］梁丘子注：“与上元诸神上下相应。《洞神经》云：‘脑为泥丸宫。’”

⑩ 千千百百自相连：身中诸神千千百百各自相连，相互往来。

案：千千百百，泛指镇守身中各部位之诸内神，如发神、眉神、眼神、鼻神等等。

［唐］梁丘子注：“神本出于一。一生二，二生三，三生万物。变化不离身心。”

⑪ 一一十十似重山：一一十十的众多身神，端坐其中，像一座又一座的高山。

案：一一十十和上文千千百百，文义相同，泛指众多身神。

［唐］梁丘子注：“存见万物，重叠安坐。山象坐形。”

⑫ 云仪玉华侠耳门：如云似华般的头发，夹列在头发两侧的是耳朵。

云仪玉华：指如云似华般的头发。

侠：通挟、夹。

［唐］梁丘子注：“云仪、玉华，鬓发之号。言耳居其

间。《经》曰：‘发神名苍华。’凡言华者，敷荣之义，犹草木之花。”

⑬ 赤帝黄老与我魂：绛宫及丹田宫之神祇，降赐我魂魄精气。

赤帝：指镇守绛宫之元丹皇君。

黄老：指下丹田镇宫之神祇，黄庭元王。下丹田命门丹田宫（在脐下三寸许却入，方一寸），六朝上清经以为下丹田由黄庭元王及宝镇弼卿所治。

我魂：我的魂魄。我字，《道藏》梁丘子注本、刘长生注本、《道藏》白文本、《修真十书》，皆作“我”；《云笈七签》作“已”。

［唐］梁丘子注：“赤帝，南方之帝君也。黄老者，中黄老君也。魂为阳神，魄为阴神，阴阳相推，故言与我魂。《太微灵书》云：‘人有三魂：一曰爽灵，二曰胎光，三曰幽精。常呼念其名，则魂不离人身也。’”

⑭ 三真扶胥共房津：上中下三丹田之守宫真人来相扶助，共助一身之精气。

扶胥：相扶助。胥：助、待。胥字，《道藏》梁丘子注本、《云笈七签》、刘长生注本、《修真十书》皆作“胥”；《道藏》白文本误作“骨”。

共房津：共助一身之精气。房：喻身体。津：液。

［唐］梁丘子注：“魂与赤帝黄老为三真，言相应扶胥，同津共气者也。”

⑮ 五斗焕明是七元：五方斗星光明灿烂，这正是北斗七星所施放的光芒。

五斗：正一派有五斗经，但对五斗的说法有多种：一是以北斗七星分五处为五斗，一是以二十八宿分四方及北斗为五斗。《太上三十六部尊经・太清境中精经》说：“北斗居中天而旋回四方，主一切人民生死祸福。北斗第一贪狼星、第三禄存星为东斗；主筭。北斗第二巨门星、第四文曲星为西斗；记名。第六武曲星正居本位，为北斗；落死。第五廉贞星为南斗；上生。第七破军星正居中位为中斗；大魁，总监众灵。凡一切万物，生死皆属北斗。”[1] 以上是以五斗全在北斗中。此外亦有以二十八宿为四斗，以北斗为中斗，合为五斗者，如《四斗二十八宿天帝大箓》，经名为四斗，实则论述二十八宿，是以二十八宿分四方为四斗。唐初，李少微、成玄英在《元始无量度人上品妙经四注》卷二中，亦是将二十八宿区分为四斗：以二十八宿中的东方七宿：角、亢、氐、房、心、尾、箕为东斗；西方七宿：奎、娄、胃、昴、毕、觜、参为西斗；北方七宿：斗、牛、女、虚、危、室、壁为北斗；南方七宿：井、鬼、柳、星、张、翼、轸为南斗；再加上以北斗七星魁、魒等七星为中斗，合成为五斗。又，除以上二说外，梁丘子以五斗为金木水火土五星。

案：本章说“五斗焕明是七元”，这是以为五斗即是北斗七星。

［唐］梁丘子注：“五斗，五星。七元，北斗也。又《灵宝经》有五方之斗，亦为五斗。《洞房诀》云：‘存九元、七元者，眠起初卧及食毕，微咒曰：五星开道，六合紫房，

[1] 《正统道藏・洞真部・本文类・日字号》，新文丰出版公司刊本，第 2 册，第 75 页。

回元隐道，豁落七辰。生魂者玄父，变一成神；生魄者玄母，化二生身。摄吾筋骨者公子，为吾精气者白元。长生久视，飞仙十天。’”案：道藏本梁注文字有脱误，据《云笈七签》本补入。

⑯ 日月飞行六合间：存思左目为日右目为月，飞行在整个天地之间（观想身中即宇宙，满布日月星辰，飞行其间）。

六合：天地四方，泛指所有的空间。《庄子·齐物论》：“六合之外圣人存而不论。”［唐］成玄英疏：“六合者，谓天地四方也。”

［唐］梁丘子注：“天地内为六合。存念身中日月星辰，森罗万象，一如天地之间，了了然也。”

［明］冷谦注：“日月者，阴阳之精也。上下四维，天之六合也。五藏六府，人之六合也。日月则一日十二时，飞行乎天之六合，而昼夜无停。玄丹则一日十二时，游行乎人之六合，而火符不爽。”

⑰ 帝乡天中地户端：游行于天帝之乡、天界、大地的尽头（观想脑部为帝乡，明堂为天中，鼻子上端为地户）。

帝乡：天帝之乡，仙乡。人的脑部也叫帝乡。

地户：大地的门户，泛指大地。《河图括地象》：“天不足西北，地不足东南。西北为天门，东南为地户；天门无上，地户无下。”[1] 又，人身中鼻子上端也叫地户。

端：事情的一头。

案：在存思时，脑部为天界，仙众所在。脑部指发下鼻

[1] ［日本］安居香山、中村璋八：《纬书集成》下册，第1090页。

端以上，所以就脑部而言，鼻端为地户。又，以人身之上下言，天门指两眉间或指泥丸，地户指尾闾。《太上黄庭内景玉经·隐藏章第三十五》“上合天门入明堂”，［唐］梁丘子注云：“天门在两眉间，即天庭是也。眉间入一寸为明堂。”《太上元宝金庭无为妙经·二气章第十八》：“天门者，泥丸也。地户者，尾闾也。”[1]

［唐］梁丘子注：“眉上发际五分直入一寸，亦为帝乡。又明堂上一寸为天庭，天庭即天中也。又鼻为上部之地户。心存日月星辰等诸神，皆当在其端。端谓鼻之上、发际之下也。”

［明］冷谦注：“脾居中位，乃五行之王，故黄庭以建极言，为帝之乡。以运枢言，为天之中。万物无土不生，若非黄庭肇其生生之化，地户何由成物，故曰地之端也。端，端倪也。玄丹既存于帝乡，则天门开地户辟，而面部上耳目口鼻之魂神，皆随帝守于太虚以相存。”

案：冷谦以黄庭为帝乡，与下句“面部魂神”不能相符。

⑱ 面部魂神皆相存：脑、脸等头部诸宫，所有守宫神祇，都要存思观想。

面部魂神：泛指脑、脸等头部诸宫，所有守宫神祇，皆在存思观想之列。

［唐］梁丘子注：“内外星神，自相应也。”

【今译】

如果能找到三丹田，便来储存玄妙的丹药。存思时，眼光

[1] 《中华道藏》，第 19 册，第 36 页下。

内观，安放在上丹田泥丸宫中。（再由泥丸下经喉咙），喉咙有十二环，象是楼阁重重相叠。从高到低，都有神祇镇守。在喉管之下，有美玉殿堂朱红屋宇，都是玄妙的绛宫宫殿所在。绛宫（心）如天上北斗，运转诸星辰，色如美玉，主司四季（北斗司四季，人心司言行）。存思看见貌如童子的绛宫镇宫神祇，悠闲地坐在里面。请问是谁家的童子（绛宫元丹皇君）出现在我的身中？此位绛宫神祇将到甚么地方去呢？祂将往上进入上丹田泥丸宫。身中诸神千千百百各自相连，相互往来。一一十十的众多身神，端坐其中，像一座又一座的高山。如云似华般的头发，夹列在头发两侧的是耳朵。绛宫及丹田宫之神祇，降赐我魂魄精气。上中下三丹田之守宫真人来相扶助，共助一身之精气。五方斗星光明灿烂，这正是北斗七星所施放的光芒。存思左目为日右目为月，飞行在整个天地之间（观想身中即宇宙，满布日月星辰，飞行其间）。游行于天帝之乡、天界、大地的尽头（观想脑部为帝乡，明堂为天中，鼻子上端为地户）。脑、脸等头部诸宫，所有守宫神祇，都要存思观想。

呼吸章第二十

呼吸元气以求仙[①]，仙公公子似在前[②]。朱鸟吐缩白石源[③]，结精育胞化生身[④]。留胎止精可长生[⑤]，三气右徊九道明[⑥]。正一含华乃充盈[⑦]，遥望一心如罗星[⑧]。金室之下不可倾[⑨]，延我白首反孩婴[⑩]。

【章旨】

此章以呼吸名章，旨在论述导引吐纳之功能，以及呼吸吐纳进行时的存思之法。吐纳得宜，可使精气留存，育成圣胎，而吐纳时则以存思绛宫心室为主。《淮南子·泰族篇》说："王乔、赤松，去尘埃之间，杂群慝之纷；吸阴阳之和，食天地之精，呼而出故，吸而入新，蹀虚轻举，乘云游雾。"所言的"吸阴阳之和，食天地之精，呼而出故，吸而入新"是指餐食天地精气时，配合吐纳之法来进行。呼吸贵在食气，亦与咽津有关。食气、咽津为修仙重要法门。

此章押先仙韵转青庚韵。先仙韵字为：仙、前。青庚韵（段玉裁古韵十一部）韵字为：源、身、生、明、盈、星、倾、婴。

【注释】

① 呼吸元气以求仙：呼吸元始祖气，用以追求成就仙人长生不死的境界。

元气：指形成宇宙万物的初始一气，宋后也称为元始祖气，或先天一气。由道生一气，一气生阴阳二气，二生三，三生万物，此顺之成万物。逆修之法，则由人与物而上溯祖气，以先天一气变化吾身，再返道而成仙。

仙：仙字，《道藏》白文本作"僊"，《道藏》梁丘子注本、《云笈七签》本、刘长生注本、《修真十书》本子均作"仙"。下文"仙公"之"仙"字同此。

［唐］梁丘子注："探飞根，采玄晖，吞五牙，挹九霞，

服食胎息之道，皆谓天地阴阳、四时五行之气。”

② 仙公公子似在前：存思黄庭仙公无英公子（或译：存思仙界高真仙人），象是显现在我面前。

仙公公子：泛指仙界之高真仙人。梁丘子注以仙公为黄庭仙公，公子为无英君，说亦可通。

似在前：像在我面前。《道藏》梁丘子注本、《云笈七签》本、刘长生注本作“已可前”；《道藏》白文本、《修真十书》作“似在前”。以梁丘子注语“故言在前”看来，应作“似在前”，今据改。

［唐］梁丘子注：“此洞房诀也。洞房宫左为无英君，一名公子。仙公，直指黄庭学者。言学黄庭仙公，复行洞房之诀，而存见公子，故言在前。”

③ 朱鸟吐缩白石源：像红鸟的舌头，像白石的牙齿，是吐气及吸气、导引吐纳的重要源头。

朱鸟：红色鸟，此喻舌头，舌头似鸟窝居口中。

吐缩：吐气及吸气。

白石：白色石头，喻牙齿。

案：导引吐纳，重在食气与咽津，与鼻有关，也与口舌有关。舌下玄膺为津液之源，咽津为修仙重要法门。请参见本书《口为章第三》及《天中章第六》“舌下玄膺生死岸，出清入玄二气焕”下注。

［唐］梁丘子注：“朱鸟，舌象。白石，齿象。吐缩，导引津液。谓阴阳之气流通不绝，故曰源。”

④ 结精育胞化生身：聚结精气，培育圣胎，使身体生命产生变化。

化生身：变化身体与生命。

案：津液滋润全身，产生精气，精气旺盛，可以固结生命之源的胞胎，使身体及生命产生变化。

［唐］梁丘子注："本己之所从来也。"

⑤ 留胎止精可长生：停止精气漏泄，留聚胞胎之中，孕结灵胎，可以使人长生不死。

［唐］梁丘子注："《真诰》曰：'《上清真人口诀》：夫学仙之人，安心养神，服食治病，使脑宫填满，玄精不倾。然后可以存神服气，呼吸二景。若数行交接，漏泄施泻者，则气秽神亡，精灵枯竭。虽复玄挺玉箓，金书太极者，将亦何解于非生乎？'在昔先师常戒于斯事云：'学生之人，一交接则倾一年之药势，二交接则倾二年之药势，过此以往，则不止之药都倾于身。是以真仙常慎于此，以为生生之大忌也。'"

⑥ 三气右徊九道明：三丹田之气，右转周流全身，全身九窍及各部位都能明顺朗彻（不会气壅而成病）。

三气：三丹田之精气。九道：梁丘子以为是九窍之通路；喻全身各部位。

右徊：右转，指气血右转以周流全身。案：人体以左为西，以东为右。古人有天体西行，日月东转之说。人气血运行，仿效日月东行。［汉］班固《白虎通德论·卷下·日月》云："天左旋，日、月、五星右行何？日、月、五星比天为阴，故右行。右行者，犹臣对君也。"［汉］王充《论衡·说日篇》云："儒者论曰：天左旋，日月之行，不系于天，各有旋转。"［唐］邱光庭《论潮候渐差》："天体西转，日月东行。"（《全唐文》卷八九九）又，台湾海洋大学商船系统工程研究室在网站上发布《天赤道坐标系统》一文，亦以为天体由西向东，时圈运行由东向西，文云："天赤道坐标系统为地球坐标系统之扩大，以地球中心为基准，将北（南）极、赤道、纬度平行圈及子午线等投射至天球上即为天北（南）极、天赤道、赤纬平行圈（Parallels of Declination）及天子午线。为了引进天体至天赤道坐标系统，且与地球坐标系统有所区别，所以创造了一个新名词：'天体时圈'，并请注意其与天子午线的相异处。在天赤道坐标系统中，站在地球中心的角度来观察天体，描述天体位置之变量为赤纬（Dec）与格林威治时角（GHA），其相关名词定义如下：时圈（Hour Circle）：在天球上，过天体与天极，并随天体运转之大圈。天子午线与时圈之区别在于真运动时，天子午线由西向东转；时圈不动。而视运动时，天子午线不动；时圈则由东向西转。又天子午在线未必有天体；时圈上必有天体。"（Bowditch, N.（2002），American Practical Navigator, DMAH/TC）上引文中所言时圈由东向西转的概念，和古人"天左旋日月东行"之说，以及此章气血"右徊"之说相合。

［唐］梁丘子注："三气谓三丹田之气。右徊，言周流顺序，调和阴阳，则四关九窍，通流朗彻而无病也。"

⑦ 正一含华乃充盈：心存正念，凝神守一，使身体含受华荣滋润，精气自然充实满盈。

正一：存正守一；心存正念，凝神守一。一，指人身中镇守各部位的神祇，六朝上清派有守三一（存思三丹田守宫神祇）、守雄一（存思脑部九宫中之五宫男性神）、守雌一（存思脑部九宫中之四宫女性神）、守帝一（存思《大洞真经》

三十九章神祇徊风混合之法），所言之“一”，即是身中各部位镇守之神祇。

含华：使身体含受华荣滋润。

［唐］梁丘子注：“存正守一，神气华荣，故能充满六合，乘物而变。”

⑧ 遥望一心如罗星：存思远望，绛宫一心，如同天上星辰罗列。

罗星：星辰罗列。

案：此为存思观想之用，无深义。

［唐］梁丘子注：“存见赤城童子居在城中，如星之映罗縠。”

⑨ 金室之下不可倾：肺部下方的绛宫心脏存思法门，是不可毁弃的。

金室之下：指心，心在肺下。金室：指肺部；五行生克中，肺属金，属西，与鼻相应，见本书《肺部章第九》注。

不可倾：不可毁弃。《云笈七签》《道藏》白文本作“可不倾”。

［唐］梁丘子注：“谓心居肺下，肺主金，其色白，故曰金室。常能存之，长生不死也。”

⑩ 延我白首反孩婴：能延我寿命到白头，并能重返孩童而不老。

反字，《修真十书》作“返”。

［唐］梁丘子注：“内指事也。谓童颜不老也。”

【今译】

呼吸元始祖气，用以追求成就仙人长生不死的境界。存思黄庭仙公无英公子（或译：存思仙界高真仙人），象是显现在我面前。像红鸟的舌头，像白石的牙齿，是吐气及吸气、导引吐纳的重要源头。聚结精气，培育圣胎，使身体生命产生变化。停止精气漏泄，留聚胞胎之中，孕结灵胎，可以使人长生不死。三丹田之气，右转周流全身，全身九窍及各部位都能明顺朗彻（不会气壅而成病）。心存正念，凝神守一，使身体含受华荣滋润，精气自然充实满盈。存思远望，绛宫一心，如同天上星辰罗列。肺部下方的绛宫心脏存思法门，是不可毁弃的。能延我寿命到白头，并能重返孩童而不老。

琼室章第二十一

琼室之中八素集①，泥丸夫人当中立②。长谷玄乡绕郊邑③，六龙散飞难分别④。长生至慎房中急⑤，何为死作令神泣⑥。忽之祸乡三灵殁⑦，但当吸气录子精⑧。寸田尺宅可治生⑨，若当决海百渎倾⑩，叶去树枯失青青⑪，气亡液漏非己形⑫。专闭御景乃长宁⑬，保我泥丸三奇灵⑭。恬淡闭视内自明⑮，物物不干泰而平⑯。悫矣匪事老复丁⑰，思咏玉书入上清⑱。

【章旨】

此章约可分为两大部分，第一部分是论述存思泥丸宫神祇及呼吸天地日月精气，使精气进入身中，周身循绕。第二部分谈论房中不慎，将漏泄精液，使性命枯槁。修道者必须内外兼顾，对外吸食天地日月等六气，对内则恬淡闭守，不使精气外漏。内外二者兼顾，并诵咏《黄庭经》，方可长生，名书上清。

此章既将原可分为二章的文字汇合为一章，显然是认为：以鼻引气、经行泥丸九宫及三丹田、下至黄庭的周天运转，必须和男女房中术相配合成一体来进行修炼，所以说长生以房中为急。

与此章内容相近者有：《太上黄庭外景玉经》上部经："三关之中精气深，子欲不死修崑仑。绛宫重楼十二环，琼室之中五色集。赤城之子中池立，下有长城玄谷邑。长生要慎房中急，弃捐淫欲专守精。寸田尺宅可理生，系子长留心安宁。观志游神三奇灵，闲暇无事心太平。"

此章押缉韵转庚青韵。缉韵字为：集、立、邑、急、泣。庚青合韵字为：精、生、倾、青、形、宁、灵、明、平、丁、清。

【注释】

① 琼室之中八素集：在脑部中蓄积了八方精气。

琼室：琼玉做成的宫室，此指脑室。陈撄宁《道教与养生》第二编《黄庭经讲义》第二章泥丸："琼室即脑室，八素即四方四隅之神，泥丸夫人即脑室中央之神，名为夫人者，谓脑属阴性，宜静不宜动，静则安，动则伤，本于老子守雌之义也。"（北京，华文出版社，2000 年 3 月）

八素：八方纯一之气，泛指天地间所有精气。素：丝本色，纯一不杂。《正统道藏》中所收道经有八素之名者有：《上清太上八素真经》《洞真太上八素真经服食日月皇华诀》《洞真太上八素真经精耀三景妙诀》《洞真太上八素真经修习功业妙诀》《洞真太上八素真经三五行化妙诀》《洞真太上八素真经登坛符札妙诀》《洞真太上八素真经占候入定妙诀》等。以《洞真太上八素真经服食日月皇华诀》经文看来，所谓的八素，即是八节日及八方之精气，依八节日之不同，各用不同的八素符招致八方精气。其仪法并配合五行方位及颜色来使用，依次为：立春用八素青符，向东北方修炼及服符；春分用七素青符，向正东方修炼及服符；立夏用六素赤符，向东南方修炼及服符；夏至五素赤符，向正南修炼服符；立秋用四素黄符，向西南修炼及服食；秋分用三素黄符，向正西方修炼并服符；立冬用二素黑符，向西北修炼及服符；冬至用一素黑符，向正北方修炼及服食。符的名称由一素至八素不同。而在颜色上，西方原为白色，经中秋天用黄符者，是因为八素符是供吞服之用，所以是书写在竹膜之上，竹膜的颜色为白色，因此秋天二符便用黄色来书写了。

［唐］梁丘子注：“谓上元清真琼室，体骨之象也。”

② 泥丸夫人当中立：泥丸夫人坐镇在泥丸宫中。

泥丸夫人：指上一赤子之夫人。泥丸宫由泥丸天帝上一赤子及天帝卿所治。以上一赤子为主神，天帝卿为辅神。

［唐］梁丘子注：“《经》云：‘洞房中有父母。’母即夫人也。亦名道母。泥丸、洞房，上已释。”

③ 长谷玄乡绕郊邑：鼻子呼吸，下通肾脏，围绕着五脏

六腑。

长谷：鼻孔。长指鼻，谷为孔。玄乡：玄妙之乡，指肾；玄为北方黑色，肾五行属水为黑。绕郊邑：围绕五脏城之外。郊邑：城外。邑：城。

案：《太上黄庭外景玉经》上部经云："赤城之子中池立，下有长城玄谷邑。"［唐］务成子注："肠为长城，肠为邑。肾为玄谷，上应南北也。"［唐］梁丘子注："小肠为长城，引气入于胞中也。"长城和此处长谷，文字相近，但长城甚长，当指小肠；长谷二字，梁丘子以为指鼻。

［唐］梁丘子注："长谷，鼻也。玄乡，肾也。郊邑，谓五脏六腑也。言鼻中之气出入，下与肾连，周绕脏腑，心居赤城，存想内外。郭外曰郊。故为象谕也。"

④ 六龙散飞难分别：天地日月等六种精气，容易飞散，难以区别，应当存思采用。（或译：六腑之气，容易飞散，难以分别，应当谨慎。）

六龙：梁丘子以为是六腑之气，笔者疑六龙即《庄子·逍遥游》所说的"御六气之辩"，六气有二种说法：一是指天、地、日、月等四季四方及上下之精气（见《陵阳子明经》）；一是指阴、阳、风、雨、晦、明之气（见《经典释文》引司马彪说）。天地日月精气说见《楚辞·远游篇》："餐六气而饮沆瀣兮。"［东汉］王逸注云："《陵阳子明经》言：'春食朝霞，朝霞者，日始欲出赤黄气也。秋食沦阴，沦阴者，日没以后赤黄气也。冬饮沆瀣，沆瀣者，北方夜半气也。夏食正阳，正阳者，南方日中气也。并天地玄黄之气，是为六气也。'"是依不同时位，吸食天地日月等精气。

［唐］梁丘子注："言六府之气，微妙潜通，难可分别，当审存之也。"

⑤ 长生至慎房中急：长生之道最应该谨慎，最急切的是房中术。

［唐］梁丘子注："气亡液漏，髓脑枯竭，虽益以畎浍，而泄以尾闾，不可不慎也。"

⑥ 何为死作令神泣：为何造作令己死亡之事，让神祇为我们哭泣。

死作：造作令己死亡之事。

［唐］梁丘子注："房中不慎，伤精失明，故神泣也。"

⑦ 忽之祸乡三灵殁：忽然沦落到灾难之地，三魂丧亡。

之：往、到。

祸乡：灾祸之地，死地。

三灵：三魂。灵：神。人之魂魄有阴阳，魂为神为阳，魄为鬼为阴。

殁：死亡。《道藏》梁丘注本、刘长生注本、《修真十书》本作"没"。《云笈七签》《道藏》白文本作"殁"，殁意较明白，梁丘注云："殁，亡者也。"注文亦作"殁"，今据改。

［唐］梁丘子注："祸乡，死地。三灵，三魂也，谓爽灵、胎光、幽精。殁，亡者也。"

⑧ 但当吸气录子精：只是应当外以吸食天地日月之气，内以采集你身中的精气为主。

录：采用。

［唐］务成子注："呼吸吐纳，闭房止精。"

⑨ 寸田尺宅可治生：体内三丹田、脸部鼻孔，可以用来处理养生之事。

寸田：一寸方圆的丹田之地；泛指三丹田。

尺宅：面。案：本书《脾部章第十三》“外应尺宅气色芳。”［唐］梁丘子注：“尺宅，面也。”

［唐］梁丘子注：“谓三丹田之宅，各方一寸，故曰寸田。依存丹田之法以治生也。《经》云：‘寸田尺宅’，彼尺宅谓面也。”

⑩ 若当决海百渎倾：如果不知节制，那就应当像大海决堤，百川尽泄般流失。

倾：尽。《道藏》梁丘子注、《云笈七签》、刘长生注本皆作“倾”；《道藏》白文本、《修真十书》误作“饮”；倾字叶韵，应以倾字为是。

百渎：百川。渎：沟渠。

［唐］梁丘子注：“谓房中淫泄，不知闭止也。”

⑪ 叶去树枯失青青：叶片凋落，树木枯槁，失去青绿的颜色。

［唐］梁丘子注：“象人死无生气。”

⑫ 气亡液漏非己形：精气丧亡，津液漏尽，不再象是自己的形貌。

亡：《修真十书》作“之”。

［唐］梁丘子注：“《仙经》云：闭房炼液，不多言，不远唾。反是亡矣。”

⑬ 专闭御景乃长宁：对内专心闭止精气，对外服食日月精气，这样才能获得长生与安宁。

专闭：专心于闭精。

御景：服食日精，此泛指服食天地日月等精气。御：进用、治理。景：日光，引伸为日气。

［唐］梁丘子注："专闭情欲，存服日光。《老子》曰：'善闭者，无关楗而不可开。'又《上清紫文灵书》有采飞根之法，常以日初出，东向，叩齿九通，毕，阴咒日魂名、日中五帝字曰：日魂珠景，照韬绿映，回霞赤童，玄炎飙象。祝呼此十六字毕，瞑目握固，存日中五色流霞来绕一身，于是日光流霞俱入口中，名曰日华、飞根、玉胞、水母也。向日吞霞四十五咽毕，又咽液九过也。"（案：注文采《云笈》本）

⑭ 保我泥丸三奇灵：保护我泥丸宫等殊特的三丹田，灵妙神异。

泥丸三奇灵：泥丸宫等奇妙的三丹田，灵妙神异。奇：殊特。灵：神妙。脑部泥丸宫，又称上丹田，和心中绛宫（中丹田）及命门的下丹田，分处人身上中下三个重要部位，称为三丹田。

案：三奇：梁丘子以为三处神祇，陈撄宁以为是精气神三元。陈撄宁《道教与养生》第二编《黄庭经讲义》第二章泥丸："三奇，即三元。三元，即元精、元气、元神。"在内丹修炼法门中，以精气神为主的修炼法门较后起，陈说较有争议。

［唐］梁丘子注："泥丸，上丹田也。《大洞经》云：'三元隐化，则成三宫。一曰太清之中三君，二曰三丹田之神，三曰符籍之神。'故曰三奇灵也。"

⑮ 恬淡闭视内自明：清静淡泊，闭眼内观，体内三丹田

自然洞彻朗明。

闭视：闭眼内观。闭字，《道藏》梁丘子注本、《修真十书》《道藏》白文本，作“闲”；《云笈七签》、刘长生注本作“闭”；以文义看，应以作“闭”字为是。

陈撄宁《道教与养生》第二编《黄庭经讲义》第二章泥丸：“恬淡，谓节嗜欲，少谋虑。闭观，谓闭目返观。此言保养脑中精气神之法，惟在返观内照也。”

［唐］梁丘子注：“谓存思三丹田之法，一如上说。”

⑯ 物物不干泰而平：外在万物不会来触犯干扰，心灵安舒平和。

干：触犯。

泰：安舒。

［唐］梁丘子注：“行道真正，邪物不干。”

⑰ 悫矣匪事老复丁：虔谨修炼，不复有灾祸之事产生，年老的人能再返回壮盛之年。

悫矣：诚谨的样子。《说文解字·卷十·心部》：“悫，谨也。”

匪事：不会有灾祸之事产生。

老复丁：老年又能返回丁壮。复：又、再、更。丁：壮盛。

［唐］梁丘子注：“猛兽不据，攫鸟不搏。老者反壮，病者皆强。悫矣必然。”

⑱ 思咏玉书入上清：存思诵咏《黄庭内景玉经》，能飞升进入上清天境。

玉书：此指《黄庭内景玉经》。

上清：三清境之一，太上玉晨大道君所辖。三清为：玉清境，元始天尊所治。上清境，玉晨大道君。太清境，太上老君。

［唐］梁丘子注："精研《内景》，必获仙道。"

【今译】

在脑部中蓄积了八方精气，泥丸夫人坐镇在泥丸宫中。鼻子呼吸，下通肾脏，围绕着五脏六腑。天地日月等六种精气，容易飞散，难以区别，应当存思采用。长生之道最应该谨慎，最急切的是房中术。为何造作令己死亡之事，让神祇为我们哭泣、忽然沦落到灾难之地、三魂丧亡？只是应当外以吸食天地日月之气，内以采集你身中的精气为主。体内三丹田、脸部鼻孔，可以用来处理养生之事。如果不知节制，那就应当像大海决堤，百川尽泄般流失。叶片凋落，树木枯槁，失去青绿的颜色。精气丧亡，津液漏尽，不再象是自己的形貌。对内专心闭止精气，对外服食日月精气，这样才能获得长生与安宁。保护我泥丸宫等殊特的三丹田，灵妙神异。清静淡泊，闭眼内观，体内三丹田自然洞彻朗明。外在万物不会来触犯干扰，心灵安舒平和。虔谨修炼，不复有灾祸之事产生，年老的人能再返回壮盛之年。存思诵咏《黄庭内景玉经》，能飞升进入上清天境。

常念章第二十二

常念三房相通达[①]，洞得视见无内外[②]。存漱五芽不饥渴③，神华执巾六丁谒④。急守精室勿妄泄⑤，闭而宝之可长活⑥。起自形中初不阔⑦，三宫近在易隐括⑧。虚无寂寂空中素⑨，使形如是不当污⑩。九室正虚神明舍⑪，存思百念视节度⑫。六府修治勿令故⑬，行自翱翔入天路⑭。

【章旨】

此章所述修行法门，主要以存思三丹田宫室内外洞彻之法，兼行服食五方天精华之气，并将精气积存于三丹田中，使九宫虚静，神明来舍，不饥不渴，如此可令六丁神女来谒，而飞升天界之路。

与此章内容相近者为：《太上黄庭外景玉经》上部经云："常存玉房神明达，时念太仓不饥渴，役使六丁神女谒，闭子精路可长活。正室之中神所居，洗心自治无敢污。历观五脏视节度，六腑修治洁如素。虚无自然道之故。"[1]

此章押曷末韵转遇暮韵。曷末等段玉裁古音十五部韵字为：达、外、渴、谒、泄、活、阔、括。遇暮韵等段玉裁古音五部韵字为：素、污、舍、度、故、路。

【注释】

① 常念三房相通达：常常存思三丹田之宫室，使精气相互通达往来。

三房：梁丘子以为是脑部九宫的明堂、洞房、丹田（泥

[1] 《正统道藏·洞玄部·本文类·人字号》，新文丰出版公司刊本，第10册，第114页下，并参酌王羲之抄本改正。

丸）三处；以下文“三宫”看，宜指三丹田。

通达：畅通无阻。

［唐］梁丘子注：“三房谓明堂、洞房、丹田之房也。与流珠、玉帝、天庭、极真、玄丹、泥丸、太皇等诸宫，左右上下皆相通达。”

② 洞得视见无内外：能存思使三丹田通彻朗明，才能看见没有内外之别，物我之分。

洞得视见：能存思使三丹田通彻朗明，才能看见。洞：透彻、通透。《道藏》梁丘子注本、《云笈七签》、刘长生注本作“洞得视见”，《修真十书》《道藏》白文作“洞视得见”。

无内外：无物我之别，进入忘我忘物之境界。内指身，外指物。

案：《太上黄庭外景玉经》卷上说：“常存玉房神明达。”可以和此章“常念三房相通达，洞视得见无内外”相参看。

［唐］梁丘子注：“存思三丹田，三三如九，合九为一，明玄洞彻，无有内外也。”（案：梁丘子注依《云笈七签》本改。）

③ 存漱五芽不饥渴：存思并漱灌口中津液，服食五方精气，可以使人不再饥渴。

存漱：存思及荡漱吞服津液。

五芽：五方天始生精气。五方天，指东、西、南、北、中五方天界。芽，有时写作“牙”，此指始生之气。食五方天五牙精气之说，见载于《太上灵宝五符序·卷下》皇人告黄帝守三一、食五芽之法。其法是观想法五方天各天气数（东九、南三、中一、西七、北五），向五方天服食五芽精气，以舌料齿牙上下内外而咽液吞气，所谓："东方青芽：服食青芽，饮以朝华；已咒，舌料上齿之表，舐唇漱口，满而咽之，三次。""南方朱丹：服食朱丹，饮以丹池；已咒，舌料下齿表，舐唇漱口咽之；三次。""中央戊己：昂昂泰山，服食精气，饮以醴泉；已咒，舌刺舌上玄膺，取玉泉，舐唇咽之，三次。""西方明石：服食明石，饮以灵液；已咒，以舌料齿上，舐唇咽之。""北方玄滋：服食玄滋，饮以玉饴；已咒，以舌料舌下，舐唇咽之；三；毕。"

服食五方天之精气，可以不饥渴，不饥渴即能辟谷。《黄庭外景经》中多章已出现不饥渴的修炼法门，但皆和服食五方牙气之说无关。《太上黄庭外景玉经》上部经云："常存玉房神明达，时念太仓不饥渴，役使六丁神女谒，闭子精路可长活。"[1]《太上黄庭外景玉经》下部经："仙人道士非有神，积精所致为专年，人皆食谷与五味，独食太和阴阳气，故能不死天相既。试说五脏各有方，心为国主五脏王，意中动静气得行，道自持我神明光，昼日昭昭夜自守，渴自饮浆饥得饱。经历六腑藏卯酉，转阳之阴藏于九，常能行之不知老。"[2]

《黄庭外景经》的不饥渴，及不食五谷而食太和之气，皆未和服食五方天气的五芽法相并论。但到了《黄庭内景经》，

[1] 《正统道藏·洞玄部·本文类·人字号》，新文丰出版公司刊本，第10册，第114页下。

[2] 《正统道藏·洞玄部·本文类·人字号》，新文丰出版公司刊本，第10册，第115页下。

则开始和五方五芽服食说相连结，以为是由服食五芽而致不饥渴。《太上黄庭内景玉经·常念章第二十二》说："常念三房相通达，洞视得见无内外。存漱五芽不饥渴，神华执巾六丁谒。急守精室勿妄泄，闭而宝之可长活。"[1]

上引《太上黄庭外景玉经》中谈到了存思"太仓不饥渴，役使六丁神女谒"。又说仙人道士是不食五谷，独食阴阳气，以心引气，经历五脏六腑，使阴阳气相转化，可以"渴自饮浆饥得饱""常能行之不知老"。这些食气以达不饥不渴，实即是食五芽之气，所以《太上黄庭内景玉经·常念章第二十二》说"存漱五芽不饥渴，神华执巾六丁谒"。可以明显看出到了《黄庭内景经》，服食五牙和不饥渴的长生术有密切关系。《太上灵宝五符序》《黄庭内景经》之后和五厨之说关系较密切的，当为《抱朴子·杂应篇》中所言不饥、不渴、不寒、不热的诉求。其后更有《老子说五厨经》《五灵心丹章》等以不饥、不寒、不热、不渴、长生五者，配合五方五天来行修仙的法门。

汉魏六朝服食五方天气的道经，约有：《太上灵宝五符序》《太上黄庭内景玉经》《元始五老赤书玉篇真文天书经》等等。有关五芽之说，详见台北文津出版社 2005 年 11 月出版的笔者《六朝道教上清派研究》第八章"周秦至六朝道教及上清派之辟谷食气说——兼论其对佛教之影响"。

［唐］梁丘子注："《灵宝》有服御五牙之法。五牙者，五行之生气，以配五藏。《元精经》云：'常以立春之日鸡鸣

[1] 《正统道藏·洞玄部·本文类·人字号》，新文丰出版公司刊本，第 10 册，第 110 页下。

时入室，东向礼九拜，平坐，叩齿九通，思存东方安宝华林青灵始老帝君九千万人下降室内，郁郁如云，以覆己形，从口中入，直下肝府。祝曰：九气青天元始上精皇老尊神，衣服羽青，役御天官，焕明岁星，散耀流芳，陶溉我形。上食朝霞，服引木精。固养青牙，保镇朽零，肝腑充盈，玉芝自生，延年驻寿，色反童婴。五气混合，天地长并。毕，引青气九咽止，便服东方赤书玉文十二字也。’余南方、西方、北方、中央，依按灵宝服御五牙之法而行之。”（案：梁丘子注所引文，出自《太上洞玄灵宝赤书玉诀妙经·卷下·元始赤书服食青牙导引九气青天玉诀》）

④ 神华执巾六丁谒：女神华丽手执巾帕，乃是六丁女神来进见。

神华执巾：女神华丽手执巾帕，此神指六丁。六甲为男神，六丁为女神。神华：女神华丽。

谒：进见。

案：《太上黄庭外景玉经》卷上说："时念太仓不饥渴，役使六丁神女谒。"可以和此句相参看。又，六甲及六丁为道教神名。在道教经典中，六十甲子神共有六十个，各有姓氏名讳，可能因为人数太多，在称名呼请上有困难，而六十甲子，以旬（十日）为一单位来区分，可以分为六组，每组皆以"甲"为首，因而形成了六甲，再以阴阳相配的概念来说，甲为"阳"，丁为"阴"，既有六甲，与其阴阳相配的即为六丁。于是自然地，由六十甲子神加以简缩推衍而来的，便有六甲将军、六丁将军。所谓六甲，即六十甲子中六个以"甲"为开头者，依次为：甲子、甲寅、甲辰、甲午、甲申、甲戌。六丁为：丁丑、丁卯、丁巳、丁未、丁酉、丁亥。早期道典中六甲、六丁都是神将，没有男女之别。后来由于既然六十甲子神有阴阳之说，也就应有男女之别，于是就有六甲为男神、六丁为女神、六甲为神将、六丁为玉女的不同说法出现。后世道典有的为了把六甲、六丁和六十甲子神做区隔，甚至另外赋予祂们不同的名讳形貌。如《秘藏通玄变化六阴洞微遁甲真经》卷中《六阴隐秘要》说：

“六阴者，六甲之阴也。甲子之阴，乃是丁卯，甲戌之阴丁丑，甲申之阴丁亥，甲午之阴丁酉，甲辰之阴丁未，甲寅之阴丁巳。六丁乃六阴也，则六甲之为阳将，六丁为阴神。用六丁而不用六阳者，阴为无也。无则能变化，能有能无，出生入死，包容隐显也。如临军之用兵法也，六阴无形，用之则应。凡有道之士用阴，无道之士用阳。阳则可测，阴则不可穷也。”[1]

六十甲子以六甲为首，六甲为阳，而六丁为阴，“阴阳翕辟，万二千物具而有神焉。主之者，六甲也。天不用六甲，三景失伦。地不用六甲，五岳崩摧。天子不用六甲，百官乖绪。”六丁为阴神，能有能无。道士佩带六甲六丁符，以驱鬼除妖，取远物，逆知吉凶。六甲六丁，阴阳动静，相须相配，但有时阴反可胜于阳，所谓“凡有道之士用阴，无道之士用阳。阳则可测，阴则不可穷也”。六甲、六丁，在道教诸神中虽属于较低阶的护卫神将，但却成为道教禳灾驱鬼等术法中常召请的护法神祇。

---

[1] 《正统道藏·洞神部·方法类·履字号》，新文丰出版公司刊本，第31册，第260页上。

［唐］梁丘子注："神华者，《玉历经》云：'太阴玄光玉女，道之母也。衣五色朱衣，在脾腑之上，黄云华盖之下。'六丁者，谓六丁阴神玉女也。《老君六甲符图》云：'（六丁各有神），丁卯神司马卿玉女足日之，丁丑神赵子玉玉女顺气，丁亥神张文通玉女曹漂之，丁酉神臧文公玉女得喜，丁未神石叔通玉女寄防，丁巳神崔巨卿玉女开心之。'言服炼飞根，存漱五牙之道成，则役使六丁之神也。"（案：括号内之字，依《修真十书》补。）

⑤ 急守精室勿妄泄：应急忙固守储存精气之宫室，不可以妄加漏泄。

［唐］梁丘子注："精室，谓三丹田。上下资运而不绝，制之在心。心即中丹田也，缓急之所由，真妄之根本也。"

⑥ 闭而宝之可长活：闭守而珍宝精气，可以令人活命长寿。

案：《太上黄庭外景玉经》卷上说："闭子精路可长活。"可以和此句相参看。

［唐］梁丘子注："积精之所致也。"

⑦ 起自形中初不阔：精气储存，其源起自在身体的丹田宫室中，只一寸见方，并不宽阔。

不阔：不宽阔，指上中下三丹田之宫室各皆一寸见方，所以是不阔。

［唐］梁丘子注："调心使气，微妙无形。"

⑧ 三宫近在易隐括：三丹田近在我们身中，容易用来矫正精气之储存。

三宫：三丹田。案：宫字，《云笈七签》《道藏》白文本作“官”。《道藏》梁丘子注、刘长生注、《修真十书》作“宫”。

隐括：矫正竹木邪曲的工器；引伸为矫正、概括。［明］冷谦：“隐微通括。”

［唐］梁丘子注：“谓三丹田真宫近在人身，隐括精气，常以心为君主者也。”

⑨ 虚无寂寂空中素：能虚静无为，恬淡寂寞，则有如虚空中洁净的缣素。

素：白色丝帛，引伸为纯一不杂。

［唐］梁丘子注：“外指事也。素，有二说。”

⑩ 使形如是不当污：假使我们的形体能做到像这样的地步，便不会被俗事所染浊。

污：浊秽。

［唐］梁丘子注：“使形轻净，如悬缣素于空中也。又云：身中虚空，使如器之练素，虚静当然。污谓有其事也。”

⑪ 九室正虚神明舍：脑中九宫方正而虚静，神明便自来镇守宫室。

舍：居止。

案：神喜恬淡虚静，忌烦躁俗杂，方正虚寂，神明自来止舍。又，《太上黄庭外景玉经》卷上说：“正室之中神所居，洗心自治无敢污。”可以和上句及此句相参看。

［唐］梁丘子注：“九室，谓头中九宫之室及人之九窍。使上宫荣华，九窍真正，则众神之所止舍也。《洞神经》云：‘天有九星，两星隐，故称九天。地有九宫，故称九地。人有九窍，故称九生，言人所由而生也。’”

⑫ 存思百念视节度：存思观想，百次诵念，都完全要依照准则法度来进行。

节度：准则法度。

［唐］梁丘子注："存念身中百神呼吸上下，一如科法。文云'千千百百似重山'，皆神象。"

⑬ 六府修治勿令故：大肠、小肠、胃、膀胱、三焦、胆等六腑，要加以处理整治，不要让它产生变故衰败。

六府：即六腑，一般指人身中的六个器官：大肠、小肠、胃、膀胱、三焦、胆，与五藏相应。梁丘子另有解说，以五脏及胆为六腑，详下引。

修治：处理整治。故：变故、事故，引伸为衰败。

案：《太上黄庭外景玉经》上部经说："历观五脏视节度，六腑修治洁如素。"可以和此章"存思百念视节度，六腑修治勿令故"相参看。五脏六腑既相对为文，则此句之六腑，应即是一般所说的六腑。

［唐］梁丘子注："按《洞神经》云：'六府者，谓肺为玉堂宫尚书府，心为绛宫元阳府，肝为清泠宫兰台府，胆为紫微宫无极府，肾为幽昌宫太和府，脾为中黄宫太素府。'异于常六府也。"

⑭ 行自翱翔入天路：行将自由翱翔，飞升进入天堂之路。

天路：天界之路。天路，《云笈七签》《道藏》梁丘子注、刘长生注本作"天路"。《修真十书》《道藏》白文本作"云路"。

［唐］梁丘子注："谓升仙羽化也。"

【今译】

常常存思三丹田之宫室，使精气相互通达往来。能存思使三丹田通彻朗明，才能看见没有内外之别、物我之分。存思并漱灌口中津液，服食五方精气，可以使人不再饥渴。女神华丽，手执巾帕，乃是六丁女神来进见。应急忙固守储存精气之宫室，不可以妄加漏泄。闭守而珍宝精气，可以令人活命长寿。精气储存，其源起自在身体的丹田宫室中，只一寸见方，并不宽阔。三丹田近在我们身中，容易用来矫正精气之储存。能虚静无为，恬淡寂寞，则有如虚空中洁净的缣素。

假使我们的形体能做到像这样的地步，便不会被俗事所染浊。脑中九宫方正而虚静，神明便自来镇守宫室。存思观想，百次诵念，都完全要依照仪节法度来进行。大肠、小肠、胃、膀胱、三焦、胆等六腑，要加以处理整治，不要让它产生变故衰败。行将自由翱翔，飞升进入天堂之路。

治生章第二十三

治生之道了不烦[①]，但修洞玄与玉篇[②]。兼行形中八景神[③]，二十四真出自然[④]。高拱无为魂魄安[⑤]，清静神见与我言[⑥]。安在紫房帏幙间[⑦]，立坐室外三五玄[⑧]。烧香接手玉华前[⑨]，共入太室璇玑门[⑩]。高研恬淡道之园[⑪]，内视密盼尽睹真[⑫]。真人在己莫问邻[⑬]，何处远索求因缘[⑭]？

【章旨】

此章以“治生”为名，治生就是善处吾生，也就是养生。强调《黄庭经》存思身神，向内观照的重要性。自身先清静恬淡，无为自然，以安魂魄，然后再存思内神，如此则仙真自现，修仙可成。

与此章内容相近者为：《太上黄庭外景玉经》上部经云：“物有自然事不烦，垂拱无为身体安。虚无之居在帏间，寂寞旷然口不言。修和独立真人宫，恬淡无欲游德园，清净香洁玉女存，修德明达道之门。”

此章押真元寒删先等韵，古韵通转，见《诗韵集成》十一真下注语。韵字为：烦、篇、神、然、安、言、间、玄、前、门、园、真、邻、缘。

【注释】

① 治生之道了不烦：养生的道理，清楚明白，不会烦琐。

了：明白、完全。

［唐］梁丘子注：“无为清简，约以守志。”（案：“约以守志”，《修真十书》本作“约己守正”。）

② 但修洞玄与玉篇：只要修炼玉晨大道君所说洞玄灵宝经和《黄庭内景玉经》即可。

洞玄：泛指玉晨大道君所说经。《道藏》分三洞四辅十二类，元始天尊所说经为洞真，玉晨大道君所说为洞玄，太上老君所说经为洞神。

玉篇：指《黄庭内景玉经》。

［唐］梁丘子注：“洞玄，谓洞玄灵宝。玉篇，真文《黄庭》也。”

③ 兼行形中八景神：同时兼修，存思镇守身中三部八景的神祇。

兼行：同时修行。

形中八景神：镇守身中三部八景的神祇。

案：《正统道藏·正乙部·亦字号》所收的《洞玄灵宝二十四生图经》一卷有符。此经依上中下三部八景来叙述，将人体神祇分为头部、胸部及腹部以下三部。上部指头部而言；中部以五脏（心、肝、脾、肺、肾）为主；下部以六腑（大肠、小肠、胃、膀胱、三焦）为主。每部各列八景神，如头部一景脑神，二景发神，三景皮肤神，四景目神，五景顶髓神，六景膂神，七景鼻神，八景舌神。头部八景神称上真，胸部八景神称中真，腹部以下八景神称下真，共二十四真。此经将人身中发脑肤目鼻舌等二十四神和二十四气相配，人体二十四神各有名讳字号。经中将二十四真气（上、中、下三部各八真气），说成是二十四神仙，再画成二十四道符（八玉符、八真符、八灵符）。以为存思二十四神图，服佩二十四符，可以飞升成仙。《二十四生图经》，见载于《抱朴子·遐览篇》所载其师汉末郑隐之藏书中，可见此经的撰作年代，至迟应在汉世至三国间。

［唐］梁丘子注：“《玉纬经》云：‘五藏有八卦大神宿卫。太一八使者主八节日。八卦合太一为九宫。八卦外有十二楼，楼为喉咙也。脐中为太一君，主人之命也，一名太极，一名太渊，一名崑仑，一名持躯。主身中万二千神也。’”

④ 二十四真出自然：身中二十四仙真，都是出自于自然道气所形成的。

二十四真：人身中二十四部位的镇守仙真，头部上真八位，胸部中真八位，腹以下下真八位。据《洞玄灵宝二十四生图经》所说，依次为：头部上真八景神：一景脑神，二景发神，三景皮肤神，四景目神，五景顶髓神，六景膂神，七景鼻神，八景舌神。胸部中真八景神：一景喉神、二景肺神、三景心神、四景肝神、五景胆神、六景左肾神、七景右肾神、八景脾神。腹部以下，下真八景神：一景胃神、二景穷肠神、三景大小肠神、四景胴中神、五景胸膈神、六景两胁神、七景左阳神、八景右阴神。

［唐］梁丘子注："天有二十四真气，人身亦有之。又三丹田之所，三八二十四真人，皆自然之道气也。"

⑤ 高拱无为魂魄安：高坐拱手，不以私心刻意作为，魂魄自然安宁。

高拱：高坐拱手；所谓垂拱而治。

无为：不以私心刻意作为，即顺万物本然之理而为，亦即顺自然而为。

［唐］梁丘子注："行忘、坐忘、离形、去智。"

⑥ 清静神见与我言：清虚寂静，自能感应神祇现身，与我言谈。

见：通"现"。

［唐］梁丘子注："能清能静，则心神自见。机览无外，而与己言，即谓黄庭真人。"

⑦ 安在紫房帏幙间：神祇安坐在充满紫气宫室的帷幔中

（或译：玉帝君安坐在太极宫紫房帷幔间。或译：太一五神混合成一神，坐在泥丸宫帷幔间）。

紫房：有多种解释：1.充满紫气之宫室，泛指身神所在处。2.紫房亦可作为脑部九宫之上太极宫之专称，是全身内神最尊高之玉帝君所在，见《洞真太一帝君太丹隐书洞真玄经》。3.紫房指泥丸宫，太一五神混合变化成一神时，名为帝昌上皇君，镇守紫房，宫在泥丸，见《上清太上帝君九真中经·卷上·太上帝君九真中经内诀》。

案：脑部九宫之上有太极宫，不在九宫之内，玉帝君主之。玉帝君名绛凌梵，字履昌灵，一名七灵，一名神丈人。所治处在太极紫房。紫房又称太极宫，或太极紫房。人身中之紫房，在脑部六合宫之上，六合宫在明堂和洞房宫间之上方。《洞真太一帝君太丹隐书洞真玄经》说："太极之中有九名，太清中有五帝六府九官名，其域同一也。一曰太清、二曰太极、三曰太微、四曰紫房、五曰玄台、六曰帝堂、七曰天府、八曰黄宫、九曰玉京玄都。要而言之，从人项（顶）上直下一寸为太极宫，太极宫方一寸耳，太极宫在六合宫之上。六合宫，太一之神居焉。从两眉间却入一寸为明堂，却入二寸为洞房，却入三寸为丹田。其明堂之北，洞房之南，两眉之间上一寸为六合宫，六合宫方一寸。"[1]据此说，在洞房宫和明六堂宫间之上方为六合宫，六合宫之上为太极宫。此二宫不在脑部九宫中。又，太极宫又名太清、太微、紫房、玄台、玉京玄都，九者同指一处。以上以太极宫为紫房。

[1] 《正统道藏·正乙部·广字号》，新文丰出版公司刊本，第56册，第392至393页。

又，《上清太上帝君九真中经·卷上·太上帝君九真中经内诀》说："第九真法，以十一月二十八日，及本命日、丙子日巳时，帝君太一五神，混合变化为一大神，在泥丸紫房之中，号曰帝昌上皇君，字先灵元泉……兆每至其日时，当沐浴，烧香左右，入室平坐，接手于两膝上，存帝昌上皇君在泥丸紫房之中，使口吐紫气，绕头九重。毕，又使口吐紫气，绕两目内外九重……祝曰：帝昌祖君，帝皇元神，镇守紫房，宫在泥丸，黄阙金室，混为九魂，魂生万变，乃成帝君，五神奉侍，七气上真，龙衣凤帔，紫翠青缘，手把皇符，头巾华冠，左佩玉瑛，右带虎文，下坐日月，口吐紫烟，周气齿舌，朝溉眼唇，出丹入虚，呼魄召魂，凝精固胎，六合长欢，上登太微，列补仙官。"[1] 以上是以泥丸宫为紫房。

帏幙：帷幔、帐幕。幙：同"幕"。幙，刘长生注本作"幕"；《道藏》梁丘子注、《云笈七签》《修真十书》《道藏》白文本均作"幙"。

［唐］梁丘子注："紫房帏幕，一名绛宫。谓赤城中童子所安之处。存思心神其状如此。"

⑧ 立坐室外三五玄：诸神置立坐席在玄妙的三丹田及五脏的宫室外。

三五：有数说，1. 梁丘子注所说的三丹田及五脏。2. 指三素元君及太一五神，见《洞真高上玉帝大洞雌一玉检五老宝经·大洞雌一帝君变化雌雄之道》所说的三五七九。3. 指心、肾及脾脏三处，《周易参同契·上篇·二土全功章第

[1] 《正统道藏·正乙部·既字号》，新文丰出版公司刊本，第 57 册，第 105 页。

十一》云："子午数合三，戊己号称五，三五既和谐，八石正纲纪。"五行生克中，子为水为北，其数为一；午为火为南，其数为二；戊己为土，其数为五。坎水（肾）、离火（心）之数相合为三，戊己为意土（脾），为调和水火之媒介。三五指心、肾及脾。

［唐］梁丘子注："谓八景及二十四真神营护人身，则三田五藏真气调柔，无灾病也。"

⑨ 烧香接手玉华前：双手相接拿起香，在眉间前礼拜。

玉华：华盖，指两眉间。又，《黄庭外景经》上部经作"清净香洁玉女存"，意谓：能修行自身，使清净香洁，玉女自然现前护卫修行人。文意和此句有些差别。

［唐］梁丘子注："玉华即华盖之前，谓眉间天庭也。百神之宗元，真人之窟宅，当仰面而存之也。"

⑩ 共入太室璇玑门：共同进入紫房等玉帝君宫室，进入司掌世人生死的北斗之门。

太室：太庙中央之室，也用来指称太庙；此指紫房等玉帝君宫室。《尚书·洛诰》："王入太室祼。"孔传："太室，清庙。"孔颖达疏："太室，室之大者，故为清庙。庙有五室，中央曰太室。"

案：太字，刘长生注本作"大"。梁丘子注、《云笈七签》《修真十书》、白文本作"太"。

璇玑门：司掌世人生死的北斗之门。璇玑：指北斗，北斗主司生死。见本书《若得章第十九》注。再略述于下：北斗七星之名为天枢、天璇、天玑、天权、玉衡、开阳、摇光等；所以有时也直接以"璇玑玉衡"四字来代表北斗七星。《史记·天官书》说："斗为帝车，运于中央，临制四乡，分阴阳，建四时，均五行，移节度，定诸纪，皆系于斗。"北斗主司星辰运转，生化万物，也主司人命寿夭、国命短长。《春秋佐助期》说："七星之名，并是人年命之所属，恒思诵之，以求福也。"道经中以北斗主司人命，并说南斗主生，北斗主死。有关北斗信仰，请参见笔者《太岁元辰与南北斗星神信仰》，香港，啬色园出版，2011 年 8 月。

［唐］梁丘子注："《洞房经》云：'天有太室、玉房、云庭。（云庭）中央黄老君之所居也。玉房一名紫房，一名绛宫，通名明堂。上有华盖，东西宫洞通左右黄庭之内，人身具有之。'如上文说，璇玑，中枢名。"（括号内字，据《修真十书》补。）

⑪ 高研恬淡道之园：深入研究淡泊清静，这是大道的所在。

高研：精研，深入研究。

恬淡：淡泊清心。

［唐］梁丘子注："研精恬恢，真气来游。"

⑫ 内视密盼尽睹真：向身内观照，密切盼望，可以看到身内所有的仙真。

盼：盼望，《道藏》梁丘子注作"眄"，《修真十书》《道藏》白文本、《云笈七签》本作"盼"。

睹：看。睹字，《修真十书》《道藏》白文本作"见"；梁丘子注、《云笈七签》、刘长生注本作"睹"。

［唐］梁丘子注："入静思存，百神森森。"

⑬ 真人在己莫问邻：仙真都在自己身内，不必向旁人来

询问。

［唐］梁丘子注："《玉历经》云：'老子者，天地之魂，自然之君，常侍道君左右，人身备有之。'"

⑭ 何处远索求因缘：何必到远处求索，寻找相见的因缘呢？

索：寻求，求取。

因缘：事情产生的主要原因和次要原因；主因为因，次因为缘。

［唐］梁丘子注："《老子》曰：'大道汎兮，其可左右。'言不远也。"

【今译】

养生的道理，清楚明白，不会烦琐。只要修炼玉晨大道君所说洞玄灵宝经和《黄庭内景玉经》即可。同时兼修存思镇守身中三部八景的神祇。身中二十四仙真，都是自然道气所形成。高坐拱手，不以私心刻意作为，魂魄自然安宁。清虚寂静，自能感应神祇现身，与我言谈。神祇安坐在充满紫气宫室的帷幔中。（或译：玉帝君安坐在太极宫紫房帷幔间。或译：太一五神混合成一神，坐在泥丸宫帷幔间。）诸神置立坐席在玄妙的三丹田及五脏的宫室外。双手相接拿起香，在眉间前礼拜。共同进入紫房等玉帝君宫室，进入司掌世人生死的北斗之门。深入研究淡泊清静，这是大道的所在。向身内观照，密切盼望，可以看到身内所有的仙真。仙真都在自己身内，不必向旁人来询问。何必到远处求索寻找相见的因缘呢？

隐影章第二十四

隐景藏形与世殊①，含气养精口如朱②。带执性命守虚无③，名入上清死录除④。三神之乐由隐居⑤，倏欻游遨无遗忧⑥。羽服一整八风驱⑦，控驾三素乘晨霞⑧。金辇正立从玉舆⑨，何不登山诵我书⑩？郁郁窈窈真人墟⑪，入山何难故踌躇⑫？人间纷纷臭如帑⑬。

【章旨】

此章叙述修炼之法，首要韬光养晦，不逐名争利，然后含气养精，执守清静虚无，并入山诵念《黄庭内景玉经》，可以名登仙界，刊除死籍。

与此章内容相近，可以相参阅者为：《太上黄庭外景玉经》中部经第二：“作道优游深独居，扶养性命守虚无。恬淡无为何思虑，羽翼已成正扶疏，长生久视乃飞去。”

此章押虞鱼韵，段玉裁古音五部。韵字为：殊、朱、无、除、居、驱、舆、书、墟、躇、帑。

【注释】

① 隐景藏形与世殊：隐藏自己的形影，不逐名争利，和世人的行为相异。

隐景藏形：隐藏自己的形影，喻处身恬淡，不慕荣利。

景：同“影”，古影字。《云笈七签》作“影”，《道藏》梁丘子注、刘长生注、《修真十书》《道藏》白文本均作“景”。

案：《太上黄庭外景玉经》中部经第二：“作道优游深独居。”意谓：修道须悠闲自得，独居深山。和此句文意相近。

［唐］梁丘子注：“学仙之士，含光藏辉，灭迹匿端。”

② 含气养精口如朱：涵摄元气，培养元精，可以令人口唇像朱砂般红润。

朱：朱砂。

［唐］梁丘子注：“肌肤若冰雪，绰约若处子。”

［明］冷谦注：“乃其颐养之体，含气养精，神气既合，颜色悦好，口必如朱，可验。”

③ 带执性命守虚无：禀持上天所赋予的本性，坚守虚静无为。

带执：执持，执守。带：佩持。

性命：上天所赋之本性本能。《礼记·中庸》：“天命之谓性。”郑玄注：“天命，谓天所命生人者也，是谓性命……《孝经说》曰：‘性者，生之质；命，人所禀受度也。’”性、命二字同义，以天赋予而言，谓之命；以人禀受而言，则为性。

［唐］梁丘子注：“虚静恬恢，寂寞无为。”

［明］冷谦注：“性为真一之精，命为真一之气，原自虚无中来。带之执之，守虚无而性命双修，全真证道。”

④ 名入上清死录除：名字登入上清仙籍，地狱刊除死籍。

案：修仙，须先奏呈天界，名书天界，天界有名，方能登升。不死，须先奏请地狱宫府，地狱刊除死籍，方能不死。

［唐］梁丘子注：“得补真人，列象玄名。”

⑤ 三神之乐由隐居：镇守三丹田之神祇悦乐，乃是由于

人能隐居不追逐名利。

［唐］梁丘子注："理身无为则神乐，理国无事则人安。三神，三丹田之神也。"

⑥ 倏歘游遨无遗忧：迅疾遨游天界，心中没有任何忧愁。

倏歘：疾速貌。游遨：遨游、悠游。

不遗忧：没留下忧愁；谓欢乐无忧，没任何忧愁。

［唐］梁丘子注："倏欻，疾发也。下文云：'驾欻接生宴东蒙'。或云：倏欻，龙名也。无遗忧，谓悬解。"

⑦ 羽服一整八风驱：整理仙衣，驱役八方之风来扫尘。

羽服：仙人衣服。

八风：八方之风。《吕氏春秋·有始览》："何谓八风？东北曰炎风，东方曰滔风，东南曰熏风，南方曰巨风，西南曰凄风，西方曰飂风，西北曰厉风，北方曰寒风。"

［唐］梁丘子注："八风，八方之风。先驱，扫路也。羽服，仙服也。按《上清宝文》：'仙人有五色羽衣。'又《飞行羽经》云：'太一真人衣九色飞云羽章。'皆神仙之服也。"

⑧ 控驾三素乘晨霞：驾御三种不同颜色的祥云，乘坐早晨烟霞之气。

三素：由纯一精气所成三种不同颜色的祥云。素：纯一不杂。案：据《上清太上帝君九真中经·中央黄老君八道祕言章》所言"三素飞云"，系依不同神仙及季节，所乘坐的云色各不同，有紫、绿、白三色，有玄、青、黄三色，有紫、青、黄三色等。请见本书《上有章第二》"紫烟上下三素云"注。

［唐］梁丘子注："外指事也。三云九霞，神仙之所

御也。”

⑨ 金辇正立从玉舆：金辇立于正中之位，玉舆在后跟随。

金辇：黄金做成的辇车。辇：古代帝王所乘坐，用人力拉着走的车子。

正立：立于正中之位。立字：梁丘子注本、《云笈七签》本、刘长生注本作“立”。《修真十书》、白文本作“位”。

玉舆：美玉做成的车子。

［唐］梁丘子注：“《元录经》云：‘上清九天玄神八圣，骖驾九凤龙车。’玉舆、金辇，皆仙人之服器。”

⑩ 何不登山诵我书：为何不登山诵念我的书（《黄庭内景玉经》）呢？

［唐］梁丘子注：“书即是《黄庭经》也。”

⑪ 郁郁窈窈真人墟：山林中茂盛幽深，那是仙真之所居。

郁郁：茂盛的样子。

窈窈：幽深的样子。

墟：地方，所居处。

［唐］梁丘子注：“山中幽邃。”

⑫ 入山何难故踌躇：入山有何困难，为何要犹豫不决？

踌躇：犹豫不决。

［唐］梁丘子注：“情志不决。”

⑬ 人间纷纷臭如帑：人世间繁杂纷扰，宛如铜钱般的臭味。

帑：金帛钱财，或指古代贮藏钱帛之所。

如帑：《云笈七签》作“帑如”，它本皆作“如帑”。

［唐］梁丘子注：“疾人间世，不可居。帑，弊恶之

帛也。”

【今译】

隐藏自己的形影，不逐名争利，和世人的行为相异。涵摄元气，培养元精，可以令人口唇像朱砂般红润。禀持上天所赋予的本性，坚守虚静无为。名字登入上清仙籍，地狱刊除死籍。镇守三丹田之神祇悦乐，乃是由于人能隐居不追逐名利。迅疾遨游天界，心中没有任何忧愁。整理仙衣，驱役八方之风来扫尘。驾御三种不同颜色的祥云，乘坐早晨烟霞之气。金辇立于正中之位，玉舆在后跟随。为何不登山诵念我的书（《黄庭内景玉经》）呢？山林中茂盛幽深，那是仙真之所居。入山有何困难，为何要犹豫不决？人世间繁杂纷扰，宛如铜钱般的臭味。

五行章第二十五

五行相推反归一[①]，三五合气九九节[②]。可用隐地回八术[③]，伏牛幽阙罗品列[④]。三明出华生死际[⑤]，洞房灵象斗日月[⑥]。父曰泥丸母雌一[⑦]，三光焕照入子室[⑧]。能存玄真万事毕[⑨]，一身精神不可失[⑩]。

【章旨】

此章由五行生克入手，谈论肾之坎水和心之离火相互结合，须以意念为媒介来进行。并外修藏身隐形回转形貌的八术之法。再观想肾脏身神，现出日月星之光芒，光芒上照脑部洞房宫，使脑部九宫雄性及雌性神祇，充满光明焕照。能如此存思，即能使全身之精气神不流失。

与此章内容相近者，为《太上黄庭外景经》中部经："五行参差同根节，三五合气其本一。谁与共之斗日月，抱玉怀珠和子室。子能守一万事毕，子自有之持勿失。即得不死入金室。"

此章押入声质屑月韵，《诗韵集成》入声，说月古通屑，质略通月屑。段玉裁为古音十五部。韵字有：一、节、术、列、际、月、一、室、毕、失。

【注释】

① 五行相推反归一：五行相生相克，相互推移，最后返回汇归于大道。

五行相推：五行相生相克，相互推移。五行：金、木、水、火、土五者。

反归一：返归于大道。反：同"返"字。《道藏》梁丘子注、《云笈七签》、刘长生注本作"反"；《修真十书》、《道藏》白文本作"返"。

案：此句，《太上黄庭外景经》中部经作："五行参差同根节。"意谓：五行各有属性，参差不齐，但它们的根源却是相同。

［唐］梁丘子注："五行谓水、火、金、木、土。相推者，水生木，木生火，火生土，土生金，金生水，水又生木，周而复始。又相克法：水克火，火克金，金克木，木克土，土克水，水又克火，周而复始。相推之道也。反归一者，水数

也，五行之首，万物之宗。《老子》云：‘道生一，一生二，二生三，三生万物。’又《易》有太极，是生两仪。太极者，一也。两仪，天地。天地生万物，又终而归一。一者无之称。万物之所成终，故云归一。”

② 三五合气九九节：肾水精（一）、心火气（二），戊己意念（五）为媒介，使精（肾）气（心）相结合，经过九九八十一个阶段变化。

三五：肾水坎（一）、心火离（二）相结合，戊己意念（五）为媒介。三五有二说，见本书《治生章第二十三》“立坐室外三五玄”注。此处之三应指水（肾坎）一、火（心离）二，相合为三。五指戊己土。《周易参同契·上篇·二土全功章第十一》云：“子午数合三，戊己号称五，三五既和谐，八石正纲纪。”五行生克中，子为水、为肾、为北，其数为一；午为火、为心、为南，其数为二；戊己为土，其数为五。坎水（肾）一、离火（心）二，二者之数相合为三；戊己为意土（脾）为五，为调和水、火之媒介。

合气：肾水、离火二气相合。合气，《道藏》梁丘子注本、刘长生注作“气合”；《云笈七签》《修真十书》《道藏》白文本作“合气”，今据改。

九九节：经过九九八十一次的变化；形容丹药经过极为多次的交互变化。节：节次、段落。九为阳数，亦有终究之意，《列子·天瑞篇》：“易无形埒，易变而为一，一变而为七，七变而为九。九变者，究也。乃复变而为一。一者，形变之始也。”案：道教外丹修炼有九转还丹之说。《初刻拍案惊奇》卷十八：“在下此丹名为九转还丹，每九日火候一还，到九九八十一日开炉，丹物已成。”

又案：此句，《太上黄庭外景经》中部经作：“三五合气其本一”，意谓：肾水（一）、离火（二）精气相结合，戊己意念（五）为媒介，它们的根本同是一个大道。

［唐］梁丘子注：“《妙真经》云：‘三者，在天为日、月、星，名曰三光。在地为珠、玉、金，名曰三宝。在人为耳、鼻、口，名曰三生。天、地、人凡三而各怀五行，故曰三五，其常精也。合三三者为九宫。夫三五所怀，顺众类也。调和万物，理化阴阳，覆载天地，光明四海。风雨雷电，春秋冬夏，寒暑温凉，清浊之气，诸生之物，不得三五不立也。故曰天道不远，三五复返。三五者，天地之枢带，六合之要会也。九宫之气节，九九八十一为一章云云。’”

［明］冷谦注：“五行肇于天一之水，循环有序，司令各殊。金水有戊土，木火有己土，相推而化生焉。返本还元，则归刀圭之一。归于一。火土五，水土五，二五合一，而三五合为一气也。三五合一，自然气足纯阳，而合乎九九之节。”

③ 可用隐地回八术：可以运用隐身逃形，回转形貌的八种术法，来帮助自己修行。

隐地：隐藏于地上，藏身逃形。

回：转变，回转形貌。

八术：八种方法。

案：道经有隐地回八术之法。今道藏本《上清丹景道精隐地八术经》所说的“隐地八术”是“变化八方上妙之法，藏形隐影之事”（见该经卷下，《中华道藏》第 1 册第 364 页上）。经中叙述八种隐遁飞升之术及藏形隐影遁逃灾难之法。

此经二卷所述藏影匿形、乘虚入空等法，皆须佩符、存思、诵咒。经书的来源是由玉晨大道君所传予太极真人、方诸青童、旸谷神王等人，青童君是此经重要传经人之一。其撰作年代，以经为魏华存所传看来，书在魏氏前已存在，当撰成于汉末至魏晋间。详见台北文津出版社 2011 年 11 月出版的笔者《正统道藏总目提要》第 1347 条《上清丹景道精隐地八术经》提要。

[唐] 梁丘子注："九宫中有隐遁变化之法，《太上八素奔晨隐书》是曰八术。又《太微八录术》云：'太微中有三君：一曰太皇君，二曰天皇君，三曰黄老君。三元之气混成之精，出入上清太素之宫。能存思之，必得长生。'"

④ 伏牛幽阙罗品列：在两肾间前（黄庭），依品位罗列肾宫内神，以便存思。

伏牛幽阙：指肾脏。肾的形状像伏牛。幽阙，肾之异称。

罗品列：依神祇品位之尊卑罗列，以供存思之用。

案：此处虽以肾为名，其实暗含脐后肾前的黄庭。又，肾宫相关之神有：肾神，名玄冥，字育婴。左肾神，名春元真，字道卿。左肾七真，名玄阳君，字冥光生。右肾神，名象他无，字道王。右肾七真，名玄阴君，字太真。详见笔者《六朝道教上清派研究》第五章，台北，文津出版社。

[唐] 梁丘子注："伏牛，肾之象。肾为幽阙。《中黄经》云：'左肾为玄妙君，右肾为玄元君。'罗列品位，存思则见也。"（案：原作"罗品位"，据《修真十书》校改）

⑤ 三明出华生死际：（存思肾宫黄庭）日月星三者放出光芒，是出死入生的重要修行时刻。

三明：日、月、星三种能施放光明者。

出华：放出光芒。出华字，《道藏》梁丘子注、《云笈七签》、刘长生注作“出华”；《修真十书》《道藏》白文本作“出于”。

生死际：生与死的关键时刻。

［唐］梁丘子注：“天三明，日、月、星；人三明，耳、目、口；地三明，文、章、华，是生死之际。际，音节也。”

⑥ 洞房灵象斗日月：存思北斗、日、月三种灵妙天象，光芒上升，汇聚在脑部洞房宫中。

洞房：洞房宫（两眉间却入二寸），在明堂宫之后，由左无英公子、右白元君、中央黄老君所共治，以中央黄老君为主神。

灵象：灵妙的天象。

斗日月：北斗及日月。

案：此句，《太上黄庭外景经》中部经作：“谁与共之斗日月”，意谓：和谁共同来存思北斗及日、月三者。

［唐］梁丘子注：“存三光于洞房。洞房、明堂已释于上者也。”

⑦ 父曰泥丸母雌一：修炼时，脑部九宫雄性神以泥丸雄一（上丹田）为主，女性神以四宫之雌一神为主。

泥丸：泥丸宫又称上丹田，在两眉间却入三寸处，由泥丸天帝上一赤子、天帝卿所治。以上一赤子为主神，天帝卿为辅神。

雌一：女性身神。脑部九宫，守宫之神皆称为“一”，其中五宫之主神为男性，称“雄一”，四宫之神为女性，称“雌一”，雌一的地位高于雄一。脑部九宫之五雄一为：明堂、洞房、上丹田、流珠、玄丹，五宫之神为男性，称为“雄真一”或“雄一”。脑部之天庭、极真、太皇、玉帝，四宫司掌之神为女性，称为“雌真一”或“雌一”。雄一以“玄丹宫”为最尊；雌一以“玉帝宫”为最尊。陶弘景《登真隐诀・卷上・九宫》“凡一头中九宫也”下注云：“此九宫虽俱处一头，而高下殊品。按第一为玉帝宫，次太皇宫，次天庭宫，次极真宫，次玄丹宫，次洞房宫，次流珠宫，次丹田宫，次明堂宫；此其优劣之差也。”

案：上清派有修炼守雄一及守雌一之法门，此类道经有：《洞真高上玉帝大洞雌一玉检五老宝经》《洞真太上素灵洞玄大有妙经・太上道君守元丹上经、四宫雌真一内神宝名玉诀》《上清素灵上篇》（《正统道藏・正乙部・明字号》）、《洞真太上道君元丹上经》（《正统道藏・正乙部・内字号》）、《上清明堂玄丹真经》（《正统道藏・正乙部・既字号》）、《登真隐诀・卷上》《云笈七签・卷五十》等。详细论述，请见笔者《六朝道教上清派研究》第六章《道教及上清派“守一”修持法门之源起及其演变》，台北，文津出版社。

［唐］梁丘子注：“明堂中有君臣，洞房中有夫妇，丹田中有父母。泥丸，脑神名。《老子》云：‘知其雄，守其雌。’雌、无为，一也。”

⑧ 三光焕照入子室：观想日、月、北斗三种光芒晃耀遍照，进入我们修行的房室中（或译：进入我们身体中九宫、三丹田等各宫室）。

子室：你的房中。此室，可以泛指修行者所在屋室，也可以说成体内脑部九宫及上中下三丹田之宫室。

案：此句，《太上黄庭外景经》中部经作“抱玉怀珠和子室”，意谓：观想怀抱如玉似珠的日月星三光，进入身中，和煦了丹田宫室。

［唐］梁丘子注：“明白四达。”

⑨ 能存玄真万事毕：能存思身中玄妙真一（身中诸身神），万事就完备了。

玄真：玄妙真一，即身中脑部九宫及三丹田等守宫之神祇。

案：此句，《太上黄庭外景经》中部经作“子能守一万事毕。”意谓：如果你能存思固守身中三丹田真一之法门，万事就完备了。

［唐］梁丘子注：“《庄子》曰：‘通于一，万事毕也。’”

⑩ 一身精神不可失：充满全身的精气神，不可让它流失。

案：此句，《太上黄庭外景经》中部经作：“子自有之持勿失。”意谓：你自身所有的（真一身神），要牢牢持守，不要丧失。

［唐］梁丘子注：“常存念之，不舍须臾。”

【今译】

五行相生相克，相互推移，最后返回汇归于大道。肾水精（一）、心火气（二），戊己意念（五）为媒介，使精（肾）气（心）相结合，经过九九八十一个阶段变化。可以运用隐身逃形，回转形貌的八种术法，来帮助自己修行。在两肾间（黄庭），依品位罗列肾宫内神，以便存思。（存思肾宫黄庭）日月星三者放出光芒，是出死入生的重要修行时刻。存思北斗、日、月三种灵妙天象，光芒上升，汇聚在脑部洞房宫中。修炼时，脑部九宫雄性神以泥丸雄一（上丹田）为主，女性神以四宫之雌一神为主。观想日、月、北斗三种光芒晃耀遍照，进入我们修行的房室中（或译：进入我们身体中脑部九宫及三丹田等各宫室）。能存思身中玄妙真一（身中诸身神），万事就完备了。充满全身的精气神，不可让它流失。

高奔章第二十六

高奔日月吾上道①，郁仪结璘善相保②。乃见玉清虚无老③，可以回颜填血脑④。口衔灵芒携五皇⑤，腰带虎箓佩金珰⑥。驾歘接生宴东蒙⑦。

【章旨】

此章旨在论述服食日月精气，存思奔登日月，与日中五帝、月中五夫人同游之法门，可以还补自身之血脑精气，回转衰颜，与日神同宴东蒙仙山。其法，即六朝道经中所见的郁仪结璘法。

与此章内容相近者为：《太上黄庭外景经》中部经："出日入月是吾道，天七地三回相守。升降进退合乃久，玉石珞珞是吾宝。子自知之何不守？"

此章押皓韵转阳韵。皓韵字有：道、保、老、脑。阳韵字：皇、珰。

【注释】

① 高奔日月吾上道：高入天界，飞奔日月，是我修行中的上法。

上道：上等修行法。

案：《太上黄庭外景经》中部经：“出日入月是吾道”，意谓：以呼吸之出入配合存思服食日月精气，是我的修行法门。周秦时盛行吸食天地日月等六气（朝霞、沆瀣、沦阴、正阳、天玄之气、地黄之气），至汉末六朝，虽承袭先秦之说，但服食地黄之气已不受重视，在服食日、月精气外，并加入服食星辰之气；而在服天气上，则推演成服食五方天气的五牙法。六朝道经中论述服食日、月、星、五牙精气的著作甚多，并由服食日月精华，甚而演变成奔登日、月、星之法，与其神共游。在服食日月精气上，灵宝派服食日月精气的道典甚少，较著者为《太上灵宝五符序·卷上·食日月精之道》。而六朝上清经派吞服日月精气法的相关道典则有：《上清八素真经服日月皇华》《上清太上帝君九真中经》卷下、《上清太上九真中经绛生神丹诀》《太上玉晨郁仪结璘奔日月图》《上清黄气阳精三道顺行经》《皇天上清金阙帝君灵书紫文上经》《洞真上清青要紫书金根众经》等等。其中《上清太上九真中经绛生神丹诀》文字与《上清太上帝君九真中经》卷下同，应是取自该书；而《太上玉晨郁仪结璘奔日月图》则是据《上清太上帝君九真中经》卷下所言奔日月法门加入图像、阐述而成。又，《洞真上清青要紫书金根众经》的服食日月精气法，则和《皇天上清金阙帝君灵书紫文上经》相同，但较详尽，其仪法是糅和《皇天上清金阙帝君灵书紫文上经》《上清黄气阳精三道顺行经》《洞真太上八素真经服食日月皇华诀》等经之法门而成。

[唐]梁丘子注:“吾,道君也。《上清紫文吞日气法》,一名《赤丹金精石景水母玉胞经》。其法常以日初出时,东向叩齿九通毕,微咒日魂名、日中五帝字曰:‘日魂珠景,照韬绿映,回霞赤童,玄炎飈象。’呼此十六字毕,瞑目握固,存日中五色流霞来接一身,于是日光流霞俱入口中。又《上清紫书》有吞月精之法:月初出时,西向叩齿十通,微咒月魂名、月中五夫人字曰:‘月魂暧萧,芳艳翳寥,婉虚灵兰,郁华结翘,淳金清莹,炅容台标。’咒呼此二十四字毕,瞑目握固,存月中五色精光俱入口中;又月光中有黄气,大如目童,名曰飞黄,月华玉胞之精也。能修此道,则奔日月而神仙矣。”(案:上引为《皇天上清金阙帝君灵书紫文上经》之《上清金阙灵书紫文》,收录于《正统道藏·洞神部·本文类·伤字号》)

② 郁仪结璘善相保:用奔日的郁仪法及结璘的奔月之法,吸食日月精气,善加保卫自己。

郁仪结璘:服食日精及奔登于日,和日神同游,此法称为“郁仪”;服食月精奔登于月,与月神同游,称为“结璘”。《太上玉晨郁仪结璘奔日月图》说:“郁仪引日精,结璘致月神。”[1][宋]李思聪《洞渊集》说:“日魂吐九芒之气,光莹万国,日名郁仪……月魄常泛十华之彩,光莹万国,月名结

[1] 《正统道藏·洞玄部·灵图类·国字号》,新文丰出版公司,第11册,第473页下。

璘。”[1]郁仪为日名，结璘为月名，因此有关日月修炼法门，常以郁仪、结璘为称。

［唐］梁丘子注：“郁仪，奔日之仙。结璘，奔月之仙。同声相应，同气相求，故二仙来相保持也。”

③ 乃见玉清虚无老：于是可以升天晋见玉清境中的仙圣。

玉清：三清境之一，元始天尊所治，为道教最高天界。

虚无老：泛指天界位阶极高之仙圣。虚皇及老、丈人等，皆是高圣之称。如陶弘景《洞玄灵宝真灵位业图》第一阶中位左位有四位虚皇道君。《上清大洞真经》所说的三十九帝有：高上虚皇君、上皇玉虚君、真阳元老玄一君、皇上四老道中君、无英中真上老君、中央黄老君、太玄都九气丈人主仙君、洞清八景九玄老君、扶桑大帝九老仙皇君等等。

［唐］梁丘子注：“升三清之上，与道合同也。”

④ 可以回颜填血脑：可以转变衰老容颜，可以填补血液及脑中精气。

［唐］梁丘子注：“魂魄反婴，得成真人。”

⑤ 口衔灵芒携五皇：口中含着日月光芒，携手日中五帝共同遨游。

灵芒：此指日神月神所散发之光气，即俗称的日月精华。芒字，《道藏》梁丘子注、《云笈七签》、刘长生注本作“芒”。《修真十书》《道藏》白文本作“芝”。

五皇：指日中五帝（日中青帝、赤帝、白帝、黄帝、黑帝）名字详下，原应作五帝，因叶韵而作五皇。又，“五皇”

[1] 《正统道藏·太玄部·和字号》，新文丰出版公司刊本，第40册，第233页。

二字，《道藏》梁丘子注、《云笈七签》、刘长生注本作“五皇”；《修真十书》《道藏》白文本作“五星”，星字不能叶韵。

案：服食日月之法有多种，但大抵来说以观想日中五帝、月中五帝夫人为主。另外，有的道典如《上清洞真天宝大洞三景宝箓》，在五帝、五帝夫人外，又加入了其祂神祇。如在日中五帝上，更置日中赤气上皇高真道君，以统辖五帝。在月中五夫人之上，又加入月中黄气上皇神母，以统辖月中五帝夫人。《上清众经诸真圣秘》曾将上清诸经中的观想神祇，加以综汇整理。《上清众经诸真圣秘》卷五《修真秘旨·奔日法》云：“日中赤气上皇真君，讳将军梁，字高骞爽。日中青帝，圆常无，字照龙韬。赤帝，丹灵峙，字绿虹映。白帝，皓郁将，字回金霞。黑帝，澄潧渟，字玄绿炎。黄帝，寿逸阜，字飙晖像。月魂精神，暧萧台摽。”[1]

《上清众经诸真圣祕》卷五《修真祕旨·奔月法》云：“月中黄气上皇神母，讳曜道支，字正荟条。月中青帝夫人，娥隐珠，字芬艳婴。赤帝夫人，翳逸寥，字婉延虚。白帝夫人，灵素兰，字郁莲华。黑帝夫人，结连翘，字渟属金。黄帝夫人，清营襟，字炅定容。日魂精神，珠景赤童。”[2]

以上是奔日奔月、郁仪结璘法门中的存思日中五帝及月中五帝夫人之法。

[1] 《正统道藏·洞玄部·谱箓类·有字号》，新文丰出版公司，第11册，第613页下。

[2] 《正统道藏·洞玄部·谱箓类·有字号》，新文丰出版公司，第11册，第614页上。

［唐］梁丘子注：“口吐五色云气，光芒四照，与五皇老君同游六合也。”

⑥腰带虎箓佩金珰：日月诸神，腰间佩带神虎符箓及流金火铃。

金珰：此指流金火铃。《康熙字典·午集上·玉部》：“珰：金琅珰，铃铎也。”

案：《上清太上帝君九真中经·卷下·太上玉晨郁仪奔日赤景玉文·太上玉晨结璘奔月黄景玉章》谈到观想日月神祇的服色云：“太上郁仪日中五帝讳字服色：日中有青帝，讳圆常无，字照龙韬。衣青玉锦帔，苍华飞羽裙，首建翠蓉扶晨冠。日中赤帝，讳丹灵峙，字绿虹映。衣绛玉锦帔，丹华飞羽裙，建丹扶灵明冠。日中白帝，讳皓郁将，字回金霞。衣素玉锦帔，白羽飞华裙，建皓灵扶盖冠。日中黑帝，讳澄潧渟，字玄录炎。衣玄玉锦帔，黑羽飞华裙，建玄山芙蓉冠。日中黄帝，讳寿逸阜，字飚晖像。衣黄玉锦帔，黄羽飞华裙，建扶灵紫蓉冠。右日中五帝君讳字服色。欲行奔日道，当祝识名字，存帝服色在我之左右前后。月中夫人之魂精内神，名暧萧台摽。右月中魂配五帝。次之又祝之：能知月魂名，终身无灾，万害不伤。太上藏日月帝君夫人讳字于太素宫，有知之者神仙。太上结璘月中五帝夫人讳字服色：月中青帝夫人，讳娥隐珠，字芬艳婴，衣青琼锦帔，翠龙凤文飞羽裙。月中赤帝夫人，讳翳逸寥，字宛延虚。衣丹蕊玉锦帔，朱华凤络飞羽裙。月中白帝夫人，讳灵素兰，字郁连华。衣白琳四出龙锦帔，素羽鸾章飞华裙。月中黑帝夫人，讳结连翘，字淳属金。衣玄琅九道云锦帔，黑羽龙文飞华裙。月中黄帝夫人，讳清荣襟，字炅定容。

衣黄云山文锦帔，黄羽龙文飞华裙。右五夫人头并颓云，三角髻，余发垂之至腰。右月中五帝夫人讳字服色。欲行奔月之道，当祝识名字，存夫人服色在己之左右前后。日中五帝魂内神，名珠景赤童。右日魂配月五夫人。次又存祝之：能知日魂名，终身无疾，万祸不犯。太上藏日月魂名于紫虚玉宫。有知之者，通神使灵。”[1]

［唐］梁丘子注：“仙人之服也。《九真经》云：‘中央黄老君腰佩玄龙神虎符，带流金之铃，执紫毛之节。’箓，符箓也。”

⑦ 驾欻接生宴东蒙：随着日神接生驾御疾风，到东蒙仙山去赴宴。

欻：疾风。案：道经中风名欻生。《大洞玉经》卷上《上皇玉虚君道经第二》注：“欻生者，风之名。”[2]

接生：日神之一，日中司命君名接生，字通灵，一名上景，一名圆光，一名眇景，一名九曜，一名微玄，一名曜罗。见《大洞玉经》第二十五章。[3]

东蒙：东海仙境山名。

［唐］梁丘子注：“欻，倏欻。言乘风气忽发而往。或云：欻倏，龙名也。东蒙，东海仙境之山也。接生，长生也。与生气相接连，欻然而游其处。”（据《云笈七签》校订）

---

[1] 《正统道藏·正乙部·既字号》，新文丰出版公司缩印本，第57册，第111页上至112页。

[2] 《正统道藏·洞真部·本文类·日字号》，新文丰出版公司，第2册，第6页上。

[3] 《正统道藏·洞真部·本文类·日字号》，新文丰出版公司刊本，第2册，第19页。

【今译】

高入天界，飞奔日月，是我修行中的上法。用奔日的郁仪法及结璘的奔月之法，吸食日月精气，善加保卫自己。于是可以升天晋见玉清境中的仙圣。可以转变衰老容颜，可以填补血液及脑中精气。口中含着日月光芒，携手日中五帝共同遨游。日月诸神，腰间佩带神虎符箓及流金火铃。随着日神接生驾御疾风，到东蒙仙山去赴宴。

玄元章第二十七

玄元上一魂魄鍊①，一之为物叵卒见②。须得至真始顾眄③，至忌死气诸秽贱④。六神合集虚中宴⑤，结珠固精养神根⑥。玉筴金籥常完坚⑦，闭口屈舌食胎津⑧。使我遂炼获飞仙⑨。

【章旨】

此章首述以玄妙祖气修炼魂魄之法，除服食先天祖气外，大道清静，须忌诸殗秽，存思诸神集中在黄庭中虚处，固精养神而得玄珠，也须慎用房中及胎息咽津诸法，如此才能因修炼而得飞仙。

与此章内容相近者为：《黄庭外景经》下部经：“璇玑悬珠环无端，玉户金籥身完坚。载地悬天周乾坤，象以四时赤如丹。前仰后卑各异门，送以还丹与玄泉。象龟引气至灵根。”

此章押霰韵转真韵。霰韵字为：炼、见、眄、贱、宴。真元先韵字：根、坚、津、仙。

【注释】

① 玄元上一魂魄鍊：运用玄妙元始，万物始源最高上的祖气（元始祖气、先天元气），来修炼我们的魂魄。

玄元：玄妙元始。

上一：万物始源最高上的祖气（元始祖气、先天元气）。一，指万物生于一的祖气。

魂魄：主宰人身中思维计度之精神力为魂，主宰人身中肉体动作之精神力为魄；二者皆由气所成，阳气为魂，阴气为魄。

案：此句意谓以先天一气来修炼魂魄。一，指气，为万物始源；顺生成物，逆修成仙。《老子·四十一章》说："道生一，一生二，二生三，三生万物，万物负阴而抱阳，冲气以为和。"道家以"道"为宇宙万物之本体。"道"所产生的"一"，以《文子·九守篇》《列子·天瑞篇》《庄子·至乐篇》书中所见者而言，"一"即是"气"。"气"为万物之始源，"二"为阴阳。《文子·下德篇》："老子曰：阴阳陶冶万物，皆乘一气而生。"《庄子·知北游》："人之生，气之聚也；聚则为生，散则为死。若死生为徒，吾又何患？故万物一也，是其所美者为神奇，其所恶者为臭腐；臭腐复化为神奇，神奇复化为臭腐；故曰：通天下一气耳。"天地万物都是因气聚而生，气散而死，都是一气万形。《列子·天瑞篇》更说明天地万物的形成是由"气""形""质"三者组合而来。在"道"生"一（气）"，"一（气）"

生“二（阴阳气）”，再分气、形、质三者而成万“物”（“二生三，三生万物”）的过程中，《列子》将之分为五大时期：“太易”“太初”“太始”“太素”“浑沦”。“太易”时，此时万物所需的“气”，尚未出现。其后到了“太初”，此时开始出现“气”。到了“太始”，开始出现“形”。到“太素”时期，开始出现“质”。到了“浑沦”时，“气”“形”“质”虽然都已具备，但是三者相混合成一团。接着“气”清轻，上升为“天”；“形”“质”浊重，下沉为“地”。“天”代表“气”，“地”代表“形”“质”；天地再以“气”“形”“质”来合成万物与人类，其中冲和之气，形成人类。人是由“精神”和“肉体（骨骸）”两部分组成；“精神”由“气”所成，属“天”；“肉体（骨骸）”由“形”“质”所成，属“地”；人死后，精神返归于天，骨骸返归于地，然后再重新组合成其他万物。上述是《列子·天瑞篇》的五期“道”生万“物”说；其中列子所说“气”清轻上升为天，“形”“质”重浊下沉为地及精神骨骸之分属天地，应是沿承自《文子·九守篇》：“老子曰：天地未形，窈窈冥冥，混而为一，寂然清澄，重浊为地，精微为天；离而为四时，分而为阴阳，精气为人，粗气为虫，刚柔相成，万物乃生。精神本乎天，骨骸根于地；精神入其门，骨骸反其根，我尚何？”之说。“骨骸”代表人的“肉体”，“精神”指主宰人思辨云为等的精神力。肉体属“形”“质”，精神属“气”。

人是由精神与肉体组成，也是由“气”“形”“质”所组成。“形”“质”组成肉体。至于形成精神的“气”，据上引道家说及《左传》等书看来，则有阴气、阳气之分；在气、形、质组合成人体时，阴气形成“魄”，阳气形成“魂”。“魄”为主宰吾人肉体动作（耳目敏锐）方面的精神力；“魂”为主宰吾人思维辨识方面的精神力。“魂盛”者（思辨力强者），死后为“神”；“魄盛”者（较执着于肉体者），死后为“鬼”。有关魂魄说，详见笔者《道教与民俗·第六章道教三魂七魄说探源》，台北，文津出版社。

陈撄宁《道教与养生》第二编《黄庭经讲义》第三章魂魄：“修炼之道，至为玄妙，阴阳不可偏胜，魂魄必宜合炼。魂魄合炼者，即是由后天之阴阳，复归于先天之一气。但此一气最不易得，有真有伪。真者，纯是清灵生气可用。伪者，中含秽质死气，乃大忌也。”

［唐］梁丘子注：“资一以炼神，神炼以合一。”

［明］冷谦注：“先天一气之造化，生于天地之元始。玄元上一，即太上真一也。得一则万物生乎身，而魂魄自炼。”

② 一之为物叵卒见：万物始源的先天祖气，这种东西，是无法在急忙仓猝间可以见得到的。

叵：不可。《修真十书》误作“颇”；梁丘子注、《云笈七签》、刘长生注、白文本皆作“叵”。

卒：通“猝”，急忙、匆促。

［唐］梁丘子注：“一者，无之称也。心恬惔以得之，知得之而不可见。”

［明］冷谦注：“一之为物，恍恍惚惚，杳杳冥冥，如电火倏忽，故曰颇卒见。”

③ 须得至真始顾眄：须要契合至高的大道，才能看到作为始源的祖气。

至真：至高的真理大道。

始：才。始字，梁丘子注、《云笈七签》、刘长生注本皆作“始”；《修真十书》、白文本作“乃”。

顾眄：看见。顾：回头看。眄：邪着眼看。

［唐］梁丘子注：“守真志满，一自归己。”

［明］冷谦注：“须得真意调之，金木始恋，顾盼情浓。”

④ 至忌死气诸秽贱：（修道时）最忌讳的是遇到死尸秽气等众多污秽低贱事物。

死气：死丧之气息；指死尸秽气所散发出来和死亡相关的气息。

案：修道贵清静，忌见死尸、血肉等丧亡不祥之事，如不能避免遇上了，则须以解秽法来解除秽气。《云笈七签·卷四十一·七签杂法·解秽》说：“夫神气清虚，真灵所守。身心混浊，邪气害人。入靖思真，要须清洁。不履众恶，吉祥止焉。道士女官，受法已后，特忌殗秽。诸不宜者，不在履限。”而所谓的殗秽诸事，则是：“夫淹忌临尸，入产妇室及丧家斋食。产家三日并满月及见丧车、灵堂、六畜、生产、抱婴儿、胎秽、哭泣，不得言死亡事及不祥事。午前忌之，不得见血肉、死禽兽。”

［唐］梁丘子注：“凡飞丹炼药，服气吞霞等事，皆忌见死尸、殗秽之事，此卫生家之共忌也。然至道冲虚，本无净秽；未获真正，则净秽有殊；殊而不齐，则是非起于内，生死见于外，则清净者生之徒，浊秽者死之徒，故为养生之所忌也。”

⑤ 六神合集虚中宴：存思主司心、肺、肝、肾、脾、胆等六腑的神灵，会集在脐后肾前的黄庭中宴聚。（存思身神会聚在脐后黄庭中虚处。）

六神：主司心、肺、肝、肾、脾、胆等六府的神灵；泛指身内诸神。又，俗语说六神无主，系指心意慌乱，拿不定主意。案：本书《心神章第八》：“心神丹元字守灵，肺神皓华字虚成。肝神龙烟字含明，翳郁导烟主浊清。肾神玄冥字育婴，脾神常在字魂停。胆神龙曜字威明，六府五脏神体精。皆在心内运天经，昼夜存之自长生。”文中所言的心神丹元字守灵、肺神皓华字虚成、肝神龙烟字含明、翳郁导烟主浊清、肾神玄冥字育婴、脾神常在字魂停、胆神龙曜字威明，即是六神。

虚中宴：在中虚处宴聚。虚中，应指脐后肾前的黄庭，意谓存思身神会聚在黄庭处。

［唐］梁丘子注：“六甲、六丁、六府等诸神俱在身中，身中虚空则晏然而安乐，不则忧泣矣。”

⑥ 结珠固精养神根：结成玄珠道体，牢固精气，培养元神的根源。

结珠：结成玄珠。玄珠，喻道。《庄子·天地篇》：“黄帝游乎赤水之北，登乎昆仑之丘而南望，还归，遗其玄珠。”《经典释文》：“玄珠：司马云：‘道真也。’”结珠和固精，相对为文；固精指牢守精气，结珠指结成玄珠。

案：此句强调固精聚神，亦即使精气神三者积聚于身，以成就大道。

［唐］梁丘子注：“结珠，谓咽液，先后相次如结珠。固

精，不妄泄。神根，形躯也。夫神之于身，犹国之有君，君之有人。人以君为命，君以人为本，互相资借以为生主，而调养之也。”

⑦ 玉筦金籥常完坚：美玉做的钥匙及黄金做成的门锁（或译美玉做成的门锁，黄金做成的钥匙），男女房中阴阳开闭之事，要常令精气完满坚固。

玉筦：美玉做成的钥匙；用以开关门户。筦：同“匙”，见《康熙字典·未集上·竹部》。

金籥：黄金做成的门锁。籥：通“钥”，开门的铜管、锁匙，亦用以指称门锁。《墨子·号令篇》：“诸城门吏，各入请籥，开门已，辄复上籥。”

案：此句用锁与钥匙为喻，象征男女房中之关系，用以指称房中术的还精补脑之术。又，《黄庭外景经·下部经·璇玑章》作：“玉户金籥身完坚。”则籥指男根，筦应指女户。

［唐］梁丘子注：“《老子》云：‘善闭者，无关楗不可开。’籥，锁籥。筦，或为匙也。”

⑧ 闭口屈舌食胎津：闭口，舌抵上颚，以胎息之法，咽食津液元气。

屈舌：弯曲舌头，即内丹修炼法中的舌抵上颚，搭鹊桥。

胎津：以胎息之法，咽食津液元气。案：《黄庭外景经》卷下说：“送以还丹与玄泉。象龟引气至灵根。”文中引龟息为说，显然和此句文义相关。胎与龟皆属服气方式。《抱朴子·释滞》：“得胎息者，能不以口鼻嘘吸，如在胞胎中，则道成矣。”《太清调气经》：“夫服气之道，本名胎息。胎息者，如婴儿在母腹中，十个月不食而能长养成就，骨细筋柔，握固守一者，为无思虑故，含元气之故。”（《正统道藏·洞神部·方法类·尽字号》）是则胎息是不以口鼻呼吸，而是无思虑，吸食元气。又，《抱朴子·对俗篇》：“仙经象龟之息，岂不有以乎？”文中并叙述张广定因世乱，置女入古冢深处中，女食尽，学龟“伸颈吞气，试效之，转不复饥。”龟息法，是调息呼吸似龟般深细缓慢，可以不饥及长生。

［唐］梁丘子注：“屈舌导津液，食津而胎仙，故曰胎津。”

⑨ 使我遂炼获飞仙：于是使我完成修炼，获得成为飞升天界的仙人。

仙：《道藏》白文本作“僊”。

［唐］梁丘子注：“积功勤诚之所致也。”

【今译】

运用玄妙元始，万物始源最高上的祖气（元始祖气、先天元气），来修炼我们的魂魄。万物始源的先天祖气，这种东西，是无法在急忙仓猝间可以见得到的。须要契合至高的大道，才能看到作为始源的祖气。（修道时）最忌讳的是遇到死尸秽气等众多污秽低贱事物。存思主司心、肺、肝、肾、脾、胆等六腑的神灵，会集在脐后肾前的黄庭中宴聚。（存思身神会聚在脐后黄庭中虚处。）结成玄珠道体，牢固精气，培养元神的根源。美玉做的钥匙及黄金做成的门锁，男女房中阴阳开闭之事，要常令精气完满坚固。闭口，舌抵上颚，以胎息之法，咽食津液元气。于是使我完成修炼，获得成为飞升天界的仙人。

仙人章第二十八

仙人道士非有神[①]，积精累气以为真[②]。黄童妙音难可闻[③]，玉书绛简赤丹文[④]。字曰真人巾金巾[⑤]，负甲持符开七门[⑥]。火兵符图备灵关[⑦]，前昂后卑高下陈[⑧]。执剑百丈舞灵幡[⑨]，十绝盘空扇纷纭[⑩]。火铃冠霄队落烟[⑪]，安在黄阙两眉间[⑫]，此非枝叶实是根[⑬]。

【章旨】

此章叙述神仙非出于自然，而是积学累善而得。而积精累气，为学道之初基，精气存于黄庭，修法在于《黄庭内景经》。存思黄庭真人披甲持符，开通七窍之门，以神兵、流金火铃、灵符、图箓等来守御身中上下诸关，并存思诸神安置于黄庭，而通达于两眉及全身之间，此是修炼之要法，而非枝叶末节。

与此章内容相近者有：《太上黄庭外景经》下部经："中有真人巾金巾，负甲持符开七门。此非枝叶实是根，昼夜思之可长存。仙人道士非有神，积精所致为专年。"

此章押真文元删古合韵，说见《诗韵集成》。韵字为：神、真、闻、文、巾、门、关、陈、幡、纭、烟、间、根。

【注释】

① 仙人道士非有神：仙人道士，并不是天生即具有神仙的能力。

案：仙字，《道藏》白文本皆作"僊"。此句，《太上黄庭外景经》下部经亦作“仙人道士非有神。”

［唐］梁丘子注：“修学以得之也。”（案：《云笈七签》同此，《修真十书》梁丘子注作：“修学以积精，治气以为真。”）

② 积精累气以为真：是积聚元精，累积元气，而成为仙真。

以为真：而成为仙真。《道藏》梁丘子注、《云笈七签》《修真十书》《道藏》白文本均作“以为真”；刘长生注作“乃成真”。

案：此句，《太上黄庭外景经》下部经作：“积精所致为专年。”

［唐］梁丘子注：“有本或无此句，遂阙注。”（案：《云笈七签》同此，《修真十书》梁丘子注作：“固积守气，积炼成真，修学以得之。”）

［北宋］蒋慎修《黄庭内外景经解》：“神无方也，真有物也。无方，则仙道所不能有；有物，故可以积累而成焉。”

③ 黄童妙音难可闻：镇守黄庭宫的真人，祂的玄妙音声很难以听得到（须虔心存思乃见）。

黄童：镇守黄庭宫中，貌似童子的仙真。案：本书《黄庭章第四》云：“黄庭内人服锦衣，紫华飞裙云气罗。”所说即是黄庭宫之守宫真人。

妙音：玄妙的声音。诸本皆作妙音，蒋慎修本子作“内音”。

［唐］梁丘子注：“黄童，黄庭真人，一名赤城童子。妙音，谓黄庭道之妙音也。”

［北宋］蒋慎修注：“脾部之宫，中有明童，故曰黄童也。黄庭三叠，皆以诵咏五脏，不接外物，故曰内音也。所谓诸天隐韵，盖本诸此。夫至人无所事乎闻，众人闻而不能解，无所事乎闻与夫闻而不能解，皆所谓难可闻也。欲闻且解者，无他焉，赜其意而已。”

④ 玉书绛简赤丹文：《黄庭经》用美玉为书籍，用赤红朱砂来书写经文，做成红色的简册。

绛简：红色的简册。简：古代用来书写的细长竹条。编简策以成书，所以简字引伸为书籍。

赤丹文：赤红丹砂写成的文字。

［唐］梁丘子注：“《黄庭经》一名《太帝金书》，一名《东华玉篇》也。”

［北宋］蒋慎修注：“仙道多方，然要在与阳俱升者也。修炼之精，成乎纯阳。故其为书，物之以玉。玉之为物，纯阳之精也。上清之气，下与物接，故其为简，色之以绛。绛之为色，天道之降也。所谓纯阳者，本乎一阴一阳，修炼而成之也。以其本乎阴阳。故其杂而成文，则曰赤曰丹。赤以火为阳，丹以二为阴，赜道德之意见于物色，盖如此也。书载道者也，简载文者也，载道以纯阳之精，载文以天道之降，皆所以象其物宜也。文也者，分阴分阳，迭用柔刚，参伍错综，以成理致，于事为华，于时为夏，天道下济，万化呈露，于斯时也，析理精微，摛莹道妙，则赤丹之义于此明矣。”

⑤ 字曰真人巾金巾：称之为黄庭真人，头上绑着金黄色的头巾。

字：做动词用，称呼、取名。

案：《太上黄庭外景经》下部经作："中有真人巾金巾"。

［唐］梁丘子注："真人，即黄童也。金色白，在西方，主肺。肺白，在心上，故曰巾金巾。《九真经》曰：'青帝衣青玉锦衣，帔苍华飞裙，建芙蓉丹冠，巾金巾。'又元阳子曰：'真人凭午，居子、履卯、戴酉，酉者金也。'"

［北宋］蒋慎修注："能解其义，则所谓积精累气，以成真也。其称字者，以道成而尊，故褒其名也。老子云：'字之曰道'，与此同意。巾金巾者，精气所生，皆首于肺，故其饰如此。"

⑥ 负甲持符开七门：身穿甲胄手持灵符，打开七窍相通之门。

负甲：1. 身披铠甲。2. 依恃六甲神兵。

七门：有二说：梁丘子注以为是七窍之门。今人张超中《黄庭经今译》云："七门，指人身所具修道炼养的七个门径。一曰天门，在泥丸；二曰地门，在尾闾；三曰中门，在夹脊；四曰前门，在明堂；五曰后门，在玉枕；六曰楼门，在重楼；七曰房门，在绛宫。此七个门径，正在河车径路之上，乃是内炼功夫的关键所在。若能开此七门，则周身真气运行，必然畅达无碍，百病皆消。"

案：《太上黄庭外景经》下部经亦有此句。

［唐］梁丘子注："《老君六甲三部符》云：'甲子神王文卿，甲戌神展子江，甲申神扈文长，甲午神卫上卿，甲辰神孟非卿，甲寅神明文章。存六甲神名，则七窍开通，无诸疾病。"

［北宋］蒋慎修注："负甲者，北方龟蛇之属，背阴以自

卫者也。火兵者，南方朱鸟之属，向阳以制敌者也。七门者，耳目鼻口，所谓生门。生门外通，识性内合。故庄子曰：‘听止于耳，心止于符。’推此而言，则知六入之用，皆有符于焦腑之间者也。是以开七门者，必先持符，持符而开，则无妄作之咎矣。然而持符开门，又必先于负甲者，以谓生门一开，六贼入之，所以急于自卫。自卫者固，则无有后艰。此所以为负甲持符开七门也。”

⑦ 火兵符图备灵关：流金火铃、神兵，及灵符图箓，用来备守身内三丹田九宫等诸关卡，使邪气不侵。

火兵：流金火铃与神兵。案：火，指下文的火铃，即流金火铃，系道士作坛时手中所常执，上有长柄的铜铃。流金火铃为道教制灭魔精的一种法器，见本书《心部章第十》注。兵，指下文执剑舞幡的神兵。

符图：道教用以修道驱魔的灵符图箓。

灵关：指身中诸内神所镇的三丹田、九宫等诸关。

［唐］梁丘子注：“《赤章》《斩邪箓》皆役使三五火兵。又《卫灵神咒》曰：‘南方丹天，三气流光；荧星转烛，洞照太阳；上有赤精开明灵童总御火兵，备守三宫。’即火兵三五家事也。符者，八素六神、阳精玉胎、炼仙阴精、飞景黄华、中景内化、洞神鉴乾等诸符也。图谓《太一混合三五图》《六甲上下阴阳图》《六甲玉女通灵图》《太一真人图》《东井沐浴图》《老君内视图》《西升八史图》《九变含景图》《赤界》等诸图，可以守备灵关，即三关、四关等，身中具有之。”

［北宋］蒋慎修注：“符图者，河图九宫，皆我合也，左

三右七，戴九履一，二四为肩，六八为足，此则一身上下，无所不契，故可以备灵关也。灵关者，三关之中，三才道备，人配天地，所以为灵也。精神盛衰，生命之本，内与数合，外与理符，则妄动之愆无自而至也。治国者，门关用符节，未有启闭入出而不由符者也。门近也，关远也。近既启矣，则远者不可以无备，此所以为火兵符图备灵关也。”

⑧ 前昂后卑高下陈：身神诸关中，前有高昂的泥丸、明堂宫，后有卑低的下丹田、尾闾等关，按高低而陈列。

案：《太上黄庭外景经》下部经作：“前仰后卑各异门”，意谓：前面高仰后面低下，人身内神宫室之门各异。

［唐］梁丘子注：“列位之形象也。”

［北宋］蒋慎修注：“前昂者，朱鸟之属，趋上者也。后卑者，龟蛇之属，趋下者也。既曰昂卑，又曰高下者，昂卑位也，因其昂而高之，因其卑而下之人也。陈谓列而布之，人所为也。”

⑨ 执剑百丈舞灵幡：神兵手持宝剑，飞舞着百丈的十绝灵幡。

灵幡：神幡。幡：旌旗。《道藏》梁丘子注、刘长生注作“灵幡”；《云笈七签》本、《修真十书》作“锦幡”，《道藏》白文本作“锦蟠”。

案：此言灵幡，以下文“十绝盘空”看来，应是十绝灵幡。《洞玄灵宝无量度人上品妙经》说：“建九色之节，十绝灵旛。”［唐］成玄英注：“十绝灵旛者，以十色之素，横幅剪断，谓之为绝，又分间其色，接而缝之。其幅通者，十接谓之十绝。系于竿首，谓之为旛。旛者，以转为名，令人转祸为福也。执节，使刑罚有度，罪无滥刑。执旛，使悔过修真，化恶为善。大圣所建，晓示愚迷，使真人执旛，玉女持节。其旌节，贵贱随法高低，如上清真人建紫毛之节，其余等级，具列科仪，此不兼载。”（《元始无量度人上品妙经四注》，收入《中华道藏》第三册）

［唐］梁丘子注：“神兵、幡、剑之状。”

［北宋］蒋慎修注：“执剑百丈，言威烈之壮也。舞锦幡者，文采之振也。此皆火兵之具也。幡以表众，使人乐从，是以舞之剑以胜敌，使人畏服，是以执之。”

⑩ 十绝盘空扇纷纭：十绝灵幡盘旋空中，众多而杂乱地飘舞着。

纷纭：杂乱众多。

盘：《修真十书》作“槃”，诸本作“盘”。

［唐］梁丘子注：“空中作气，炜晔挥霍。”

［北宋］蒋慎修注：“九宫十色，相属而为锦，相离而为绝。绝者，盖以色不相属为名，其实幡也。《度人经》所谓十绝灵幡是矣。胆部云：‘九色锦衣绿华裙者’，正色有五，加以文章黼黻以应九宫，而木出于土，青黄合体，其变为绿，是十色也。此章所论真人之道，要在驱除邪伪，全其神守，必使符图之数，冥契吻合，外物之来，无巇可抵。故此十色，周匝绵密，莫得其际，虽有邪伪日游其藩，孰得入其舍也？然犹未忘驱除之术，则所谓能为不可胜，以待敌之可胜也。夫能为不可胜者，无他术焉，资乎威明之神而已矣。此所以十色全备，与胆相应也。然而胆属少阳，雷电八震，龙旂横天，蛰虫昭苏，上下交泰，故其文相属而为锦真人者，外群乎人，内成乎

天，独立而不改，周行而不殆。此则与物远矣，故其文相离而为绝。然则上言锦幡，下言十绝，要其终也。”

⑪ 火铃冠霄队落烟：流金火铃上冲云霄，神兵队伍如烟霞下落人间。

队：《道藏》梁丘子注、《云笈七签》、刘长生注本作“队”；《修真十书》《道藏》白文本作“坠”。以梁丘子注文看，应以“队”字为是。

案：《洞玄灵宝无量度人上品妙经》说：“上天度人，严摄北酆，神公受命，普扫不祥。八威吐毒，猛马四张，天丁前驱，大帅仗旛，掷火万里，流铃八冲。敢有干试，拒遏上真，金钺前戮，巨天后刑，屠割鬼爽，风火无停。千千截首，万万翦形，魔无干犯，鬼无袄精。三官北酆，明检鬼营，不得容隐。”上文详细描述天界神兵神兽及流金火铃等法器，及其斩妖伏魔之威猛。

［唐］梁丘子注：“金精火铃，冠彻霄汉。部伍队阵，状如落烟屯云之势。”

［北宋］蒋慎修注：“火铃，胆之威声。于此言者，所谓资乎威明也。夫邪伪幽沈下道也，火铃飞空上道也。然胆之威声上而不下，则幽沉之类得其便矣。是以火铃之势虽飞空冠霄，而以坠落为用也。胆部言掷，而此言坠，盖掷而坠之，其义相成也。烟之为物，不可坠也，今言坠落烟，则其下击之势迅矣。盖火，阳物也；铃，阴类也。火铃者，阳中有阴，离象也。离以上为利，以下为用，此性命之理也。”

⑫ 安在黄阙两眉间：把这些仙真及神兵等，都安置在黄庭，而上通于两眉之间。

黄阙：指黄庭宫室。

［唐］梁丘子注："存思火兵气状，俱在天庭。天庭一名黄阙，两眉间是。"

［北宋］蒋慎修注："天庭，天位也。黄庭，地道也。地道主内，其势下也，以其内且下，所以出而上通者，必有阙焉。阙者，当途而高也。两眉之间实为天庭，而黄庭之阙亦居其间，是以有黄阙之名也。黄阙者，天地往来升降之大途也。天地䜣合，以产万化，则真人之道要妙在此。此所以上下配合而为三才也。然黄庭位下而黄阙在上，故言安在。安在者，疑所在也。疑所在者，以道无不在故也。道无不在，则其疑之，乃所以在之也。"

⑬ 此非枝叶实是根：这不是修真的枝节末叶，而实在是它的根源所在。

案：《太上黄庭外景经》下部经亦有此句。

［唐］梁丘子注："学仙之本。"

［北宋］蒋慎修注："枝叶者，由根出而非根也，以其非根是以荣枯代谢、日改月化而根不与也。真人者，归根复命，独成其天，则彼盗夸之徒，文采利剑、饮食货财、贪着追求，有系于此，皆属枝叶。所以真人负甲持符，开门备关，屏绝外物，回光反照，则云为动静皆由根出而无虚妄之咎，故曰实是根也。"

【今译】

仙人道士，并不是天生即具有神仙的能力。是积聚元精，累积元气，而成为仙真。镇守黄庭宫的真人，祂的音声难以听到（须虔心存思乃见）。《黄庭经》用美玉为书籍，用赤红朱砂来书写经文，做成红色的简册。称之为黄庭真人，头上绑着金黄色的头巾，身穿甲胄手持灵符，打开七窍相通之门。流金火铃、神兵，及灵符图箓，用来备守身内三丹田九宫等诸关卡，使邪气不侵。身神诸关中，前有高昂的泥丸、明堂宫，后有卑低的下丹田、尾闾等关，按高低而陈列。神兵手持宝剑，飞舞着百丈的十绝灵幡。十绝灵幡盘旋空中，众多而杂乱地飘舞着。流金火铃上冲云霄，神兵队伍如烟霞下落人间。把这些仙真及神兵等，都安置在黄庭，而上通于两眉之间。这不是修真的枝节末叶，而实在是它的根源所在。

紫清章第二十九

紫清上皇大道君①，太玄太和侠侍端②。化生万物使我仙③，飞升十天驾玉轮④。昼夜七日思勿眠⑤，子能行此可长存⑥。积功成炼非自然⑦，是由精诚亦由专⑧。内守坚固真之真⑨，虚中恬淡自致神⑩。

【章旨】

此章叙述玉晨大道君所授修行法门，其法门重在精诚专一，心灵虚静，恬淡寡欲，用此方式，经过七昼夜专心存思，必然感得神祇降临，使自己得仙而飞升十方天界。文中强调修行的重要，认为神仙是积功成炼而来，非自然生成。

本章押真文元先合押，在段玉裁古韵第十二部。韵字有：君、端、仙、轮、眠、存、然、一、真、神。

【注释】

① 紫清上皇大道君：在紫霞清静之境，尊高的上皇玉晨大道君。

大道君：即统辖上清境的玉晨大道君，为三清教主之一。案：本书《上清章第一》云："上清紫霞虚皇前"，和此句文义相近。请参见彼注。

［唐］梁丘子注："亦名玉晨君也。"（《修真十书》梁丘子注作："亦名玉宸宫。"）

［北宋］蒋慎修注："此则无为之皇，有作之君，总号一帝也。首章离而为二，此篇合而为一者，以上篇论真人之道、屏绝外物、回光反照等不等观得无分别，见谛成道，名为真人故。夫无为之皇，有作之君，总归一帝，更出互用，其道微妙，非思量分别之所能解，唯有真人乃能知之。"

② 太玄太和侠侍端：身边有太玄、太和两位仙真夹侍左右两旁。

太玄太和：两位仙真的名号；比喻玄妙、谐和，为修道之方。

侠侍：在两旁侍候。侠：通"夹"，指两侧。端：头、绪；指两头、两边。

［唐］梁丘子注："太玄、太和，真仙之嘉号也。"

［北宋］蒋慎修注："太玄者，北方玄天，孳萌化物，以固灵根。太和者，东方苍天，委和生物，以达灵芒。二神侠侍，尊归一帝，而仙道达矣。"

［明］冷谦注："太玄者，不可测之体。太和，阴阳和

会之元气。有此太和元气，生人生物，挟持宣化之端。本此元气，化生万物，即可本此元气，使我作仙。”

③ 化生万物使我仙：变化阴阳之气，产生万物，使我修炼而成仙。

仙：《道藏》白文本作“僊”。

［唐］梁丘子注：“道气之功勣也。”（《修真十书》“勣”作“致”。）

［北宋］蒋慎修注：“盖仙道虽广，要在存生。故自北之东，以应阳中，化生之理于此备矣。然四时成岁，天道乃全，止乎阳中，特其端耳。”

④ 飞升十天驾玉轮：飞升十方天界，乘驾着美玉做成的车子。

十天：十方天界，即上下八方诸天为十天。

［唐］梁丘子注：“乘欻而往。”

［北宋］蒋慎修注：“天数唯九，今言十天，则其一虚也，亦犹大衍虚一，妙本在焉。古之真人，见谛成道，妙解一帝之旨，则可以超越九天之外，独游虚一之境，所谓飞升十天也。飞升者，与阳同波，故曰玉轮。玉，纯阳也；轮，下道也。言乘纯阳之气，自下而升焉。”

⑤ 昼夜七日思勿眠：不论白天与夜晚，七日存思观想，不要睡眠。

案：《易经·复卦·卦辞》：“复，亨。出入无疾，朋来无咎。反复其道，七日来复，利有攸往。”文中的七日来复，常被用来说明事情回复到常态的周期时间。而《黄庭内景经》此章的七日思勿眠，即是修行存思法门，魏晋南北朝盛行的守庚申，终霄不寐，也是精进修行之法，佛教的精进佛七，应是受此句影响。但所谓七日不眠，是依法进行修炼，不是冒然行之，否则恐导致身心两病。全真道有坐圜之法，依法作息，百日乃开，和此章所说，皆是精进修行之法。

［唐］梁丘子注："至诚则感。"

［北宋］蒋慎修注："夫阳动于下，复之时也。七日来复，复之数也，思所以上达也。乘纯阳而上达者，非好眠之事也。古人闻道，淫思七日，至于骨立。立，反眠者也。然此修为之功，其于真人之道，盖原始而言之。"

⑥ 子能行此可长存：你能够修行到这地步，就可以长生永存。

行此：做到这地步。《道藏》梁丘子注、《云笈七签》、刘长生注本作"行此"；《修真十书》《道藏》白文本作"修之"。

［唐］梁丘子注："延年神仙之道。"

［北宋］蒋慎修注："化生万物，使我仙者，帝使仙也。帝使仙者，自然而然也。是以我之。我，内道也。子能修之可长存者，学所成也。"

⑦ 积功成炼非自然：这是积累功业完成修炼所达成的，并不是自己本来如此。

成炼：修炼已有成就。

自然：自己如此。

［北宋］蒋慎修注："学所成者，非自然也。是以子之。子，下道也。夫道非自然，非不自然。此文独以自然为非者，所以立教也。教立则学与自然同于一致。"

[唐]梁丘子注："学以致其道也。"

[明]冷谦注："道本自然，而论其功，必积累而成，以颠倒五行，修炼而得，却非出于自然也。"

⑧ 是由精诚亦由专：这是由虔诚真心所致，也是由于用心专一所成。

精诚：真心虔诚。

由专：由于专一。《道藏》梁丘子注、《云笈七签》、刘长生注本作"由专"；《修真十书》《道藏》白文本作"守一"。

[唐]梁丘子注："守一如初，成道有余。"

[北宋]蒋慎修注："精诚而专，乃积功成炼之事也。诚，无疑也；专，不贰也。无疑于物，物亦应焉；不贰于心，神亦凝焉。商丘开信妄以为实，故泳河而得珠，无疑而物应也。痀偻丈人，不以万物易蜩之翼，故无往而不得，不贰而神凝也。学道之人，存想三宫，万神应念，精诚至矣。然物或间之，鲜不失坠，故当断灭因缘，屏弃名利，一心志道，道可得矣。"

[明]冷谦注："是由精诚专一之功，得丹到手。"

⑨ 内守坚固真之真：内心坚固地执守着，这就是真实中最真实的修炼法门。

[唐]梁丘子注："不失节度也。"（《修真十书》作："从等却也。"）

[北宋]蒋慎修注："内守坚固，乃精诚而专之事也。内守者，无他求也。无他求，则专矣。坚固者，执而不舍也。执而不舍则诚矣，专而无他求则不失真矣。加以执而不舍，则

真中之真也。然专而无他，执而不舍，则或蔽而不通，故虚中恬淡，所以救其蔽也。虚中，则不专于内守者也。恬淡，则不专于坚固者也。然则内守坚固，着法者也。虚中恬淡，离相者也。非着法，不足以入道；非离相，不足以得道。得道则非求于神，神自致矣。”

［明］冷谦注：“内守坚固，常保定真中之真。其收功则以虚中恬澹，能自致其神明，归于自然耳。”

⑩ 虚中恬淡自致神：内心清虚，淡泊寡欲，自然能招致神祇下临。

虚中：内心清虚。

恬淡：淡泊名利，寡少私欲。

致：招引、到来。

［唐］梁丘子注：“神以虚受。”

【今译】

在紫霞清静之境，尊高的上皇玉晨大道君。身边有太玄、太和两位仙真夹侍左右两旁。变化阴阳之气，产生万物，使我修炼而成仙。飞升十方天界，乘驾着美玉做成的车子。不论白天与夜晚，七日存思观想，不要睡眠。你能够修行到这地步，就可以长生永存。这是积累功业完成修炼所达成的，并不是自己本来如此。这是由虔诚真心所致，也是由于用心专一所成。内心坚固地执守着，这就是真实中最真实的修炼法门。内心清虚，淡泊寡欲，自然能招致神祇下临。

百谷章第三十

百谷之实土地精[①]，五味外美邪魔腥[②]。臭乱神明胎气零[③]，那从反老得还婴[④]。三魂忽忽魄糜倾[⑤]，何不食气太和精[⑥]，故能不死入黄宁[⑦]。

【章旨】

此章先述辟谷，后述食气。五谷杂粮虽然味美，但以仙人来看，却是招引邪魔的腥秽之物，会扰乱我们的心神，凋丧我们的元气。《大戴记·易本命第八十一》说："是故食水者善游能寒，食土者无心而不息，食木者多力而拂；食草者善走而愚，食桑者有丝而蛾，食肉者勇敢而悍，食谷者智惠而巧，食气者神明而寿，不食者不死而神。"由于食谷不能不死，所以修仙者须辟谷而食气，此即经文所谓的"何不食气太和精，故能不死入黄宁"。

又，《太上养生胎息气经》引《黄庭经》说："百谷之实土地精，五味外美邪魔腥。玉池清水灌灵根，子能修之补命门。"（《正统道藏·洞神部·方法类·尽字号》）后二句为此章所无，但梁丘子注及《云笈七签》等诸本亦皆无"玉池清水灌灵根，子能修之补命门"二句，而《黄庭外景经》上卷有"玉池清水灌灵根"，是则《太上养生胎息气经》作者应是将内、外景合称《黄庭经》，且并合二者之文在一处，不能据以订正本文。

另外，与此章内容相近者为《太上黄庭外景经》下部经："人皆食谷与五味，独食太和阴阳气。故能不死天相既。"和此章相同，皆是叙述辟谷及食气之事。

此章押庚青韵。韵字为：精、腥、零、婴、倾、精、宁。

【注释】

① 百谷之实土地精：百种谷物的果实，是土地的精华所生。

［唐］梁丘子注：“草实曰谷，阴之类也。”

［北宋］蒋慎修注：“土地精者，不足以养神而可以养形也。”

② 五味外美邪魔腥：具备五种美味，外表美好，却是招引邪魔到来的腥臭之气。

五味：五种味道，指辛（辣）、酸、甘（甜）、苦、咸。

邪魔腥：邪魔所好的腥臭味。

案：此句，《太上黄庭外景经》下部经作：“人皆食谷与五味。”

［唐］梁丘子注：“非清虚之真气。”

［北宋］蒋慎修注：“邪魔腥者，不足以养形而其发闻又加秽焉。加秽而云美者，皆知美之为美斯恶矣。不足以养神而云精者，言犹有以辅其真也，以其着于土地则有亲下之理，其与飞升十天不可同日而语也。”

③ 臭乱神明胎气零：臭气扰乱灵明心神，使胎中元气凋零散失。

胎气：胎中之先天一气。零：落下、失去。

［唐］梁丘子注：“胎气谓无味之味，自然之正气也。服气有胎息之法。零犹失也。”

［北宋］蒋慎修注："神明之容，以清虚条达为善，饮食厌饫溺于冯气，失其清虚则臭乱矣。胎气者，所受于天，浑沦和合，生理内发，自然坚凝，及夫视听食息交攻于外，日凿一窍而胎气零矣。"

④ 那从反老得还婴：哪里能够却退衰老，而还归婴儿般的年轻生命。

案：诸本皆作"反老得还婴"，刘长生注本"反"作"返"，"得"字作"却"。

［唐］梁丘子注："言不可得发白反黑，齿落更生。此一句应在自存神之下，超此不类者。"

［北宋］蒋慎修注："神明臭乱，日以变灭，则非所以反老也，胎气散亡，则非所以还婴也。"

⑤ 三魂忽忽魄糜倾：（食百谷，将使）三魂恍惚失落，七魄糜烂倾毁。

忽忽：恍惚失落的样子。诸本皆作"忽忽"，刘长生注本作"惚惚"。

糜倾：糜烂毁败。

案：《皇天上清金阙帝君灵书紫文上经》说："其爽灵、胎光、幽精三君，是三魂之神名也。"又说："其第一魄名尸狗，第二魄名伏矢，第三魄名雀阴，第四魄名吞贼，第五魄名非毒，第六魄名除秽，第七魄名臭肺。此皆七魄之阴名也，身中之浊鬼也。"以上是三魂七魄之名讳，三魂为神，七魄为浊鬼；三魂易游荡，七魄易为邪鬼所惑，所以道教有拘三魂制七魄之法。

［唐］梁丘子注："忽忽，不恬惔。糜倾，朽败也。"

［北宋］蒋慎修注："魂所以为灵也，神明散乱终身不灵，故三魂忽忽也。魄系于形者也，胎气散亡，形体毁惫，故魄糜倾也。"

⑥ 何不食气太和精：何不服食天地日月之精气，它们是最为冲和的精气。

太和：最冲和之气。

案：食气，是以气为食，不再食用人间的五谷杂粮，进而吸食天地日月之精气。所以食气常配合着辟谷而进行。辟谷，也写作"避谷"，或称为却谷、去谷、绝谷、绝粒、休粮；是避食五谷之意。辟谷、食气两者关系密切，而在辟谷、食气前，则都须先学吐纳导引之术，方能炼气致和，引体致柔；同时食气时，也是依吐纳之法进行，再加入了存思精气吸入体中运行情形；因而导引，乃是辟谷、食气的初基。

辟谷的目的，在于求仙，其法是先吃食辟谷药丸，再行断谷；在不食人间的五谷杂粮下，然后进行食气，并借由食气而求长生。修仙法门上，在进行辟谷时，常须兼行食气，所以辟谷、食气二者虽有先后之名，实又可同时进行。

王充《论衡·道虚篇》说："且凡能轻举入云中者，饮食与人殊之故也。龙食与蛇异，故其举措与蛇不同。闻为道者服金玉之精，食紫芝之英；食精神轻，故能神仙……闻食气者不食物，食物者不食气。""道家相夸曰：'真人食气，以气而为食。'故《传》曰：'食气者寿而不死。虽不谷饱，亦以气盈。'……食气者，必谓吹呴呼吸，吐故纳新也。"

上引说："食气者不食物，食物者不食气""（食气）虽不谷饱，亦以气盈"，知道食气者是不食五谷的，也就是食气者必先辟谷。再者王充说："食精神轻，故能神仙""食气者，必谓吹呴呼吸，吐故纳新也"。由此也知食气是以吹呴呼吸等导引的方式来进行，所以导引、辟谷、食气三者是相配合来进行的。而所以要辟谷、食气者，乃是由于古人认为食谷者智慧而夭，食气才能达至［梁］陶弘景《养性延命录·卷上·教诫篇第一》引《神农经》所说："地不能埋，天不能杀"的地步。又，马王堆帛书《却谷食气》，叙述却谷者先行食石韦等物以行却谷，然后再行呴吹导引及食气，配合朝霞、夜气，面向东西南北四方，来行吸食天地日月精气，此说和［东汉］王逸《楚辞·远游篇》注引道经《陵阳子明经》所言者相同。帛书服食的六气为朝暇、行暨、轮阴、端阳、轮阳、銚光，即是《陵阳子明经》中之朝霞、沆瀣、沦阴、正阳、天玄之气、地黄之气。马王堆的帛书，是西汉文帝时置入墓中的陪葬物，其抄写年代及成书年代，应是在战国至西汉初。而由马王堆帛书《却谷食气》所载，可以看出周秦之"却谷"和"食气"二者，是先后相并而行的，先却谷而后食气。

［唐］梁丘子注："进劝服炼之道。"

［北宋］蒋慎修注："人之生，气之聚也，聚则为生，散则为死，故食气者所以使之聚而不散也。太和者，少阳之气，委和而生。口为其官，漱咽灵液，以生光华。"

⑦ 故能不死入黄宁：所以能够不死，而进入宁谧的黄庭妙道中。

黄宁：宁谧的黄庭修炼大道；喻黄庭妙道修炼已成。

刘长生注云："用慧明真，实相无形，先天妙景，隐在黄庭。"

［唐］梁丘子注："黄宁，黄庭之道成也。"

［北宋］蒋慎修注："此皆生理之本，不假外物，自足为养，故能不死也。黄宁者，混康之所以为康也。脾部之官，消谷散气，主治百病，故常运而不宁。今以真气自养，不假外物，则无所主治，故能宁而康也。论曰：前章云：'内守坚固真之真，虚中恬淡自致神'，则是积功成炼，以成真人。故此章绝弃外物，以真气自养，则可以不死也。至于初学之徒，天真未完，神守未固，则所以补相生理，盖亦无所不备，外物之养固未可以绝弃也。故天产养精，而神气泰定；地产养形，而肤革充盈。则所藉脾胃合德致功，芳泽滋荣，其补大矣。是以太仓明童主调百谷，兼资五味，推陈致新，运动无方。所居之宫，谓之黄庭。庭者，布治之地，中部老君所以有为也。至于积功成炼，内守坚固，则百谷五味，一切弃绝。虚中恬淡，则脾胃之宫，同于虚室，故其所入，谓之黄宁。黄宁者，虽未离乎形色，而近于寂然不动者矣。十天真人所以无为自然，盖本于此。"

【今译】

百种谷物的果实，是土地的精华所生。具备五种美味，外表美好，却是招引邪魔到来的腥臭之气。臭气扰乱灵明心神，使胎中元气凋零散失。哪里能够却退衰老，而还归婴儿般的年轻生命。（食百谷，将使）三魂恍惚失落，七魄糜烂倾毁。何不服食天地日月之精气，它们是最为冲和的精气。所以能够不死，而进入宁谧的黄庭妙道中。

心典章第三十一

心典一体五脏王①，动静念之道德行②。清洁善气自明光③，坐起吾俱共栋梁④。昼日曜景暮闭藏⑤，通利华精调阴阳⑥。

【章旨】

此章旨在歌颂心神的职能作用。叙述心神主宰人体全身，为一身之主。人的一切举动，皆须存思心神，自然能做出合于道德的行为，使自身发出清净洁白光芒。心神白日思维，夜晚寝息，通达外物，帮助我们吸食精华之气，调节阴阳气的出入吾身。

与此章内容相近者为《太上黄庭外景玉经》下部经："试说五脏各有方，心为国主五脏王。受意动静气得行，道自守我精神光。昼日昭昭夜自守，渴自得饮饥得饱。"

此章押阳韵。韵字为：王、行、光、梁、藏、阳。

【注释】

① 心典一体五脏王：心主宰着一体全身，是五脏之王。

典：主司、主管。

一体：全身。

案：此句意谓：心是五脏之王，主管全身所有的器官与作息。此句，《太上黄庭外景玉经》下部经作："心为国主五脏王"。

［唐］梁丘子注："神以虚受，心为栖神之宅，故为

王也。”

［明］冷谦注：“心典主也。心为气之主，而五藏亦皆听命，故曰王。”

② 动静念之道德行：不论动或静（一切举止动静），都能存思心神，修道修德都依它而行（便能做出合于道德的行为）。

动静：和“举止”同义，指任何的行动。

念之：存思它，指存思心神。

案：此句，《太上黄庭外景玉经》下部经作：“受意动静气得行”，意谓：意念的动静举止都由心，精气也因此得以运行。

［唐］梁丘子注：“谓念丹元童子也。夫念为有，忘为无。念则易心而后语，忘则灰心而神全，故道德行。”

③ 清洁善气自明光：心境清净洁白，充满良善之气，自然能使生命放出光明。

案：此句，《太上黄庭外景玉经》下部经作：“道自守我精神光”，意谓：以大道来自我操持，精神会散发出光芒。

［唐］梁丘子注：“常念之故。”

④ 坐起吾俱共栋梁：心神的静坐与动起，都和吾身相俱，心是吾身共有的栋梁主干。

坐起：静坐与起动，和动静、举止之意相同。

栋梁：房屋的大梁、屋顶横梁。

［唐］梁丘子注：“神以身为屋宅，故云栋梁。吾，丹元子也。”

⑤ 昼日曜景暮闭藏：心神白日晃曜光芒，晚上关闭隐藏

（白日思维，夜晚寝息）。

案：心灵白日处理万机，夜晚随着睡眠而安息。此句，《太上黄庭外景玉经》下部经作："昼日昭昭夜自守"，意谓：心灵白天明照事物，夜晚即返守自身。

［唐］梁丘子注："《庄子》云：其觉也形开，其寐也魂交。交，闭也。"

［明］冷谦注："一动一静，皆从心而主宰。昼行夜息，行则烛照如曜，息则静养平旦。收藏妙合，莫非此心之运用。故能通利精华，而调合阴阳。"

⑥ 通利华精调阴阳：通达外物，利于吸取精华之气，并调节阴阳气使其冲和平顺。（或译：利用眼睛来通达消息，随着眼睛的昼开夜闭来调节作息。）

通利：梁丘子注本、《云笈七签》、刘长生注、《修真十书》作"通利"；白文本作"通达"。

华精：1. 精华；2. 眼睛。

案：此句，《太上黄庭外景玉经》下部经作："通我华精调阴阳"。

［唐］梁丘子注："谓心神用舍，与目相应。华精，目精也。心开则目开，心闭则目闭。昼阳而暮阴，故云调阴阳。"

【今译】

心主宰着一体全身，是五脏之王。不论动或静（一切举止动静），都能存思心神，修道修德都依它而行（便能做出合于道德的行为）。心境清净洁白，充满良善之气，自然能使生命放出光明。心神的静坐与动起，都和吾身相俱，心是吾身共有的栋梁主干。心神白日晃曜光芒，晚上关闭隐藏（白日思维，夜晚寝息）。通达外物，利于吸取精华之气，并调节阴阳气，使其冲和平顺。（或译：利用眼睛来通达消息，随着眼睛的昼开夜闭来调节作息。）

经历章第三十二

经历六合隐卯酉①，两肾之神主延寿②。转降适斗藏初九③，知雄守雌可无老④。知白见黑急坐守⑤。

【章旨】

此章叙述精气周历全身，隐藏在心肾中，而两肾主精，能令人延长寿命。阴阳精气的升降运转，即藏于心肾中。能知道雄雌白黑、阴阳二气之交媾，应急忙入坐，存思守护，自可不老而仙。此章受《周易参同契》内丹修炼之说的影响极深，有些名相，亦须知晓内丹修炼，方能知晓其义。谨将内丹修炼常见的代称词，析列于下。

汞：元神、龙、蛇、离、火、心、肝、目、魂、木、木液、白雪、东、日、金乌、姹女、木母、青龙、朱雀、阳、南、丹砂、天魂。

铅：元精、虎、龟、坎、水、肾、肺、耳、魄、金、金精、黄芽、西、月、玉兔、婴儿、金公、白虎、玄武、阴、北、水银、地魄。

黄婆：元意、戊己、中央土、青娥、猿（心猿）、马（意马）。

另外，与此章内容相近，可以相参看者有：《黄庭外景玉经》卷下："经历六府藏卯酉，转阳之阴藏于九。常能行之不知老。"

此章押有韵，段玉裁古韵三部。韵字为：酉、寿、九、老、守。

【注释】

① 经历六合隐卯酉：精气运转经过人身各处，隐藏在卯东酉西之位（离东坎西）。

经历：经过、走过。由下文"转降适斗藏初九"，及《黄庭外景玉经》卷下："经历六府藏卯酉，转阳之阴藏于九。"可以看出所说的是身中阴阳气的周身运转。

六合：上下四方，泛指所有的空间，亦暗喻人身各处。

卯酉：十二地支之二支，卯时指早上五时及六时。酉时指下午五时及六时。一为朝，一为暮。又，卯属木，为东、为春、为肝；内丹修炼代表：汞、心、火、离、龙、元神。酉属金，为西、为秋、为肺；内丹修炼代表：铅、肾、水、坎、虎、元精。此处的卯酉，指东西的位置，卯东酉西，离卯坎酉。

案：内丹修炼即以离火肾水为主，亦称为龙（离）、虎（坎）。引离火之气下降，引坎水上升，使龙虎交媾而结丹。《周易参同契·子当右转章第六十九》云："子当右转，午乃东旋。卯酉界隔，主定二名。龙呼于虎，虎吸龙精。两相饮食，俱相贪便。遂相衔咽，咀嚼相吞。荧惑守西，太平经天。杀气所临，何有不倾？狸犬守鼠，鸟雀畏鹯。各得其功，何敢有声？”[1]引文即在说明卯酉龙虎之交媾结丹情形。

［唐］梁丘子注：“举心之用舍，阴阳之所由也。昼为经历，暮为隐藏。六合天地内上下四方，卯酉为朝暮，幽隐属也。”（案：“卯酉为朝暮”原作“卯酉也北为暮”，据《云笈七签》本改。）

［明］冷谦注：“经历六合，乃周天火候。然宜沐浴于卯酉以静养元炁。”

② 两肾之神主延寿：镇守两肾的神祇，主掌延长寿命。

案：肾主储存精气，精气旺盛，人命自能延长。

［唐］梁丘子注：“肾神玄冥，字育婴，配属北方，主暮夜，人能止精则长寿。河上公曰：‘肾藏精。’”

［明］冷谦注：“肾藏精，精足寿延。”

③ 转降适斗藏初九：精气运转，升降到头部北辰，储藏在肾（坎一）、心（离九）之中。

案：转降适斗藏初九，《黄庭外景玉经》卷下作：“转阳之阴藏于九。”强调身中阴阳气之升降运转及储存，相互参照，意思较明白。

适：往。

斗：北斗，指北辰，喻人体头部。

初九：一与九；初为一。数始于一，终于九；坎肾水为一，离心火为九。《易经》洛书图，戴九履一，以坎为一，以离为九。坎为肾水，离为心火。《黄帝内经·素问·三部九候论篇》说：“歧伯曰：天地之至数，始于一，终于九焉。

[1] 《正统道藏·太玄部·容字号》，新文丰出版公司刊本，第34册，第287页。

一者天，二者地，三者人。因而三之，三三者九，以应九野。故人有三部，部有三候，以决死生，以处百病，以调虚实，而除邪疾。”

又案：内炼修炼时，人体以头为天，腹为地；头为乾，腹为坤，心为离，肾为坎。乾坤坎离为《易经》主要四卦，象征人体之头、腹、心、肾，为内丹修炼之主要处所。《周易参同契·乾坤者〈易〉之门户章第一》云：“乾坤者，《易》之门户，众卦之父母。坎离匡郭，运毂正轴。”《周易参同契·牝牡四卦章第二》云：“牝牡四卦，以为橐籥。覆冒阴阳之道，犹工御者，准绳墨，执衔辔，正规矩，随轨辙。处中以制外，数在律历纪。月节有五六，经纬奉日使。兼并为六十，刚柔有表里。”五代彭晓注云：“凡修金液还丹，鼎中有金母华池，亦谓之金胎神室，乃用乾、坤、坎、离四卦为药。橐籥者，枢辖也。覆冒者，包裹也。则有阴鼎阳炉，刚火柔符，皆依约六十四卦，周而复始，循环互用。”

［唐］梁丘子注：“九，阳数也。斗，北辰也。北辰主阴，谓阳气下与阴合。《易》曰：‘乾吉，在无首。’无首，藏也。”

［明］冷谦注：“如能运转回环，水升火降。阴藏于阳，初九，阳爻也。当知雄之阳而采，念雌之阴以制，可以无老。”

④ 知雄守雌可无老：知晓内丹修炼的木公（雄）金母（雌），坚守雌雄交媾的金丹大药，便可以不会衰老。

雄雌：此喻内丹修炼之汞铅、龙虎、木母金公。木母为元神（离），金公为元精（坎）。

知雄守雌：原意谓：知道如何能雄强壮大，还须安守雌柔谦退。语出《老子·二十八章》："知其雄，守其雌，为天下谿。为天下谿，常德不离，复归于婴儿。知其白，守其黑，为天下式。为天下式，常德不忒，复归于无极。"此处借用为内丹修炼之龙虎交媾。

［唐］梁丘子注："守雌，则藏九之义也。"

⑤ 知白见黑急坐守：知道白雪元神，识见元精黑铅，就要急忙入坐，存思守护。

知白见黑：和"知白守黑"文义相近，语出《老子·二十八章》，原意谓：知道如何使自己显耀，却能静守隐晦韬光。但此处是借以喻内丹之修炼。在内丹修炼上，白指白雪，黑指黄芽。白雪为汞，黄芽为铅，铅中有元阳真气。能知白守黑，神明自来。《周易参同契·知白守黑章第二十三》："知白守黑，神明自来。白者金精，黑者水基。水者道枢，其数名一。阴阳之始，玄含黄芽。五金之主，北方河车。故铅外黑，内怀金华。被褐怀玉，外为狂夫。"[1]

又，"见黑"，《道藏》梁丘子注本、《云笈七签》、刘长生注、《修真十书》作"见黑"；《道藏》白文本作"守黑"。

急坐守：急忙入坐守护丹药的变化。急字，《道藏》梁丘子注本、《云笈七签》、刘长生注作"急"；《修真十书》《道藏》白文本作"见"。

［唐］梁丘子注："《老子》云：'知其雄，守其雌；知

[1] 《正统道藏·太玄部·容字号》，新文丰出版公司刊本，第34册，第268页。

其白，守其黑。’皆藏九之义也。”

［明］冷谦注：“然知白之阴汞，见黑之阳铅，急为坐守，调合成丹。”

【今译】

精气运转经过人身各处，隐藏在卯东酉西之位（离东坎西）。镇守两肾的神祇，主掌延长寿命。精气运转，升降到头部北辰，储藏在肾（坎一）、心（离九）之中。知晓内丹修炼的木公（雄）金母（雌），坚守雌雄交媾的金丹大药，便可以不会衰老。知道白雪元神，识见元精黑铅，就要急忙入坐，存思守护。

肝气章第三十三

肝气郁勃清且长①，罗列六府生三光②。心精意专内不倾③，上合三焦下玉浆④。玄液云行去臭香⑤，治荡发齿炼五方⑥。取津玄膺入明堂⑦，下溉喉咙神明通⑧。坐侍华盖游贵京⑨，飘飖三帝席清凉⑩。五色云气纷青葱⑪，闭目内眄自相望⑫。使诸心神还相崇⑬，七玄英华开命门⑭。通利天道存玄根⑮，百二十年犹可还⑯。过此守道诚独难⑰，唯待九转八琼丹⑱。要复精思存七元⑲，日月之华救老残⑳，肝气周流终无端㉑。

【章旨】

此章叙述肝脏滋生之精气，盛郁清新且绵长，可以润泽脏腑，散出光芒。肝气与五脏六腑之气相合，化成口中之津液，循环全身，经明堂过五脏、三丹田，而储存在黄庭丹田中。修炼肝气周身流转法门，可以让一百二十岁的人还返年少。超过此限的人，身体衰老枯竭，须先服食外丹中的九转八琼丹，再服食北斗七星精气以及日月精华，以挽救衰老残败，然后才能再让肝气周流循环于全身。

与此章内容相近者为《太上黄庭外景玉经》下部经："肝之为气修且长，罗列五藏生三光。上合三焦道饮浆，我神魂魄在中央。精液流泉去鼻香，立于玄膺含明堂，通我华精调阴阳。伏于玄门候天道，近在我身还自守。清静无为神留止，精气上下关分理。通利天地长生道，七孔已通不知老。还坐天门候阴阳，下于喉咙通神明，过华盖下清且凉，入清泠渊见吾形，期成还丹可长生。还过华池动肾精，立于明堂临丹田。将使诸神开命门，通利天道藏灵根。阴阳列布如流星，肝气似环终无端。"

此章押阳庚古合韵，转东韵及元寒韵。阳庚韵字为：长、光、倾、浆、香、方、堂、京、凉、望。东韵字为：通、葱、崇。元寒韵为：门、根、还、难、丹、元、残、端。

【注释】

① 肝气郁勃清且长：肝脏滋生的精气，郁盛茂密，清新而绵长。

郁勃：生机繁茂旺盛的样子。

案：《太上黄庭外景玉经》下部经云："肝之为气修且长。"与此句意同。

［唐］梁丘子注：“肝位东方。东方木，主春，生气之本也。清长，气色之象。”

［明］冷谦注：“肝属木，其气调达而长。”

② 罗列六府生三光：精气陈列在五脏六腑中，散发出日月星般的光芒。

六府：此泛指脏腑。《黄庭外景玉经》下部经作：“罗列五藏生三光。”仅言五脏而未及六腑。又，《道藏》梁丘子注本、《云笈七签》《修真十书》作“六府”；刘长生注、《道藏》白文本作“六腑”。

三光：日月星。

［唐］梁丘子注：“存想生气，遍照五脏六腑，如日月星辰光曜明朗也。”

［明］冷谦注：“能罗列六府，而生精气神之三光。”

③ 心精意专内不倾：心意能精诚专一，精气在身内便不会倾毁。

［唐］梁丘子注：“能之一也。”

［明］冷谦注：“在于心精意专，内顾不倾。”

④ 上合三焦下玉浆：肝气在上和五脏六腑之气相合，并向下运转，再逆流至头部，回到口中成为津液。

三焦：中医的专有名词，把人体脏腑区分为上焦、中焦和下焦三个部分。横膈以上的内脏器官为上焦，包括心、肺；横膈以下至脐的内脏器官为中焦，包括脾、胃、肝、胆等内脏；脐以下的内脏器官为下焦，包括肾、大肠、小肠、膀胱。

玉浆：口中所生的津液。

案：肝与三焦在口之下，而此句话说：“上合三焦下玉浆”，明显地把三焦摆在上面，口津在下，其意是指肝气在身中，能颠倒运转，无所不到。又，此句，《太上黄庭外景玉经》下部经作：“上合三焦道饮浆。”

［唐］梁丘子注：“言肝气上则与三焦气合，下则为口中之液。亦犹阴气上则为云，下则为雨。雨润万物，玉浆润百骸九窍也。”

［明］冷谦注：“必上合三焦火力，下引玉浆而滋肝，方生玄液，如云之行，而去六府之臭以存香。”

⑤ 玄液云行去臭香：玄妙津液像云气般运行全身，去除身中一切香臭之味。

去臭香：去除香臭之味；指去除凡间的香与臭，而达到至味无味。

案：《太上黄庭外景玉经》下部经梁丘子注本作：“精液流泉去鼻香。”可以相互参照。

［唐］梁丘子注：“真气周流，则无灾病矣。”

⑥ 治荡发齿炼五方：修补清理头发牙齿，炼养五脏官能。

治荡：处治清理。荡：清除、摇动。张超中《黄庭内景经今译》：“肝藏血，发为血之余气所长养，血液充盛则发亦华润。肾主骨，齿为骨之余气所凝结，而肝为肾之子，所谓‘乙癸同源’。因之，肝气充盈，则肾气亦充盛，牙齿可因之坚固而光泽。故云‘治荡发齿’。”

［唐］梁丘子注：“云行雨施，无所不通。五方，五脏也。”

［明］冷谦注：“玄液云行，能治荡发黑齿坚，炼东西南北中，五行之精成津。”

⑦ 取津玄膺入明堂：从舌下玄膺穴吸取津液，观想进入明堂宫。

案：《黄庭外景玉经》下：“立于玄膺含明堂，通我华精调阴阳。”又说：“还过华池动肾精，立于明堂临丹田。”可以相参照。

玄膺：舌根下的玄膺穴。舌根下有三穴位，左曰金津，右曰玉液，中曰玄膺，都能涌生甘泉以灌注于气海。见本书《天中章第六》“舌下玄膺生死岸”下注。

明堂：脑部九宫之一，在两眉间深入一寸处。梁丘子注以为此明堂是喉咙下的穴位，不是脑部的明堂。

［唐］梁丘子注：“咽液之道，必自玄膺下入喉咙。喉咙一名重楼。重楼之下为明堂，明堂之下为洞房，洞房之下为丹田。此中部。”

［明］冷谦注：“取于舌下玄膺之窍，以灌明堂，下溉喉咙，则通于神明矣。”

⑧ 下溉喉咙神明通：再往下灌溉喉咙，使全身精神明朗。

案：此句及下两句，合为“下溉喉咙神明通，坐侍华盖游贵京，飘飖三帝席清凉”；显然在演绎《黄庭外景玉经》下云：“下于喉咙通神明，过华盖下清且凉。”

［唐］梁丘子注：“身命以津气为主也。”

⑨ 坐侍华盖游贵京：先侍坐在肺神旁，再往下游历到中丹田。

华盖：指肺部。本书《肺部章第九》：“肺部之宫似华盖。”

贵京：尊贵的帝都，指丹田。

［唐］梁丘子注："华盖，肺也。肝在肺之下。贵京，丹田也。"

［明］冷谦注："坐视经华盖肺，下而游贵京，即黄庭也。"

⑩ 飘飖三帝席清凉：随风飘动地经过镇守三丹田帝君的坐席，带来清凉之气（肝气经过三丹田，以清凉之气滋润全身）。

飘飖：随风飘动的样子、轻盈飞扬的样子。

三帝：镇守三丹田之帝君。上丹田，泥丸天帝上一赤子；中丹田，中一元丹皇君；下丹田，黄庭元王。《道藏》梁丘子注本、《云笈七签》、刘长生注作"三帝"；《修真十书》、《道藏》白文本作"三清"。

席：古人以草编成、用以坐卧的席子。

［唐］梁丘子注："三帝，三丹田中之道君也，亦名真人。言肝气飘飖，周流三丹田之所也。肝气为目精，故言席清凉。"

［明］冷谦注："飘飘然水火土三帝，津润一席清凉。"

⑪ 五色云气纷青葱：五脏之气所形成的五色云气，繁茂翠绿。

五色云气：指五脏所生的精气，形成五色之云。五脏和五行五色相配，分别为肝青、心赤、脾黄、肺白、肾黑。五脏分属五色，所以五色云气，系指五脏所衍生之气。

青葱：翠绿色；引伸为生意盎然。

［唐］梁丘子注："肝气与五脏相杂，上为五色云也。"

［明］冷谦注："从此丹色发现，成为五色云气，纷纭青

葱之。”

⑫ 闭目内眄自相望：闭住眼睛向内看，自然可以看见五脏云气。

眄：斜着眼睛看。

［唐］梁丘子注：“常存念之，五脏自见矣。”

［明］冷谦注：“闭目内观，必能自见如相望耳。”

⑬ 使诸心神还相崇：使身内心神及镇守各宫诸神，相互尊崇和谐。

案：相字，《道藏》梁丘子注本、《云笈七签》、刘长生注作“相”；《修真十书》《道藏》白文本作“自”。

［唐］梁丘子注：“赤城童子与五脏真人，合契同符，共相尊敬也。”

［明］冷谦注：“贵京游而使心主，以集诸神还元，互相尊崇。”

⑭ 七玄英华开命门：精华之气流经玄妙七窍，打开了生命的门户。

案：《黄庭外景玉经》下部经云：“七孔已通不知老，还坐天门候阴阳。”又说：“将使诸神开命门，通利天道藏灵根。”与此句相呼应。

七玄：玄妙的人身七窍（双目、双耳、双鼻孔及口）。

英华：原指草木等植物所开的花，引伸为精华。《尔雅·释草》：“木谓之华，草谓之荣；不荣而实者谓之秀；荣而不实者谓之英。”

命门：此为泛称，生命之门户、生命根源。

［唐］梁丘子注：“七窍流通，无留滞也。”

［明］冷谦注：“遂合七窍英华，齐开命门。”

⑮ 通利天道存玄根：精气通达，往上滋润于人体头部，再往下储存在玄妙根源的黄庭中。

天道：犹如天路，指上行至人体头部之路。

玄根：玄妙根源，指人身黄庭或下丹田。

案：《黄庭外景玉经》下部经：“通利天道藏灵根。”玄根即灵根。

［唐］梁丘子注：“身为根本也。”

［明］冷谦注：“以通利一阳之天道，而为玄牝灵根。”

⑯ 百二十年犹可还：活到一百二十岁，仍然可以修行还返少年的存精之法。

［唐］梁丘子注：“当急修行，时不可失。”

［明］冷谦注：“虽百二十岁，犹可返老还童也。”

⑰ 过此守道诚独难：超过这岁数，要来修道，便是真正的困难了。

案：“独难”，《道藏》梁丘子注本、《云笈七签》、刘长生注本，作“独难”；《修真十书》《道藏》白文本作“甚难”。

［唐］梁丘子注：“去死近矣。”

［明］冷谦注：“过此存玄根而守道，亦诚为甚难。”

⑱ 唯待九转八琼丹：只好等待服用八种药物经多次提炼所成的九转八琼丹了。

九转：九次提炼，泛指经过非常多次的提炼所成。

八琼丹：指用丹砂、雄黄、雌黄、空青、硫黄、云母、戎盐、硝石等八种矿石所炼制成的药物。琼：美玉。

案：此句意谓：年岁太大，精气衰竭，只好先服用九转八琼丹等外丹，将身体加以改变，然后才能再行修炼。《黄庭外景玉经》下云："期成还丹可长生。"

［唐］梁丘子注："九转神丹，白日升天。抱朴子《九丹论》云：'考览养生之书，鸠集久视之方，曾所披涉，篇已千计矣。莫不以还丹金液为大要焉。'又《黄帝九鼎神丹经》云：'帝服之而升仙，与天地相毕，乘云驾龙，出入太清。'八琼：丹砂、雄黄、雌黄、空青、硫黄、云母、戎盐、硝石等物是也。"

［明］冷谦注："惟待九转纯阳八卦火候，炼成琼玉之丹。"

⑲ 要复精思存七元：又要专精存思服食北斗七星之精气。

复：再、更、又。

案：《黄庭外景玉经》下部经："阴阳列布如流星，肝气似环终无端。"

［唐］梁丘子注："虽服神丹，兼习黄庭之道。七元者，谓七星及七窍之真神也。又五帝元君及白元、无英君亦为七元道君。《洞房诀》云：'存七元者，其咒曰：回元隐遁，豁落七辰。'（七辰）乃七元也。"

⑳ 日月之华救老残：再服食日月精气，可以挽救年老残败。

案：上句及此句强调服食日月星之精气，以救衰颜。

［唐］梁丘子注："左目为日，右目为月。目主肝，配东方，木行。木位春，春为生气，故云救老残。"

㉑ 肝气周流终无端：使肝脏滋生之精气，遍流全身，循

环不已。

终无端：毕竟没有尽头，指精气循流不已。端：头绪。

［唐］梁丘子注："《庄子》曰：'指穷为薪而火传。'生得纳养而命续也。"

【今译】

肝脏滋生的精气，郁盛茂密，清新而绵长。精气陈列在五脏六腑中，散发出日月星般的光芒。心意能精诚专一，精气在身内便不会倾毁。肝气在上和五脏六腑之气相合，并向下运转，再逆流至头部，回到口中成为津液。玄妙津液像云气般运行全身，去除身中一切香臭之味。修补清理头发牙齿，炼养五脏官能。从舌下玄膺穴吸取津液，观想进入明堂宫。再往下灌溉喉咙，使全身精神明朗。先侍坐在肺神旁，再往下游历到中丹田。随风飘动地经过镇守三丹田帝君的坐席，带来清凉之气（肝气经过三丹田，以清凉之气滋润全身）。五脏之气所形成的五色云气，繁茂翠绿。闭住眼睛向内看，自然可以看见五脏云气。使身内心神及镇守各宫诸神，相互尊崇和谐。精华之气流经玄妙七窍，打开了生命的门户。精气通达，往上滋润于人体头部，再往下储存在玄妙根源的黄庭中。活到一百二十岁，仍然可以修行还返少年的存精之法。超过这岁数，要来修道，便是真正的困难了。只好等待服用八种药物经多次提炼所成的九转八琼丹了。又要专精存思服食北斗七星之精气。再服食日月精气，才可以挽救年老残败。使肝脏滋生之精气，遍流全身，循环不已。

肺之章第三十四

肺之为气三焦起①，视听幽冥候童子②。调理五华精发齿③，三十六咽玉池里④。开通百脉血液始⑤，颜色生光金玉泽⑥。齿坚发黑不知白⑦，存此真神勿落落⑧。当忆此宫有座席⑨，众神合会转相索⑩。

【章旨】

此章叙述肺部所生之气，经环绕三焦五脏六腑而升起，下以储存肾宫，上以调理五脏及发齿。肺气化为津液由口中往下，打开全身经脉通路，使容貌光泽有生机。应存思肺宫神祇，不可懈怠，身中众神之间，功能职司，能相互支援。

与此章内容相近者为《黄庭外景玉经》下部经："肺之为气三焦起，伏于天门候故道。清液醴泉通六府，随鼻上下开二耳。窥视天地存童子，调和精华理发齿。颜色光泽老不白，下于喉咙何落落。诸神皆会相求索。"

此章押纸韵。纸韵字为：起、子、齿、里、始。次押药陌韵古音五部字：泽、白、落、席、索。

【注释】

① 肺之为气三焦起：肺所滋生的精气，经由上中下三焦环绕而升起。

三焦：见前章注，泛指所有脏腑。

案：《黄庭外景玉经》经下亦作"肺之为气三焦起"。肺主气，司呼吸，在五行生克上，肺属金，五官相配上和鼻相配应。鼻、肺二者皆和呼吸及气之出入有关，气由鼻吸入，经肺而绕行三焦，通达全身，存蓄丹田。《黄帝内经·素问·阴阳应象大论篇》说："肺主鼻。"［唐］王冰注："肺藏气，鼻通息，故主鼻。"

［唐］梁丘子注："《中黄经》曰：'肺首为三焦。'肺之为气，谓气嗽，气嗽起自三焦，故言三焦起。说三焦者多未得其实，今以为五藏之上系管为三焦。焦者，热也。言肝心肺头焦热之义也。"

② 视听幽冥候童子：（肺气）收视返听于幽冥的肾宫，等候肾神玄冥的指挥安排（肺气入藏于肾宫）。

幽冥：指肾，肾为幽阙，属北方，位居幽冥。《黄帝内经·素问·阴阳应象大论篇》："肾主耳。"［唐］王冰注："肾属北方，位居幽暗，声入故主耳。"

童子：指肾神，《太上黄庭内景玉经·心神章第八》："肾神玄冥，字育婴。"《登真隐诀·卷下·诵黄庭经法》："肾神，玄冥，字育婴，形长三寸六分。苍锦衣……六府真神，处五藏之内，六府之宫，形如婴儿，色如华童。存之审正，罗列一形。"[1]

案：《黄庭外景玉经》下部经作："窥视天地存童子。"

［唐］梁丘子注："童子，心神，赤城中者。元阳子曰：'闚离而下存童子。'童子，是目童也。谓人欲知死生，当以手指柱目眦，候其目光，有光则生，无光则死也。"

③ 调理五华精发齿：调护管理五脏滋生的精气，善加处

[1]《正统道藏·洞玄部·玉诀类·逊字号》，新文丰出版公司缩印本，第 11 册，第 349 页上。

理头发及牙齿的保健（发常梳、齿常叩）。

调理：照料管理。

精：善、详尽。

五华：五脏所生精气。

案：《黄庭外景玉经》经下作："调和精华理发齿。"

［唐］梁丘子注："五华，五脏之气。《仙经》曰：'发欲数栉，齿欲数叩也。'"

④ 三十六咽玉池里：分三十六次在口中将津液吞咽而下。

咽：吞食。

玉池：口。

案：《黄庭外景玉经》经下作："下于喉咙何落落。"

［唐］梁丘子注："口为玉池，亦曰华池。胆为中池，胞为玉泉。华池咽液入丹田，所谓溉灌灵根也。"

⑤ 开通百脉血液始：打开身体百脉通路，是血液滋润全身的开始。

［唐］梁丘子注："身中血液，以口为本始也。"

⑥ 颜色生光金玉泽：使容颜产生金玉般的光泽。

案：《黄庭外景玉经》经下云："颜色光泽老不白。"

［唐］梁丘子注："百节开通。"

［明］冷谦注："血液滋荣，则颜色生光，如金玉之润泽。"

⑦ 齿坚发黑不知白：牙齿坚固，头发乌黑，不会变白。

［唐］梁丘子注："反老还婴。"

⑧ 存此真神勿落落：存思肺宫守宫真神，不要懈怠。

此：应指肺宫。《太上黄庭内景玉经·心神章第八》云：

“肺神皓华，字虚成。”

落落：1. 稀疏、衰败的样子；2. 石头堆积貌。

［唐］梁丘子注：“专诚不堕。”

⑨ 当忆此宫有座席：应当想到肺部宫里，有镇守神祇的座席。

案：此宫，《道藏》梁丘子注本、《云笈七签》、刘长生注本，作“此宫”；《修真十书》《道藏》白文本作“紫宫”。

［唐］梁丘子注：“此宫谓肺宫也。座席，神之所安。《中黄经》云：‘肺首为三焦，玄老君之所居也。’”

⑩ 众神合会转相索：身内镇守各部位的众神，常相聚会，相互求取对方支援。

索：求取。

案：《黄庭外景玉经》经下云：“诸神皆会相求索。”

［唐］梁丘子注：“众真同聚，虑有邪精。”

［明］冷谦注：“存此肺之真神勿失，当忆此肺宫原有神坐之席，使五藏众神诸气会合，互相求索。”

【今译】

肺所滋生的精气，经由上中下三焦环绕而升起。（肺气）收视返听于幽冥的肾宫，等候肾神玄冥的指挥安排（肺气入藏于肾宫）。调护管理五脏滋生的精气，善加处理头发及牙齿的保健（发常梳、齿常叩）。分三十六次在口中将津液吞咽而下。打开身体百脉通路，是血液滋润全身的开始。使容颜产生金玉般的光泽。牙齿坚固，头发乌黑，不会变白。存思肺宫守宫真神，不要懈怠。应当想到肺部宫里，有镇守神祇的座席。身内镇守各部位的众神，常相聚会，相互求取对方支援。

隐藏章第三十五

隐藏羽盖看天舍①，朝拜太阳乐相呼②。明神八威正辟邪③，脾神还归是胃家④。耽养灵根不复枯⑤，闭塞命门保玉都⑥。万神方胙寿有余⑦，是谓脾建在中宫⑧。五脏六腑神明主⑨，上合天门入明堂⑩。守雌存雄顶三光⑪，外方内圆神在中⑫。通利血脉五脏丰⑬，骨青筋赤髓如霜⑭。脾救七窍去不祥⑮，日月列布设阴阳⑯。两神相会化玉浆⑰，淡然无味天人粮⑱。子丹进馔肴正黄⑲，乃曰琅膏及玉霜⑳。

太上隐环八素琼㉑，溉益八液肾受精㉒。伏于太阴见我形㉓，扬风三玄出始青㉔。恍惚之间至清灵㉕，戏于飙台见赤生㉖。逸域熙真养华荣㉗，内盼沉默炼五形㉘。三气徘徊得神明㉙，隐龙遁芝云琅英㉚。可以充饥使万灵㉛，上盖玄玄下虎章㉜。

【章旨】

此章之修炼法门，以存思脾神为主。先叙述和脾相关，同属五脏的绛宫心脏，说明五脏以脾为主，是存藏精气之所，在此会合脏腑诸神，上朝脑部九宫，再进而修炼脑部九宫，守雌一神及守雄一神之法。如此修炼，能使血脉通畅流行，使五脏真气充盈，白骨转成青色，青筋变成红色，骨髓凝成像微细冰粒般的白霜，能使人变形易质。而口中津液是日月精气所成，进入脾肾之中化为精液，为精气神之始基，有如琼浆玉英，可以填饱肚子，可以役使万神。使我成为仙人，头上拥持着玄羽所成的华丽伞盖，下身佩带着神虎玉章。

与此章内容相近者为《黄庭外景玉经》下部经："下入绛宫紫华色，隐藏华盖通神庐，专守心神传相呼。观我诸神辟除邪，脾神还归依大家。藏养灵根不复枯，至于胃管通虚无。闭塞命门似玉都，寿传万岁将有余。脾中之神游中宫，朝会五神和三光。上合天门合明堂，通利六府调五行。金木水火土为王，通利血脉汗为浆。修护七窍去不祥，上禀元气年益长，日月列布张阴阳，二神相得下玉英。五藏为主肾最尊，伏于太阴成其形。出入二窍舍黄庭，呼吸虚无见吾形，强我筋骨血脉盛。恍惚不见过清灵，坐于庐下观小童。旦夕存在神明光，出于天门入无间。恬淡无欲养华根，服食玄气可遂生。还返七门饮太渊，通我喉咙过清灵。问于仙道与奇方，服食灵芝与玉英。"

此章押鱼虞韵转阳庚等韵。虞鱼古音五部字为：舍、呼、邪、家、枯、都、余、主。阳庚青韵字为：堂、光、霜、祥、阳、浆、粮、黄、霜、琼、精、形、青、灵、生、荣、形、明、英、灵、章。东韵：中、丰。

【注释】

① 隐藏羽盖看天舍：隐藏在华丽伞盖（肺部）下的是绛宫心脏，它上通于头部诸宫。

案：《黄庭外景玉经》经下："下入绛宫紫华色，隐藏华盖通神庐。”据此则羽盖即华盖，华盖为肺。本书肺部章第九：“肺部之宫似华盖。”隐藏在肺下者为心脏心神。又，“看天舍”，《外景》作“通神庐”，神庐指鼻。则《内景》之“看天舍”应是指上通头部诸宫而言。

［唐］梁丘子注：“此明脾宫之事。脾为丹田黄庭，中央戊己，土行也。上观肝肺，如盖如舍也。”

② 朝拜太阳乐相呼：朝拜天界太阳神君，大家喜乐相招游。

案：《黄庭外景玉经》经下作：“专守心神传相呼。”

［唐］梁丘子注：“（众神次于脾宫，神敬太上，神仙喜乐相召也。）谓魂神与众仙合会也。《素灵经》云：‘太上神仙有太阳君、少阳君、太虚君、浩素君，群仙宗道之游乐也。’”（括号内之字，据《修真十书》补入。）

［明］冷谦注：“隐藏于华盖，即羽盖，以看一阳生于天舍，故朝拜于太阳，如日出东方而相呼吸。于是肺之神明，周历八卦，扬其威灵，辟除阴邪，以成纯阳。”

③ 明神八威正辟邪：灵明的神祇是八威灵神，严正的辟除诸邪魔。

案：《黄庭外景玉经》下部经云：“观我诸神辟除邪。”与此句文意可以相参看。

八威：1. 八种猛兽。2. 八威神龙。3. 八威灵神。《太上洞玄灵宝无量度人上品妙经·元始洞玄灵宝本章》：“八威吐毒，猛马四张”，［齐］严东注：“八威者，龙、麟、虎、豹、师子、丹蛇、天马、猛兽。吐毒四张也。”［唐］薛幽栖注：“八威者，八威之神龙也。猛马者，即天灵之陆马也。神龙吐毒以摄祆氛，陆马奔张以逐邪魅也。”梁丘子以为八威是八威灵神，见下注。

辟除：辟除邪魔。

［唐］梁丘子注：“（八灵神有明德正法，而去邪保守脾宫也。）八威，八灵神也。《真诰》云：‘《北帝杀鬼咒》曰：七正八灵太上皓凶长颅巨兽，手把帝钟素枭三神威剑，神王卫法，辟邪之道也。”

④ 脾神还归是胃家：脾神的功能，还归到胃腑，和胃同属一家。

案：本书《脾部章第十三》云：“消谷散气摄牙齿”，脾脏主司消化谷物，和胃同一功能。《黄庭外景玉经》经下：“脾神还归依大家。”与此句文意可以相参看。又案：《黄帝内经》以及《黄庭经》中的脾，其实是指胰而言。古无胰字，古人把脾、胰二者混而一之，把胰的功能移植在脾上。此句及本注中所引脾的功能及位置，其实即是胰的功能。

［唐］梁丘子注：“（脾为胃用，故神归之。）脾神名常在，字魂停。脾磨食消，胃家之事也。《中黄经》云：‘胃为太仓。’太仓，脾府也。”（括号内字，依《修真十书》本补。）

［明］冷谦注：“脾为藏，胃为府，相连，故脾神还归是胃家。”

⑤ 耽养灵根不复枯：专注于培养生命的灵气根源（存思脾神），身体便不会枯竭。

耽：沉溺、专注。

案：《黄庭外景玉经》下部经：“藏养灵根不复枯，至于胃管通虚无。”

［唐］梁丘子注：“（修黄庭神，爱养性命，不复枯朽。）脾为黄庭，人命之根本。心专养之，延年神仙也。”（括号内字，依《修真十书》本补。）

［明］冷谦注：“耽静养气，使灵柯不至枯耗。”

⑥ 闭塞命门保玉都：闭塞生命之门户（或译：闭守下丹田精气不外泄），保护全身康健。

命门：1. 生命门户。2. 下丹田，又称命门丹田宫。

玉都：美玉砌成的都邑，此指身体；吾身为众身神所栖息之所宛如都邑。

案：《黄庭外景玉经》下部经作：“闭塞命门似玉都。”

［唐］梁丘子注：“（身为玉都，闭丹田命门，保精也。）元阳子曰：‘命门者，下丹田，精气出入神之处也。养童下籥护其主。主，身也。身为玉都，神聚其所，犹都邑也。’”（括号内字，依《修真十书》本补。）

［明］冷谦注：“尤在闭绝命门坎宫，勿令走泄，以保脾土之王都，则寿可万年有余。是为脾土长建于中宫矣。”

⑦ 万神方胙寿有余：身中万神正将福佑你，使你有用不完的年寿。

方：正。

胙：祭肉、赐福。

案：《黄庭外景玉经》下部经作：“寿传万岁将有余。”

［唐］梁丘子注：“（众灵降福，能延翫也。）胙，报也。万神以养见报，故寿有余也。”（括号内字，依《修真十书》本补。）

⑧ 是谓脾建在中宫：这是说脾所建立的位置，是在人身五脏的中央。

案：《黄庭外景玉经》经下："脾中之神游中宫。"经中所说脾居五脏中央，实指胰而言，胰在胃后，居五脏中央，古人无胰字，把胰脾看做一体。

［唐］梁丘子注："脾主中宫，土德。"

⑨ 五脏六腑神明主：五脏六腑等神祇及精气，以中宫脾脏为主要会合处。

案：《黄庭外景玉经》经下作："朝会五神和三光。"

主：《道藏》梁丘子注、刘长生注、《修真十书》作"王"；《云笈七签》《道藏》白文本作"主"，以注文看来，应以作"主"为是。

［唐］梁丘子注："以脾为主。"

［明］冷谦注："万物生于土，故为藏府神明之王。"

⑩ 上合天门入明堂：往上至脑部两眉间，然后进入脑部九宫的明堂宫。

天门：进入头部九宫之门，指两眉间。

明堂：脑部九宫第一宫，在两眉间退入一寸处。

案：《黄庭外景玉经》下部经作："上合天门合明堂。"可参看。

［唐］梁丘子注："存五藏六腑之气，上合天门。天门在两眉间，即天庭是也。眉间入一寸为明堂。"

［明］冷谦注："其气由于上合天门，即顶门，而入于明堂，即黄庭。"

⑪ 守雌存雄顶三光：存思脑部九宫，修炼守雌一神及守

雄一神之法，使日月星三光照耀头顶。

守雌存雄：守雌一及守雄一，即魏华存所传上清派道典中修持脑部九宫中守雌一及守雄一之法。脑部九宫中的明堂、洞房、上丹田、流珠、玄丹五宫之神为男性，称为“雄真一”或“雄一”；天庭、极真、太皇、玉帝四宫司掌之神为女性，称为“雌真一”或“雌一”。雄一以“玄丹宫”为最尊；雌一以“玉帝宫”为最尊。

守一，也称为“抱一”“守意”“守三一”；是先秦道家养生修身之法，也是早期道教修仙法门之一。其法始见于《老子》第十章：“载营魄抱一，能无离乎？”最早是指专注于内在的精神魂魄，使形、神相凝合为一，与道相契而不相离，“一”指道，此即是“抱一”“守一”。但随着时代的不同，“守一”的修炼方式，也逐渐地有所变改；东汉时的《五符经》《仙经》及六朝上清经派之道书，开始将“一”视为具体的神祇，以为“一”散入人体三处，镇守人身三丹田；于是守一成为存思（观想）体内上丹田（泥丸宫）、中丹田（绛宫）、下丹田（命宫）之守宫神祇，三宫之神都称为“真一”或“一”，祂们降气入身，与吾身合一；“守一”在使神祇常守吾人身内之各丹田，使诸宫不空；由于“一”有三处，所以“守一”，也被称为“守三一”。这种存思身内神祇之法，也成为六朝上清经派修持法门的一大特色；并由守三一，扩充至守脑部九宫的雄一、雌一，以及身内诸神徊风混合的守帝一法门。详见笔者《六朝道教上清派研究·陆·道教及上清派“守一”修持法门之源起及其演变》。

顶字，《道藏》梁丘子注作“倾”；《云笈七签》、刘长生注、《修真十书》《道藏》白文本作“顶”，今据改。

［唐］梁丘子注：“《老子》云：‘知其雄，守其雌。’雌、牝；柔弱也。三光，日、月、星也。”

［明］冷谦注：“守雌之阴汞，而存雄之阳铅，两合于中，而精气神之现于顶上。”

⑫ 外方内圆神在中：外面方里面圆的一寸之地，九宫三丹田等诸内神就居住在其中。

案：三丹田及脑部九宫等诸内神所居处，为身内方圆一寸之地。《大洞玉经》卷上《真阳元老玄一君道经第七》：“泥丸上一天帝君，名赤子玄凝天，字三元光，一名伯无上，一名伯史原。常镇泥丸之中，九孔之户。”赵注云：“即上丹田内九九宫，四雌五雄，各方一寸，其形内圆虚中，红而莹，乃神之所居；其后户有两脉，贯于脊骨之端。”[1]

［唐］梁丘子注：“外方内圆，明堂之象。（脾神与真一居中也。）”（括号内字，依《修真十书》本补。）

⑬ 通利血脉五脏丰：畅通并利益于血脉的流行，使五脏真气充盈。

案：《黄庭外景玉经》经下：“通利六府调五行。金木水火土为王，通利血脉汗为浆。”和本句文意相关，可以相参考。

［唐］梁丘子注：“神恬心静。”

⑭ 骨青筋赤髓如霜：白骨转成青色，青筋变成红色，骨髓凝成像微细冰粒般的白霜（能使人变形易质）。

---

[1] 《正统道藏·洞真部·本文类·日字号》，新文丰出版公司，第2册，第9页上。

［唐］梁丘子注："百脉九窍，皆悉真正。"

［明］冷谦注："骨含东方生气而青，筋含南方火气而赤，则骨髓金水相丽，而如霜之洁白，皆由一神之功。"

⑮ 脾救七窍去不祥：脾助消化，上护头部七窍之康宁，去除不祥邪气来侵身。

案：《黄庭外景玉经》下部经作："修护七窍去不祥。"

［唐］梁丘子注："（脾通胃气，以应外窍，御邪辟恶。）脾磨食消，耳聪目明。"（括号内字，依《修真十书》本补。）

⑯ 日月列布设阴阳：日月之气散布大地，进入吾身，成了阴阳二气。

案：《黄庭外景玉经》经下作："日月列布张阴阳。"

［唐］务成子注："日阳月阴，日男月女。"（案：《修真十书》作："气分布两眉，左阳右阴，日阳主男，月阴主女也。"）

⑰ 两神相会化玉浆：阴阳二气在舌根下转化成口中津液。

案：《黄庭外景玉经》经下云："二神相得下玉英，上禀元气年益长。"玉浆、玉英，都是指口中津液而言。人的舌根下有三穴位，左曰金津，右曰玉液，中曰玄膺，都能涌生甘泉以灌注于气海，见本书第六章注。

王浆二字，《道藏》梁丘子注、刘长生注、《修真十书》作"玉浆"；《云笈七签》《道藏》白文本作"玉英"。

［唐］梁丘子注："（阴阳和会，生精化气）男女阴阳自然之津液也。"（括号内字，依《修真十书》本补。）

⑱ 淡然无味天人粮：虽然是淡而无味，却是天人服用的

粮食。

案：道教常以咽津来达到不饥不渴的目的。《太上黄庭外景玉经》下部经："人皆食谷与五味，独食太和阴阳气，故能不死天相既。试说五脏各有方，心为国主五脏王。受意动静气得行，道自守我精神光。昼日昭昭夜自守，渴自得饮饥自饱。经历六府藏卯酉，转阳之阴藏于九。常能行之不知老。"《太上黄庭内景玉经·常念章第二十二》："存漱五芽不饥渴，神华执巾六丁谒。急守精室勿妄泄，闭而宝之可长活。"上引都是强调咽津存漱的重要。

咽津通常和辟谷食气并行，早在汉代已盛行。《太上灵宝五符序》卷上《仙人挹服五方诸天气经》所说"人养五藏于唇锋。所以营溉之者无极，存之者不终""天气柔顺而无极，人漱唇齿以不零""运天精于南夏，养人精于丹唇，所以采之者无终，营之者永存""内有玄膺九窗之阙，外有醴泉玉浆之渊……天气柔顺而无极，人漱唇齿以不零""叩天池而鸣鼓，收甘津于舌端""天致元精于太玄，真人养三府于齿牙。所以为之者长存，用之者寿多。漱神津于元首，合淳气而弗华"等等，从用语看来，应是炼食口中之津液，和食五芽真气相关。《元始五老赤书玉篇真文天书经》所见五方天帝及存思引气神祇，也是和舐料齿唇以咽津法来运行。从汉以下，咽津成为道教重要之修仙法门。

［唐］梁丘子注："神虽合会，当味无味。"

⑲ 子丹进馔肴正黄：脾宫之神，真人子丹进献黄色气液所成的馔肴。

子丹：真人子丹，脾宫之神，"卧胃管中，黄云气为帐，珠玉为床，食黄金玉饵，饮醴泉玉液，服太一神丹，噉玉李芝草。”《太上老君中经·第二十三神仙》云：“脾神五人，玄光玉女，子丹母也。乘黄金珠玉云气之车，骖驾凤凰，或乘黄龙，从官三千六百人。真人子丹在上，卧胃管中，黄云气为帐，珠玉为床，食黄金玉饵，饮醴泉玉液，服太一神丹，噉玉李芝草。”[1]

馔：饭食。

肴：鱼肉等菜。

［唐］梁丘子注：“（童子用黄气为食而养之。）馔，气也。子丹真人进丹田之真气。脾为中黄，脾磨食消也。”（括号内字，依《修真十书》本补。）

⑳ 乃曰琅膏及玉霜：气液有如琅膏玉霜等仙药。

琅膏玉霜：指粘稠膏状和散状（粉状）的仙药。丸、散、膏、汤，四者为常见的中药形式。琅膏：美玉般的膏药，和琼浆义近。琅：美石似珠。

［唐］梁丘子注：“津液，精气之色象也。”

㉑ 太上隐环八素琼：喉咙称为太上隐环，中有八素琼液。

太上隐环：指喉咙，喉咙号称十二重楼，有十二环。

八素琼：八方素气所成的玉液。

［唐］梁丘子注：“谓绛宫重楼十二环，即喉咙也。中有八素之琼液也。”（案：《修真十书》作：“喉咙曰重楼，名太上隐环，中有八琼素液也。涵八素琼液，绛宫重楼十二环也，中有八素致津。”）

---

[1] 《正统道藏·太清部·退字号》，新文丰出版公司，第46册，第227页下。

［明］冷谦注："先天真一之水，故为太上。色黑如隐，体圆如环，故曰隐环。具八卦之精蕴，如琼玉可宝。"案：冷谦说望文生义。

㉒ 溉益八液肾受精：八素琼液灌溉滋润肾脏，而在肾中化为精气。

溉益：灌溉滋润。

八液：八素琼液。

案：《黄帝内经·素问·金匮真言论篇》："夫精者，身之本也。故藏于精者，春不病温……北方黑色，入通于肾，开窍于二阴，藏精于肾。"《黄帝内经·素问·五藏别论篇》："所谓五藏者，藏精气而不写（泻）也，故满而不能实。"上引中以精为一身之本，藏精于肾，精气也存藏于五脏，这样的观念在《黄庭经》中一再出现，五脏精气化为津液，从口中流往全身，而储存于肾脏及黄庭、下丹田等处。

［唐］梁丘子注："（能滋八液，入肾为玉精。）咽液流下入肾宫，化为玉精也。"（括号内字，依《修真十书》本补。）

㉓ 伏于太阴见我形：精气伏藏在肾中，看到了真我圣胎的仙真之形。

太阴：指肾；太阴为水，水为坎，坎为肾。五行中，水为太阴，火为太阳，木为少阳，金为少阴，土为阴阳相合。《子华子·北宫意问》云："夫天降一气，则吾气随之，寄备于阴阳，合气而成体；故有太阳、有少阳、有太阴、有少阴；阴中有阳，阳中有阴；故阳中之阳者，火是也；阴中之阴者，水是也；阳中之阴者，木是也；阴中之阳者，金是也；土居二气之中间，以治四维，在阴而阴，在阳而阳，故物非土不成，人非土不生。”

案：《黄庭外景玉经》下部经云：“五脏为主肾最尊，伏于太阴成其形。出入二窍入黄庭，呼吸虚无见吾形，强我精骨血脉盛。”可以和《内景》此句相参看。

［唐］梁丘子注：“（肾为太阴，阳伏其间，是胎之形也。）太阴，洞房。谓睹琼液之形象也。”（括号内字，依《修真十书》本补。）

㉔ 扬风三玄出始青：从最初始的始青气中，衍生阴、阳、和三种玄妙之气，传扬风化（或译：肾藏精，有如始青之气，衍为精气神三气，来传扬教化）。

扬风：传扬风化。

三玄：三种玄妙气，指阴、阳、和。《太平经》常强调阴阳和三气的重要。《太平经·和三气兴帝王法》云：“元气有三名：太阳、太阴、中和……三气合并为太和也。太和即出太平之气。断绝此三气，一气绝不达，太和不至，太平不出。阴阳者，要在中和。中和气得，万物滋生，人民和调，王治太平。”

始青：气名也是天名。道教以为万物皆由气生，由一气化三气，成三清，由三清而后有诸天地。《洞玄灵宝自然九天生神章经》称三清天为：“始青清微天”“元白禹余天”“玄黄太赤天”。宋人董思靖《洞玄灵宝自然九天生神章经解义》卷一注引《三天正法经》云：“始气青，青气精澄曰清微天。元气白，白气精澄曰禹余天。玄气黄，黄气精澄曰大赤天。”始青为最早形成诸天之气。

［唐］梁丘子注："（肾属三冬，色玄，阴极则生春，发阳出青气。）扬风，感风化也。阴阳二气与和气为三，三生万物，生物微妙，故曰三玄出始青。言万物生而青色也。《太平经》曰：'积清成青也。'"（括号内字，依《修真十书》本补。）

㉕ 恍惚之间至清灵：在若有若无间，便到了清虚灵妙之境。

恍惚：若有若无，难分辨的样子。

清灵：清虚灵妙之境。

案：《黄庭外景玉经》经下云："恍惚不见过清灵，坐于庐下观小童。"

［唐］梁丘子注："（三玄性生，其气微妙，不可以形质求之，乃于恍惚之间得至清虚之境。）阴阳生气，至微至妙。"（括号内字，依《修真十书》本补。）

㉖ 戏于飙台见赤生：在飙台仙境中遨游，看见了泥丸宫中的赤子真人。

飙台：神仙游乐之楼台。

赤生：赤子，镇守泥丸宫之神祇。上丹田泥丸宫守宫之神祇为泥丸天帝君上元赤子，讳玄凝天，字三元先；一名伯无上，一名伯史华。裸身无衣（《金阙帝君三元真一经》说着赤绣华衣），貌如始生之婴儿，手执《上清神虎符》。《洞真太上素灵洞元大有妙经·太上大洞守一内经法》："上元赤子居在泥丸宫中，华盖之下，泥丸天帝上一赤子，讳玄凝天，字三元先，一名伯无上，一名伯史华；位为泥丸天帝君，治在上一宫……上一天帝君执《上清神虎符》，盛以青玉函。”[1]

案：《黄庭外景玉经》经下作：“坐于庐下观小童。”

［唐］梁丘子注：“（游于飚台之上，见赤子真人也。谓）调畅之气化为赤子。赤子，真人也。飚台，阆风台。神仙之游集也。”（括号内字，依《修真十书》本补。）

㉗逸域熙真养华荣：在飘逸之仙境，随着仙真泥丸赤子和乐遨游，培养生命精华之精气。

熙：光明、兴盛、和悦。

华荣：草木的花，比喻生命精华之精气神。《尔雅·释草》：“木谓之华，草谓之荣。”

案：《黄庭外景玉经》下部经云：“恬淡无欲养华根。”

［唐］梁丘子注：“（傲戏飙台，是为逸域。仰真圣，怡英华。）物外真气，自然养生。”（括号内字，依《修真十书》本补。）

［明］冷谦注：“飚台，即离火，色赤。言坐守离宫，但见火赤之色发生。而入于黄庭安逸之域，熙宁其坎宫真一，以养其精华荣茂。”

㉘内盼沉默炼五形：向内观看，沉静寂寞，修炼存守全身真神，使精气长存。

内盼：闭目内视。

五形：头与四肢，泛指全身。

［唐］梁丘子注：“内观形体，神气长存。”（《修真十书》此句作：“希睹真圣，还视内观，修炼形体，神

[1]　《正统道藏·正乙部·右字号》，新文丰出版公司刊本，第56册，第201页上。

气长存。”）

［明］冷谦注：“必用内观，下沉目之阳光，以制炼五行，则水火土之三气徘徊，自然得通神明。”

㉙三气徘徊得神明：三丹田真气充盈环绕，自然得与灵明的神祇相通。

［唐］梁丘子注：“（内眄炼形，三田气行，得与神灵相通。）三丹田之气也。”（括号内字，依《修真十书》本补。）

㉚隐龙遁芝云琅英：似隐龙般的肝气，如仙芝般的脏脉之气，以及如玉英般的脾气津液。

隐龙：肝脏之气。肝，五行生克，属木，属龙。

遁芝：五脏、孔窍、八脉等所生诸气，似仙芝般珍贵。

云琅英：琼浆玉英等仙药，此指脾气之津液。

［唐］梁丘子注：“《仙经》云：‘肝胆为青龙，故曰隐龙。五脏、九孔、八脉为内芝，故曰遁芝。云琅英，脾气之津液。’”（《修真十书》此句作：“肝胆为隐龙，窍脉为内芝，脾气化众液，并为玉英也。《仙经》曰：‘肝胆为青龙，故曰遁芝。云琅英者，脾气之津液也。’”）

㉛可以充饥使万灵：可以填饱肚子，可以役使万神。

灵：神。

［唐］梁丘子注：“（芝英能使不饥，驱使众灵。）服气道成，役使鬼神。”（括号内字，依《修真十书》本补。）

㉜上盖玄玄下虎章：头上拥持着玄羽所成的华丽伞盖，下身佩带着神虎玉章。

上盖玄玄：头上拥持着玄羽所成的华丽伞盖。

下虎章：下身佩带着神虎玉章。

案："上盖玄玄下虎章"，为仙真之服饰器用。本书《脾部章第十三》云："黄锦玉衣带虎章"，指脾神身穿黄色丝锦玉衣，腰间佩带神虎符箓。虎章：神虎符箓。箓是道教用来表示修行阶位之信物，上书符文神图，可以召请箓中所列神祇，依修行不同，而拥有不同符箓，可召唤之神祇阶位亦各不同。

［唐］梁丘子注："（服炼道成，天降神虎玉章也。）神仙之服御也。《元录经》云：'仙人有玄羽之盖，神虎玉章也。'"（括号内字，依《修真十书》本补。）

【今译】

隐藏在华丽伞盖（肺部）下的是绛宫心脏，它上通于头部诸宫。朝拜天界太阳神君，大家喜乐相招游。灵明的神祇是八威灵神，严正地辟除诸邪魔。脾神的功能，还归到胃腑，和胃同属一家。专注于培养生命的灵气根源（存思脾神），身体便不会枯竭。闭塞生命之门户（或译：闭守下丹田精气不外泄），保护全身康健。身中万神正将福佑你，使你有用不完的年寿。这是说脾所建立的位置，是在人身五脏的中央。五脏六腑等神祇，以中宫脾脏为主要会合处。往上至脑部两眉间，然后进入脑部九宫的明堂宫。存思脑部九宫，修炼守雌一神及守雄一神之法，使日月星三光照耀头顶。外面方里面圆的一寸之地，九宫三丹田等诸内神就居住在其中。畅通并利益于血脉的流行，使五脏真气充盈。白骨转成青色，青筋变成红色，骨髓凝成像微细冰粒般的白霜（能使人变形易质）。脾助消化，上护头部七窍之康宁，去除不祥邪气来侵身。日月之气散布大地，进入吾身，成了阴阳二气。阴阳二气在舌根下转化成口中津液。虽然是淡而无味，却是天人服用的粮食。脾宫之神，真人子丹进献黄色气液所成的馔肴。气液有如琅膏玉霜等仙药。喉咙称为太上隐环，中有八素琼液。八素琼液灌溉滋润肾脏，而在肾中化为精气。精气伏藏在肾中，看到了真我圣胎的仙真之形。从最初始的始青气中，衍生阴、阳、和三种玄妙之气，传扬风化（或译：肾藏精，有如始青之气，衍为精气神三气，来传扬教化）。在若有若无间，便到了清虚灵妙之境。在飙台仙境中遨游，看见了泥丸宫中的赤子真人。飘逸之仙境，随着仙真泥丸赤子和乐遨游，培养生命精华之精气。向内观看，沉静寂寞，修炼存守全身真神，使精气长存。三丹田真气充盈环绕，自然得与灵明的神祇相通。似隐龙般的肝气，如仙芝般的脏脉之气，以及如玉英般的脾气津液。可以填饱肚子，可以役使万神。（使我成为仙人）头上拥持着玄羽所成的华丽伞盖，下身佩带着神虎玉章。

沐浴章第三十六

沐浴盛洁弃肥薰①，入室东向诵玉篇②。约得万徧义自鲜③，散发无欲以长存④。五味皆至正气还⑤，夷心寂闷勿烦冤⑥。过数已毕体神精⑦，黄华玉女告子情⑧。真人既至使六丁⑨，即授隐芝大洞经⑩。十读四拜朝太上⑪，先谒太帝后北向⑫。《黄庭内经》玉书畅⑬，授者曰师受者盟⑭。云锦凤罗金钮缠⑮，以代割发肌肤全⑯。携手登山歃液丹⑰，金书玉景乃可宣⑱。传得可

授告三官[19]，勿令七祖受冥患[20]。太上微言致神仙[21]，

不死之道此真文[22]。

【章旨】

此章叙述诵念《黄庭经》的科仪、功德，以及师徒经书传授之法。诵经须先斋戒沐浴，入静室向东诵读，心境宜平和不宜烦躁，以十遍为一单位，然后四次礼拜太上玉晨大道君、扶桑太帝及北斗七星君。诵经万遍后，即能明白《黄庭经》所说的道理，并感通神人玉女来守护。至于传经仪轨，则须设坛，陈列“云锦、凤罗、金钮缠”等信物，师徒相盟誓，然后传授经书。

此章押真文寒先等合韵字，属古音十四部；中间转为养漾韵，属古音第十部。真文寒先等合韵（属古音十四部字）为：薰、篇、鲜、存、还、冤、精、情、丁、经、盟、缠、全、丹、宣、官、患、仙、文。养漾韵字（古音十部）为：上、向、畅。

【注释】

① 沐浴盛洁弃肥薰：洗头洗身，干净整洁，弃置鱼肉及葱蒜等辛臭之菜，不去吃它。

沐：洗头。

浴：洗身。

薰：通“荤”，原为葱、蒜、芸台、椿、韭、阿魏（兴渠）之类的辛物，亦用以指鱼肉等肴馔。

［唐］梁丘子注：“（此已后入静持经之法也。）盛，

古净字。肥，鱼、肉。薰，五辛。”（括号内字，依《修真十书》本补。）

② 入室东向诵玉篇：进入靖室，面向东边，诵咏《黄庭内景玉经》。

室：指靖治等修道之所。

东向：面向东方，因为此经是扶桑太帝所传，太帝在东方，所以须向东诵念。

玉篇：用美玉做成的书籍，或译为如美玉般珍贵的书籍；此指《黄庭内景玉经》。

案：《黄庭内景玉经》，是由扶桑太帝传予青童君，再辗转传予上清派第一代太师魏华存。说见下注。

［唐］梁丘子注：“（向太帝也。）太帝在东故也。”（括号内字，依《修真十书》本补。）

③ 约得万偏义自鲜：大约诵念一万遍，书中的道理自然就鲜明易懂。

［唐］梁丘子注：“（遍数既足，功多则义自明），不出身中。”（括号内字，依《修真十书》本补。）

④ 散发无欲以长存：披散头发（身心放松），寡少欲望，可以让人寿命长久。

［唐］梁丘子注：“（满年无欲而得长年，）《仙经》：‘服九霞必先散发。’又《胎息法》：‘仰卧散发（或云先外情欲散发），令枕高二寸五分。屈两手大母指，握固闭目，申两臂，去身五寸。乃漱满口中津液，咽之满三。徐徐以鼻内气。气入五六息则吐之。一呼一吸为一息。至十吐气，可少频申。频申讫，复为之。满四九为一竟矣。’寻观文意，此散发

非专此道也。盖散发，无为自得之意，无外情欲而已。”（括号内字，依《修真十书》本补。）

⑤ 五味皆至正气还：当纯真的气液进入脏腑后，五种脏气的味道便会综汇在一起。

五味：辛（辣）、酸、甘（甜）、苦、咸；泛指各种味道。又，在五行生克中，五味配五脏，依次为肝酸、心苦、脾甘、肺辛、肾咸。五味也暗喻五脏之气液。

皆至：诸本作“皆至”，刘长生注本作“皆去”。

［唐］梁丘子注：“（神凝液流，正气入藏，成五味而俱至也。）合五为一，自然之道。”（括号内字，依《修真十书》本补。）

⑥ 夷心寂闷勿烦冤：心情平和，寂寞清静，不要烦躁愤懑。

夷心：心情平和。夷：平。

寂闷：寂寞清静。

冤：通“怨”。

［唐］梁丘子注：“（不见有心，自然无闷。）闷，静也。寂默清静。《道经》云：‘其政闷闷，其民淳淳。’”（括号内字，依《修真十书》本补。）

⑦ 过数已毕体神精：诵咏经书的遍数已完毕，身体将充满元神与精气。

过数：诵咏的次数。

［唐］梁丘子注：“（过数已毕，身入虚妙），专精所致。”（括号内字，依《修真十书》本补。）

⑧ 黄华玉女告子情：黄华玉女现身来告诉你修炼法门。

黄华玉女：玉女的名称，以所穿黄素衣，且是诵《黄庭经》所得感应看来，应和黄庭有关，当是传达黄庭之神谕旨的女神使者。

［唐］梁丘子注："（丹田之神，示其经意。）丹田阴神与己言也。"（括号内字，依《修真十书》本补。）

⑨ 真人既至使六丁：修炼既到真人的地步，便可以役使六丁玉女。

六丁：道教驱魔斩妖常见的护卫女神。六甲及六丁，皆为道教神名。早期道典中六甲、六丁都是神将，没有男女之别。后来由于既然六十甲子神有阴阳之说，也就应有男女之别，于是就有六甲为男神，六丁为女神，六甲为神将，六丁为玉女的不同说法出现。详见本书《常念章第二十二》"神华执巾六丁谒"下注。

［唐］梁丘子注："（黄庭神至，役使六丁。）真人，指学者身也。至，谓精至。六丁，如上说者也。"（括号内字，依《修真十书》本补。）

⑩ 即授隐芝大洞经：就会传授像仙芝般珍贵的至大通明的经典（案：大洞经，此指《黄庭玉景内经》，但亦有可能系指《上清大洞真经》。）

隐芝：会现形隐形的仙芝。

大洞：至大通明。洞：通、达。指此经之理，至大通明，为万物所自出、所同遵。［元］卫琪注《玉清无极总真文昌大洞仙经》卷二第三页："'大洞者'：大者，虽天地之大，不可加也。洞者，通也。万物通有此理，即太极之谓。太极既判，天地人三才各极其位，所谓物物具一太极，故总而言之，是曰大洞。即邵子所演，箕子所陈皇极之道同义。经箓法皆有三洞，而大洞最高。”[1]

案：大洞经，此处应指《黄庭内景玉经》，但亦有可能系指《上清大洞真经》。［东晋］杨许《上清经》三十一卷，以《上清大洞真经》为首，倡导修炼身内万神回风混合的帝一法门。此经共三十九章，每一章由一道君叙述一种修炼法门，也称为《三十九章经》。《云笈七签·卷八·三洞经教部·释三十九章经》云：“《大洞真经》云：‘高上虚皇道君而下，三十九道君各著经一章，故曰《三十九章经》。’乃大洞之首也。”

［唐］梁丘子注：“隐芝，谓隐者也。以仙人喻芝英。”

⑪ 十读四拜朝太上：诵读十遍后，须放下经书，四次礼拜太上玉晨大道君。

太上：指上清境的太上大道玉晨君（灵宝天尊），《黄庭内景玉经·上清章第一》一开头即说：“上清紫霞虚皇前，太上大道玉晨君，闲居蕊珠作七言。”明文说此经是大道玉晨君所作，所以诵经须朝拜太上。

［唐］梁丘子注：“（拜太上老君也。）《玉精真诀》曰：‘《东华玉篇》者，必十读四拜。’玉篇，谓此文。”（括号内字，依《修真十书》本补。）

⑫ 先谒太帝后北向：首先向东礼拜传经的扶桑太帝，然后向北礼拜主司人命的北斗七星君。

谒：进见、拜见。

---

[1] 《正统道藏·洞真部·玉诀类·冬字号》，新文丰出版公司刊本，第 3 册，第 645 页上。

太帝：即是扶桑太帝，居东方碧海中。《黄庭内景经》是大道玉晨君所撰，而扶桑太帝是将该经传予世人的重要神祇。

《太真玉帝四极明科经·卷二·太玄下宫女青四极明科律文》谈到扶桑太帝所传道经云："《太玄都四极明科》曰：《神虎玉经》《金虎凤文》《上清内经》《黄庭内景玉经》四卷，出于太帝自然之章，传于玄古先生、上皇真人、太上道君、玉精真人、扶桑旸谷神王、金阙帝君、上相青童君。"[1]

又，《上清金阙灵书》云："《黄庭内景经》，一名《太上琴心文》，又名《太帝金书》，扶桑太帝君宫中尽诵此经，金简刻书之，故曰金书。又名《东华玉篇》，东华者，方诸宫名，东海青童君所居也，其中仙曹多斋戒，诵咏，刻玉书之。"（《太平御览·卷六百六十七·道部九·斋戒》引）

上引《上清金阙灵书》说《黄庭内景经》一名《太上琴心文》，又名《太帝金书》。笔者以为被称为《太上琴心文》的原因，当是因为此经是太上大道玉晨君所作，所以名"太上"，《太上黄庭内景玉经·上清章第一》说："散化五形变万神，是为《黄庭》曰内篇。琴心三叠舞胎仙，九气映明出霄间。"文内有"琴心"，所以此经又名《太上琴心文》。至于又名《太帝金书》的原因，除扶桑太帝宫尽诵此经外，此经是由太帝所传，太帝宫以金简刻书，所以又名《太帝金书》；另外在青童君所属的方诸宫，也诵此经，但因青童君的位阶较太帝为下，所以方诸宫只能刻玉简。扶桑太帝的传经，最主要是透过旸谷神王、青童君、清虚天王王褒、景林真人等，将经书

[1] 《正统道藏·洞真部·戒律类·雨字号》，新文丰出版公司刊本，第5册，第247页上。

传予魏华存，然后广流于世。

《东卿司命经》说：“《黄庭内景玉经》曰：扶桑太帝君命旸谷神王传南岳夫人，授受斋戒九日。”（《太平御览·卷六百六十七·道部九·斋戒》引）

上引文字，不见于今本《黄庭内景玉经》中，当是佚文。《黄庭内景玉经》经中说扶桑太帝命旸谷神王传《黄庭内景玉经》予魏华存，《云笈七签·卷十一·三洞经教部·经·上清黄庭内景经》也说：“梁丘子注释叙……《黄庭内景经》者，东华之所秘也，诚学仙之要妙，羽化之根本……务成子注叙：扶桑大帝君命旸谷神仙王传魏夫人。旸谷神王，当是大帝之臣，授此经之时，与青童君俱来。夫人初在修武县中也。”[1]

道经中所见扶桑太帝命旸谷神王传经于魏华存的记载，这段记载也见于上引《太平御览·卷五十八·魏夫人》中，只是将旸谷神王改变成景林真人。

［唐］梁丘子注：“太帝在东，七元居北故也。”

⑬《黄庭内经》玉书畅：那么《黄庭内景玉经》这本似玉般珍贵的经书，道理就可以明畅通晓了。

［唐］梁丘子注：“仙道成矣。”（《修真十书》作：“如上修习朝拜，则使黄庭道成，玉经理通。”）

⑭授者曰师受者盟：传授经书的人叫做师父，接受经书的人须要设坛盟誓。

［唐］梁丘子注：“（此言持经功著，可以为师授人也。）斯文可重，故以为盟。”（括号内字，依《修真十书》

[1]　《正统道藏·太玄部·优字号》，新文丰出版公司刊本，第37册，第191页下192页上。

本补。）

⑮ 云锦凤罗金钮缠：像云般轻细的锦布（或译：绣有云彩的锦布），绣有凤凰的丝罗，以及黄金印，上用丝线束绑。

锦：有色彩及图案的丝织品。

罗：轻软的丝织品。

金钮缠：黄金印，上用丝线束绑。钮：印鼻（印章上凸起可以穿绳或手持者），此处指印章。黄金印称金钮，玉印称为玉铃，都是经书传授盟誓时的重要信物。《八术神虎隐文》曰："受《三天虎书》者，赍金虎、玉铃、素锦、玄罗各四十尺，以为金真之誓，盟于天地，不宣之约也。"（《太平御览·卷第六百七十九道部二十·传授下》引）

案：道教贵重重要道经之传授，不可无师自学，须有师授，且须依一定的科仪进行师徒间的传授。略举于下：

《太上玉佩金珰太极金书上经》文末："传经，师弟子对斋百日，或三十日；弟子赍上金二两，青纹四十尺，白罗九十尺，告盟而传，依太真盟祝说之。法轻传无盟，师弟子同被左官之考，七祖充役三涂五苦，万劫不原，明慎奉行也。"[1]

《云笈七签·卷四·玄都九真盟科九品传经录》："《玄都上品》第一篇曰：《大洞真经雌一宝经》《太上素灵大有妙经》《三奇之章》《高上玉皇宝篇》，秘在九天之上，大有之宫，太玄灵台玉房之中，上皇之初，旧科经万劫一传，三道正明，学真日兴，高上科七千年内听得三传；侍卫玉童玉女各

[1] 《正统道藏·洞真部·本文类·宿字号》，新文丰出版公司，第2册，第548页下。

七千人执香典灵。按科传授之法，皆对告斋百日，分金钮为盟，给玉童玉女依四极盟科。不依科而传，罪延七祖，幽魂充役，吞火食铁，负山运石，以填无极之考，抱风刀之罚，身殁形残，长闭地狱，万不得仙。”[1]

“《玄都上品》第四篇曰：传《琼文帝章》，赍金鱼、玉龙、青缯三十二尺，金钮三双为誓。《紫度炎光》，五色锦各五十尺、上金五两、沉香五斤、真朱一斤、书刀一口、金札七枚、绛纹七十尺之誓。《上清变化七十四方经》，青缯四十尺、上金十两、金钮六双、好香一斤、金鱼、玉龙之誓。《九真中经》，旧科落发为盟，今以白绢九十尺，准盟法于九真之数，青丝一斤、绛纹二十四尺。《北晖》之誓，碧缯二十四尺。《月华》之誓，金钮三双。《元常童子圆变》之信，《丹景道精隐地八术解形遁变流景玉经》，悉上金十两、金鱼、玉龙各一枚，青缯四十尺、紫纹四十尺、金钮各三双。《七变舞天经》，上金五两、真朱一斤、青缯三十二尺之誓。信以质心，不得有阙，阙则违科。师以天信投于山栖，以救穷乏；余以供营经书之具，不得他散。师犯上科，夺玉童玉女、减筭夺纪、注名度还比（北）酆。受者不依科，皆丧魂失神，风刀之考，不出三年，自然失经，终不得仙。”[2]

［唐］梁丘子注：“信誓之物。”（《修真十书》作：“斯物为盟誓之信也。”）

⑯ 以代割发肌肤全：用来代替盟誓时的割发，保全了身体发肤。

---

[1] 《正统道藏·太玄部·学字号》，新文丰出版公司，第 37 册，第 129 页。
[2] 《正统道藏·太玄部·学字号》，新文丰出版公司，第 37 册，第 130 页。

案：《太一洞真玄经》曰："古者传经盟誓，皆歃血断发，立坛盟天。今自可以金青代发肤之体。"又云："违此者，失两明。"（《太平御览·卷第六百七十九道部二十·传授下》引）

［唐］梁丘子注："契诚不假，出血断发。"（《修真十书》作："古者为盟誓不妄传，当割发歃血。今代以云锦，使全肌肤也。"）

⑰ 携手登山歃液丹：师徒共同登山立坛，歃血传授金液神丹之法。

歃：歃血而盟。周代诸侯盟会时在坛台上举行，先杀牲取血，盛以盘子，预会者每人用手沾血涂口以诵念盟文，盟文中即有违此盟者遭鬼神所惩之誓词。

液丹：指金液神丹之类的修炼法门。

［唐］梁丘子注："受行黄庭道者，必重盟而后传。"（《修真十书》作："如传丹经，歃血立誓；学神丹金液者，必先重盟而后传授。"）

⑱ 金书玉景乃可宣：似黄金般贵重的《黄庭内景玉经》，才可以传授。

玉景：《黄庭内景玉经》。

［唐］梁丘子注："信洽方授。"（《修真十书》作："立盟乃可宣传神仙法也。信向之者，授之。"）

⑲ 传得可授告三官：可以传授而得此书者，要禀告天地水三官。

案："可"字，《道藏》梁丘子注、《云笈七签》、刘长生注作"可"，《修真十书》《道藏》白文本作"审"。

“告”字，《修真十书》误作“若”。

［唐］梁丘子注：“三官，天、地、水也。”

⑳ 勿令七祖受冥患：不要让七祖受到牵连，在冥间受灾难。

七祖：指自己以上的七世祖，即父、祖、曾、高、太、玄、显。

［唐］梁丘子注：“传非其人，殃及先世。患，读为还也。”（《修真十书》作：“授非其人，七祖受殃。”）

㉑ 太上微言致神仙：太上玉晨大道君所说玄妙之言，可以招来神仙护卫。

言：诸本作“言”，《修真十书》作“妙”。

仙：僊，《道藏》梁丘子注、《云笈七签》、刘长生注、《修真十书》作“仙”，《道藏》白文本作“僊”。

［唐］梁丘子注：“可尊可贵。”

㉒ 不死之道此真文：不死成仙的道理，就在这本真实不虚的经文中。

真文：《道藏》梁丘子注、《云笈七签》作“真文”，刘长生注本、《修真十书》《道藏》白文本作“其文”。

［唐］梁丘子注：“一心敬重，奉而行之。”（《修真十书》作：“此经长生之道，一心敬受奉行。”）

【今译】

洗头洗身，干净整洁，弃置鱼肉及葱蒜等辛臭之菜，不去吃它。进入靖室，面向东边，诵咏《黄庭内景玉经》。大约诵念一万遍，书中的道理自然就鲜明易懂。披散头发（身心放松），寡少欲望，可以让人寿命长久。当纯真的气液进入脏腑后，五种脏气的味道便会综汇在一起。心情平和，寂寞清静，不要烦躁愤懑。诵咏经书的遍数已完毕，身体将充满元神与精气。黄华玉女现身来告诉你修炼法门。修炼既到真人的地步，便可以役使六丁玉女。就会传授像仙芝般珍贵的至大通明的经典（案：大洞经，此指《黄庭内景玉经》，但亦有可能系指《上清大洞真经》。）诵读十遍后，须放下经书，四次礼拜太上玉晨大道君。首先向东礼拜传经的扶桑太帝，然后向北礼拜主司人命的北斗七星君。那么《黄庭内景玉经》这本似玉般珍贵的经书，道理就可以明畅通晓了。传授经书的人叫做师父，接受经书的人须要设坛盟誓。像云般轻细的锦布（或译：绣有云彩的锦布），绣有凤凰的丝罗，以及黄金印，上用丝线束绑。用来代替盟誓时的割发，保全了身体发肤。师徒共同登山立坛，歃血传授金液神丹之法。似黄金般贵重的《黄庭内景玉经》，才可以传授。可以传授而得此书者，要禀告天地水三官。不要让七祖受到牵连，在冥间受灾难。太上玉晨大道君所说玄妙之言，可以招来神仙护卫。不死成仙的道理，就在这本真实不虚的经文中。

黄庭經详解

（下）

萧登福 著

綫裝書局

图书在版编目（CIP）数据

黄庭经详解 / 萧登福著 . -- 北京 : 线装书局，2024.3

ISBN 978-7-5120-5917-7

Ⅰ . ①黄… Ⅱ . ①萧… Ⅲ . ①道教—古籍—注释—中国 Ⅳ . ① B958

中国国家版本馆 CIP 数据核字 (2024) 第 043675 号

《黄庭经》详解

HUANGTINGJING XIANGJIE

著　　者：萧登福
责任编辑：于建平
出版发行：线装書局
　地　　址：北京市丰台区方庄日月天地大厦 B 座 17 层（100078）
　电　　话：010-58077126（发行部）010-58076938（总编室）
　网　　址：www.zgxzsj.com
经　　销：新华书店
印　　制：三河市南阳印刷有限公司
开　　本：710mm × 1000mm　1/16
印　　张：40.5
字　　数：432 千字
版　　次：2024 年 6 月第 1 版第 2 次印刷

线装书局官方微信

定　　价：120.00 元（全 2 册）

目 录

（下）

下篇 《太上黄庭外景玉经》详解

附　录

下篇 《太上黄庭外景玉经》详解

凡例

◎《太上黄庭外景玉经》分三部分，但称呼有别：《云笈七签》务成子注本称上部经、中部经、下部经；《修真十书》梁丘子注本分三卷；《太上黄庭外景玉经》白文本（《正统道藏·洞玄部·本文类·人字号》）分上、中、下三部分。

第一卷，大家的文字内容相同。在第二卷及第三卷方面，务成子注本的分法与梁丘子注及白文本不同。务成子下部经的文字，系自“伏于志门候天道”始，已近于末尾段。梁丘子注及白文本，由“璇玑悬珠环无端”起，归入下部经的文字较务成子多。务成子和梁丘子对二、三卷的范围，意见不同，本书今依从梁丘子三卷内容文字之分。

◎梁丘子的三章分法较佳，而务成子的上部经等名称较易称呼。今在三卷名称上，依《云笈七签》分上部经、中部经、下部经三者，但第二、三卷的文字区归，依梁丘子注及白文本。

◎《太上黄庭外景玉经》除分三卷外，原无分章，今为方便研究及称呼，而加以分章。本书分章之依据，采下述三项：

1. 参照《黄庭内景玉经》三十六章各章节经文文字和《太上黄庭外景玉经》经文文义相近者而分章。

2. 以押韵情形为章节断定之依据。

3. 参考［明］石和陽（阳）《黄庭外景阴符经合注》、［明］李一元《黄庭外景经》注及今人之注，来加以分章。章节名称，采《内景经》之命名法，以开头二字为章名。如第一章《老君章第一》即以首句“老君闲居作七言”前二字来命名。

◎本书分章旨、注释、翻译三部分来注释《黄庭外景经》，关于《黄庭外景经》各章经文押韵字之认定，由于《黄庭外景经》撰成在汉代，所以应以较早的韵书为依据，韵书较早者为［隋］陆法言《切韵》，其书今佚，其次为《广韵》。本书中关于《黄庭经》各章押韵的认定上，采用［宋］陈彭年等奉诏编纂之《广韵》为主，兼参考［清］陈澧《切韵考》及［清］段玉裁《说文解字》中之古韵十七部分类法，以及［清］余照《诗韵集成》韵字分部及古韵通押之说。

◎本书作为底本的有二：

1.［东晋］王羲之《黄庭经》手抄石刻拓印本，取自赵孟頫旧藏心太平本，收入《中国法书选·魏晋唐小楷集》，日本：二玄社，2006 年 2 月 12 刷。

2.《修真十书》卷五十八至卷六十，梁丘子《黄庭外景玉经注》（《正统道藏·洞真部·方法类·重字号》）。

◎作为版本校雠用的有：

1.《云笈七签·卷十二·三洞经教部·太上黄庭外景经》（《正统道藏·太玄部·优字号》）。

2.《太上黄庭外景玉经》白文本，《正统道藏·洞玄部·本文类·人字号》。

其余年代较晚的注本，仅作参考用，不用来校雠。

◎本书有古注，有今之注解。在古注上，全部保存务成子注及梁丘子注。务成子注采务成子《太上黄庭外景经注》本，收入《云笈七签·卷十二·三洞经教部·太上黄庭外景经》（《正统道藏·太玄部·优字号》）。梁丘子注，采梁丘子《黄庭外景玉经注》本，收入元人编《修真十书》卷五十八至卷六十（《正统道藏·洞真部·方法类·重字号》）。

◎在［唐］务成子注本上，今所见约有三种。

1. 务成子《太上黄庭外景经注》本，收入《云笈七签·卷十二·三洞经教部·太上黄庭外景经》（《正统道藏·太玄部·优字号》）。

2. 务成子注《上清黄庭外景经》，收入萧天石编《道藏精华》第一集之九，第 85 页至 98 页。

3. 务成子注《太上黄庭外景经》，收入萧天石编《道藏精华》第十四集之一，第 193 页至 262 页；文字内容同于《云笈七签》卷十二务成子注本。

◎在［唐］梁丘子注本上，今所见约有三种。

1. 梁丘子《黄庭外景玉经注》本，收入元人编《修真十书》卷五十八至六十（《正统道藏·洞真部·方法类·重字号》），共三卷。

2.《重刊道藏辑要》尾集二梁丘子注《太上黄庭外景经》新文丰出版公司刊本第 2206 页至 2217 页。

3. 萧天石《道藏精华》第一集之九，第 69 页至 84 页，收录梁丘子注《上清黄庭外景经》。

◎本书所参考的古今注疏约如下述：

○［北宋］蒋慎修《黄庭内外玉景经解》，收入于《正统道藏·洞玄部·玉诀类·推字号》，新文丰出版公司刊本第11册第231页至236页。今仅残存一卷。残存部分为《黄庭内景经》第二十八、二十九、三十章之注。外景经注已全部佚失，姑列于此。

○［明］李一元《黄庭外景经注》，收入萧天石编《道藏精华》第十四集之一，第417页至457页。

○［明］石和陽（阳）《黄庭外景阴符经合注》，收入萧天石《道藏精华》第三集之七，第83页至222页。

○［清］蒋国祚注《黄庭外景经》一卷，原收录于《道藏辑要》尾集二，新文丰出版公司刊本第2203页至2205页，又收入《藏外道书》第10册第756页至768页。

○《太上黄庭外景经》白文本，《藏外道书》第9册第330页下至332页上。分上部经、中部经、下部经三者。

○《黄庭祕诀》，《藏外道书》第9册第408页上至410页上。

○［民国］陈撄宁《黄庭经讲义》，《藏外道书》第26册第145页上至158页上。后又增补成《道教与养生》，由华文出版社2000年3月出版。书分黄庭、泥丸、魂魄、呼吸、漱津、存神、致虚、断欲等八章论述两部黄庭经之意涵。

○张超中、杜琮《黄庭经今译·太乙金华宗旨今译》，为中国社会科学出版社1996年12月出版。

另外，《黄庭遁甲缘身经》，收入《正统道藏·洞神部·方法类·夙字号》，新文丰出版公司刊本第31册可以参考。

《太上黄庭外景玉经》[1] 上部经第一

【题注】

《太上黄庭外景玉经》，经分上、中、下三卷，以七言韵语写成，叙述修炼黄庭、三丹田及身神之法，托名太上老君所作，撰作年代约在汉代，可能在西汉世，刘向《列仙传·卷下·朱璜》已言及此经。

《黄庭经》见载于葛洪《抱朴子·遐览篇》《抱朴子·祛惑篇》，为葛洪之师——汉末郑隐所藏书之一，其撰作年代，应在汉世。《黄庭外景玉经》一开始即说："老君闲居作七言"，系假托老子所撰，因而《黄庭外景玉经》也称为《老君黄庭经》或《老子黄庭经》。刘向《列仙传·卷下·朱璜》："朱璜者，广陵人也，少病毒瘕，就睢山上道士阮丘，丘怜之……与《老君黄庭经》，令日读三过，通之，能思其意。"《旧唐书·卷四十七·经籍志下·道家》著录《老子黄庭经》一卷，即是此书。此书并被三张视为重要教典，《正一法文天

[1] 底本据王羲之手抄拓印本及《修真十书》卷五十八至卷六十梁丘子《黄庭外景玉经注》本（《正统道藏·洞真部·方法类·重字号》）。
古注采《云笈七签》卷十二务成子注及《修真十书》卷五十八至卷六十梁丘子注。

师教戒科经·大道家戒令》说："《妙真》自吾所作，《黄庭》三灵七言，皆训谕本经，为《道德》之光华。"《黄庭》《道德》皆归之老君，可见《黄庭》是指《黄庭外景玉经》而言。

老君章第一

（《外景玉经》原无分章，章名为笔者所加。系参照《内景玉经》各章相关经文内容而分章，并依《内景玉经》以首句二字为章名。）

老君闲居作七言[①]，解说身形及诸神[②]。上有黄庭下关元[③]，后有幽阙前命门[④]。呼吸庐间入丹田[⑤]，玉池清水灌灵根[⑥]，审能修之可长存[⑦]。

【章旨】

此章说明《黄庭外景玉经》的撰作因缘、黄庭所在，以及修炼此经的殊胜功德。《黄庭内景玉经·上清章》仿袭此经，首句也作："上清紫霞虚皇前，太上大道玉晨君，闲居蘂珠作七言，散化五形变万神，是为黄庭作内篇。"又《黄庭内景玉经·上有章》："上有魂灵下关元，左为少阳右太阴，后有密户前生门，出日入月呼吸存。元气所合列宿分，紫烟上下三素云。灌溉五华植灵根，七液洞流冲庐间，廻紫抱黄入丹田，幽室内明照阳门。"《黄庭内景玉经·口为章》："口为玉池太和官，漱咽灵液灾不干。体生光华气香兰，却灭百邪玉炼颜。审能修之登广寒，昼夜不寐乃成真。雷鸣电激神泯泯。"皆是由此经衍生而来，旨在解释“黄庭”所在及修行法门。

此章押真元魂等合韵，《诗韵集成》：“十一真：古通庚、青、蒸，转文、元韵，略通文、元、寒、删、先。”韵字为：言、神、元、门、田、根、存。

【注释】

① 老君闲居作七言：太上老君在太清境悠闲无事时，以七言诗的形式撰作了《黄庭外景玉经》。

老君：太上老君，三清教主之一，居太清境，所说经为《道藏》中之洞神部。

闲居：即闲居，在家中悠闲无事。

七言：七个字一句的诗文，此指《黄庭外景玉经》。

案：王羲之抄本无此句。“老君”二字，《云笈七签》务成子注本作“老君”，《修真十书》梁丘子注本作“老子”，《正统道藏》白文本作“太上”，［明］石和阳《太上黄庭经注》作“老子”。今以此书撰于汉代，《老子想尔注》已有“太上老君”之称，因而称老子、老君、太上皆可以，但仍依较早的《云笈七签》本子作“老君”。

［唐］务成子注：“老子者，天之精魂，自然之君，造立神仙，万世常存。作斯七言，以示后生。”

［唐］梁丘子注：“老子者，先天地而生，后天地而存，有三十六校七十二名，及胞李母八十二年而生，故作《黄庭》以遗后世。运周反复，道毕自然。得其人，跪而受之。不得其人，万世勿语也。”

② 解说身形及诸神：解释阐说身体各部位形状及身中所

有镇守各部位的身神。

诸神：指身中所有的内神而言，内神也称身神。道教认为吾人身上与生俱来，即有诸神主司人体各部组织功能，这些神祇，兹简称为“身神”，也称之为“内神”。身神的概念，显然是将人体内部各器官的组织功能神格化，且把人体视为一小宇宙而来。身神（内神）的思想，在汉代谶纬《龙鱼河图》已出现；而“内神”一词，则出自《太平经·卷七十二·斋戒思神救死诀》云：“思之，当先睹是内神已，当睹是外神也。或先见阳神而后见内神，睹之为右。此者，无形象之法也。亦须得师口诀示教之。”[1]《太平经》将体内的五脏神称为“内神”，以之与外界的“外神”相对。

案：王羲之抄本无此句。

［唐］务成子注：“上谈元一，济活一身。从头至足，皆可得生。总统纲纪，形体常平。道无二家，究备者贤。”

［唐］梁丘子注：“老子恬淡自然，周流八极，恍惚莫测，变化无常，自能把符摄箓，总校诸神。道无二家，究备使然，道无二亲，常与善人。”（案：梁丘子注在引释务成子的“道无二家”，可见梁丘子年世在务成子后。）

③ 上有黄庭下关元：上面是黄庭，它的底下是关元（下丹田）。

关元：下丹田，在脐下三寸却入处。

案：王羲之抄本自此句始。

［唐］务成子注：“黄庭者，目也。道之父母供养赤

[1]《正统道藏·太平部·傅字号》，新文丰出版公司刊本，第41册，第239页。

子，左为陵阳，字英明；右为太阴，字玄光。三合成德，相须而升。”

［唐］梁丘子注：“黄庭者，在头中，明堂、洞房、丹田此三处是也。两眉间却入一寸为明堂，二寸为洞房，三寸为丹田，此三处为上元。一也。黄庭者，两半于洞房中，共生赤子，则为真人也，常思之，慎无失，赤子化为真人，在明堂中，字子丹，故知一者在明堂一处也。行气导引，闭目内视，安心定志，混沌无涯，致精上流泥丸，运真人子丹也。明堂中有君臣，后洞房中有父母，丹田中有夫妇。一解云：黄庭者，脾也，长尺余，在太仓之上，脐上三寸。脾为中主，黄老君，中央神也，治在其中矣。关元，在脐下三寸，元阳之门在其前，悬精如镜，明照一身，不休是道。”

④ 后有幽阙前命门：黄庭后面有双肾（幽阙），前面有脐（命门）。

幽阙：肾。见务成子及梁丘子注。阙是古代宫前双高台，两肾在脐内左右两旁，似阙台，所以称为幽阙。

命门：脐，也称生门。命门有多种说法，有泛称，或专称。“命门”二字，不同经籍，指称不同，须视经文而定，不能固定为一处。宋元丹道家以人身脊后与脐相对之部位为命门，此命门在黄庭及两肾后，为河车运行所必经之地。又如《洞真太上素灵洞元大有妙经·太上大洞守一内经法》说：“脐下三寸，号命门丹田宫，下元婴儿居其中，宫正四方，面各一寸。”[1] 文中即把下丹田称为命门。可见命门是专称，也

[1] 《正统道藏·正乙部·右字号》，新文丰出版公司刊本，第 56 册，第 202 页上。

是泛称。在泛称时，系形容像生命的门户般重要；此处在肾及黄庭前的命门，指脐而言。

案：此经说黄庭在下丹田之上，后为两肾，前为脐。而《黄庭内景玉经·上有章》：“上有魂灵下关元，左为少阳右太阴，后有密户前生门。”说明黄庭在心脏（魂灵）之下，下丹田之上，左右为两肾（在两肾间），后面有肾（在两肾间前），前为脐（命门、生门）；也就是黄庭在脐后两肾前，也是在两肾间前。

［唐］务成子注：“肾为幽阙目相连，脐为命门三寸，日出月入阴阳并，呼吸元气养灵根也。”

［唐］梁丘子注：“幽阙者，两肾也，如覆杯，却着脊，去脐三寸，上小下大。又有日月命门者，及脐下也。”

⑤ 呼吸庐间入丹田：由鼻孔间呼吸天地之气，进入我们身中的下丹田。

庐：鼻子。

丹田：此指下丹田，在脐下三寸退入处。丹田有上丹田（泥丸）、中丹田（绛宫心脏）、下丹田（脐下三寸）三者，务成子以为此是下丹田，梁丘子以为是上丹田，以经文看，应以下丹田为是。

案：王羲之抄本此句作“嘘吸庐外入丹田”。

［唐］务成子注：“呼之则出，吸之则入，呼吸元气，会丹田中。丹田中者，脐下三寸阴阳户，俗人以生子，道人以生身。”

［唐］梁丘子注：“呼吸，喘息，气出为呼，入为吸。庐，鼻也，谓吐故纳新之要。眉间却入三寸为丹田宫也，谓引

气从鼻入至丹田也。”

⑥ 玉池清水灌灵根：口中清澈的津液，灌注生命灵妙根源的黄庭（或译：口中清澈的津液，是由舌根下二穴来灌注）。

玉池：口，口中含津液，所以称口为玉池，也称为太和官。《黄庭内景玉经·口为章第三》：“口为玉池太和官，漱咽灵液灾不干。”

灵根：泛称生命的灵妙根源；务成子及梁丘子注以为：灵根，指舌而言，舌长所以称根。但以下文《黄庭章》：“灵根坚固老不衰”看来，灵根应是泛称，不是指舌，而是指黄庭，否则先前所述的黄庭所在，与后文不能相应，便成赘文。

案：王羲之抄本无此句。《黄庭内景玉经·天中章第六》有：“舌下玄膺生死岸，出清入玄二气焕。”意谓：舌根下有玄膺穴，其左为金津，右为玉液，二液循流一身，清新玄妙，使身中阴阳气焕发。《黄帝内经·素问·刺疟篇》云：“舌下两脉者，廉泉也。”《大洞玉经·卷上·太极大道君道经第十六》注：“舌下为华池，内有二窍，下通肾水，谓华舌妙通玉华也。”[1]［宋］曾慥《道枢·卷七·黄庭篇》：“舌之下有三穴焉：左曰金津，右曰玉液，中曰玄膺，皆涌生甘泉以灌于气海。气海者，命门也，此生死之岸也。”

［唐］务成子注：“口为玉池太和宫，唾为清水美且鲜。唾而咽之雷电鸣，舌为灵根常滋荣。”

［唐］梁丘子注：“玉池清水，口中津液也。灵根者，舌也，常当啄齿漱液，灌溉舌根。”

---

[1] 《正统道藏·洞真部·本文类·日字号》，新文丰出版公司，第2册，第14页上。

⑦ 审能修之可长存：真能详尽明确地修炼它，可以长久永存。

审：详细、真实明确。

案："修"字，王羲之注本作"行"。

［唐］务成子注："昼夜行之去伏尸，杀三虫，却百邪，肌肤充盈正气还，邪鬼不从得长生，面有光。"

［唐］梁丘子注："令人昼夜修行不懈，可得长生。"

【今译】

太上老君在太清境悠闲无事时，以七言诗的形式撰作了《黄庭外景玉经》。解释阐说身体各部位形状及身中镇守各部位的所有身神。上面是黄庭，它的底下是关元（下丹田）。黄庭后面有双肾（幽阙），前面有脐（命门）。由鼻子间呼吸天地之气，进入我们身中的下丹田。口中清澈的津液，灌注生命灵妙根源的黄庭（或译：口中清澈的津液，是由舌根下二穴来灌注）。真能详尽明确地修炼它，可以长久永存。

黄庭章第二

黄庭中人衣朱衣[①]，关门壮籥合两扉[②]。幽阙侠之高巍巍[③]，丹田之中精气微[④]。玉池清水上生肥[⑤]，灵根坚固老不衰[⑥]。

【章旨】

此章叙述黄庭宫之守宫真人服色形貌，并叙述黄庭两旁的两肾和其下的下丹田，以及修行法门。认为下丹田为微妙精气之所在，能存思并闭守勿泄，可以老寿不衰。

与此相近的章句为《黄庭内景玉经·黄庭章第四》：“黄庭内人服锦衣，紫华飞裙云气罗。丹青绿条翠灵柯。七蕤玉籥闭两扉，重掩金关密枢机。玄泉幽阙高崔嵬，三田之中精气微。娇女窈窕翳霄晖，重堂焕焕明八威。天庭地关列斧斤，灵台盘固永不衰。”

此章押脂微合韵。韵字为：衣、扉、巍、微、肥、衰。

【注释】

① 黄庭中人衣朱衣：身中黄庭宫（在脐后肾前）内的真人，身上穿着赤红色衣服。

案：《黄庭内景玉经·黄庭章第四》作：“黄庭内人服锦衣。”黄庭之下为下丹田，黄庭旁为两肾，底下接着叙述修行法门，除存思黄庭真人外，宜紧闭下丹田及两肾的精微精气。双肾及下丹田皆是储存精气及运行精气之所。

［唐］务成子注：“目中小童为夫妇，左王父，右王母，被服衣朱，游宴与合会，多处丹田里。昼夜存思勿懈怠。”

［唐］梁丘子注：“存思脾中有子母，从胃管入脾中，着赤衣。”

② 关门壮籥合两扉：（黄庭之下）下丹田关元宫的宫门，被强有力的锁钥将两扇门紧闭着。

关门：下丹田关元宫之门。

壮籥：强有力的锁钥。籥，通钥。“壮籥”，《云笈七签》本子作“茂籥”，《修真十书》《正统道藏》白文本子作

“壮籥”，以文意看，宜作“壮籥”，今据改。

扉：门扇。

案：王羲之抄本“合”作“盖”；《黄庭内景玉经·黄庭章第四》相关文句作“七蕤玉籥闭两扉”。

［唐］务成子注：“冥目内视，无所不睹。闭口屈舌为食母。含咽玉英，终身无咎。无者，气也。齿为茂，舌为籥。”

［唐］梁丘子注：“下丹田之门籥，无妄开也。”

③ 幽阙侠之高巍巍：高耸的两肾，从两旁夹住它（黄庭）。

侠：通“夹”，从两旁钳住。《云笈七签》《正统道藏》白文本子作“侠”，《修真十书》作“使”。

巍巍：山高耸的样子。王羲之抄本作“魏魏”。

［唐］务成子注：“道有三元，恣意所从。下部幽阙，玄泉之常。中部幽阙，两肾为双。上部幽阙，两耳相望。金门玉户，上与天通。娇女弹筝，盛厉宫商。”

［唐］梁丘子注：“两肾在阙门之门，地官之楼，生气之府，上通于耳，耳在头两边，故曰巍巍。”

④ 丹田之中精气微：下丹田之中有微妙精气。

精气微：微妙精气。“气”字，《云笈七签》《修真十书》本子作“气”；《正统道藏》白文本作“炁”。案《黄庭内景玉经·黄庭章第四》作“三田之中精气微”。

［唐］务成子注：“丹田者，一室也，与明堂对。精气微妙，难可尽分，故曰微矣。”

［唐］梁丘子注：“脐下三寸是也，方圆亦三寸，其气微妙，存之则在，忘之则无，又易失，故曰微。”

⑤ 玉池清水上生肥：口中津液盛聚在舌上。

玉池：口。

清水：口中津液。

肥：盛大。

［唐］务成子注：“口中唾也。亭动口舌，白唾积聚，状若肥焉。漱而咽之，可得遂生。”

［唐］梁丘子注：“玉池，口也。清水，口中津液也。上生肥者，津液会聚舌上，故曰肥也。”

⑥ 灵根坚固老不衰：使生命根源坚牢永固，使人久寿不衰。

灵根：或指舌根；或作泛称，意为生命根源。

老：久寿。

［唐］务成子注：“舌为灵根，制御四方，调和五味，去臭取香，啄齿咽气，化为饮浆。”

［唐］梁丘子注：“灵根者，舌根也，常卷舌根，啄齿行之，勿令舌根凋燥，常存其神，久寿不衰。”

【今译】

身中黄庭宫（在脐后肾前）内的真人，身上穿着赤红色衣服。（黄庭之下）下丹田关元宫的宫门，被强有力的锁钥将两扇门紧闭着。高耸的两肾，从两旁夹住它（黄庭）。下丹田之中有微妙精气。口中津液盛聚在舌上。使生命根源坚牢永固，使人久寿不衰。

中池章第三

中池有士衣赤衣[①]，横下三寸神所居[②]。中外相距重闭之[③]，神庐之中当修治[④]。玄膺气管受精府[⑤]，急固子精以自持[⑥]。

【章旨】

此章先述中丹田绛宫之守宫神祇，而绛宫之下为横于双肾上的脾脏，其下三寸为黄庭宫神祇所居。严守黄庭宫内外，不使精气外泄。修行者须整治鼻孔毛，使呼吸顺畅，并对舌根下玄膺穴及喉管等精气产生及运行之所，加以固守，以维护自身，使积精养气而久寿。

与此章文义相近者，为《黄庭内景玉经·中池章第五》："中池内神服赤珠，丹锦云袍带虎符。横津三寸灵所居，隐芝翳郁自相扶。"又，《黄庭内景玉经·天中章第六》说："舌下玄膺生死岸，出清入玄二气焕，子若遇之升天汉。"亦由外景此章所衍生。

此章押之微虞韵。韵字为：衣、居、之、治、府、持。

【注释】

① 中池有士衣赤衣：中丹田绛宫之守宫真神，身上穿着赤色衣服。

中池：中丹田。中丹田绛宫为心脏，属赤红色，其神为中一元丹皇君。《洞真太上素灵洞元大有妙经·太上大洞守一内经法》："绛宫心丹田宫，中一元丹皇君处其中。中一丹皇，讳神运珠，字子南丹，一名生上伯，一名史云拘，位为绛宫丹皇君，治在心宫。”[1]《大洞玉经》卷上《上元太素三元君道经第八》：“绛宫中一丹元君，名皇神运珠，字子南丹，一名生上伯，一名史云拘。常镇我顶中央大椎骨，首户之下。”本句“有士衣赤衣”，士指镇守绛宫之神祇中一元丹皇君。

案：“衣赤衣”，王羲之抄本作“服赤朱”。

［唐］务成子注：“喉中若京为元士，中和之下阙分理，朱光衣服神为友。”

［唐］梁丘子注：“常存思心中赤子，着赤绫绛衣居丹田，古（吉）凶缓急，可驱使也。”

② 横下三寸神所居：横列于肾上的脾（胰），其下三寸是黄庭宫神祇所居处。

横下：指横津之下。王羲之本作“横下”，梁丘子《黄庭外景玉经注》（《修真十书》卷五十八）作“田下”；《黄庭内景玉经·中池章第五》作：“横津三寸灵所居。”文义较清楚。横津，指脾，脾横列在双肾之上，肾主水，所以称肾为津，称脾为横津。此处之脾，实指胰而言，古代脾、胰合称，《黄庭内景玉经·脾长章》：“脾长一尺掩太仓”，在胃上之脾，实指胰而言。脾也在肾上，脾下三寸应即是两肾间，其处即是黄庭所在之处，黄庭在脐后肾前，也在两肾间前处。黄庭之神，居处其中。底下梁丘子注，稍得其义。

［唐］务成子注：“明堂之宫，方圆三寸神所居，正在目中央。眉为华盖，五色青葱。”

---

[1] 《正统道藏·正乙部·右字号》，新文丰出版公司刊本，第 56 册，第 201 页下。

［唐］梁丘子注：“谓脾也，在下胃上焦，下有脐，中灵根，神所居也。”（案：《黄庭内景玉经·中池章第五》：“横津三寸灵所居。”［唐］梁丘子注：“内指事也。脐在胞上，故曰横津。脐下三寸为丹田，真人赤子之所居也。”梁丘子对二处之注不同，一指脾，一指脐；脾下为黄庭，脐下为下丹田，二说相违。）

③ 中外相距重闭之：（黄庭宫）内外相聚抗拒，重重地关闭门户，不使精气外泄。

相距：相对峙、相抗拒。距：通“拒”。

案：《黄庭内景玉经·黄庭章第四》云：“重掩金关密枢机”，意谓用金属做成的门关，重重关门紧闭，和此句文义相近。

［唐］务成子注：“中气当出，外气当入。当此之时门三关，二气相距，天道自然也。”

［唐］梁丘子注：“令人闭精自守，勿妄施，若闭以金关玉籥也。”

④ 神庐之中当修治：神妙的鼻孔内，应当要加以修整处理。

庐：鼻子。

当修治：应当要修整处理。“当”字，王羲之抄本作“务”。“治”字，《云笈七签》本子作“治”；《修真十书》《正统道藏》白文本作“理”，理字应是避唐讳而改。

案：道教修炼重鼻孔呼吸吐纳，鼻孔毛太多有碍气息出入，所以须加以整修。

［唐］务成子注：“教子去鼻中毛，神道往来则为庐宅。

昼夜绵绵无休息也。”

［唐］梁丘子注：“神庐为鼻，鼻中毛，常须修理除去之，行气鼻中，除邪恶也。”

⑤ 玄膺气管受精府：舌下玄膺穴，以及气息出入的喉管，是承受精气之宫府。

玄膺：穴位名称，玄膺是舌下舌系带中间的一个穴位，位于舌下玉液、金津的两个穴位中间。有的针灸书，把玄膺穴称为海泉。玄膺一穴是津液之海、升华之源，道书常以内视去观照此穴，以生津液。［宋］曾慥《道枢·卷七·黄庭篇》：“舌之下有三穴焉：左曰金津，右曰玉液，中曰玄膺，皆涌生甘泉以灌于气海。气海者，命门也，此生死之岸也。”又，《黄庭内景玉经·天中章第六》说：“舌下玄膺生死岸，出清入玄二气焕，子若遇之升天汉。”

气管：喉咙（梁丘子注）。《云笈七签》《修真十书》本子作“气”；《正统道藏》白文本作“炁”。

受精符：承受精气之府。“府”字，《云笈七签》本子作“府”；《修真十书》《正统道藏》白文本作“符”。

［唐］务成子注：“喉中之央则为玄膺。元气下行，起动由之，故曰受府也。”

［唐］梁丘子注：“舌下为精符，喉咙为气管，精气从上下也。上元合会气微妙，真人上下通神路也。”

⑥ 急固子精以自持：急忙固守你的精气，用来护持你自身。

［唐］务成子注：“守精勿去也。”

［唐］梁丘子注：“令人闭气，还精自守，勿妄施泄。还

精补脑，不死之道。”

【今译】

中丹田绛宫之守宫真神，身上穿着赤色衣服。（绛宫之下，是）横列于肾上的脾（胰），其下三寸是黄庭宫神祇所居处。（黄庭宫）内外相聚抗拒，重重地关闭门户，不使精气外泄。神妙的鼻孔内，应当要加以修整处理。舌下玄膺穴，以及气息出入的喉管，是承受精气之宫府所在。急忙固守你的精气，用来护持你自身。

宅中章第四

宅中有士常衣绛①，子能见之可不病②。横立长尺约其上③，子能守之可无恙④。呼噏庐间以自偿⑤，保守完坚身受庆⑥。

【章旨】

此章先述面宅中的口舌神，能存思亲见，可以无灾病。其次存思横立在胃上的脾神，也能使我们消除病患。再藉由鼻孔间呼吸吐纳，自己补偿自身元气，可以使身体完固坚康，自得吉庆。

与此章内容可以相参看者为：《太上黄庭内景玉经·天中章第六》：“宅中有真常衣丹，审能见之无疾患，赤珠灵裙华蒨粲。舌下玄膺生死岸，出清入玄二气焕。子若遇之升天汉。”

《太上黄庭内景玉经·脾长章第十五》："脾长一尺掩太仓，中部老君治明堂。厥字灵元名混康，治人百病消谷粮。黄衣紫带龙虎章，长精益命赖君王。三呼我名神自通，三老同坐各有朋。或精或胎别执方。桃孩合延生华芒，男女徊九有桃康，道父道母对相望，师父师母丹玄乡，可用存思登虚空。殊途一会归要终，闭塞三关握固停。含漱金醴吞玉英，遂至不饥三虫亡。心意常和致欣昌，五岳之云气彭亨。保灌玉庐以自偿，五形完坚无灾殃。"

此章押绛漾韵，段玉裁古音在十部。韵字为：绛、病、上、恙、偿、庆。

【注释】

① 宅中有士常衣绛：灵宅脸部之中有口舌神，身上常穿赤红色衣服。

宅中：灵宅脸部之中有口舌神。宅：面为尺宅。

有士：有守宫神祇，指口舌神，梁丘子以为是心神。请参见《太上黄庭内景玉经·天中章第六》注。

案："衣"字，《修真十书》本作"不"，据王羲之抄本及白文本等改。《太上黄庭内景玉经·天中章第六》："宅中有真常衣丹，审能见之无疾患。"文义与此相近。

［唐］务成子注："面为尺宅，真人官处其中央，被服赤朱，光耀灿然赤如绛。"

［唐］梁丘子注："常存思心神着绛丹衣，出入无灾害，可却众邪也。"

② 子能见之可不病：你能修炼到看见祂时，便可以免除

疾病患害。

［唐］务成子注："欲令世人深知道真，睹斯神功，终身不病也。"

［唐］梁丘子注："精念心神，思之不止，内见赤子，则身无病也。"

③ 横立长尺约其上：脾（胰）脏横立，长一尺，缠束在胃的上面。

横立：横放。王羲之抄本作"横理"，《修真十书》本、白文本等作"立"。案：五脏中横立者为脾（胰），汉代无胰字，脾胰被合为一体，《太上黄庭内景玉经·脾长章第十五》："脾长一尺掩太仓"，应该在解释此句，文中长一尺的脾，即是今日所称的胰。

尺：古代一尺，约为今日 23.1cm。

约其上：缠束在胃的上面。约：缠束。《说文解字·卷十三·系部》："约，缠束也。从糸勺声。"

［唐］务成子注："脾长一尺，约太仓上。中部明堂老君昼所游止也。"

［唐］梁丘子注："脾横长尺余，覆在太仓之上。"

④ 子能守之可无恙：你能存思脾神，可以让你没有灾病。

守之：存思它。守，和守三一、守雄一、守帝一的"守"同义，指存思其神，守住其神不离。

恙：疾病。

［唐］务成子注："守脾神老君所舍。深知知其意，可无恙也。"

［唐］梁丘子注："常守养脾神，思之不止，则无灾

病也。”

⑤ 呼噏庐间以自偿：藉由鼻孔间的呼吸，用以自己偿补身内元气。

呼噏：同呼吸。噏：同“吸”。

庐：鼻子。

自偿：自己偿补身内元气。

案：《太上黄庭内景玉经·脾长章第十五》：“保灌玉庐以自偿，五形完坚无灾殃。”与此句同义。

［唐］务成子注：“闭塞三关，屈指握固，呼吸元气，皆会头中，降于口中，含而咽之，则不饥渴，逐去三尸心意。”

［唐］梁丘子注：“以鼻引气，入口咽之，元气润泽，故德天之偿也。”

⑥ 保守完坚身受庆：保持守护，使身体完备坚康，自身蒙受吉庆。

保守：保持守护。完坚：使身体完备坚康。

案：王羲之抄本作“身受庆”。又，《太上黄庭内景玉经·脾长章第十五》作：“五形完坚无灾殃。”

［唐］务成子注：“人人有道，不能守之。保道之家，身形常平。上睹三光，状如连珠，落落象石，心中独喜，故以自庆。”

［唐］梁丘子注：“保精养气，身神光泽，故曰受庆。”

【今译】

灵宅脸部之中有口舌神，身上常穿赤红色衣服。你能修炼到看见祂时，便可以免除疾病患害。脾（胰）脏横立，长一尺，缠束在胃的上面。你能存思脾神，可以让你没有灾病。藉由鼻孔间的呼吸，用以自己偿补身内元气。保持守护，使身体完备坚康，自身蒙受吉庆。

方寸章第五

方寸之中谨盖藏①，精神还归老复壮②。心结幽阙流下竟③，养子玉树令可杖④。

【章旨】

此章叙述以意念谨守下丹田精气，使精气神能还归泥丸，而令衰老之人可以再得盛壮。同时要将心念凝注在两肾间的黄庭宫，使精气遍流全身，如此可以涵养吾身而成真。

与此章内容相近，可以相参看者为《太上黄庭内景玉经·上睹章第十六》“方寸之中念深藏，不方不圆闭牖窗。三神还精老方壮，魂魄内守不争竞。神生腹中衔玉珰，灵注幽阙那得丧。琳条万寻可荫仗，三魂自宁帝书命。”

此章押漾宕韵，段玉裁古音十部。韵字为：藏、壮、竟、杖。

【注释】

① 方寸之中谨盖藏：在一寸见方的下丹田宫，以意念将精气谨密存藏其中。

方寸之中：泛指身神所在之宫。上清经所见人身诸宫，如泥丸宫、绛宫、下丹田宫等，皆以方寸为宫。此处所言，应指下丹田宫。《太上黄庭内景玉经·上睹章第十六》："方寸之中念深藏"下，［唐］梁丘子注云："方寸之中，下关元，在脐下三寸，方圆一寸，男子藏精之所。言谨闭藏之。"

［唐］务成子注："不方不圆，目也。闭户塞牖，中元不有。守之守之，得道之半。"

［唐］梁丘子注："丹田方寸，念守精气，谨洁护持，为谨盖藏也。"

② 精神还归老复壮：精神还归丹田宫，能使衰老的身体再变成强壮。

复：再。

案：《太上黄庭内景玉经·上睹章第十六》作"三神还精老方壮"。

［唐］务成子注："精神欲去，常如飞云。上精不泄，下精不脱。魂魄内守，如年壮时也。"

［唐］梁丘子注："还精炼形，以填脑气，齿坚发黑，身不老。"

③ 心结幽阙流下竟：心念凝注在两肾间（黄庭处），使精气下流遍于全身。

心结：凝注心念。"心结"二字，王羲之抄本作"侠以"，《云笈七签》本子作"心结"，《修真十书》作"使以"，《道藏》白文本作"侠以"。案：《太上黄庭内景玉经·上睹章第十六》作"灵注幽阙那得丧"，灵注即是心结，指心念凝注。

幽阙：两肾。

流下竟：精气下流遍于全身。竟：终尽、完全。

［唐］务成子注："耳为心听，结连幽阙。鼻闻香则荫强，心达志通，则流下竟也。"

［唐］梁丘子注："引明堂中赤子，下看绛宫，值脐且存，变爻精流入丹田，以养其形。又思两肾间气从上至下，吸气自上及黄庭。一曰眉间为幽阙使也。"

④ 养子玉树令可杖：培养你玉树般的身体，让它可以依仗以证真。

玉树：用以比喻身体。

令可杖：让它可作为依杖。王羲之抄本作"不可杖"。杖：通"仗"，依仗。"杖"字，《云笈七签》本子作"杖"，《修真十书》《道藏》白文本作"壮"。案：《太上黄庭内景玉经·上睹章第十六》作"琳条万寻可荫仗。"则应从《云笈七签》本子作"杖"。

［唐］务成子注："身为玉树，常令强壮。阴为玉茎，转相和唱。还精补脑，可得不病，长乐无忧在也。"

［唐］梁丘子注："常当守下元精气，如玉坚，闭精守神，令可枝壮也。"

【今译】

在一寸见方的下丹田宫，以意念将精气谨密存藏其中。精神还归丹田宫，能使衰老的身体再变成强壮。心念凝注在两肾间（黄庭处），使精气下流遍于全身。培养你玉树般的身体，让它可以依仗以证真。

至道章第六

至道不烦無旁午[①]，灵台通天临中野[②]。方寸之中间关下[③]，玉房之中神门户[④]。皆是公子教我者[⑤]。

【章旨】

此章首述至道不烦杂，修行法门只要以心通泥丸，下通黄庭，使精气在丹田诸宫中运行滋润全身即可。这个修行法门，是在脑部洞房宫中的无英公子所教导我的。

与此章内容相近，可以相参看者为《太上黄庭内景玉经·至道章第七》："至道不烦诀存真。"《太上黄庭内景玉经·灵台章第十七》："灵台郁蔼望黄野，三寸异室有上下。间关营卫高玄受，洞房紫极灵门户，是昔太上告我者。左神公子发神语，右有白元并立处。"

此章押语虞姥韵，段玉裁古音在五部。韵字为：午、野、下、户、者。

【注释】

① 至道不烦無旁午：至为崇高的大道，不会烦琐，不会交错繁杂。

旁午：也作"旁迕"，交错繁杂。

案："無"字，王羲之抄本作"不"。

［唐］务成子注："大道自然，不烦不虑，照察荡荡，则人本根至道，难得而易行焉。"

［唐］梁丘子注："无至愦乱，安心定意，正行向午也。

背子向午，腰带卯酉。”

② 灵台通天临中野：心灵可以通达头上泥丸宫，下临脐内黄庭宫。

灵台：心。《庄子·庚桑楚》：“不可内于灵台。灵台者有持，而不知其所持，而不可持者也。”郭象注：“灵台者，心也，清畅，故忧患不能入。”成玄英疏：“内，入也。灵台，心也。妙体空静，故世物不能入其灵台也。”

通天：通达头顶。天指顶，此处谓头上泥丸宫。

中野：黄庭。《太上黄庭内景玉经·灵台章第十七》：“灵台郁蔼望黄野”，黄野即中野，指黄庭。[唐]梁丘子注：“灵台，心也。谓心专一存见黄庭，黄庭即黄野也。”

案：此句在叙述身体上中下三处重要修行宫室，上为泥丸，中为灵台绛宫，下为脐内中野黄庭。

[唐]务成子注：“头为高台，肠为广野。元气通天，玄母来下养我己也。”

[唐]梁丘子注：“心为灵台，上通气至脑户，下通气至脾中。其气周匝一身也。”

[明]石和阳注云：“灵台者，心也。中野者，黄庭也。以心通天者，是以心统上截之神气，而到黄庭也。”

③ 方寸之中间关下：精气在内神所在的一寸见方宫室（泥丸、绛宫、黄庭）中，艰难地运行，滋润全身。

方寸之中：泛指身神所在之宫，身神所居为一寸方圆之地。见本书前章注。此指泥丸、绛宫、黄庭三宫。

间关：道路险峻的样子。“间”字，王羲之抄本、《修真十书》《道藏》白文本作“至”，《云笈七签》本子作

“间”。案：《太上黄庭内景玉经·灵台章第十七》作“间关营卫高玄受”，意谓：（三丹田）路途险阻，而气血流通，全身高深（高低）各处皆受其滋润。今据以改作“间”字。

［唐］务成子注：“目央之中玉华际，大如鸡子黄在外，下入口中生五味，昼夜行之可不既也。”

［唐］梁丘子注：“喉咙广一寸也，明堂中真人下和丹田，上还明堂也。”

④ 玉房之中神门户：脑部九宫的洞房宫，其中有神灵出入的门户。

玉房：指洞房宫，脑部九宫之一。洞房宫在两眉间却入二寸处，在明堂宫之后，由左无英公子、右白元君、中央黄老君所共治，以中央黄老君为主神。案：《太上黄庭内景玉经·灵台章第十七》：“洞房紫极灵门户。”显然在解释“玉房之中神门户”，其意谓：脑部九宫前有洞房，最前端为紫户大神所守的“守寸双田”，是脑部九宫大神出入的门户。请参见本书《内景经》该章下注。

［唐］务成子注：“玉房，一名洞房，一名紫房，一名绛宫，一名明堂。玉华之下金匮乡，神明门户，一之所从者哉。”

［唐］梁丘子注：“阴阳为神门户，主其精约也。男曰精，女曰约，男以藏精，女以月水，故曰门户。”

⑤ 皆是公子教我者：这些都是（洞房宫守宫神祇左位）无英公子所教导我的。

“皆”字，王羲之抄本、《云笈七签》本子作“既”，《修真十书》《道藏》白文本作“皆”，今以作“皆”字文意较顺，据改。

公子：洞房宫之无英公子，简称公子，因在左位，也称左神。案：《太上黄庭内景玉经·灵台章第十七》：“是昔太上告我者，左神公子发神语。”意谓：洞房宫左位神公子（无英公子），现身告以修炼法门。无英公子，名玄充叔，字合符子，一名元素君，一名神公子。镇守左腋之下，肝之后户，死气之门。所镇处在背去脊骨左三寸，与前左乳相对，左臂甲骨之下，见《上清大洞真经》卷二第四章。

［唐］务成子注：“左为神公子，右为白元君。养我育我，常欲令我得神仙。父母供养子丹，日月相去三寸间。”

［唐］梁丘子注：“心为太府公，正当左肾为司徒公，右肾为司空公，皆受精气，不得漏泄，能守一则见之。”

【今译】

至为崇高的大道，不会烦琐，不会交错繁杂。心灵可以通达头上泥丸宫，下临脐内黄庭宫。精气在内神所在的一寸见方宫室（泥丸、绛宫、黄庭）中，艰难地运行，滋润全身。脑部九宫的洞房宫，其中有神灵出入的门户。这些都是（洞房宫守宫神祇左位）无英公子所教导我的。

明堂章第七

明堂四达法海源①，真人子丹当吾前②。三关之中精气深③，子欲不死修崑仑④。绛宫重楼十二环⑤，琼室之中五色集⑥。赤城之子中池立⑦，下有长城玄谷邑[8]。

长生要慎房中急[9]，弃捐淫欲专守精[10]。寸田尺宅可治生[11]，系子长留心安宁[12]。观志游神三奇灵[13]，闲暇无事心太平[14]。

【章旨】

此章先述头部第一宫明堂宫，也是精气运行始源。其次论述修行法门，在于由深厚精气所在的三丹田着手。先由泥丸宫经明堂、下喉管至绛宫心脏。泥丸下引之精气，再往下运行，经过大小肠至两肾。两肾是精气产生之所，对于男女房中术要加以谨慎，固守精气。然后藉由鼻孔之吐纳及三丹田之运行，可以涵养生命，使三丹田灵妙，而心里安舒平和。

此章原可以分为两部分，以“长生要慎房中急”以下为另一章，但《黄庭内景经·琼室章第二十一》将两者合为一章。显然以鼻引气经行泥丸九宫及三丹田、下至黄庭的周天运转和男女房中术相配合成一体来进行修炼。

与此章内容相近，可以相参看者为：《太上黄庭内景玉经·灵台章第十七》：“明堂金匮玉房间，上清真人当吾前。黄裳子丹气频烦，借问何在两眉端。内侠日月列宿陈，七曜九元冠生门。”

《太上黄庭内景玉经·三关章第十八》：“三关之中精气深，九微之内幽且阴。口为天关精神机，足为地关生命棐，手为人关把盛衰。”

《太上黄庭内景玉经·若得章第十九》：“若得三宫存玄丹，太一流珠安昆仑。重中楼阁十二环，自高自下皆真人。玉堂绛宇尽玄宫，璇玑玉衡色兰玕。”

《太上黄庭内景玉经·琼室章第二十一》：“琼室之中八素集，泥丸夫人当中立。长谷玄乡绕郊邑，六龙散飞难分别。长生至慎房中急，何为死作令神泣。忽之祸乡三灵殁，但当吸气录子精。寸田尺宅可治生，若当决海百渎倾，叶去树枯失青青，气亡液漏非己形。专闭御景乃长宁，保我泥丸三奇灵。恬淡闭视内自明，物物不干泰而平。悫矣匪事老复丁，思咏玉书入上清。”

此章先押寒先真元等韵，古合押，见《诗韵集成》真寒等韵下说明，韵字为：源、前、深、仑。次押缉韵，韵字为：集、立、邑、急。次押庚青韵，韵字为：精、生、宁、灵、平。

【注释】

①明堂四达法海源：脑部明堂宫，四面通达，是精气运行的源头。

明堂：脑部九宫之第一宫，在两眉间却入一寸处，由左明童真君、右明女真官、中明镜神君三人共治。以中央明镜神君为主，其余二人为辅神。《洞真太上素灵洞元大有妙经·太上道君守元丹上经》：“明堂宫中，左有明童真君，右有明女真官，中有明镜神君。明童真君，讳玄阳，字少青；明女真官，讳微阴，字少元；明镜神君，讳照精，字四明。此三君共治明堂宫，并着绿锦衣，腰带四玉铃，口衔玉镜；镜铃并如赤玉也。头如婴儿，形亦如之，对坐，俱向外面，或相向也。”[1]

案：《太上黄庭内景玉经·灵台章第十七》作“明堂金匮玉房间”。人体精气在周身运行时，前面由明堂，经鹊桥、十二重楼、绛宫、黄庭、下丹田至尾闾。后面由尾闾经命门、夹脊、玉枕、至泥丸。所以经文以明堂为运行源头。

［唐］务成子注：“三寸三重有前后，使以日月归中升，洞达四方流于海也。”

［唐］梁丘子注：“眉头一寸为明堂，气皆流达，如海之元也。”

② 真人子丹当吾前：存思明堂宫有真人名叫子丹，显现在我的面前。

子丹：明堂宫上清真人之字。《太上黄庭内景玉经·灵台章第十七》作“上清真人当吾前，黄裳子丹气频烦。”又，《太上老君中经·第二十三神仙》：“真人子丹在上，卧胃管中，黄云气为帐，珠玉为床，食黄金玉饵，饮醴泉玉液，服太一神丹，噉玉李芝草，存而养之，九年成真矣。”[2]

案：“吾”字，王羲之抄本作“我”。

［唐］务成子注：“象长一寸两眉端，俯仰见之心勿烦。”

［唐］梁丘子注：“赤子为真人，字子丹，在明堂中，常能思之，寿乃可延。”

③ 三关之中精气深：人身三丹田中积累深厚的精气。

三关：以下文提到崑仑、绛宫等而言，三关应指上中下三

---

[1] 《正统道藏·正乙部·右字号》，新文丰出版公司刊本，第 56 册，第 191 页下。

[2] 《正统道藏·太清部·退字号》，新文丰出版公司，第 46 册，第 227 页下。

丹田，上为泥丸（崑仑），中为绛宫，下为脐下丹田宫。《太上黄庭内景玉经·三关章第十八》云："三关之中精气深，九微之内幽且阴。口为天关精神机，足为地关生命棐，手为人关把盛衰。"上文以口足手为三关，但据《太上黄庭外景经·上部经》："三关之中精气深"，系以崑仑、绛宫等来解说，是则三关应指三丹田，《内景经》第十九章："若得三宫存玄丹"，也指三丹田，可为明证。而《内景经》所言：口为天关、足为地关、手为人关等说，应是指精气在内存之三丹田，发之在外则为口、足、手三关。可以视三丹田为内三关，口、足、手为外三关。

案："中"字，王羲之抄本作"閒（间）"。

［唐］务成子注："口为心关，足为地关，手为人关。深固灵珠，更相结连，微妙难知，固为深焉。"

［唐］梁丘子注："关有三部：天关，口也；地关，下部也；人关，两手也。常握固闭塞三关，邪气不生也。"

④ 子欲不死修昆仑：如果你想要长生不死，便要修行脑部泥丸宫长生法门。

昆仑：指人身头部泥丸宫。昆仑，原为山名，系人间圣山，其上为天界圣山玉京山。

修昆仑：修炼泥丸宫长生法门，即是《太上黄庭内景玉经·若得章第十九》所说"太一流珠安昆仑"，即存思时，眼光内观，安放在上丹田泥丸宫中。然后引气经喉管入绛宫。见下文。

［唐］务成子注："头为昆仑，道治其中。子午为经，卯酉为纬。日月照明，丹焉游戏，百官宿卫也。"

［唐］梁丘子注："昆仑者，头也。令人养脑中泥丸，不死得长生也。"

⑤ 绛宫重楼十二环：（从泥丸引精气而下，）经过喉管十二节，再至绛宫心脏。

绛宫：中丹田绛宫，在心脏，《上清众经诸真圣祕》卷七《握中诀》说："从心尻尾下一寸却入三寸许，方一寸。"[1]由元丹皇君（位左）及辅弼卿（位右）所治。二人以左位元丹皇君为主神。

重楼十二环：指喉咙，喉咙有十二气管，所以喉咙也称十二重楼、十二玉楼，简称重楼、重环。

案："环"字，王羲之抄本、《修真十书》《道藏》白文本作"级"，《云笈七签》本子作"环"。《太上黄庭内景玉经·若得章第十九》作"重中楼阁十二环"，则以作"环"字为是。

［唐］务成子注："金楼五城，十二周匝，丹黄为郭，五彩云集。绛宫玉堂，真一所从出入也。"

［唐］梁丘子注："喉咙十二环，在心上为绛宫也。"

⑥ 琼室之中五色集：脑部诸宫室中，会集了五色云气。

琼室：琼玉做成的宫室，此指脑室。"琼"字，王羲之抄本作"宫"，《云笈七签》本子作"琼"，《修真十书》《道藏》白文本作"宫"。又，"色"字，王羲之抄本作"采"，《云笈七签》《修真十书》本子作"色"，《道藏》白文本作"炁"。案：《太上黄庭内景玉经·琼室章第二十一》作"琼

[1] 《正统道藏·洞玄部·谱箓类·有字号》，新文丰出版公司，第 11 册，第 626 页。

室之中八素集。”作“琼”字为是。

［唐］务成子注：“璇玑玉衡，命立中央。五色琅玕，极阴反阳。营室之中，全室也。”

［唐］梁丘子注：“五藏之气，心为帝王，最居中央，众神来会于赤子之侧也。”

⑦ 赤城之子中池立：泥丸赤子站立在城池的中央。

赤城之子：指泥丸宫镇宫神祇泥丸赤子。泥丸宫，又称丹田宫、丹玄宫，在两眉间却入三寸，由泥丸天帝上一赤子、天帝卿所治。以上一赤子为主神，天帝卿（天帝君）为辅神，《洞真太上素灵洞元大有妙经·太上大洞守一内经法》：“上元赤子居在泥丸宫中，华盖之下，泥丸天帝上一赤子，讳玄凝天，字三元先，一名伯无上，一名伯史华；位为泥丸天帝君，治在上一宫……上一天帝君执《上清神虎符》，盛以青玉函。”[1]

案：“赤城”二字，王羲之抄本作“赤神”。又，此句，一般注者如明代石和阳等，将赤城之子，解释为心神，但此句《太上黄庭内景玉经·琼室章第二十一》作“琼室之中八素集，泥丸夫人当中立”。则中立者为泥丸赤子及夫人，不能解释为心神。

［唐］务成子注：“喉中之神主池精，受符复行，传付太仓。”

［唐］梁丘子注：“赤城，心也，舌谓之子，口为中池也。”

---

[1] 《正统道藏·正乙部·右字号》，新文丰出版公司刊本，第56册，第201页上。

⑧ 下有长城玄谷邑：引气往下，有环绕腹部的小肠、大肠（长城、邑），有两肾（玄谷）。

长城：小肠。

玄谷：两肾。

邑：大肠；“邑”字，王羲之抄本、《云笈七签》《修真十书》本子作“邑”，《道藏》白文本作“色”。

案：此句，《太上黄庭内景玉经·琼室章第二十一》作“长谷玄乡绕郊邑”。长谷：鼻孔。长指鼻，谷为孔。玄乡：玄妙之乡，指肾；玄为北方黑色，肾五行属水为黑。绕郊邑：围绕五脏城之外。全句意谓：鼻子呼吸，下通肾脏，围绕着五脏六腑。

［唐］务成子注：“肠为长城，肠为邑。肾为玄谷，上应南北也。”

［唐］梁丘子注：“小肠为长城，引气入于胞中也。”

⑨ 长生要慎房中急：修行长生之道，最为急切的是要谨慎男女房中之术。

慎：谨慎。“慎”字，王羲之抄本作“眇”，《云笈七签》本子作“慎”，《修真十书》《道藏》白文本作“妙”。

［唐］务成子注：“房，玉房也。急而守之，共会六合。六合之中诚难语，子欲得道闭规矩也。”

［唐］梁丘子注：“养性要妙，闭固精门。”

⑩ 弃捐淫欲专守精：捐弃淫欲，专心固守精气。

案：“淫欲”二字，《云笈七签》本子作“淫俗”，《修真十书》《道藏》白文本作“淫欲”，今据改。“守”字，《云笈七签》本子作“子”，《修真十书》《道藏》白文本作

“守”，守字较佳，梁丘子注即作“守”，今据改。

［唐］务成子注：“贤者畜精，愚者畜财。捐去众累，一复何求？还精补脑，润泽发须。”

［唐］梁丘子注：“长生要妙，守精为上。”

⑪ 寸田尺宅可治生：体内三丹田、脸部鼻孔，可以用来处理养生之事。

寸田：一寸方圆的丹田之地；泛指三丹田。

尺宅：面。《太上黄庭内景玉经·脾部章第十三》“外应尺宅气色芳”，［唐］梁丘子注：“尺宅，面也。”

案：“治”字，王羲之抄本、《云笈七签》本子作“治”，《修真十书》《道藏》白文本作“理”。《太上黄庭内景玉经·琼室章第二十一》作“寸田尺宅可治生”，应以作“治”字为是，作“理”字者系避唐高宗讳而改。

［唐］务成子注：“寸田，丹田。尺宅，面也。道之经纬，不可废忽，努力求之，必得长生也。”

［唐］梁丘子注：“目为寸田，面为尺宅，理生仰观上部一神也。”

⑫ 系子长留心安宁：长期专心牢系你的心念，当可获得身心安宁。

案：“系”字，《云笈七签》本子作“鸡”，《修真十书》《道藏》白文本作“系”。“心”字，王羲之抄本作“志”。又，《太上黄庭内景玉经·琼室章第二十一》相关文句作“专闭御景乃长宁，保我泥丸三奇灵”。

［唐］务成子注：“大道混成自然子，蒙蒙鸿鸿，状如鸡子。专心一意，守之不解，长安宁。”

［唐］梁丘子注：“常观赤子之身形也，魂魄常在，万神不倾，恬淡无欲，心不恐惶，故自安宁。”

⑬ 观志游神三奇灵：内观意念，运转心神，使奇妙的三丹田，灵妙神异。

观志游神：内观心志，运转心神。“观”字，王羲之抄本、《云笈七签》本子作“推”，《修真十书》《道藏》白文本作“观”。“游”字，王羲之抄本作“流”。

三奇灵：奇妙的三丹田，灵妙神异。三奇：指三处奇妙的丹田神祇。奇：殊特。灵：神妙。脑部泥丸宫，又称上丹田，和心中绛宫（中丹田）及命门的下丹田，分处人身上中下三个重要部位，称为三丹田。

案：此句，《太上黄庭内景玉经·琼室章第二十一》作“保我泥丸三奇灵”。是指泥丸等三奇。

［唐］务成子注：“大道游戏琬阗，琬阗权刚执志，观见道真，三灵侍侧，弹琴鼓筝也。”

［唐］梁丘子注：“守上部灵根舌也，守中部灵根脐也，守下部灵根精房也。”

⑭ 闲暇无事心太平：悠闲无事，心里安舒平和。

闲暇：空闲无事。“闲暇”二字，《云笈七签》本子作“行闲”，《修真十书》《道藏》白文本作“闲暇”。

［唐］务成子注：“恬淡无欲，以道自娱。施利不足，神明有余，则为太平也。”

［唐］梁丘子注：“恬淡寂寞，守虚无情，身体安宁，心太平也。”

【今译】

脑部明堂宫，四面通达，是精气运行的源头。存思明堂宫有真人名叫子丹，显现在我的面前。人身三丹田中积累深厚的精气。如果你想要长生不死，便要修行脑部泥丸宫长生法门。（从泥丸引精气而下），经过喉管十二节，再至绛宫心脏。脑部诸宫室中，会集了五色云气，泥丸赤子站立在城池的中央。引气往下，有环绕腹部的小肠、大肠（长城、邑），有两肾（玄谷）。

修行长生之道，最为急切的是要谨慎男女房中之术。捐弃淫欲，专心固守精气。体内三丹田、脸部鼻孔，可以用来处理养生之事。长期专心牢系你的心念，当可获得身心安宁。内观意念，运转心神，使奇妙的三丹田，灵妙神异。悠闲无事，心里安舒平和。

常存章第八

常存玉房神明达①，时念太仓不饥渴②。役使六丁神女谒③，闭子精路可长活④。正室之中神所居⑤，洗心自治无敢污⑥。历观五藏视节度⑦，六府修治洁如素⑧。虚无自然道之故⑨。

【章旨】

此章首述存思三丹田身神，使精气通达往来；次存思胃神，以求不饥渴，而能役使六丁玉女。次牢闭精门，使神入居方正之宫，涤除心灵不污败，依照法度内观五脏，整治六府，坚固修行大道。

与此章内容相近者为《太上黄庭内景玉经·常念章第二十二》："常念三房相通达，洞得视见无内外。存漱五芽不饥渴，神华执巾六丁谒。急守精室勿妄泄，闭而宝之可长活。起自形中初不阔，三宫近在易隐括。虚无寂寂空中素，使形如是不当污。九室正虚神明舍，存思百念视节度。六府修治勿令故，行自翱翔入天路。"

此章押曷末韵转遇暮韵。曷末等段玉裁古音十五部韵字为：达、渴、谒、活。遇暮韵等段玉裁古音五部韵字为：居、污、度、素、故。

【注释】

① 常存玉房神明达：常常存思三丹田宫室，使神祇精气相互往来通达。

常存：常常存思。

玉房神明达：三丹田宫室之神祇，相互通达往来。玉房：以玉做成的宫室。

案：诸本作"神明达"，王羲之抄本作"视明达"。此句，《太上黄庭内景玉经·常念章第二十二》作："常念三房相通达"，可见玉房即三房，指人身上中下三丹田宫室。神明达，指三丹田宫室神明相通达。

［唐］务成子注："玉房，一室也。卧于山西，知于山东；处于幽冥，都见无穷。内外相须，故言明达也。"

［唐］梁丘子注："玉房，神之门户，常存精气往来，神

明自达。”

② 时念太仓不饥渴：常常存思胃神，可以令人不饥不渴。

时念：常常存念。“时念”，王羲之抄本、《修真十书》、《道藏》白文本作“时念”，《云笈七签》本作“时思”。

太仓：胃，此指胃神。

案：此句和辟谷食气有关，《太上黄庭内景玉经·常念章第二十二》作“存漱五芽不饥渴”，是存思并漱灌口中津液，服食五方精气，可以使人不再饥渴。文义较清楚，可参考该章之注。

［唐］务成子注：“咀嚼太和，神注舍太仓。胃管一神名黄常子。祝曰：‘黄常子，吾有长生之道，不食自饱。不得妄行，留为己使。辟谷不饥，所当得也。’”

［唐］梁丘子注：“太仓，胃也，五谷之厨，时思念之，不复饥渴。”

③ 役使六丁玉女谒：差遣六丁神将，使六丁玉女来进见。

役使：差遣使用。

六丁：由六十甲子所衍生的神祇。六甲及六丁，皆为道教神名。在道教经典中，六十甲子神共有六十个，各有姓氏名讳，可能因为人数太多，在称名呼请上有所困难，而六十甲子，以旬（十日）为一单位来区分，可以分为六组，每组皆以“甲”为首，因而形成了六甲，再以阴阳相配的概念来说，甲为“阳”，丁为“阴”，既有六甲，与其阴阳相配的即为六丁。于是自然的由六十甲子神，加以简缩推衍而来的，便有六甲将军、六丁将军。所谓六甲，即六十甲子中六个以“甲”为开头者，依次为：甲子、甲戌、甲申、甲午、甲辰、甲寅。六丁为：丁卯、丁巳、丁未、丁酉、丁亥、丁丑。早期道典中六甲、六丁都是神将，没有男女之别。后来由于既然六十甲子神有阴阳之说，也就应有男女之别，于是就有六甲为男神、六丁为女神、六甲为神将、六丁为玉女的不同说法出现。后世道典有的为了把六甲、六丁和六十甲子神做区隔，甚至另外赋予祂们不同的名讳形貌。六甲、六丁，在道教诸神中虽属于较低阶的护卫神将，但却成为道教禳灾驱鬼等术法中常召请的护法神祇。

神女：道教较低阶的仙女，有的本子作“玉女”，常和金童相对为称，此处神女即六丁玉女。“神女”，《云笈七签》本作“玉女”，王羲之抄本、《修真十书》《道藏》白文本作“神女”。

谒：进见。

案：此句，《太上黄庭内景玉经·常念章第二十二》作“神华执巾六丁谒”。

［唐］务成子注：“清洁独居便利六丁之地，呼其神名字，玉女必来谒也。”

［唐］梁丘子注：“帝思黄庭中真人，则六丁玉女自来自卫，可役使也。”

④ 闭子精路可长活：牢闭你的精气外泄之门，可以长久活命。

精路：精气进出的路径门户。“精路”，《云笈七签》本作“精门”，王羲之抄本、《修真十书》《道藏》白文本作“精路”。

案：此句，《太上黄庭内景玉经·常念章第二十二》作

“急守精室勿妄泄，闭而宝之可长活”。

［唐］务成子注：“阴阳交遘，此之时，精神欲去淫佚，淫佚纵情，五马不能禁止。以手抚弦囊，引玉籥，闭金门。”

［唐］梁丘子注：“绝邪弃俗，关闭精路，可得长生。”

⑤ 正室之中神所居：方正的宫室之中，是身中内神所居止之处。

案：此句，王羲之抄本、《修真十书》《道藏》白文本作“正室之中神所居”，《云笈七签》本作“正室堂前神所舍”；以务成子注看来，应以“正室之中神所居”为是。又，《太上黄庭内景玉经·常念章第二十二》作：“九室正虚神明舍”，谓脑中九宫方正而虚静，神明便自来镇守宫室。

［唐］务成子注：“正室之中五色杂，璇玑玉衡道所立，舍于明堂游绛宫，变为真人丹田也。”

［唐］梁丘子注：“正室，明堂洞房也。常思赤子生其中，为真人。存之则在，不思则忘也。”

⑥ 洗心自治无敢污：涤洗心灵，自我修治，不会污秽毁败。

污：亦作“洿”，污秽。

案：此句，王羲之抄本作“洗心自治无敢污”，《修真十书》《道藏》白文本作“洗身自理无敢污”，“治”字，避讳作“理”；《云笈七签》本作“洗心自治无败洿”；《太上黄庭内景玉经·常念章第二十二》作：“虚无寂寂空中素，使形如是不当污。”

［唐］务成子注：“敬重天地，远避嫌疑。闭目内视，思神往来，不与物杂，行不败洿。”

［唐］梁丘子注："清静独处，焚香思真，绛宫真人、诸玉女当来见形，与凡人言语。"

⑦ 历观五藏视节度：向内逐一观看五脏内神，要依照准则法度来进行。

历观：逐一观看。

节度：准则法度。

案："藏"字，王羲之抄本、《云笈七签》《修真十书》本作"藏"，《道藏》白文本作"脏"。《太上黄庭内景玉经·常念章第二十二》此句作"存思百念视节度"。

［唐］务成子注："五藏六府，各有所主。修身洁白，绝谷勿食。饮食太和，周而更始，故不失节也。"

［唐］梁丘子注："常思五藏诸神，勿离己身。"

⑧ 六府修治洁如素：大肠、小肠、胃、膀胱、三焦、胆等六腑，要加以处理整治，使它像白绢般洁净。

府：通"腑"，王羲之抄本、《云笈七签》《修真十书》本作"府"，《道藏》白文本作"腑"。

素：白色丝绢。

案：此句，《太上黄庭内景玉经·常念章第二十二》作"六腑修治勿令故"。

［唐］务成子注："心不妄念，口不妄言，目不妄视，耳不妄听，手不妄取，足不妄行。凡此六行，六府之候也。故能损之，道成德就，洁己如素也。"

［唐］梁丘子注："六府也，胆为一，胃为二，膀胱为三，大肠为四，小肠为五，脐为六，都府也。凡此六府，常须洁净。"

⑨ 虚无自然道之故：虚静无为，顺物性使其自己如此，这才是符于大道之事。

自然：自己如此；指顺物之性，使其自己如此，不以私意措于其间。

故：事（见《康熙字典·卯集下·攴部》）。王羲之抄本、《修真十书》《道藏》白文本作“故”，《云笈七签》本作“固”。

［唐］务成子注：“虚无恍惚，道之无，自然不存，俛仰自睹，常守玄素，须臾为早，知雄守雌，魂魄不离身也。”

［唐］梁丘子注：“虚无十有二气，自然为先，人离道远，无知其真。”

【今译】

常常存思三丹田宫室，使神祇精气相互往来通达。常常存思胃神，可以令人不饥不渴，差遣六丁神将，使六丁玉女来进见。牢闭你的精气外泄之门，可以长久活命。方正的宫室之中，是身中内神所居止之处。涤洗心灵，自我修治，不会污秽毁败。向内逐一观看五脏内神，要依照准则法度来进行。大肠、小肠、胃、膀胱、三焦、胆等六腑，要加以处理整治，使它像白绢般洁净。虚静无为，顺物性使其自己如此，这才是符于大道之事。

物有章第九

物有自然事不烦[①]，垂拱无为身体安[②]。虚无之居在帏间③，寂寞旷然口不言④。（修和独立真人宫）⑤，恬淡无欲游德园⑥，清净香洁玉女存⑦，修德明达道之门⑧。

【章旨】

此章重在修养自身，能处事顺物性自然，清虚无为，则可以自见神祇现前，独自与言，使玉女现身侍卫修行人。修德明达，即是进入大道之门。

与此章内容相近者为《太上黄庭内景玉经·治生章第二十三》："治生之道了不烦，但修洞玄与玉篇。兼行形中八景神，二十四真出自然。高拱无为魂魄安，清静神见与我言。安在紫房帏幙间，立坐室外三五玄。烧香接手玉华前，共入太室璇玑门。高研恬淡道之园，内视密盼尽睹真。真人在己莫问邻，何处远索求因缘？"

此章押真元寒删先等韵，古韵通转，见《诗韵集成》十一真下注语。韵字为：烦、安、间、言、园、存、门。

【注释】

① 物有自然事不烦：事物有顺自性而发展的特性（自己如此），依此来处理事情，便不会烦琐。

案：处事修道，一般人常会以一己私意，刻意运作。如能去私心顺物性，则万物各自发展，处事便不会烦琐。此句，《太上黄庭内景玉经·治生章第二十三》作"治生之道了不烦"。

［唐］务成子注："自然者，天地大神。不存不想，气自

往来也。”

［唐］梁丘子注：“能知自然为真人，坐在立亡，万世常存，何烦也？”

② 垂拱无为身体安：垂衣拱手，不以私心造作，身体就能安适。

垂拱：垂衣拱手，形容悠闲无事。

无为：不以私心刻意作为；不是无所作为，而是顺物性而为。

案：此句，“身体安”，王羲之抄本作“心自安”。又，《太上黄庭内景玉经·治生章第二十三》相关文句作“高拱无为魂魄安”。意谓：高坐拱手，不以私心刻意作为，魂魄自然安宁。

［唐］务成子注：“端壳自守，深畅元道。不犯天禁，身无灾咎，永保安也。”

［唐］梁丘子注：“恬淡无为，块然独处，安心定志，正气自居，故身体安泰也。”

③ 虚无之居在帏间：清虚无为的神明居所，就在内神宫室的帷幔间。

帏：帷幔。

案：“帏”字，王羲之抄本作“廉”。又，此句，《太上黄庭内景玉经·治生章第二十三》作“清静神见与我言。安在紫房帏幙间”。意谓：清虚寂静，自能感应神祇现身，与我言谈。神祇安坐在充满紫气宫室的帷幔间。

［唐］务成子注：“虚无之性，乐于清净。修和独立，与神言语。施设帏帐，恶闻人声。观见玄德，五色徘徊。日月照

察，使以东西。三五复反，转藏营机也。”

［唐］梁丘子注：“幛间，自障闭洞房，修道常居此都，不与人争，故曰幛间之居。”

④ 寂寞旷然口不言：寂静无声，广阔远大，口中不再言语。

寂寞：寂静虚无。

旷然：广阔远大的样子。王羲之抄本、《修真十书》《道藏》白文本作“旷然”，《云笈七签》本作“廓然”。

［唐］务成子注：“隐藏华盖，归志洞虚，寂然广视，目睹明珠，昧然独息，不贪荣誉也。”

［唐］梁丘子注：“闲居自处，念道思真，见之勿惊，闭口不言也。”

⑤ 修和独立真人宫：修行惇和，独立在内神宫中，面见宫中神祇。

案：《云笈七签》务成子注本有此句，王羲之抄本、《修真十书》梁丘子注本、《道藏》白文本皆无此句。以押韵字来看，“宫”字和前后韵字皆不能相叶，疑此句为衍文。

［唐］务成子注：“太和之宫，在明堂垂华盖之下，衣朱衣。明堂四达知者谁？真人小童衣璨烂。欲知吾居处，问太微乎？”

⑥ 恬淡无欲游德园：淡泊清心，不杂私欲，便能遨游于道德境域。

恬淡：淡泊清心。

案：“欲”字，王羲之抄本作“为”，诸本作“欲”。此句，《太上黄庭内景玉经·治生章第二十三》作“高研恬淡道之园”。意谓：深入研究淡泊清静，这是大道的所在。

［唐］务成子注：“外如迷惑，内怀玉洁，恬惔欢乐，不贪世俗也。”

［唐］梁丘子注：“寒不衣，暑不汗，恬淡无欲，块然独居，出隐于山，不贪荣贵也。”

⑦ 清净香洁玉女存：能修行自身，使清净香洁，存思六丁玉女现前护卫修行人。

案：诸本作“清净”，王羲之抄本作“积精”。“存”字，王羲之抄本、《修真十书》《道藏》白文本作“存”，《云笈七签》本作“前”。此句，《太上黄庭内景玉经·治生章第二十三》作“烧香接手玉华前”，文意有些差别。

［唐］务成子注：“弃捐世俗，处无人之野，焚烧、香薰、便溺，六丁玉女自到，径来侍人也。”（案：便溺二字疑是衍文。）

［唐］梁丘子注：“清净独处，专心自禁，香薰斋洁，玉女侍卫也。”

⑧ 修德明达道之门：修养德行，明白通达，这是进入大道的门户。

案：王羲之抄本无此句。“道”字，《云笈七签》本作“神”，《修真十书》《道藏》白文本作“道”。此句，《太上黄庭内景玉经·治生章第二十三》作“共入太室璇玑门”。意谓：共同进入紫房等玉帝君宫室，进入司掌世人生死的北斗之门。

［唐］务成子注：“德润身，富润屋。心达志通，视见神光、重楼绮户、金门玉堂。”

［唐］梁丘子注："令人守命门、端坐正念、无邪视也。修道明白，观表知里，神自为人开道户也。"

【今译】

事物有顺自性而发展的特性（自己如此），依此来处理事情，便不会烦琐。垂衣拱手，不以私心造作，身体就能安适。清虚无为的神明居所，就在内神宫室的帷幔间。寂静无声，广阔远大，口中不再言语。修行惇和，独立在内神宫中，面见宫中神祇。淡泊清心，不杂私欲，便能遨游于道德境域。能修行自身，使清净香洁，存思六丁玉女现前护卫修行人。修养德行，明白通达，这是进入大道的门户。

《太上黄庭外景玉经》中部经第二

作道章第十

作道优游深独居①，扶养性命守虚无②。恬淡自乐何思虑③，羽翼已成正扶疏④，长生久视乃飞去⑤。

【章旨】

此章旨在论述修道者须悠闲自得，独居深山以养性命，固守虚静而无为，如此才能长寿久存。

与此章内容相近者为《太上黄庭内景玉经·隐影章第二十四》："隐景藏形与世殊，含气养精口如朱。带执性命守虚无，名入上清死录除。三神之乐由隐居，倏欻游遨无遗忧。羽服一整八风驱，控驾三素乘晨霞。金辇正立从玉舆，何不登山诵我书？郁郁窈窈真人墟，入山何难故踌躇？人间纷纷臭如帑。"

此章押虞鱼韵，段玉裁古音五部。韵字为：居、无、虑、疏、去。

【注释】

① 作道优游深独居：修道须悠闲自得，独居深山。

优游：悠闲自得。"游"字，王羲之抄本作"柔"，务成子注、梁丘子注、白文本作"游"。

案：此句，《太上黄庭内景玉经·隐影章第二十四》作"隐景藏形与世殊"，意谓：隐藏自己的形影，不逐名争利，和世人的行为相异。和此句文意相近。

［唐］务成子注："隐身藏形，与世绝踰。含气养精，颜如丹珠也。"

［唐］梁丘子注："作道当入净室中，反胎炼形，还于精神也。"

② 扶养性命守虚无：扶持培养上天所赋予的本性，坚守虚静无为。

性命：上天所赋之本性本能。《礼记·中庸》："天命之谓性。"郑玄注："天命，谓天所命生人者也，是谓性命……《孝经说》曰：'性者，生之质；命，人所禀受度也。'"性、命二字同义，以天赋予而言，谓之命；以人禀受而言，则为性。

又，《易经·乾卦·彖曰》："乾道变化，各正性命。"［唐］孔颖达《正义》："性者，天生之质，若刚柔迟速之别；命者，人所禀受，若贵贱夭寿之属是也……而物之性命各有情也。所禀生者，谓之性；随时念虑，谓之情。"[1] 性有先

[1] 《周易注疏》，台湾商务书局影印文渊阁刊本，第 7 册，第 315 页下。

天本有之意，命为人身后天所禀受。

案：此处的性命，可以看成一体，性即命，天赋为性，人所禀为命。也可看成养性、养命，而以养性为先务。又，此句，《太上黄庭内景玉经·隐影章第二十四》作“带执性命守虚无”，意谓：禀持上天所赋予的本性，坚守虚静无为。

［唐］务成子注：“决谢祖先，避世隐居。司命定录，死籍以除。改字易姓，坚守虚无也。”

［唐］梁丘子注：“虚无者，自然也。守道养形，修契自然，无离于己身也。”

③ 恬淡自乐何思虑：淡泊名利，能自得其乐，何必忧思谋虑？

自乐：自得其乐。“自乐”二字，《云笈七签》本作“自乐”，《修真十书》《道藏》白文本作“无为”。“何”字，《道藏》白文本误作“向”。

［唐］务成子注：“恬惔忽然，乐道守贫，不念不虑，至不烦也。”

［唐］梁丘子注：“恬淡清净，养神爱体，远害万里，无复思虑也。”

④ 羽翼已成正扶疏：羽翼已形成，身中清轻仙气正盛。

羽翼：羽毛翅膀。周汉仙人，以出土文物及汉代画砖看来，约有二种，一为身生羽翼，飞升天界；一则身体清轻，不须羽翼，亦能飞升。后世仙人大都无羽翼，因修炼而使身体清轻，去浊重凡夫之肉体而能飞升天界。

扶疏：亦作“扶疎”，指树木枝叶茂盛。

案：“已”字，王羲之抄本作“以”，诸本作“已”。

“成”字，王羲之抄本、《修真十书》《道藏》白文本作“成”，《云笈七签》本作“具”。“扶疏”二字，王羲之抄本、《修真十书》作“扶踈”，《道藏》白文本作“扶疏”，《云笈七签》本误作“扶骨”。

［唐］务成子注：“修道行仁，骨腾肉轻。道成德就，云车来迎。玉女扶辕，径升太清。非生毛羽也。”

［唐］梁丘子注：“学道俱备，身体轻举，恍恍惚惚，如有毛羽，来即举升，故曰扶疏。”

⑤ 长生久视乃飞去：长生久存，于是飞升而去。

长生：生命久长。

久视：心灵朗明，长久明照。视，指心灵朗照。《老子》五十九章：“是谓深根固柢，长生久视之道。”

乃：遂，于是。

［唐］务成子注：“万世常存，与一为友。玉女采芝啖之苗，食之，须臾立生毛羽，上帝征聘，飞入沧海。”

［唐］梁丘子注：“得道不死，度世长存，乃能白日魂飞入太清也。”

【今译】

修道须悠闲自得，独居深山。扶持培养上天所赋予的本性，坚守虚静无为。淡泊名利，能自得其乐，何必忧思谋虑？羽翼已形成，身中清轻仙气正盛。长生久存，于是飞升而去。

五行章第十一

五行参差同根节①，三五合气要本一②，谁与共之斗日月③，抱玉怀珠和子室④。子能守一万事毕⑤，子自有之持勿失⑥。即得不死入金室⑦。

【章旨】

此章首述五行属性不同，而同源于道；内丹坎一离二，由戊土五相媒合，其源也是出于道。存思北斗及日月光芒照耀，进入身中丹田宫室，能固守丹田中真一内神，使不相离，即能成仙不死。

与此章内容相近，可以相参看者为《太上黄庭内景玉经·五行章第二十五》：“五行相推反归一，三五合气九九节。可用隐地回八术，伏牛幽阙罗品列。三明出华生死际，洞房灵象斗日月。父曰泥丸母雌一，三光焕照入子室。能存玄真万事毕，一身精神不可失。”

此章押入声质屑月韵，《诗韵集成》入声，说月古通屑，质略通月屑。段玉裁为古音十五部。韵字有：节、一、月、室、毕、失、室。

【注释】

① 五行参差同根节：五行各有属性，参差不齐，但它们的根源却是相同。

五行：金、木、水、火、土五者。

参差：高低不齐的样子。

节：草木茎之分枝处。“节”字，王羲之抄本、《修真十书》《道藏》白文本作“节”，《云笈七签》本作“蔕”。“蔕”字之义似较佳，今以王羲之抄本已作“节”，不改动原文。蔕：同“蒂”，瓜果与枝茎连结的部分。

案：此句，《太上黄庭内景玉经·五行章第二十五》作“五行相推反归一。”意谓：五行相生相克，相互推移，最后返回汇归于大道。以道家来说，由道而生物，道生一，一为气，气分阴阳二者。阴阳又衍生四象，太阳为火，太阴为月，少阳为木，少阴为金，阴阳相杂为土。由阴阳而生五行。

［唐］务成子注：“五彩腾起，或参或差，混沌不别，共生根蒂。”

［唐］梁丘子注：“五藏法五行，或上或下，参差同一喉咙也。”

② 三五合气要本一：肾水（一）、心火（二），戊己意念（五）为媒介，使精（肾）气（心）相结合，它们的根本同是一个大道。

三五：坎水肾（一）、离火心（二）相结合，戊己意念（五）为媒介。三五有二说，见本书《太上黄庭内景玉经·治生章第二十三》“立坐室外三五玄”注。此处之三应指水（肾坎）一、火（心离）二，相合为三。五指戊己土。《周易参同契·上篇·二土全功章第十一》云：“子午数合三，戊己号称五，三五既和谐，八石正纲纪。”五行生克中，子为水、为肾、为北，其数为一；午为火、为心、为南，其数为二；戊己为土，其数为五。坎水（肾）一、离火（心）二，二者之数相合为三；戊己为意土（脾）为五，为调和水、火之媒介。

合气：肾水、离火二气相合。

案："气"字，《云笈七签》《修真十书》本作"气"，《道藏》白文本作"气"。"要"字，王羲之抄本、《修真十书》《道藏》白文本作"要"，《云笈七签》本作"其"。此句，《太上黄庭内景玉经·五行章第二十五》作"五行相推反归一"。意谓：肾水（一）、离火（二）相结合，戊己意念（五）为媒介，经过九九八十一个阶段变化。

［唐］务成子注："三五十五在中央，二友之隐，往来三阳。玄德微妙，其状似龙，见之独笑，勿以语人。"

［唐］梁丘子注："上下三五合一室，三五亏则返一也。"

③ 谁与共之斗日月：和谁共同来存思北斗及日、月三者。

斗日月：北斗及日月。

案："斗"字，王羲之抄本作"升"，务成子注、梁丘子注及白文本作"斗"。此句文意欠明晰，《太上黄庭内景玉经·五行章第二十五》作"洞房灵象斗日月"。文义相清楚，意谓：存思北斗、日、月三种灵妙天象，光芒上升，汇聚在脑部洞房宫中。

［唐］务成子注："雌在北极，雄在南宫。真人不远，近在斗中。三光洞明，天地相望。子欲得一，问两童。"

［唐］梁丘子注："左目为日，主父，治在其中。右目为月，主母，治在其中。斗者，七星候也，亦为之七政。"

④ 抱玉怀珠和子室：观想怀抱如玉似珠的日月星三光，进入身中，和煦了丹田宫室。

抱玉怀珠：怀抱珠玉；指观想怀抱似珠玉般光亮的日月星三光。诸本作"抱玉怀珠"，王羲之抄本作"抱珠怀玉"。

子室：你的房中。此室，可以泛指修行者所在屋室，也可以说成体内脑部九宫及上中下三丹田之宫室。

案：此句，《太上黄庭内景玉经·五行章第二十五》作“三光焕照入子室”。意谓：观想日、月、北斗三种光芒晃耀遍照，进入我们修行的房室中（或译：进入我们身体中九宫、三丹田等各宫室），文义较明白，因而此句也应是身内丹田宫之存思法。

［唐］务成子注：“琭琭如玉，连连如珠，调和室房，随世沉浮。”

［唐］梁丘子注：“碌碌如玉，落落如石，行气握之，念如运珠。”

⑤子能守一万事毕：如果你能存思固守身中三丹田真一之法门，万事就已完备了。

守一：存思固守身中三丹田真一之法门。身体内神称为真一。守一，也称为“抱一”、“守意”、“守三一”；是先秦道家养生修身之法，也是早期道教修仙法门之一。其法始见于《老子》，最早是指专注于内在的精神魂魄，使形、神相凝合为一，与道相契而不相离，“一”指道，此即是“抱一”、“守一”。但随着时代的不同，“守一”的修炼方式，也逐渐地有所变改；东汉时的《五符经》《仙经》及六朝上清经派之道书，开始将“一”视为具体的神祇，以为“一”散入人体三处，镇守人身三丹田；于是守一成为存思（观想）体内上丹田（泥丸宫）、中丹田（绛宫）、下丹田（命宫）之守宫神祇，三宫之神都称为“真一”或“一”，祂们降气入身，与吾身合一；“守一”在使神祇常守吾人身内之各丹田，使诸宫不空；

由于“一”有三处，所以“守一”，也被称为“守三一”。这种存思身内神祇之法，也成为六朝上清经派修持法门的一大特色；并由守三一，扩充至守脑部九宫的雄一、雌一，以及身内诸神徊风混合的守帝一法门。六朝而后，到了唐末两宋，后来的丹道家，更把内丹在精气神方面之修炼，也拿来和六朝“守一”的三丹田相配，将精、气、神称为“三一”，三者相合即是“守一”；同时以为内丹的炼精化气，炼气化神，炼神还虚，炼虚合道；其修炼处，即在下丹田之命宫（肾坎水）、中丹田之绛宫（心离火）、上丹田之泥丸宫。其中炼精化气在下丹田；炼气化神在中丹田；炼神还虚在上丹田。虽然丹道家也谈三丹田，但丹道家的“守一”，已不再是存思固守三宫之神祇，而是以专注精神，内视不外求，引意炼化，使精气神三者合一的“守一”；其说虽较接近于原始“守一”的注意于精神魂魄，只是在修炼法上，是以内丹的坎离交媾为说，已繁复许多。有关守一法门之论述，详见笔者《六朝道教上清派研究·第六章　道教及上清派“守一”修持法门之源起及其演变》（台北文津出版社 2005 年 11 月版）。

案：王羲之抄本无此句。“守一”二字，《云笈七签》本作“守一”，《修真十书》《道藏》白文本作“知之”。又，《太上黄庭内景玉经·五行章第二十五》相关文句作：“能存玄真万事毕。”意谓：能存思身中玄妙真一（身中诸身神），万事就完备了。

［唐］务成子注：“一为大神，天地之根，人之本命。子能知之，万事自毕。”

［唐］梁丘子注：“修道守一，服气延年，反命神仙，万

事毕矣。”

⑥ 子自有之持勿失：你自身所拥有的（真一身神），要牢牢持守，不要丧失。

案：“勿”字，王羲之抄本、《云笈七签》本作“无”，《修真十书》《道藏》白文本作“勿”。此句，《太上黄庭内景玉经·五行章第二十五》作“一身精神不可失”。

［唐］务成子注：“人人有一。有一不知守，素损本根爱财宝。贤者得之以为友也。”

［唐］梁丘子注：“闭精自守，念赤子也。”

⑦ 即得不死入金室：就能获得长生不死，进入黄金建造的仙人宫阙。

金室：黄金建造的仙人宫阙。务成子及梁丘子注，以脑部九宫为金室，文义欠明顺。

案：“得”字，王羲之抄本、《修真十书》《道藏》白文本作“得”，《云笈七签》本作“欲”。“入”字，王羲之抄本作“藏”，诸本作“入”。

［唐］务成子注：“却入三寸为金室，洞房之中当幽阙，变吾形为真人，真人所处丹田中。”

［唐］梁丘子注：“修道审入九室，返胎炼形，修理玄白，真气恬然，闭塞三关，邪气不生也。”

【今译】

五行各有属性，参差不齐，但它们的根源却是相同。肾水（一）、心火（二），戊己意念（五）为媒介，使精（肾）气（心）相结合，它们的根本同是一个大道。和谁共同来存思北斗及日、月三者？观想怀抱如玉似珠的日月星三光，进入身中，和煦了丹田宫室。如果你能存思固守身中三丹田真一之法门，万事就已完备了。你自身拥有的（真一身神），要牢牢持守，不要丧失。就能获得长生不死，进入黄金建造的仙人宫阙。

出日章第十二

出日入月是吾道①，天七地三回相守②。升降五行一合九③，玉石落落是吾宝④。子自有之何不守⑤？

【章旨】

此章叙述呼吸吐纳服食日月精气之法，天上日月五星所施放的精气，进入我们身中，在身上升降进退，储存于身里，成为我们的宝物，应加以牢守。

与此章内容稍近，可以参看者为《太上黄庭内景玉经·高奔章第二十六》："高奔日月吾上道，郁仪结璘善相保。乃见玉清虚无老，可以回颜填血脑。口衔灵芒携五皇，腰带虎箓佩金珰。驾欻接生宴东蒙。"

此章押皓有合韵，韵字为：道、守、久、宝、守。

【注释】

① 出日入月是吾道：以呼吸之出入配合存思，服食日月精气，是我的修行法门。

出日入月：指以呼吸之出入配合存思服食日月精气。

案：诸本作“出日入月”，王羲之抄本作“出月入日”。又，《太上黄庭内景玉经·高奔章第二十六》相关文句作“高奔日月吾上道”。意谓：高入天界，飞奔日月，是我修行中的上法。文义较清楚。

［唐］务成子注：“日出太阳，月入太阴，回周返覆，受符复行。”

［唐］梁丘子注：“日月为两目也，侠于左右，所治也在紫房宫中，出为道之真。”

② 天七地三回相守：天上有日月五星先天之气，地上人身有精气神三者，藉由呼吸使日月星之气在身中循回运行，相互持守。

天七：天上有七政，指日、月及金、木、水、火、土五星。

地三：精、气、神三者。

案：天七地三，诸家注解大都以内丹坎离为说，但对七与三之数，又难以有明确解说。以《易经·系辞上传》“天一地二”看来，天数为奇数，地数为偶数。此句天七地三，皆属奇数，所以应和《易经》之易数无关。以首句服食日月精气看来，此七应指天上的日月五星七政。而三则为人身的精气神，［唐］梁丘子注：“天有七星，地有三精。”稍得正说。

又，“三”字，《云笈七签》《修真十书》本作“三”，《道藏》白文本误作“二”，以务成子及梁丘子注文看，应作“三”。

［唐］务成子注：“天七地三，橐籥缩鼻，引地气即上希也，故回相守。”

［唐］梁丘子注："天有七星，地有三精，元气回行，无穷极也。"

③ 升降五行一合九：日月精气在身中升降进退，须依五行生克相配，以守一之法配合八卦九宫来施行。（如依务成子注本，则译为：日月精气在身中升降进退，循环运行，能相契合，才能长久。）

案：王羲之抄本作"升降五行一合九"；务成子注、梁丘子注、白文本作"升降进退合乃久"。

升降五行：指身中之元气之运行，须依五行生克而升降。

一合九：以守一之法配合八卦九宫来施行。八卦九宫之说，在周朝已存在，九宫八卦之次第，见载于下述经典：《子华子·大道篇》："天地之大数，莫过乎五，莫中乎五。五居中宫以制万品，胃之实也，冲气之守也，中之所以起也，中之所以止也，龟筮之所以灵也，神响之所以丰融也，通乎此则条达而无碍者矣。是以二与四抱九而上跻也；六与八蹈一而下沉也；载九而履一，据三而持七。五居中宫，数之所由生；一从一横，数之所由成；故曰：天地之大数，莫过乎五，莫中乎五，通乎此，则条达而无碍矣。"

又，《黄帝内经·灵枢·九宫八风第七十七》所见之九宫图，三行三列，系以坎、离居南、北；震、兑处于东、西。其方位，由上排中间依顺时针方向，依次为：离（南）、坤（西南）、兑（西）、乾（西北）、坎（北）、艮（东北）、震（东）、巽（东南）。

又，《黄帝九宫经》云："戴九履一，左三右七，二四为肩，六八为足，五居中宫总御得失。其数，则坎一、坤二、震

三、巽四、中宫五、乾六、兑七、艮八、离九。太一行九宫，从一始，以少之多，顺其数也。”（隋·萧吉《五行大义·卷一·论九宫数》引；《隋书·经籍志三》曾载郑玄注《九宫经》；因而此书之撰作年代至迟在汉世。）

升降进退合乃久：日月精气在身中升降进退，循环运行，能相契合，才能长久。

[唐]务成子注：“地气上升，天气下降。阴阳列布，合于绛宫。或进或退，正气从容，乃得长久。”

[唐]梁丘子注：“元气升降，上下混沌，亦无形端，天地得之，乃能长生。”

④ 玉石落落是吾宝：像玉石般的精气，都是我的宝贝。

落落：同“珞珞”，石头众多的样子。《老子》三十九章：“故致数舆无舆。不欲琭琭如玉，珞珞如石。”玄宗注：“琭琭，玉貌；落落，石貌。以贱为本。”

案：“落落”二字，王羲之抄本、《云笈七签》本作“落落”，《修真十书》《道藏》白文本作“珞珞”。

[唐]务成子注：“连珠玉璧，落落如石，出于太阳，气如火烟，搏则不得，则吾重宝。”

[唐]梁丘子注：“玉白如石，在下部也。”

⑤ 子自有之何不守：是你自身所拥有的（精气神），为何不去固守它呢？

[唐]务成子注：“人自有一，不知守之。守之者，日还一日；失之，命消也。”

[唐]梁丘子注：“闭精自守，受气养神。”

【今译】

以呼吸之出入配合存思，服食日月精气，是我的修行法门。天上有日月五星先天之气，地上人身有精气神三者，藉由呼吸使日月星之气在身中循回运行，相互持守。日月精气在身中升降进退，须依五行生克相配，以守一之法配合八卦九宫来施行。（如依务成子注本，则译为：日月精气在身中升降进退，循环运行，能相契合，才能长久。）像玉石般的精气，都是我的宝贝。是你自身所拥有的（精气神），为何不去固守它呢?

心晓章第十三

心晓根基养华采[①]，服天顺地合藏精[②]。七日之五回相合[③]，崑仑之山不迷误[④]。九原之山何亭亭[⑤]，中有真人可使令[⑥]，蔽以紫宫丹城楼[⑦]，侠以日月如连珠[⑧]，万岁昭昭非有期[⑨]。外本三阳神自来[⑩]，内养三神可长生[⑪]。魂欲上天魄入泉[⑫]，还魂返魄道自然[⑬]。

【章旨】

此章旨在论述服食天地日月精气，使其和身内五脏气相结合，并藉由泥丸宫及三丹田之运行，而得以长生。也说明魂魄之阴阳属性，要人拘魂制魄，而还归大道。

此章务成子注本和梁丘子注本，差异较大。务成子注本，“七日之午回相合，崑仑之上不迷误”二句放在第三、第四句；无“内阳三神可长生”一句。以押韵看，“七日之午回相合，崑仑之上不迷误”二句不宜放在第三、四句。而“内阳三神可长生”，则和下文“外本三阳神自来，内养三阴可长生”文义相近，应是衍文。此章之文本，兹从梁丘子注本。

务成子注本原文如下：“心晓根基养华彩，服天顺地合藏精。七日之午回相合，崑仑之上不迷误。九原之山何亭亭，中有真人可使令。蔽以紫宫丹城楼。侠以日月如明珠，万岁昭昭非有期。外本三阳神自来，内拘三神可长生。魂欲上天魄入渊，还魂返魄道自然。”

又，此章《太上黄庭内景玉经》无相关的文句可参看。

此章首押庚青韵字，韵字为：精、亭、令、生。次押之虞灰韵，韵字为：楼、珠、期、来。次押仙韵，韵字为：泉、然。

【注释】

① 心晓根基养华采：心中明晓修道根源所在，便能涵养自己，使身体华丽光泽。

案：“基”字，王羲之抄本作“蒂”，诸本作“基”。“采”字，王羲之抄本、《修真十书》梁丘子注本、《道藏》白文本作“采”，《云笈七签》务成子注本作“彩”。

［唐］务成子注：“究备道真，深解无极，留年却老，自守本归根。开阖阴阳，布色华彩，常若少年。”

［唐］梁丘子注：“根基者，谓人知守一也。华采者，谓人面目悦泽，体有光华也。”

② 服天顺地合藏精：服食五天精气，顺着大地生物法则，

配合天地将精气存藏于身中。

服天：服食五方天之精气，即服食五芽之法，如《太上灵宝五符序》卷上《仙人挹服五方诸天气经华子期受角里先生诀》《太上灵宝五符序》卷下第二十至二十一页载皇人告诉黄帝五芽食真气法等。

顺地：顺着大地生物法则。

［唐］务成子注："头为天，足为地。服食天气，灌溉身形，合人丹田，藏之脑户。天露云雨，何草不茂？"

［唐］梁丘子注："天气下降，地气上升，二合成德，变化相生，闭气守精，养神炼质。"

③ 七日之五回相合：七日之中，五脏精气回转运行，相互契合成一体。

七日：七日之中，会反复循环一次。《易经·复卦·卦辞》："复，亨，出入无疾，朋来无咎，反复其道，七日来复，利有攸往。"

案："五"字，王羲之抄本、《修真十书》梁丘子注本、《道藏》白文本作"五"，《云笈七签》务成子注本作"午"。"回"字，王羲之抄本作"连"，诸本作"回"。又，梁丘子注及白文本，此句及下句在"内阳三神可长生"之后，今依王羲之及务成子注本之次第。又案，梁丘子注本"内阳三神可长生"一句，意谓：体内元阳在三丹田中，可令人长生。［唐］梁丘子注："阳，谓元阳也，白也，须臾变异。长生之要，守三黑之神者也。"但此句为王羲之抄本、务成子注本所无，此句和下文"外本三阳神自来，内养三阴可长生"文义相近，应是衍文，今据删。

［唐］务成子注："行道之要，七日一合。"

［唐］梁丘子注："七窍五藏，共相和同，共于一室。"

④ 昆仑之山不迷误：精气上往脑部泥丸宫，不会有所迷失错误。

崑仑之山：指脑部泥丸宫。

案："山"字，王羲之抄本作"性"，《云笈七签》务成子注本作"上"，《修真十书》梁丘子注本、《道藏》白文本作"山"。

［唐］务成子注："崑仑，头也。上与天通，禀受元气不迷误。"

［唐］梁丘子注："崑仑为头也，真人所游戏其中。日月运行，寒暑更变，终不误也。"

⑤ 九原之山何亭亭：脑部之山泥丸宫，为何那么地高耸直立！

九原之山：指脑部泥丸宫（见梁丘子注）。九原：1. 泛指九州；2. 地名，春秋时晋大夫墓地。九原，此处用以指称脑部九宫；其山则为泥丸宫。

亭亭：高耸直立的样子。

案：王羲之抄本"原"作"源"。

［唐］务成子注："心为九原，真人太一处其中也。不出户房知四方。"

［唐］梁丘子注："泥丸中气王色明，真人太一住其中。亭亭，心也。"

⑥ 中有真人可使令：泥丸宫室中住有镇宫真人，可以差遣祂。

中有真人：指泥丸宫守宫真一。泥丸宫，又称丹田宫、丹玄宫，在两眉间却入三寸处，由泥丸天帝上一赤子、天帝卿所治。以上一赤子为主神，天帝卿为辅神。《洞真太上素灵洞元大有妙经·太上大洞守一内经法》："上元赤子居在泥丸宫中，华盖之下，泥丸天帝上一赤子，讳玄凝天，字三元先，一名伯无上，一名伯史华；位为泥丸天帝君，治在上一宫……上一天帝君执《上清神虎符》，盛以青玉函。"[1]

案："有"字，王羲之抄本、务成子注本作"有"，梁丘子注及白文本作"住"。

［唐］务成子注："真人，太一小童子。金楼深藏伏不起，隐藏九原不可使。"

［唐］梁丘子注："真人赤子，可为使令也。不出户知天下，不窥牖见天道。"

⑦ 蔽以紫宫丹城楼：（泥丸之神）隐藏在紫色宫殿赤色城池的楼阁中。

［唐］务成子注："金楼玉城，丹黄为郭。百官宿卫，一为上客。绛宫玉堂，真人宅舍。"

［唐］梁丘子注："丹田上通紫宫，中有五城十二楼，真人在其中游戏。"

⑧ 侠以日月如连珠：双眼像日月，如珠子般相连成串，夹辅在泥丸宫两旁。

侠：通"夹"，在两旁。

日月：指双眼，道教在存思时常观想左日右月，光芒映

---

[1] 《正统道藏·正乙部·右字号》，新文丰出版公司刊本，第 56 册，第 201 页上。

身，所以双目也称日月。泥丸宫在两眉间深入三寸处，两眉之下为两目，所以说夹辅在两旁。

案：“连”字，王羲之抄本、《修真十书》梁丘子注本、《道藏》白文本作“连”，《云笈七签》务成子注本作“明”。

[唐]务成子注：“左日右月，合精中央，五色混沌。昼如明星，暮如明珠。晃晃煌煌，曾不休哉！”

[唐]梁丘子注：“两目也，玄气明照，出若连珠，五色恍恍，子常念之，寿命无穷也。”

⑨万岁昭昭非有期：（两目神光）万年朗照，没有休止之期。

[唐]务成子注：“明珠来下，坚当守之。长生之符，万岁昭然，非复有期。司命定录，死籍已除。”

[唐]梁丘子注：“真人得道，万岁易形，男八女七，从此而生。与日月相守，天地相保。”

⑩外本三阳神自来：对外以自己下临的日月星精气为修行根本。

三阳：外界的三种物体，疑指日月星。阳指外界，阴指体内。

神：精气。

案：“神”字，王羲之抄本、《修真十书》梁丘子注本、《道藏》白文本作“神”，《云笈七签》务成子注本作“物”。

[唐]务成子注：“三阳，三精也。状若冠缨。扉玄无主，用和为根。不呼自来，默默翻翻。”

[唐]梁丘子注：“三阳，三九历候也。婴儿生时，一神魂魄来入形中也。”

⑪ 内养三神可长生：对内涵养体内的三丹田之神，可以获得长生不死。

三神：体内三丹田之神，三神或作“三阴”，因为在体内所以称阴，和在外的阳，作为区隔。三丹田之神，分别为：上丹田泥丸宫，主神为泥丸天帝君上元赤子，讳玄凝天，字三元先；一名伯无上，一名伯史华。中丹田绛宫，主神为绛宫丹皇君中元真人，讳神运珠，字子南丹；一名生上伯，一名史云拘。下丹田命门丹田宫，主神为黄庭元王下元婴儿，讳始明精，字符阳昌；一名婴儿胎，一名伯史原。三丹田之主神，简称泥丸赤子、丹皇真人、元王婴儿。即下文梁丘子注所说：赤子、真人、婴儿。《黄庭经》中常将三丹田之神简称为三神，如《太上黄庭内景玉经·上睹章第十六》：“三神还精老方壮。”意谓：还返精气于三丹田，能使衰老的身体变成正强壮。又如《太上黄庭内景玉经·隐影章第二十四》：“三神之乐由隐居”，意谓：镇守三丹田之神祇悦乐，乃是由于人能隐居不追逐名利。

案：“内养三神”字，王羲之抄本作“内养三神”，《云笈七签》务成子注本作“内拘三神”，《修真十书》梁丘子注本、《道藏》白文本作“内养三阴”。

［唐］务成子注：“三神，三子。拘此三神，生道毕也。”

［唐］梁丘子注：“鼻引阳气，取之以内养。赤子、真人、婴儿是曰三阴，亦食神也。”

⑫ 魂欲上天魄入泉：魂神想要上升天界，魄鬼想要沉沦地下渊泉。

魂魄：魂为主宰吾人思维分辨之精神力，魄为主宰吾人身体言行动作之精神力。魂善魄恶，魂神魄鬼，六朝道经《皇天上清金阙帝君灵书紫文上经》说：“其爽灵、胎光、幽精三君，是三魂之神名也。”又说：“其第一魄名尸狗，第二魄名伏矢，第三魄名雀阴，第四魄名吞贼，第五魄名非毒，第六魄名除秽，第七魄名臭肺。此皆七魄之阴名也，身中之浊鬼也。”据此而言，以爽灵等为三魂，以尸狗等为七魄，且以三魂为神，以七魄为浊鬼。三魂易弃身远游，七魄易勾引邪鬼。又，魂阳魄阴，阳主升阴主降，人死后魂盛者上天，魄盛者入地，所以说是“魂欲上天魄入泉”。有关魂魄之说，详见台北文津出版社 2002 年 12 月出版的笔者《道教与民俗》第六章“道教三魂七魄说探源”。

案：泉，指地下水。“泉”字，王羲之抄本、《云笈七签》务成子注本作“渊”，《修真十书》梁丘子注本、《道藏》白文本作“泉”，作“泉”字义较佳。

[唐] 务成子注：“暮卧魂上天，送日中三足乌。鸡鸣忽朦，来还其处。魄者，形也。年七十、八十，魄欲入泉。老人愁思，形容欲别。”

[唐] 梁丘子注：“魂阳魄阴也。谓世人无道德，魂魄离身，归散本也。”

⑬ 还魂返魄道自然：（拘魂制魄）让魂魄返归身体不远离，自然可以成就大道。

返：返归。“返”字，王羲之抄本作“反”，务成子注、梁丘子注、白文本作“返”。

案：三魂易远游，七魄好引邪鬼，使人失魂落魄，病重身死。道家有多种拘魂制魄之法，如《皇天上清金阙帝君灵书紫文上经》中所见拘三魂制七魄之法为：在拘三魂方面，是在农历每月三日、十三日、廿三日晚，仰卧去枕伸足，以观想的方式，想象心中有赤气从眼中出，扩大笼罩全身，燃烧全身，并叩齿诵咒；如此可拘炼三魂，使不离身外游。制七魄法，则是在每月初一、十五、卅日（月尾，小月廿九），晚上，正面仰睡于床上，移去枕头，双脚伸直；以双手手心掩耳，手指接于后颈项，观想：鼻端有白气如小豆，逐渐变大，笼罩全身（从头到脚）九重，接着白气又变成四圣兽（青龙、白虎、朱雀、玄武），其中两青龙入眼中、两白虎入鼻孔中，头皆朝外；朱雀停在胸上，头朝人口；苍龟在人左脚、灵蛇在右脚；有穿黑锦衣玉女两人执火光在两耳中；久久观想完毕后，接着吞咽口津（口水）七遍，上下齿相敲击七遍，并呼叫七魄名字，完毕后，心中默默诵咒：“素气九回，制魄邪凶；天兽守门，娇女执关。炼魄和柔，与我相安；不得妄动，看察形源。若汝饥渴，听饮月黄日丹。”如此，可以制七魄使不与外鬼交通，引人行恶。

又，近人陈撄宁《道教与养生》第二编《黄庭经讲义》第三章“魂魄”云：“道家所以贵魂魄相拘者，因魂之性每恋魄，魄之性每恋魂，不忍分离。不幸以人事之逼迫，使魂不能不升，魄不能不降，魂魄分离，则人死矣。返还之道，亦是顺其魂魄自然相恋之性而已。”

［唐］务成子注：“拘魂制魄，不得行人，善守自然，不用筋力。”

［唐］梁丘子注：“拘魂制魄，令不动作，帝在身中，道以自然。”

【今译】

心中明晓修道根源所在，便能涵养自己，使身体华丽光泽。服食五天精气，顺着大地生物法则，配合天地将精气存藏于身中。脑部之山泥丸宫，为何那么地高耸直立？泥丸宫室中住有镇宫真人，可以差遣祂。（体内元阳在三丹田中，可令人长生。）七日之中，五脏精气回转运行，相互契合成一体。精气上往脑部泥丸宫，不会有所迷失错误。（泥丸之神）隐藏在紫色宫殿赤色城池的楼阁中。双眼像日月，如珠子般相连成串，夹辅在泥丸宫两旁。（两目神光）万年朗照，没有休止之期。对外以自己下临的日月星精气为修行根本。对内涵养体内的三丹田之神，可以获得长生不死。魂神想要上升天界，魄鬼想要沉沦地下渊泉。（拘魂制魄）让魂魄返归身体不远离，自然可以成就大道。

《太上黄庭外景玉经》下部经第三

璇玑章第十四

璇玑悬珠环无端①，玉户金籥身完坚②。载地悬天周乾坤③，象以四时赤如丹④。前仰后卑各异门⑤，送以还丹与玄泉⑥，象龟引气至灵根⑦。

【章旨】

下部经之称出自《云笈七签》务成子注本，《修真十书》梁丘子注本分三卷、《道藏》白文本分上中下。但务成子下部经的文字，系自“伏于志门候天道”始，较近中尾段。今依梁丘子注及白文本，由此句始，即归入下部经。

此章首述行气宜如北斗，循环不已。男女在房中方面，宜贵存精气，并使精气运转全身，且宜仿效龟息，缓慢吐纳，引气深入三丹田。

与此章内容相近，可以相参看者，为《黄庭内景玉经·玄元章第二十七》：“玄元上一魂魄炼，一之为物叵卒见。须得至真始顾眄，至忌死气诸秽贱。六神合集虚中宴，结珠固精养神根。玉筐金籥常完坚，闭口屈舌食胎津。使我遂炼获飞仙。”

此章押元先寒韵，韵字为：端、坚、坤、丹、门、泉、根。

【注释】

① 璇玑悬珠环无端：北斗像明珠相连，悬挂于空中；（引气行身）要像北斗运行般，循环运行，令人看不见首尾（永无止息）。

璇玑：泛指北斗七星。七星中，天枢、天璇、天玑、天权，简称枢、璇、玑、权，为斗身，称为“魁”；玉衡、开阳、瑶光为斗柄，称为“柄”。《史记·天官书》说：“斗为帝车，运于中央，临制四乡，分阴阳，建四时，均五行，移节度，定诸纪，皆系于斗。”由于北斗随四季而斗柄所指不同，因而璇玑也有运行不已的意思。

悬珠：明珠悬挂于空中。

环：中央有孔的圆形玉佩，引伸为循环不已。

无端：无头绪，看不见首尾，如圆环。

案：此句，王羲之抄本、《修真十书》梁丘子注本、《道藏》白文本作“璇玑悬珠环无端”，《云笈七签》务成子注本作“庶几结珠固灵根”。又，《黄庭内景玉经·玄元章第二十七》相关文句作“结珠固精养神根”。意谓：结成玄珠道体，牢固精气，培养元神的根源。

［唐］务成子注：“结珠，连珠也。入口中含咽其精，固灌灵根。”

［唐］梁丘子注：“璇玑运转，气脉流通，无复休竟也。

闭口养神，漱炼醴泉如流珠。”

② 玉户金籥身完坚：似玉般的牝户（女户），黄金做成的锁匙（男根），男女房中阴阳开闭之事，要常令精气完满坚固。

案：此句，王羲之抄本作“玉户金籥身完坚”，《云笈七签》务成子注本作“玉筦金籥身完坚”，《修真十书》梁丘子注本、《道藏》白文本作“迅牝金籥常完坚”，“迅”字义不明，疑应作“玉”；《黄庭内景玉经·玄元章第二十七》作“玉筦金籥常完坚”。意谓：美玉做的钥匙及黄金做成的门锁（或译美玉做成的门锁、黄金做成的钥匙），指男女房中阴阳开闭之事，要常令精气完满坚固。

玉户：似玉般的牝户。

金籥：黄金做成的锁匙。籥：通“钥”，开门的铜管、锁匙。

［唐］务成子注：“玉筦，齿。金籥，舌。开口屈舌，食母之气。不传恶言，身保完全。”

［唐］梁丘子注：“阴为牝，阳为籥，两不相伤，得中和之气，还精炼形，故得完坚。”

③ 载地悬天周乾坤：人被大地所载，有青天高悬于上，精气周流遍行于身体头部、腹部等全身之间。

乾坤：《易经》用以代表天地，也用来代表人身中的头与腹，此处泛指全身。《易经·说卦传》：“乾为首，坤为腹，震为足，巽为股，坎为耳，离为目，艮为手，兑为口。”

案：“载”字，王羲之抄本、《修真十书》梁丘子注本、《道藏》白文本作“载”，《云笈七签》务成子注本作

“戴”。“悬”字，王羲之抄本作“玄”；“周”字，王本作“回”。

［唐］务成子注：“人生地，道来附已，故言戴地。玄母在天，下养万物，不用机素，神明微妙，非俗所闻。常欲令我得神仙，迫于乾坤，不可踰蹶哉！”

［唐］梁丘子注：“地载人，人悬天，道不在上、不在下，微妙在乾坤中央，故周流天下也。”

④ 象以四时赤如丹：像四季一般循环不已，在体内结成赤红色丹药。

［唐］务成子注：“四时五行，周则更始。真人子丹，一化为己。被服赤珠，状若丹。”

［唐］梁丘子注：“明堂四达，应为四时，真人子丹之所居矣。子能思之，咀嚼其气，则寿无穷也。”

⑤ 前仰后卑各异门：前面高仰后面低下，人身内神宫室之门各异。

案：此句叙述人身内神宫室分布不同，有在头，有在腹下，高低异处。“各异门”三字，王羲之抄本、《修真十书》梁丘子注本、《道藏》白文本作“各异门”，《云笈七签》务成子注本作“列其门”。又，《黄庭内景玉经·仙人章第二十八》相关文句作“前昂后卑高下陈”：身神诸关中，前有高昂的泥丸、明堂宫，后有卑低的下丹田、尾闾等关，按高低而陈列。

［唐］务成子注：“仰，高也。前高后下，背子向午，右阴生阳，离楼门户。”

［唐］梁丘子注：“头与足、肾与心，心赤肾黑，本同

根，水火相克，故异同。”

⑥ 送以还丹与玄泉：将真气运送还归上丹田，再下送至口中为津液（或译：将真气运送还归上丹田，再下送至产生玄妙精水之两肾）。

还丹：还归上丹田，即所谓的还精补脑，务成子注及梁丘子注看来，系用缩鼻引气上升泥丸，今人多以提肛来引气。

玄泉：玄妙津泉，指口中津液。

案：“送”字，王羲之抄本、《修真十书》梁丘子注本、《道藏》白文本作“送”，《云笈七签》务成子注本作“选”。

［唐］务成子注：“选，取也。缩引还丹，及玄泉之气，所谓名上升泥丸，炼治发根，须臾微息，其道自然。”

［唐］梁丘子注：“丹者，血也，化入下源，变为白精。当此之时，缩鼻还之，上至泥丸，下至口中，变为玉泉也。”

⑦ 象龟引气至灵根：仿效灵龟呼吸，将真气引导至身中三丹田、黄庭等灵妙根源处。

象：仿效。

案：此述应仿效龟息大法，将真气导至灵根。道教修仙有龟息之法。古人以为乌龟呼吸缓慢，能不饮不食而得长生。《抱朴子·对俗篇》曾举例叙述仿效龟息之法可以长寿，但仅说“象龟之息”“伸颈吞气”，未详述其法。

又案：“气”字，王羲之抄本、《云笈七签》务成子注本、《修真十书》梁丘子注本作“气”，《道藏》白文本作“炁”。“至”字，王羲之抄本作“致”，诸本作“至”。

［唐］务成子注：“龟以鼻取气。极停微息，闭口咽之致灵根。”

［唐］梁丘子注：“以鼻引气至于舌根，咽送腹中，则雷鸣应之，真气使之然也。”

【今译】

北斗像明珠相连，悬挂于空中；（引气行身）要像北斗运行般，循环运行，永无止息。似玉般的牝户（女户），黄金做成的锁匙（男根），男女房中阴阳开闭之事，要常令精气完满坚固。人被大地所载，有青天高悬于上，精气周流遍行于身体头部、腹部等全身之间。像四季一般循环不已，在体内结成赤红色丹药。前面高仰后面低下，人身内神宫室之门各异。将真气运送还归上丹田，再下送至口中为津液（或译：将真气运送还归上丹田，再下送至产生玄妙精水之两肾）。仿效灵龟呼吸，将真气引导至身中三丹田、黄庭等灵妙根源处。

中有章第十五

中有真人巾金巾①，负甲持符开七门②。此非枝叶实是根③，昼夜思之可长存④。仙人道士非有神⑤，积精所致为专年⑥。人皆食谷与五味⑦，独食太和阴阳气⑧。故能不死天相既⑨。

【章旨】

此章首述黄庭真人存思法门，以为是修道之要方，专精存思黄庭真人，可以长生。并说明仙人道士是积精累气所成，修行贵在辟谷而食气，食气才能与天地同寿。

与此章内容相近，可以相参看者，为《黄庭内景玉经·仙人章第二十八》：“仙人道士非有神，积精累气以为真。黄童妙音难可闻，玉书绛简赤丹文。字曰真人巾金巾，负甲持符开七门。火兵符图备灵关，前昂后卑高下陈。执剑百丈舞灵蟠，十绝盘空扇纷纭。火铃冠霄队落烟，安在黄阙两眉间？此非枝叶实是根。”

《太上黄庭内景玉经·百谷章第三十》：“百谷之实土地精，五味外美邪魔腥。臭乱神明胎气零，那从反老得还婴。三魂忽忽魄糜倾，何不食气太和精，故能不死入黄宁。”

此章先押真文元删古合韵，说见《诗韵集成》。韵字为：巾、门、根、存、神、年。后转未韵，韵字为：味、气、既。

【注释】

① 中有真人巾金巾：身体中央的黄庭宫，内有镇宫真人，头上绑着金黄色的头巾。

中：指身体中央的黄庭宫。《黄庭内景玉经·仙人章第二十八》云：“仙人道士非有神，积精累气以为真。黄童妙音难可闻，玉书绛简赤丹文。字曰真人巾金巾。”真人系指黄庭宫中之真人，称之为黄庭真人，头上绑着金黄色的头巾。所以此句之“中有”亦宜指中央黄庭部位。黄庭色金黄，所以真人巾金巾。

［唐］务成子注：“金室真人巾金巾。”

［唐］梁丘子注：“赤子着绛衣，冠金巾也。”

② 负甲持符开七门：身穿甲胄手持灵符，打开七窍相通之门。

负甲：1. 身披铠甲。2. 依恃六甲神兵。

七门：有二说：梁丘子注以为是七窍之门。今人张超中《黄庭经今译》云：“七门，指人身所具修道炼养的七个门径。一曰天门，在泥丸；二曰地门，在尾闾；三曰中门，在夹脊；四曰前门，在明堂；五曰后门，在玉枕；六曰楼门，在重楼；七曰房门，在绛宫。此七个门径，正在河车径路之上，乃是内炼功夫的关键所在。若能开此七门，则周身真气运行，必然畅达无碍，百病皆消。”

案：此句，《黄庭内景玉经·仙人章第二十八》亦作“负甲持符开七门”。

［唐］务成子注：“甲，子也。背子向午，要带卯酉，制御元气，受符复行，皇天大道君也，常窥看七门。”

［唐］梁丘子注：“服符六甲，辟却邪凶，布气七窍，耳目聪明。又云：‘背子向午，腰带卯酉。符者，气也。’”（案：又云乃引务成子说。）

［金］王重阳《重阳真人金关玉锁诀》：“诀曰：第一身中东西，要识庚甲卯酉。第二身中南北，要识坎离铅汞。诀曰：庚甲卯酉者，为昼夜。甲卯者，是肝之气，八节中立春、春分，口中为津也。庚酉者，是肺之气，八节中立秋、秋分，口中为液也。坎离者，寒暑。离铅者，是身中心气，八节中立夏、夏至，身中为血也。坎汞者，是肾中气，八节中立冬、冬至，身中为精也。精生魄，血生魂，精为性，血为命。人了达性命者，便是真修行之法也。诀曰：精血者，是肉身之根本。真气者，是性命之根本。故曰：有血者，能生真气也。真气壮

实者，自然长久，聚精血成形也。”[1]

③ 此非枝叶实是根：这不是修真的枝节末叶，而实在是它的根源所在。

案：此句，《黄庭内景玉经·仙人章第二十八》亦作“此非枝叶实是根”。

［唐］务成子注：“上皇大道君老子，太和常侍左右，化生万物，非为枝叶。”

［唐］梁丘子注：“自然要道，非虚文也。”

④ 昼夜思之可长存：不管白天或夜晚，都要存思黄庭真神，可以令人长寿久存。

［唐］务成子注：“常注意思念，自睹三光，道之至妙，近在斗中。”

［唐］梁丘子注：“昼夜思道，勿懈也。开目视真，闭目思神，可得长生。”

⑤ 仙人道士非有神：仙人道士，并不是天生即具有神仙的能力。

案：“仙”字，王羲之抄本、《云笈七签》务成子注本、《修真十书》梁丘子注本作“仙”，《道藏》白文本作“僊”。“非有神”三字，王羲之抄本作“非可神”，《云笈七签》务成子注本作“非异有”，《修真十书》梁丘子注本、《道藏》白文本作“非有神”。又，此句，《太上黄庭内景玉经·仙人章第二十八》亦作：“仙人道士非有神”。

［唐］务成子注：“仙人度世，非有他神，守一坚固，上

---

[1] 《正统道藏·太平部·交字号》，新文丰出版公司刊本，第43册，第580页。

精不泄，下精不脱，精神内守，千岁不死。”

［唐］梁丘子注：“道无二家，充备使然。同共一根，无复他神，和心定志，故道日生。”

⑥ 积精所致为专年：由于积聚精气，而能获得长享年寿。

专年：专有年寿。

案：“为专年”三字，王羲之抄本、《修真十书》梁丘子注本、《道藏》白文本作“为专年”，《云笈七签》务成子注本作“和专仁”。又，此句，《太上黄庭内景玉经·仙人章第二十八》相关文句作“积精累气以为真”，意谓：积聚元精，累积元气，而成为仙真。

［唐］务成子注：“育养精气，专心一意。和气仁义，德合道真。”

［唐］梁丘子注：“阴阳不妄施，精神不漏泄，积精受气，寿可万岁矣。”

⑦ 人皆食谷与五味：世人都吃食五谷和品尝五味。

五味：辛（辣）、酸、甘（甜）、苦、咸。

案：“皆”字，王羲之抄本、《修真十书》梁丘子注本、《道藏》白文本作“皆”，《云笈七签》务成子注本作“尽”。又，此句，《太上黄庭内景玉经·百谷章第三十》作“百谷之实土地精，五味外美邪魔腥”。

［唐］务成子注：“俗人皆啖百谷之宝，土地之精，五味香连，令饱食。厨内无真道，遂归黄泉。”

［唐］梁丘子注：“俗人食土地之精，以身死报地。圣人食元和之气，以身仙报天。”

⑧ 独食太和阴阳气：只有修道之人，独自服食最为冲和

的阴阳调和之气。

太和：最冲和之气。

案："气"字，王羲之抄本、《云笈七签》务成子注本、《修真十书》梁丘子注本作"气"，《道藏》白文本作"炁"。又，此句，《太上黄庭内景玉经·百谷章第三十》作"何不食气太和精"。周代有服食天地日月精气等服食六气之法，所谓六气，即朝霞、沆瀣、沦阴、正阳、天玄之气、地黄之气。汉魏六朝有服食五芽及郁仪结璘法门，皆和服气有关。请参见台北文津出版社 2005 年 11 月出版的笔者《六朝道教上清派研究》之"捌、周秦至六朝道教及上清派之辟谷食气说"。

［唐］务成子注："阴气上升，阳气下降合会，六合之中生五味，常自服食，天相溉。"

［唐］梁丘子注："学仙之士，朝食阳气，暮食阴气，并食元气。"

⑨ 故能不死天相既：所以能够长生不死，和天地同年寿（相尽）。

既：尽、终。

案："既"字，王羲之抄本、《修真十书》梁丘子注本、《道藏》白文本作"既"，《云笈七签》务成子注本作"溉"。又，此句，《太上黄庭内景玉经·百谷章第三十》作"故能不死入黄宁"。

［唐］务成子注："饮食太和，不死之药，食之不解，天自溉之。"

［唐］梁丘子注："得道者不死也，年命无极，与天相既

也。既者，通也。”

【今译】

身体中央的黄庭宫，内有镇宫真人，头上绑着金黄色的头巾。身穿甲胄手持灵符，打开七窍相通之门。这不是修真的枝节末叶，而实在是它的根源所在。不管白天或夜晚，都要存思黄庭真神，可以令人长寿久存。仙人道士，并不是天生即具有神仙的能力。由于积聚精气，而能获得长享年寿。世人都吃食五谷和品尝五味。只有修道之人，独自服食最为冲和的阴阳调和之气。所以能够长生不死，和天地同年寿（相尽）。

试说章第十六

试说五藏各有方①，心为国主五藏王②。受意动静气得行③，道自守我精神光④。

【章旨】

此章叙述心为五脏之主，意念之所从生，也主导了一身精气之运行，能以道自我修持，自能使精神明朗，散发光芒。

与此章内容相近，可以相参看者为《黄庭内景玉经·心典章第三十一》：“心典一体五脏王，动静念之道德行。清洁善气自明光，坐起吾俱共栋梁。昼日曜景暮闭藏，通利华精调阴阳。”

此章押阳韵。阳韵字为：方、王、行、光。

【注释】

① 试说五藏各有方：试着解说人体五脏，它们各自有不同方向。

五藏：即五脏，心、肝、脾、肺、肾。

方：1. 方向；2. 所在；3. 方法。

案：王羲之抄本无此句。“试”字，《云笈七签》务成子注本作“诚”，《修真十书》梁丘子注本、《道藏》白文本作“试”。“藏”字，《云笈七签》务成子注本、《修真十书》梁丘子注本作“藏”，《道藏》白文本作“脏”。

［唐］务成子注：“五藏象五行，六律肠胃方。”

［唐］梁丘子注：“五藏象五行，四肢象四时，土为之主，居中央。”

② 心为国主五藏王：心是全身的主宰，是五脏之王。

案：“藏”字，王羲之抄本、《云笈七签》务成子注本、《修真十书》梁丘子注本作“藏”，《道藏》白文本作“脏”。又，《黄庭内景玉经·心典章第三十一》作“心典一体五脏王”，意谓：心主宰着一体全身，是五脏之王。

［唐］务成子注：“身有三百六十神，心为主。不出户，知天下；不下堂，知四方。”

［唐］梁丘子注：“心如鸡子，危而难安。国有贤，致太平。心处清，身安宁。”

③ 受意动静气得行：禀受心念的动静举止，精气也因此得以运行。

意：心念。

动静：和“举止”同义，指任何的行动。

案：“受意”二字，王羲之抄本、《云笈七签》务成子注本作“受意”，《修真十书》梁丘子注本、《道藏》白文本作“意中”。“气”字，王羲之抄本、《云笈七签》务成子注本、《修真十书》梁丘子注本作“气”，《道藏》白文本作“炁”。又，此句，《黄庭内景玉经·心典章第三十一》作“动静念之道德行”，意谓：不论动或静（一切举止动静），都能存思心神，修道修德都依它而行（便能做出合于道德的行为）。

［唐］务成子注：“志之所从，不可极也。清香洁善气自行。”

［唐］梁丘子注：“谓存守内神，身心安静，不妄惊动，气易行之故也。”

④ 道自守我精神光：以大道来自我修持，精神会散发出光芒。

道自守：以大道来自我修持。

案：“守”字，王羲之抄本作“守”，《云笈七签》务成子注本作“将”，《修真十书》梁丘子注本、《道藏》白文本作“持”。“精神光”，王羲之抄本作“精神光”，诸本作“神明光”。

又，此句，《黄庭内景玉经·心典章第三十一》相关文句作“清洁善气自明光”，意谓：心境清净洁白，充满良善之气，自然能使生命放出光明。

［唐］务成子注：“座与吾俱息，起与吾同衣。我饴来食，我居不行，客常日月三光相保守。”

[唐] 梁丘子注：“守一念道，持护我精神明光也。”

【今译】

试着解说人体五脏，它们各自有不同方向。心是全身的主宰，是五脏之王。禀受心念的动静举止，精气也因此得以运行。以大道来自我修持，精神会散发出光芒。

昼日章第十七

昼日昭昭夜自守①，渴自得饮饥自饱②。经历六府藏卯酉③，转阳之阴藏于九④。常能行之不知老⑤。

【章旨】

此章叙述服食日精，可以不渴不饥。让精气运转于身中，存藏在离火、坎水二处，将阳气流转前往阴气处，使阴阳交媾，再存藏于心肾中，可以使人不衰老。

与此章内容相近，可以相参看者为《黄庭内景玉经·经历章第三十二》：“经历六合隐卯酉，两肾之神主延寿。转降适斗藏初九，知雄守雌可无老。知白见黑急坐守。”

此章押有韵，段玉裁古音在三部。韵字为：守、饱、酉、九、老。

【注释】

① 昼日昭昭夜自守：存思白日之气朗照我身，夜晚也要自我谨守勿失。

案：此句，《黄庭内景玉经·心典章第三十一》作“昼日曜景暮闭藏”，意谓：心神白日晃曜光芒，晚上关闭隐藏（白日思维，夜晚寝息）。但《黄庭外景玉经》自此句以下押韵和《黄庭内景玉经·经历章第三十二》诸句相同，显然将此句归入存思身中之精气运行，属《经历章》，和《心典章》不同，不是在形容心神。

［唐］务成子注：“昼日朗然，目睹景星。暮即徘徊，来归我已。知阳者明，不知阳，妄作凶。”

［唐］梁丘子注：“谓思心中赤气，明照万神。守日月光，思两肾根，昼即守光，夜即守神故也。”

② 渴自得饮饥自饱：（能存思食气）渴了自然会得饮水，饿了自然就得饱食。

案：此句，王羲之抄本作“渴自得饮饥自饱”，《云笈七签》务成子注本作“渴可得浆饥自饱”，《修真十书》梁丘子注本、《道藏》白文本作“渴自饮浆饥得饱”。浆：较浓的饮料，古人常用以作为饮料的代称词，如箪食壶浆。

［唐］务成子注：“饥食自然之气，渴饮华池之浆。不饥不渴，可得长生也。”

［唐］梁丘子注：“饥食自然之气，渴饮华池之浆，不饥不渴，可得长生。”

③ 经历六府藏卯酉：精气运转经过人身脏腑各处，隐藏在卯东酉西之位（离东坎西）。

经历：经过、走过，指精气在体内的运行。

六府：同“六腑”，指大肠、小肠、胃、胆、膀胱、三焦。案：“府”字，王羲之抄本、《云笈七签》务成子注本、《修真十书》梁丘子注本作“府”，《道藏》白文本作“腑”。六府，《黄庭内景玉经》相关文句作“六合”。

卯酉：十二地支之二支，卯时指早上五时及六时。酉时指下午五时及六时。一为朝，一为暮。又，卯属木，为东、为春、为肝；内丹修炼代表：汞、心、火、离、龙、元神。酉属金，为西、为秋、为肺；内丹修炼代表：铅、肾、水、坎、虎、元精。卯酉指坎离运行所处的位置，离卯（东）坎酉（西）。

案：《云笈七签》务成子注本，此句之下有“通我精华调阴阳”一句，王羲之抄本无此句，《修真十书》梁丘子注本及《道藏》白文本，此句归在下章，以押韵情形看，梁丘子注本较佳。

又，此句，《黄庭内景玉经·经历章第三十二》作“经历六合隐卯酉”，意谓：精气运转经过人身各处，隐藏在卯东（离）与酉西（肾）的位置中。

［唐］务成子注：“两肾之神最为精，左王父，右王母。二气交错周六府，上会目中，左卯右酉。”

［唐］梁丘子注：“耳也根生六府，藏出卯酉，要妙达矣，不可得也。”

④ 转阳之阴藏于九：运转阳气流往阴气，使二气交媾，存藏在九数所代表的绛宫心脏中。

转阳之阴：运转阳气流往阴气，二气交媾。之：往、去。

藏于九：存藏在九数所代表的绛宫心脏中。案：此句，《黄庭内景玉经·经历章第三十二》作“转降适斗藏初九”，意谓：精气运转，升降到头部北辰，储藏在肾（坎一）、心

（离九）之中。相互参看，文义自明。详见彼处注。

［唐］务成子注："阳主阳中，乃种其类。阴生黍粟，阳生荧火，二气相得，更相包裹。九在口中也。"

［唐］梁丘子注："阳反属阴，转体相克，还藏于九。九为头也，故经云：'左二右七，藏九居一也。'"

⑤ 常能行之不知老：常常能修行它，便不会衰老。

案："不知老"三字，王羲之抄本、《修真十书》梁丘子注本、《道藏》白文本作"不知老"，《云笈七签》务成子注本作"可不老"。又，此句《黄庭内景玉经·经历章第三十二》作"知雄守雌可无老"，意谓：知晓内丹修炼的木公（雄）金母（雌），坚守雌雄交媾的金丹大药，便可以不会衰老。

［唐］务成子注："知雄守雌，其德不离。知白守黑，常德不忒。"

［唐］梁丘子注："常以鸡鸣时仰卧被发，啄齿三十六通，吞津咽气，远死之道。"

【今译】

存思白日之气朗照我身，夜晚也要自我谨守勿失。（能存思食气）渴了自然会得饮水，饿了自然就得饱食。精气运转经过人身脏腑各处，隐藏在卯东酉西之位（离东坎西）。运转阳气流往阴气，使二气交媾，存藏在九数所代表的绛宫心脏中。常常能修行它，便不会衰老。

肝之章第十八

肝之为气修而长[①]，罗列五藏生三光[②]。上合三焦道饮浆[③]，我神魂魄在中央[④]。精液流泉去鼻香[⑤]，立于玄膺含明堂[⑥]，通我华精调阴阳[⑦]。

伏于玄门候天道[⑧]，近在我身还自守[⑨]。清静无为神留止[⑩]，精气上下关分理[⑪]。通利天地长生道[⑫]，七孔已通不知老[⑬]。

还坐天门候阴阳[⑭]。下于喉咙通神明[⑮]，过华盖下清且凉[⑯]。入清泠渊见吾形[⑰]，期成还丹可长生[⑱]。还过华池动肾精[⑲]，立于明堂临丹田[⑳]。将使诸神开命门[㉑]，通利天道藏灵根[㉒]。阴阳列布如流星[㉓]，肝气似环终无端[㉔]。

【章旨】

此章旨在叙述肝脏所滋生之气，细长绵密，精气流动在五脏六腑间，使身体发出光芒。肝气运行之法，是观想肝气及五脏气，汇合上行口中津液，观想吸食口中津液，引气经头部明堂宫等九宫，往下行至脐内黄庭宫。再牢守精气，等候时机，将精气上行，然后由喉咙流下，经肺入黄庭，至肾为精水。整个肝气的周身运行，就是由黄庭至脑部九宫间，遍流全身，循环不已，永无止境。

与此章内容相近，可以相参看者为《黄庭内景玉经·肝气章第三十三》："肝气郁勃清且长，罗列六府生三光。心精意专内不倾，上合三焦下玉浆。玄液云行去臭香，治荡发齿炼五方。取津玄膺入明堂，下溉喉咙神明通。坐侍华盖游贵京，飘飖三帝席清凉。五色云气纷青葱，闭目内眄自相望。使诸心神还相崇，七玄英华开命门。通利天道存玄根，百二十年犹可还。过此守道诚独难，唯待九转八琼丹。要复精思存七元，日月之华救老残，肝气周流终无端。”

此章首押阳庚古合韵，韵字为：长、光、浆、央、香、堂、阳。

其次转有韵，段玉裁古音在三部，韵字为：道、守、老。其次转纸韵，韵字为：止、理。其次为阳庚元寒韵，韵字为：阳、明、凉、形、生、精、田、门、根、星、端。

【注释】

① 肝之为气修而长：肝脏滋生的精气，绵细而长远。

修：长远。

案："气"字，王羲之抄本、《云笈七签》务成子注本、《修真十书》梁丘子注本作"气"，《道藏》白文本作"炁"。诸本作"修而长"，王羲之抄本作"调且长"。又，此句《黄庭内景玉经·肝气章第三十三》作"肝气郁勃清且长"。

［唐］务成子注："肝为青龙，肺为白虎，上与天通，故为长。"

［唐］梁丘子注："谓修气上行，达于顶以补泥丸。"

② 罗列五藏生三光：精气陈列在五脏六腑中，散发出日月星般的光芒。

三光：日月星。

案：“藏”字，王羲之抄本、《云笈七签》务成子注本、《修真十书》梁丘子注本作“藏”，《道藏》白文本作“脏”。“生”字，王羲之抄本、《修真十书》梁丘子注本、《道藏》白文本作“生”，《云笈七签》务成子注本作“主”。又，此句《黄庭内景玉经·肝气章第三十三》作：“罗列六府生三光。”

［唐］务成子注：“心精意专，五内不倾；平床安卧，仰观三光。”

［唐］梁丘子注：“五宫六府各得所主，肾上下各有日月三光。三光者，日月星候之谓也。”

③ 上合三焦道饮浆：肝气在上和五脏六腑之气相合，汇成津液，引导我去餐食玉津。

三焦：中医的专有名词，把人体脏腑区分为上焦、中焦和下焦三个部分。横膈以上的内脏器官为上焦，包括心、肺；横膈以下至脐的内脏器官为中焦，包括脾、胃、肝、胆等内脏；脐以下的内脏器官为下焦，包括肾、大肠、小肠、膀胱。

道饮浆：引导我饮食津液。道：通“导”，引导。

案：“道饮浆”三字，王羲之抄本、《修真十书》梁丘子注本、《道藏》白文本作“道饮浆”，《云笈七签》务成子注本作“下玉浆”。又，《黄庭内景玉经·肝气章第三十三》作“上合三焦下玉浆”，意谓：肝气在上和五脏六腑之气相合，并向下运转，再逆流至头部，回到口中成为津液。

［唐］务成子注：“上合三焦者，六合中也，流布四肢汗玉浆。”

［唐］梁丘子注：“三焦，三关元也。饥食自然气，渴饮

华池浆，不复饥渴也。”

④ 我神魂魄在中央：我主司魂魄的心神，即在身体中央。

案：此句之上，《修真十书》梁丘子注本、《道藏》白文本原有“精候天地长生道”，但“道”字和上下句不能叶韵。王羲之抄本、《云笈七签》务成子注本无“精候天地长生道”一句；但《云笈七签》务成子注本在底下有“精候天道长生草”一句，疑二句是一句之误分，但王羲之抄本亦无此句，今仍依务成子注改列在底下。

［唐］务成子注：“拘魂制魄，不得动作。俱坐俱起，不得行止。明堂正在中央。”

［唐］梁丘子注：“中央魂魄，两肾也。左魂右魄，昼当以魂守魄，暮当以魄守魂。拘魂制魄，不得动作也。”

⑤ 精液流泉去鼻香：精液像流动的泉水般，遍行全身，去除鼻中香臭之味（至味无味）。

去鼻香：去除鼻中香臭之味；指去除凡间的香与臭，而达到至味无味。

案：此句，王羲之抄本作“随鼻上下知肥香”。《云笈七签》务成子注本作“精液流泉去臭香”，《修真十书》梁丘子注本、《道藏》白文本作“精液流泉去鼻香”。又，《黄庭内景玉经·肝气章第三十三》相关文句作“玄液云行去臭香”，意谓：玄妙津液像云气般运行全身，去除身中一切香臭之味。

［唐］务成子注：“精流液出，常如源泉。暮卧惺寤，荡涤口齿，去臭取香治发齿。”

［唐］梁丘子注：“阴阳交接，漏液失精，饮食无味，鼻失芬香。”

⑥ 立于玄膺含明堂：观想从舌下玄膺穴吸取津液，含气运行到头部明堂宫。

玄膺：舌下出津液之穴。

明堂：脑部九宫之一，在两眉间深入一寸处。梁丘子注以为此明堂是喉咙下的穴位，不是脑部的明堂，今不从其说。

案：此句，王羲之抄本“玄”字作“悬”，“含”字作“通”。又，“含”字，《云笈七签》务成子注本作“舍”，《修真十书》梁丘子注本、《道藏》白文本作“含”。《黄庭内景玉经·肝气章第三十三》与此句相关者作“取津玄膺入明堂”，意谓：从舌下玄膺穴吸取津液，观想进入明堂宫。文意较清楚。

又案：《云笈七签》务成子注本在“立于玄膺舍明堂”之下有“雷电霹雳往相闻，右酉左卯是吾室”，是王羲之抄本及梁丘子注本、《道藏》白文本所无，务成子注：“午前子后之间，中央朝发太一华盖之卿，阳气以下在绛宫。”姑列于此，不入正文。

［唐］务成子注：“明堂之中，方圆三寸，生道之根，大如鸡子黄如橘，过历玄膺甜如蜜。”

［唐］梁丘子注：“舌下为悬膺，肺为明堂。含气咽之，灌于明堂，流行身中也。”

⑦ 通我华精调阴阳：疏通我身中精华之精气，调节阴阳气使冲和平顺。

华精：精华之精气。

案：王羲之抄本无此句。务成子本子此句在上章。《修真十书》梁丘子注本、《道藏》白文本置于此处。又，此句《黄庭内景玉经·心典章第三十一》作“通利华精调阴阳”，意谓：通达外物，利于吸取精华之气，并调节阴阳使冲和平顺。

［唐］务成子注：“阴阳列布若流星，流星七正益精华。”

［唐］梁丘子注：“谓畜精养神也。负阴抱阳，调精神也。”

⑧ 伏于玄门候天道：将心念凝注在身中黄庭等处，等候精气的自然运转。

伏：潜藏，引伸为凝注。

玄门：1. 一切玄妙从此而出，此处指身中黄庭或三丹田等处。2. 鼻子（见梁丘子注）

案：“玄门”，王羲之抄本、梁丘子注及白文本均作“玄门”，《云笈七签》务成子注误作“志门”。

天道：自然的运转法则。

［唐］务成子注：“志门，玄门也。候天道，守玄白。”

［唐］梁丘子注：“门为鼻也，候上部之一神。”

⑨ 近在我身还自守：精气就近在我身中，但还要自己去牢牢守住它。

案：“我”字，王羲之抄本作“于”，《云笈七签》务成子注本作“子”，《修真十书》梁丘子注本、《道藏》白文本作“我”。

［唐］务成子注：“大道不远，近在身中。子自有之，无求他。”

［唐］梁丘子注：“令守神精，自念已也。”

⑩ 清静无为神留止：清虚宁静，顺自然不刻意作为，精气神自然留止于身中。

案：王羲之抄本无此句。

［唐］务成子注："道为贤者施，不为愚者作。精心定志，神明懽也。"

［唐］梁丘子注："内当修道作无为，外当修道作无欲，心不烦乱，精神留止。"

⑪ 精气上下关分理：精气（肾精心神之气）上下运行，应分明存思三丹田各关门真一内神。

案："气"字，王羲之抄本、《云笈七签》务成子注本作"神"，《修真十书》梁丘子注本、《道藏》白文本作"气"。"关"字，《云笈七签》务成子注本误作"开"。

［唐］务成子注："精神上下，恍惚无常，求玄中之玄。"

［唐］梁丘子注："气当精思上下部，守一神也。"

⑫ 通利天地长生道：精气通达滋润全身上下，这是长生的修炼法门。

通利：通达滋润。天地：喻称全身上下。

案：此句，王羲之抄本作"通利天地长生道"，《云笈七签》务成子注本作"精候天道长生草"，《修真十书》梁丘子注本、《道藏》白文本，此句作"精候天地长生道"，原在"上合三焦道饮浆"之后。又，《黄庭内景玉经·肝气章第三十三》相关文句作"通利天道存玄根"，意谓：精气通达，往上滋润于人体头部，再往下储存在玄妙根源的黄庭中。

［唐］梁丘子注："精是吾神，气是吾道，佩精思气，上下食方理也。"

［唐］务成子注："上知天上，俯察地理。留年住命，白发如墨，则长生草。"

⑬ 七孔已通不知老：精气能在头部七窍（眼耳鼻口）通流不已，便不知复有衰老之事。

案："孔"字，王羲之抄本、《修真十书》梁丘子注本、《道藏》白文本均作"孔"，《云笈七签》务成子注本作"窍"。

［唐］务成子注："耳听五音，目观玄黄，鼻受清气，口啖五味，不知老也。"

［唐］梁丘子注："头面七孔，精神门户，通利身识，不知老也。"

⑭ 还坐天门候阴阳：返身内观凝注在两眉之际，等候阴阳气的流通出入。

还坐：返观凝守。

天门：进入头部九宫之门，指两眉间。《黄庭内景玉经·隐藏章第三十五》"上合天门入明堂"，梁丘子注云："存五藏六腑之气，上合天门。天门在两眉间，即天庭是也。眉间入一寸为明堂。"

案：此句，王羲之抄本作"还坐阴阳天门候阴阳"，前面误增阴阳二字。《云笈七签》务成子注本、《修真十书》梁丘子注本、《道藏》白文本均作"还坐天门候阴阳"。

［唐］务成子注："天门，太阳一之门也。阴阳雌雄，微妙难睹。故坐伺候之。"

［唐］梁丘子注："朝食阳气，暮食阴气，都会于口中也。"

⑮ 下于喉咙通神明：精气从喉咙流下，使全身精神明爽。

案：王羲之等诸本皆作"通神明"，《云笈七签》务成子注本作“神明通”。又，此句《黄庭内景玉经·肝气章第三十三》作“下溉喉咙神明通”，意谓：再往下灌溉喉咙，使全身精神明朗。

［唐］务成子注：“喉咙，咽也。啖食和气，则神明乃下降。”

［唐］梁丘子注：“喉咙有十二时亭长，皆持玉戟，使守喉咙。真人住其中，主通气上下。”

⑯ 过华盖下清且凉：精气经过肺部往下，清净而凉爽。

华盖：指肺部。本书《太上黄庭内景玉经·肺部章第九》：“肺部之宫似华盖。”

案：此句《太上黄庭内景玉经·肝气章第三十三》作“坐侍华盖游贵京”，意谓：先侍坐在肺神旁，再往下游历到中丹田。［唐］梁丘子注：“华盖，肺也。肝在肺之下。贵京，丹田也。”

［唐］务成子注：“华盖之下，五色青葱，清灵之渊清且凉。”

［唐］梁丘子注：“眉为华盖，神住其中。”

⑰ 入清泠渊见吾形：（从肺）往下进入清虚灵妙的黄庭宫深处，可以看见黄庭宫守宫之神形貌。

清泠渊：清澈凉爽的水渊，指黄庭宫。［明］石和阳注：“入清虚囦见吾形，期成还丹可长生者，言入黄庭清虚之宫，如还其所。见吾形者，方见丹中之有肝气也。能如是，方期许成还丹可长生。”

案：“清泠渊”三字，王羲之抄本作“清冷（泠）渊”。清冷，文意较粗疏，《云笈七签》务成子注本作“清灵渊”，疑“清冷”应作“清泠”。《修真十书》梁丘子注本、《道藏》白文本作“清虚囦”。囦：古文“渊”字。

见吾形：看见黄庭宫守宫之神形貌。吾：指黄庭宫神。

［唐］务成子注：“清灵之渊，微妙玄通。闭目内视，则见江海。伺候吾形，有顷相望，如照明镜深井，对相视，乐无极也。”

［唐］梁丘子注：“入脑户，见泥丸君也。”

⑱ 期成还丹可长生：期盼完成仙丹灵药，可以让我长生不死。

还丹：多次往返烧炼所成丹药，此指仙丹灵药。

［唐］务成子注：“年到四十、五十，则不住还。得其理者，日益长久。不能明者，徒自苦耳。”

［唐］梁丘子注：“却自住年，身不衰老，故得长生。”

⑲ 还过华池动肾精：还返头部经过口中，下流至肾成为精水。

华池：指口。《大洞玉经》卷上《太极大道君道经第十六》注：“舌下为华池，内有二窍，下通肾水，谓华舌妙通玉华也。”[1] 又，《太上黄庭外景玉经》在下章有“沐浴华池灌灵根”，梁丘子注云：“华池，口也。”又，《西游记》第十九回诗句：“得传九转大还丹，工夫昼夜无时辍，上至顶门泥丸宫，下至脚板涌泉穴。周流肾水入华池，丹田补得温温热。”可以参看。

［唐］务成子注：“华盖之下多阴凉，万神合会更相迎，

[1] 《正统道藏·洞真部·本文类·日字号》，新文丰出版公司，第 2 册，第 14 页上。

引动肾气，上布紫宫。”

［唐］梁丘子注：“从脑户历脊，下至肾中也。”

⑳ 立于明堂临丹田：站立在脑部明堂宫，再往内走到上丹田泥丸宫。

临：到。

案：“立”字，王羲之抄本、《云笈七签》务成子注本作“立”，《修真十书》梁丘子注本、《道藏》白文本作“望”。“临”字，务成子注本作“望”。今据王羲之抄本改为“立”。

［唐］务成子注：“明堂、丹田相去不远，相望见。”

［唐］梁丘子注：“眉间却入一寸为明堂，却行三寸为丹田也。”

㉑ 将使诸神开命门：将使脑部九宫诸宫内神，开启生命之门。

命门：此作泛称，生命之门。另外，作为专有名词有多种解说：1. 脐；2. 脊后三关之一；3. 下丹田。

案：《黄庭内景玉经·肝气章第三十三》相关文句作“七玄英华开命门”，意谓：精华之气流经玄妙七窍，打开了生命的门户。

［唐］务成子注：“一名大神。万物之先，保使群神，救护万民，出入命门。”

［唐］梁丘子注：“鼻引真气，昼夜绵绵。鼻为天根。”

㉒ 通利天道藏灵根：通达滋润脑部九宫之运行，并往下存藏在灵妙根源的黄庭宫中。

天道：指脑部九宫之运行方式。

灵根：泛称生命的灵妙根源，此处指下身的黄庭或下丹田宫等处。

案："藏"字，王羲之抄本作"至"，《云笈七签》务成子注本作"存"，《修真十书》梁丘子注本、《道藏》白文本作"藏"。

［唐］务成子注："九九八十一，首分为二部。从头至足，元气通流，周匝一身，灵根坚固，守之勿休也。"

［唐］梁丘子注："头圆象天。灵根，舌也。"

㉓ 阴阳列布如流星：阴阳脏腑等器官，像星辰般流散布列在全身。

阴阳：指身中五脏六腑等器官，各有阴阳归属。如五脏心肝脾肺肾之配系为：心为火，属太阳；肝为木，属少阳；肾为水，属太阴；肺为金，属少阴；脾为土，阴阳调和。

案："如"字，王羲之抄本、梁丘子注本及白文本均作"如"，务成子本子作"若"。

［唐］务成子注："三气升降，闭塞三关，百脉九孔，气候铄铄光晃晃，列布皮肤若犇星。"

［唐］梁丘子注："面有七孔，象七星。极阴反阳，观日而望见列星也。精施气布，入玄庭矣。"

㉔ 肝气似环终无端：使肝脏滋生之精气，像圆环一样，循环不已没有止境。

终无端：毕竟没有尽头，指精气循流不已。端，头绪。

案：王羲之抄本无此句。"似环"，《云笈七签》务成子注本作"周流"，《修真十书》梁丘子注本、《道藏》白文本作"似环"。又，此句，《太上黄庭内景玉经·肝气章第三十三》作："肝气周流终无端"，意谓：使肝脏滋生之精气，遍流全身，循环不已。

［唐］务成子注："肝为青龙，出从吾左；肺为白虎，住在右。神道恍惚，无有端绪。"

［唐］梁丘子注："肝气周流身中，似环无端也。"

【今译】

肝脏滋生的精气，绵细而长远。精气陈列在五脏六腑中，散发出日月星般的光芒。肝气在上和五脏六腑之气相合，汇成津液，引导我去餐食玉津。我主司魂魄的心神，即在身体中央。精液像流动的泉水般，遍行全身，去除鼻中香臭之味（至味无味）。观想从舌下玄膺穴吸取津液，含气运行到头部明堂宫。疏通我身中精华之精气，调节阴阳气使冲和平顺。将心念凝注在身中黄庭等处，等候精气的自然运转。精气就近在我身中，但还要自己去牢牢守住它。清虚宁静，顺自然不刻意作为，精气神自然留止于身中。精气（肾精心神之气）上下运行，应分明存思三丹田各关门真一内神。精气通达滋润全身上下，这是长生的修炼法门。精气能在头部七窍（眼耳鼻口）通流不已，便不知复有衰老之事。返身内观凝注在两眉之际，等候阴阳气的流通出入。精气从喉咙流下，使全身精神明爽。精气经过肺部往下，清净而凉爽。（从肺）往下进入清虚灵妙的黄庭宫深处，可以看见黄庭宫守宫之神形貌。期盼完成仙丹灵药，可以让我长生不死。还返头部经过口中，下流至肾成为精水。站立在脑部明堂宫，再往内走到上丹田泥丸宫。将使脑部九宫诸宫内神，开启生命之门。通达滋润脑部九宫之运行，并往下存藏在灵妙根源的黄庭宫中。阴阳脏腑等器官，像星辰般流散布列在全身。使肝脏滋生之精气，像圆环一样，循环不已没有止境。

肺之章第十九

肺之为气三焦起[①]，上伏天门候故道[②]。清液醴泉通六府[③]，随鼻上下开二耳[④]。窥视天地存童子[⑤]，调和精华理发齿[⑥]。颜色光泽老不白[⑦]，下于喉咙何落落[⑧]。诸神皆会相求索[⑨]。

【章旨】

此章叙述肺脏所生精气，借由呼吸而运行全身。修行时存思凝注于两眉间，顺其运行之路，由脑部而通达五脏六腑，并存思各宫神祇相互往来，以助精气之流通，使人身生光泽，头发不白。

与此章内容相近，可以参考者为《太上黄庭内景玉经·肺之章第三十四》："肺之为气三焦起，视听幽冥候童子。调理五华精发齿，三十六咽玉池里。开通百脉血液始，颜色生光金玉泽。齿坚发黑不知白，存此真神勿落落。当忆此宫有座席，众神合会转相索。"

此章首押纸韵，韵字为：起、耳、子、齿。次转药陌韵：白、落、索。

【注释】

① 肺之为气三焦起：肺所滋生的精气，经由上中下三焦环绕而升起。

三焦：见前章注，横膈以上的内脏器官为上焦，包括心、肺；横膈以下至脐的内脏器官为中焦，包括脾、胃、肝、胆等内脏；脐以下的内脏器官为下焦，包括肾、大肠、小肠、膀胱。三焦，泛指所有脏腑。

案：《太上黄庭内景玉经·肺之章第三十四》亦作“肺之为气三焦起”。

［唐］务成子注：“肺有三叶三焦起，一名华盖，紫红色。”

［唐］梁丘子注：“肺气出由三关。天关，口也。人关，手也。地关，下部也。”

② 上伏天门候故道：将心念凝注在两眉间，等候精气由两眉间进入脑部泥丸宫等旧时循行的道路。

伏：潜藏，引申为凝注。

天门：进入头部九宫之门，指两眉间。

故道：精气上行所走的脑部诸宫等旧道。

案：“上伏”，王羲之抄本作“上伏”，《云笈七签》务成子注作“上座”，《修真十书》梁丘子注本、《道藏》白文本作“伏于”。

［唐］务成子注：“天道，雄门。故道，本根。存本守根，乃得长生。”

［唐］梁丘子注：“天门为口。候故道者，通脑户也。”

③ 清液醴泉通六府：清净的液体像醴泉一般甜美，流通于五脏六腑之间。

醴泉：甜美的泉水。

案：王羲之抄本无此句。“清”字《云笈七签》务成子注作“津”，《修真十书》梁丘子注本、《道藏》白文本作“清”。

［唐］梁丘子注：“漱涌华池，灌沃舌根，流通大肠、小肠、胆、胃、膀胱、命门，乃六府也。”

④ 随鼻上下开二耳：随着鼻子呼吸，精气上下流通，开启两耳敏锐听力。

开两耳：开启两耳敏锐听力。

案：王羲之抄本无此句。

［唐］务成子注：“闭气缩鼻，长久微息。呼吸元气，一上一下，缩鼻不止，开其耳。”

［唐］梁丘子注：“元气出入鼻中上下，通于二耳，任以为也。”

⑤ 窥视天地存童子：向内观看头足全身，存思肾脏守宫之神。

窥视：向内观看。

天地：此指全身；天为头，地为足。

案：王羲之抄本“窥”作“闚”，其余诸本作“窥”。又，此句，《太上黄庭内景玉经·肺之章第三十四》作“视听幽冥候童子”。意谓：（肺气）收视返听于幽冥的肾宫，等候肾神玄冥的指挥安排（肺气入藏于肾宫）。请参见彼处注。

［唐］务成子注：“上窥天门，则睹三光。俛视地理，见

小童子。”

［唐］梁丘子注：“天为头，地为下部，童子为存念守一神也。”

⑥ 调和精华理发齿：调和精妙光华的肺气，处理头发及牙齿的保健（发常梳、齿常叩）。

案：“理”字，王羲之抄本、《修真十书》梁丘子注本、《道藏》白文本作“理”，《云笈七签》务成子注作“治”。《太上黄庭内景玉经·肺之章第三十四》作“调理五华精发齿”。

［唐］务成子注：“精液华池。常以鸡鸣，啄齿三十六，下漱咽之。常以管籥开闭九孔，皆上头中治发齿。”

［唐］梁丘子注：“令人吸五气，啄齿三十六通，咽液三十六过，乃理玄白也。”

⑦ 颜色光泽老不白：使容颜产生光泽，年老头发也不会变白。

案：“光”字，王羲之抄本作“润”，诸本作“光”。“老不白”，王羲之抄本、《云笈七签》务成子注作“不复白”，《修真十书》梁丘子注本、《道藏》白文本作“老不白”。《太上黄庭内景玉经·肺之章第三十四》作“颜色生光金玉泽，齿坚发黑不知白”。

［唐］务成子注：“门户开张，精神布合。颜色光润，须发滋荣，不复白。”

［唐］梁丘子注：“令人却白住年，面目即生光泽，发不复白也。”

⑧ 下于喉咙何落落：肺气从喉咙流下，为何要懈怠呢？

落落：1. 稀疏、衰败的样子。2. 石头堆积的样子。

［唐］务成子注："存候天道要不烦，落落如石，中心独喜。"

［唐］梁丘子注："喉咙中有十二亭长，持玉戟使守喉咙。"

⑨ 诸神皆会相求索：身内镇守各部位的众神，常相聚会，相互求取对方支援。

索：求取。

案：《太上黄庭内景玉经·肺之章第三十四》作："众神合会转相索。"

［唐］务成子注："大道游戏，众神合会，交游徘徊太素中。"

［唐］梁丘子注："谓诸神聚会也。心意存之，在八极也。"

【今译】

肺所滋生的精气，经由上中下三焦环绕而升起。将心念凝注在两眉间，等候精气由两眉间进入脑部泥丸宫等旧时循行的道路。清净的液体像醴泉一般甜美，流通于五脏六腑之间。随着鼻子呼吸，精气上下流通，开启两耳敏锐听力。向内观看头足全身，存思肾脏守宫之神。调和精妙光华的肺气，处理头发及牙齿的保健（发常梳、齿常叩）。使容颜产生光泽，年老头发也不会变白。肺气从喉咙流下，为何要懈怠呢？身内镇守各部位的众神，常相聚会，相互求取对方支援。

下入章第二十

下入绛宫紫华色①，隐藏华盖通神庐②，专守心神转相呼③。观我诸神辟除邪④，脾神还归依大家⑤。藏养灵根不复枯⑥，至于胃管通虚无⑦。闭塞命门如玉都⑧，寿传万岁将有余⑨。

脾中之神游中宫⑩，朝会五神和三光⑪。上合天门合明堂⑫，通利六府调五行⑬。金木水火土为王⑭，通利血脉汗为浆⑮。修护七窍去不祥⑯，上禀元气年益长⑰，日月列布张阴阳⑱，二神相得下玉英⑲。

【章旨】

此章较长，依用韵及文义等情况看，应可析分为二章，但因上述文句，皆在《太上黄庭内景玉经·隐藏章第三十五》中，所以仍依《内景玉经》合为一章。此章内容首述绛宫心脏之功能，存思心神，固保我身。次述脾胃一家，五脏以脾居中央，调和精气，使人不衰老。

与此章内容相近，可以相参看者为《太上黄庭内景玉经·隐藏章第三十五》：“隐藏羽盖看天舍，朝拜太阳乐相呼。明神八威正辟邪，脾神还归是胃家。耽养灵根不复枯，闭塞命门保玉都。万神方胙寿有余，是谓脾建在中宫。五脏六腑神明主，上合天门入明堂。守雌存雄顶三光，外方内圆神在中。通利血脉五脏丰，骨青筋赤髓如霜。脾救七窍去不祥，日月列布设阴阳。两神相会化玉浆，淡然无味天人粮。子丹进馔肴正黄，乃曰琅膏及玉霜。”

此章首押鱼虞韵：庐、呼。次押麻韵：邪、家。次押鱼虞韵：枯、无、都、余。次转阳庚青韵字为：光、堂、行、王、浆、祥、长、阳、英。

【注释】

① 下入绛宫紫华色：往下进入绛宫心脏，它散发出紫色的光芒。

绛宫：又称中丹田绛宫，在心尻尾下一寸却入三寸许，方一寸，由元丹皇君（位左）及辅弼卿（位右）所治。

案："入"字，王羲之抄本作"有"，《云笈七签》务成子注、《修真十书》梁丘子注本、《道藏》白文本作"入"。

［唐］务成子注："下入绛宫丹城楼，金紫帏帐，徘徊四隅。"

［唐］梁丘子注："谓心神赤气色紫也。"

② 隐藏华盖通神庐：（绛宫心脏）隐藏在华丽伞盖（肺部）之下，上与鼻子相通。

华盖：华丽伞盖，指肺部，《太上黄庭内景玉经·肺部章第九》："肺部之宫似华盖。"

神庐：鼻子。

案："藏"字，王羲之抄本作"在"，其余诸本作"藏"。"通神庐"三字，《云笈七签》务成子注本作"观通庐"，王羲之抄本、《修真十书》梁丘子注本、《道藏》白文本皆作"通神庐"。又，此句，《太上黄庭内景玉经·隐藏章第三十五》作"隐藏羽盖看天舍"，意谓：隐藏在华丽伞盖（肺部）下的是绛宫心脏，它上通于头部诸宫。

［唐］务成子注："暮隐华盖，昼游明堂。观望神庐金匮乡也。"

［唐］梁丘子注："眉为华盖，下通气至鼻也。"

③ 专守心神转相呼：专心存思心神元丹皇君，众内神辗转相招呼而来。

案："转"字，王羲之抄本、《云笈七签》务成子注作"转"，《修真十书》梁丘子注本、《道藏》白文本作"传"。又，此句《太上黄庭内景玉经·隐藏章第三十五》作"朝拜太阳乐相呼"。意谓：朝拜天界太阳神君，大家喜乐相招游。

［唐］务成子注："心为国主太一宫，专心一意向太阳，执志清洁，众神喜乐相呼来。"

［唐］梁丘子注："当存念心神为国主，诸神为民，使呼召，无有不到也。"

④ 观我诸神辟除邪：向内观想我身中众神，辟除邪魔妖鬼。

辟除：辟除邪魔。

案："诸神"字，《云笈七签》务成子注作"神明"。"除"字，《云笈七签》务成子注作"诸"。王羲之抄本、《修真十书》梁丘子注本、《道藏》白文本，本句均作"观我诸神辟除邪"。又，此句《太上黄庭内景玉经·隐藏章第三十五》作"明神八威正辟邪"。意谓：灵明的神祇是八威灵神，严正地辟除诸邪魔。

［唐］务成子注："一居中央，诸神宿卫。当此之时，仰观神光，元阳子丹辟万邪。"

［唐］梁丘子注：“精思内达，见于神明，邪气无复敢干也。”

⑤ 脾神还归依大家：脾神的功能，还归到胃腑，和胃同属一家。

脾神：《太上黄庭内景玉经·心神章第八》云：“脾神常在，字魂停。”案：道经中，或字裨裨；或名常在，字魂停；或名宝无全，字道骞；或名玄光玉女；或名黄庭，字飞黄子；或姓己，字元巳。《太上灵宝五符序》卷上：“脾神，字裨裨。”[1]《太上黄庭内景玉经》第八章云：“脾神常在，字魂停。”[2]《洞玄灵宝二十四生图经》：“中真八景脾神，名宝无全，字道骞，正黄色，洞玄中元八景真符部八景神。”[3]《太上老君中经·第二十三神仙》：“脾神五人，玄光玉女，子丹母也。乘黄金珠玉云气之车，骖驾凤凰，或乘黄龙，从官三千六百人。真人子丹在上，卧胃管中，黄云气为帐，珠玉为床，食黄金玉饵，饮醴泉玉液，服太一神丹，噉玉李芝草。”[4]有关脾神名讳，早期有《太上灵宝五符序》《黄庭经》及《二十四生图经》等三说。六朝道经大多采《二十四生图经》之说，间亦有用《黄庭经》说者。

大家：指胃。案：《太上黄庭内景玉经·隐藏章第三十五》作：“脾神还归是胃家。”

---

[1] 《正统道藏·洞玄部·神符类·衣字号》，新文丰出版公司，第 10 册，第 731 页下。

[2] 《正统道藏·洞玄部·玉本文类·人字号》，新文丰出版公司刊本，第 10 册，第 108 页上。

[3] 《正统道藏·正乙部·亦字号》，新文丰出版公司，第 57 册，第 582 页。

[4] 《正统道藏·太清部·退字号》，新文丰出版公司，第 46 册，第 227 页下。

［唐］务成子注："脾神朝进明堂，暮归其宫，故依大家太仓也。"

［唐］梁丘子注："赤子还入黄庭中。脾为中主，制御四方，道之深者也。"

⑥ 藏养灵根不复枯：存藏培养生命的灵气根源（存思脾神），身体便不会枯竭。

案：王羲之抄本无此句。《云笈七签》务成子注本，此句挪移到"至于胃管通虚无"之下。今依《修真十书》梁丘子注本、《道藏》白文本置于此。又，《太上黄庭内景玉经·隐藏章第三十五》作"耽养灵根不复枯"。

［唐］务成子注："藏养灵根使渐润，调和满口而咽之，内不枯燥。"

［唐］梁丘子注："令人养灵根，不复干燥也。舌下有醴泉，出如流珠，常含而咽之，勿妄吐也。"

⑦ 至于胃管通虚无：一直到达胃管，然后通向虚无四境。

案："至"，王羲之抄本、《修真十书》梁丘子注本、《道藏》白文本作"至"，《云笈七签》务成子注本作"致"。

［唐］务成子注："胃管，太仓口也。虚无之宫在太初。"

［唐］梁丘子注："本文缺此一句，按御临本收入。"

⑧ 闭塞命门如玉都：闭塞生命之门户（或译：闭守下丹田精气不外泄），像在保护一国都城般严密。

命门：1. 生命门户。2. 下丹田，又称命门丹田宫。

玉都：美玉砌成的都邑，此指身体；吾身为众身神所栖息之所宛如都邑。

案："如"字，王羲之抄本、《云笈七签》务成子注本作"如"。《修真十书》梁丘子注本、《道藏》白文本作"似"。又，此句《太上黄庭内景玉经·隐藏章第三十五》作"闭塞命门保玉都"。

［唐］务成子注："关门闭牖以知天道耳。玉堂之阳，一神之都市，知万物之价数也。"

［唐］梁丘子注："人生系命于精约，常当爱养精约，勿妄施泄，精凝如玉，在下部也。"

⑨ 寿传万岁将有余：寿命传延万年，年寿无尽期。

案："传"字，王羲之抄本作"专"。《云笈七签》务成子注本、《修真十书》梁丘子注本、《道藏》白文本作"传"。又，"将"字，《云笈七签》务成子注本作"年"。此句，《太上黄庭内景玉经·隐藏章第三十五》作"万神方胙寿有余"，意谓：身中万神正将福佑你，使你有用不完的年寿。

［唐］务成子注："俗人有余财，圣人有余年，寿命无期。"

［唐］梁丘子注："令人却向住年，还丹养命，身不衰老，可得长生。"

⑩ 脾中之神游中宫：脾脏中的镇守神祇，遨游在中央宫殿。

案："游"字，王羲之抄本作"舍"；《云笈七签》务成子注本作"主"；《修真十书》梁丘子注本、《道藏》白文本作"游"。又，《太上黄庭内景玉经·隐藏章第三十五》作"是谓脾建在中宫"。

［唐］务成子注：“中宫戊己，主于土府。万物蚑行，土地之子。脾为明堂，神治中宫也。”

［唐］梁丘子注：“脾在太仓，上朝为老君，守坐堂上，游明堂宫，为太一君也。”

⑪ 朝会五神和三光：五脏神都到中央脾宫朝见脾神，调和身中精、气、神之光芒。

朝会：臣子晋见帝王。

五神：五脏守宫之内神。三光：日月星，喻指身中精气神或三丹田之光芒。

案：王羲之抄本无此句。“五神和”三字，《云笈七签》务成子注本作“五藏列”，《修真十书》梁丘子注本、《道藏》白文本作“五神和”。又，《太上黄庭内景玉经·隐藏章第三十五》作“五脏六腑神明主”，意谓：五脏六腑等神祇及精气，以中宫脾脏为主要会合处。

［唐］务成子注：“五藏六府，神明之主。日月朝会，长幼有序。仰观三光日月斗。”

［唐］梁丘子注：“脾宫中主诸神，皆会于阙下。三光，日月照也。”

⑫ 上合天门合明堂：脾宫之气往上升至脑部两眉间（天门），然后进入脑部九宫的明堂宫。

天门：进入头部九宫之门，指两眉间。

明堂：脑部九宫第一宫，在两眉间退入一寸处。

案：此句，王羲之抄本作“上伏命门合明堂”；《云笈七签》务成子注本作“上合天门合明堂”，《修真十书》梁丘子注本作“上合天气今明堂”，《道藏》白文本作“上合天气及明堂”。诸本文义皆可通，但参照《内景》文字看来，务成子注本较为接近，今据改。《太上黄庭内景玉经·隐藏章第三十五》作“上合天门入明堂”，意谓：往上至脑部两眉间（天门），然后进入脑部九宫的明堂宫。

[唐]务成子注：“天门开闭，出为雄雌。三光所生，侠在明堂。上圆下方，中无不有。”

[唐]梁丘子注：“自气上升，下还脑中，今会明堂中也。”

⑬ 通利六府调五行：通达滋润五脏六腑，调和身中五行气的运行。

调五行：调和身中五行气的运行。五脏分属五行，肝木、心火、脾土、肺金、肾水，五脏所生精气，须加以调和，使其运转通畅不滞阻。

[唐]务成子注：“安神养己，六府通畅，邪气却走，正气内守，五行之精，金木水火土为荣。”

[唐]梁丘子注：“五藏六府各有所主，五行下法五常，主为五星也。”

⑭ 金木水火土为王：五行金、木、水、火、土，以脾土为王。

[唐]务成子注：“五行相生，土为其主。万物畴类，皆归于土。”

[唐]梁丘子注：“金为白，木为青，水为黑，火为赤。土为黄，为中主，制御四方。”

⑮ 通利血脉汗为浆：畅通并利益于血脉的流行，汗水流出像汤水般。

浆：汤水、较浓稠的水。

案：王羲之抄本无此句，务成子、梁丘子及白文本皆有。《太上黄庭内景玉经·隐藏章第三十五》作“通利血脉五脏丰”。意谓：畅通并利益于血脉的流行，使五脏真气充盈。

［唐］务成子注：“含气养精，血脉丰盈，骨濡筋强，润滋皮肤，汗出若浆。”

［唐］梁丘子注：“五内安宁，血脉不惊，手足汗液，神明之信也。”

⑯ 修护七窍去不祥：修治保护头部七窍的安宁，除去不祥邪气来侵身。

案：王羲之抄本无此句。务成子及梁丘子有此句。梁丘子注本“修”作“循”，此句在下两句“上禀元气年益长”之后，今依务成子注本置于此。又，《太上黄庭内景玉经·隐藏章第三十五》相关文句作“脾救七窍去不祥”。意谓：脾助消化，上护头部七窍之康宁，去除不祥邪气来侵身。

［唐］务成子注：“同穴异窍，各隔东西。常当修护，神明所依。辟却不祥，万物自化。”

［唐］梁丘子注：“面有七窍，皆悉开通，耳目聪明，音声孔彰，邪气不生，喜气自至。”

⑰ 上禀元气年益长：禀承了来自上天的元气，使我们的年寿更加长久。

案：王羲之抄本无此句。“元”字，务成子作“天”，梁丘子注及白文本作“元”。

［唐］务成子注：“坐常仰头鼻，受上清气，跨座随阳，四肢安宁。敬重天禁，命益长。”

［唐］梁丘子注："谓食元气，勿伤内精，气与神和，故寿三百年，得为地仙，游于人间矣。"

⑱ 日月列布张阴阳：日月之气散布大地，进入吾身，成了阴阳二气。

案："布"字，王羲之抄本作"宿"；《云笈七签》务成子注本、《修真十书》梁丘子注本、《道藏》白文本皆作"布"。《太上黄庭内景玉经·隐藏章第三十五》作"日月列布设阴阳。"

［唐］务成子注："日月照察，万物瞻仰。阴阳设张，四时调和。凡此四行，亦在己躯也。"

［唐］梁丘子注："谓两目也。左目为日，主父，主阳。右目为月，主母，主阴。"

⑲ 二神相得下玉英：舌根下阴阳二气相结合，化成了口中津液。

玉英：即玉浆。玉浆、玉英，都是指口中津液而言。人的舌根下有三穴位，左曰金津，右曰玉液，中曰玄膺，都能涌生甘泉以灌注于气海，见本书《太上黄庭内景玉经·天中章第六》及《太上黄庭内景玉经·隐藏章第三十五》注。

案：此句务成子、梁丘子注本，原在"上禀元气年益长"之上，务成子注本"下"字作"化"。王羲之抄本此句在"日月列宿张阴阳"之下，以押韵情形看宜依王羲之本。又，《太上黄庭内景玉经·隐藏章第三十五》相关文句作："日月列布设阴阳，两神相会化玉浆"，此句亦在"日月列布设阴阳"之下。今据王本及《内景经》挪置于此。

［唐］务成子注："日月之神，阴阳之反。暮宿明堂，化

生黄英下流口，淡如无味，用之不可既也。”

［唐］梁丘子注：“谓道有雌雄，转相成玉，两不相伤也。”

【今译】

往下进入绛宫心脏，它散发出紫色的光芒。（绛宫心脏）隐藏在华丽伞盖（肺部）之下，上与鼻子相通。专心存思心神元丹皇君，众内神辗转相招呼而来。向内观想我身中众神，辟除邪魔妖鬼。

脾神的功能，还归到胃腑，和胃同属一家。存藏培养生命的灵气根源（存思脾神），身体便不会枯竭。一直通达到胃管，然后通向虚无四境。闭塞生命之门户（或译：闭守下丹田精气不外泄），像在保护一国都城般严密。寿命传延万年，年寿无尽期。脾脏中的镇守神祇，遨游在中央宫殿。五脏神都到中央脾宫朝见脾神，调和身中精、气、神之光芒。脾宫之气往上升至脑部两眉间（天门），然后进入脑部九宫的明堂宫。通达滋润五脏六腑，调和身中五行气的运行。五行金、木、水、火、土，以脾土为王。畅通并利益于血脉的流行，汗水流出像汤水般。修治保护头部七窍的安宁，除去不祥邪气来侵身。禀承了来自上天的元气，使我们的年寿更加长久。日月之气散布大地，进入吾身，成了阴阳二气。舌根下阴阳二气相结合，化成了口中津液。

五藏章第二十一

五藏为主肾最尊①，伏于太阴成其形②。出入二窍舍黄庭③，呼吸虚无见吾形④，强我筋骨血脉盛⑤。恍惚不见过清灵⑥，坐于庐下观小童⑦。旦夕存在神明光⑧，出于天门入无间⑨。恬淡无欲养华根⑩，服食玄气可遂生⑪。还返七门饮太渊⑫，通我喉咙过清灵⑬。问于仙道与奇方⑭，服食灵芝与玉英⑮。

【章旨】

此章叙述肾的功用在藏精，在五脏中最受尊重，精气随呼吸而入黄庭，上至泥丸，全身上下往返，为成仙之方。

可与此章相参看者为《太上黄庭内景玉经·隐藏章第三十五》："太上隐环八素琼，溉益八液肾受精。伏于太阴见我形，扬风三玄出始青。恍惚之间至清灵，戏于飙台见赤生。逸域熙真养华荣，内盼沉默炼五形。三气徘徊得神明，隐龙遁芝云琅英。可以充饥使万灵，上盖玄玄下虎章。"

此章押庚青等合韵，韵字为：形、庭、形、盛、灵、间、根、生、渊、灵、英。

【注释】

① 五藏为主肾最尊：五脏是身体之主要器官，而肾又是五脏中最尊贵的。

肾最尊：肾最尊贵；因为肾藏精，精为身命之始源，修炼法门由精而气而神，所以说是最尊。

案：此句，王羲之抄本作“五藏为主肾最尊”，务成子注本作“五藏之主肾最精”；梁丘子注本作“五藏之主肾为精”，白文本同梁丘子，但“藏”作“脏”。今依王羲之抄本改。又，《太上黄庭内景玉经·隐藏章第三十五》有“溉益八液肾受精”一句，但文意与此稍别。

［唐］务成子注：“肾之为气清且香。右为王母，左为王公。左青龙，右白虎，与天通。”

［唐］梁丘子注：“肾却着脊，去脐三寸，主吐精气，头戴日月星辰。”

② 伏于太阴成其形：潜藏在极阴之地，形成了肾的形状。

太阴：极阴之地。太阴为水，水为坎，坎为肾。五行中，水为太阴，火为太阳，木为少阳，金为少阴，土为阴阳相合。

案：此句，王羲之抄本、梁丘子注本、白文本皆作“伏于太阴成其形”，但梁丘子注及白文本此句在“五藏为主肾最尊”之上，今依王羲之抄本及务成子注本，改在“五藏之主肾为精”之下。又，务成子注本，此句“其”字作“吾”。《太上黄庭内景玉经·隐藏章第三十五》作“伏于太阴见我形”。

［唐］务成子注：“太阴小童玄武里，赤神之子伏不起，转阳之阴成吾形，常存太素老小丁。”

［唐］梁丘子注：“谓婴儿在于胎中，幽隐慎固，阴成其形也。”

③ 出入二窍舍黄庭：元气从口鼻出入，停息在黄庭宫处。

二窍：指元气所出入的口与鼻。

案：此句，王羲之抄本作“出入二窍舍黄庭”，务成子“舍”作“合”；梁丘子注及白文本“窍”作“气”及

“炁”，“舍”作“入”。

［唐］务成子注：“出入二窍两手间，黄庭中人主神仙，欲得吾处入阙山。”

［唐］梁丘子注：“谓元气从鼻口两孔中出入，通于黄庭。黄庭者，脾也。”

④ 呼吸虚无见吾形：当呼吸吐纳，进入到虚无的境界，就可以看见我（黄庭内神）的形貌。

［唐］务成子注：“虚无恍惚难悉言，呼吸元气环无端，欲睹吾形若临渊也。”

［唐］梁丘子注：“握固炼形，自见虚无之形。”

⑤ 强我筋骨血脉盛：使我筋骨强壮，血脉昌盛。

案：“盛”字，王羲之抄本、务成子注本作“盛”；梁丘子注本及白文本作“成”。

［唐］务成子注：“精气不泄，骨髓充满，常自壮强。血脉平盛，行若犇马，终身不倦。”

［唐］梁丘子注：“谓骨轻肉腾也。肉化为骨，肠化为筋，血化为精，神化为丹，乃成神仙。”

⑥ 恍惚不见过清灵：在若有若无看不清楚时，便已到了清虚灵妙之境。

恍惚：若有若无，难分辨的样子。

清灵：清虚灵妙之境。

案：“清”字，王羲之抄本、白文本作“清”；务成子本、梁丘子注本作“青”，今依王抄本。又，《太上黄庭内景玉经·隐藏章第三十五》作“恍惚之间至清灵”。

［唐］务成子注：“恍惚中有物，青灵中有形。恍惚象大

道有一，莫见其景也。”

［唐］梁丘子注：“谓坐在立亡，过历脑户，变化无常也。”

⑦ 坐于庐下观小童：观想坐在鼻孔处，看见泥丸宫中的赤子真人。

庐下：鼻子处。庐，指神庐鼻子。下：用以表示处所的语词，如“三日入厨下”，“下”字作场所解。

小童：身中内神，上清经中所见内神皆是婴儿或小童形貌。此小童，疑是赤子，《太上黄庭内景玉经·隐藏章第三十五》：“戏于飙台见赤生。”在飙台仙境中遨游，看见了泥丸宫中的赤子真人。赤生即赤子，是镇守泥丸宫之神祇。上丹田泥丸宫守宫之神祇为泥丸天帝君上元赤子，讳玄凝天，字三元先；一名伯无上，一名伯史华。

案：王羲之抄本无此句。“观”字，务成子本作“见”，梁丘子注及白文本作“观”。

［唐］务成子注：“神庐之下金匮野，顾见真人小童子，何从相求华盖下。”

［唐］梁丘子注：“鼻者，庐也。观见赤子住其中也。”

⑧ 旦夕存在神明光：早晚存思，身体都在内神所施放的光明中。（务成子注本：“内息思存神明光”，谓闭目内视，存思神明身放光明。）

案：王羲之抄本无此句，务成子本子此句作“内息思存神明光”，梁丘子注及白文本作“旦夕存在神明光”。

［唐］务成子注：“闭目内视，存在神明见吾光。俛仰瞻之，青赤白黄。”

［唐］梁丘子注："朝暮存神，不离己身，光辉常在目前。"

⑨ 出于天门入无间：元气从两眉间（天门）出去，毫无缝隙（阻碍）地进入全身各处。

天门：进入头部九宫之门，指两眉间。

无间：没有缝隙，指没有阻碍进入全身经脉各处。

案：王羲之抄本无此句，务成子注本作"出于天门入无闲"，梁丘子注及白文本作"出于无门入无户"，此依务成子注本。

［唐］务成子注："出于天门见四邻，入于无闲睹太玄，太玄中有众妙之门。"

［唐］梁丘子注："既已得道，能自隐于出入。行步不由门户，而乃为神也。"

⑩ 恬淡无欲养华根：以清虚寡欲的心，来培养生命精华的根源所在。

恬淡：清静淡泊。

案：此句，王羲之抄本作"恬惔无欲遂得生"；务成子本"淡"作"惔"，"根"作"茎"；梁丘子注及白文本作"恬淡无欲养华根"。又，《太上黄庭内景玉经·隐藏章第三十五》作"逸域熙真养华荣"。

［唐］务成子注："闲居静处，深固灵珠。素捐世俗，摧刚就深，含养五茎，色如桃华。"

［唐］梁丘子注："恬淡无欲，以道自存，修行玄白，养黑发根。"

⑪ 服食玄气可遂生：服食天地日月的玄妙元气，可以成

就长生不死。

玄气：玄妙的元气，指天地及日月星等外境之气。

遂：顺成。

案：王羲之抄本无此句。务成子注、梁丘子注及白文本皆有此句，但白文本“气”作“炁”。

［唐］务成子注：“外为太玄，内为大渊。若如流俗，合四海源。审能服食，可得遂生。”

［唐］梁丘子注：“谓服食两肾间白气，故云玄气。”

⑫ 还返七门饮太渊：精气还返往来于头部七窍，食饮口中津液。

七门：梁丘子注以为是眼耳鼻口等七窍。

太渊：指口，见梁丘子注。《太上黄庭内景玉经·口为章第三》：“口为玉池太和官。”

案：此句，“返”字，王羲之抄本作“于”，务成子注本作“过”，梁丘子注及白文本作“返”。“太”字，王本、务成子本作“大”。案：大，通“太”。

［唐］务成子注：“大渊玉浆甘如饴，近在吾身子不知，何处取之蓬莱溪。”

［唐］梁丘子注：“谓面有七窍，皆通达也。饮太渊者，谓咽食口中醴泉也。”

⑬ 通我喉咙过清灵：通过我的喉咙，经过清虚灵妙之境。（或依王抄经文译：引导我舌下玄膺穴的津液，通达清虚灵妙之境。）

案：此句，王羲之抄本作“导我玄痽（膺）过清灵”，务成子本作“道我悬膺过青灵”，梁丘子注及白文本作“通我喉咙过清灵”。玄膺，舌系带中间的一个穴位。

又，务成子注本，“道我悬膺过青灵”之下，另有“坐于膺间见小童”一句，与上文“坐于庐下见小童”相重，此句为它本所无，应是误衍。

[唐]务成子注：“太清之渊随时凉，青灵之台四远望，悬膺菀降太仓。”

[唐]梁丘子注：“气为道也，气从喉咙中下历于胆也。”

⑭问于仙道与奇方：询问修仙之道及奇妙仙方之事。

案：“于”字，王羲之抄本作“我”，务成子、梁丘子、白文本作“于”。“方”字，王羲之抄本、务成子注本作“方”，梁丘子及白文本作“功”。

[唐]务成子注：“仙道，谓虚无自然也。不行而至，举足万里，坐在立无。奇方，不死之药也。”

[唐]梁丘子注：“仙有三千六百法，备有万端，得道禀气，守自然不死之术，各有奇功。”

⑮服食灵芝与玉英：便是服食灵芝和玉英。

灵芝：菌类植物，古人认为吃了可以长生。

玉英：1.玉的精华。2.仙山玉树所开的花，食之可以不死。英：草木之花，《尔雅·释草》：“木谓之华，草谓之荣；不荣而实者，谓之秀；荣而不实者，谓之英。”

案：此句为王羲之抄本所无。务成子本作“服食芝草紫华英”，梁丘子注及白文本作“服食灵芝与玉英”。

[唐]务成子注：“绝五谷，弃饴粮。使六丁玉女自来侍人，为取芝草金紫华英，得乃食之。”

［唐］梁丘子注："不独名山有芝草玉英也，五藏中亦有芝草玉英，常服藏中芝英，故寿同天地也。"

【今译】

五脏是身体之主要器官，而肾又是五脏中最尊贵的。潜藏在极阴之地，形成了肾的形状。元气从口鼻出入，停息在黄庭宫处。当呼吸吐纳，进入到虚无的境界，就可以看见我（黄庭内神）的形貌。使我筋骨强壮，血脉昌盛。在若有若无看不清楚时，便已到了清虚灵妙之境。观想坐在鼻孔处，看见泥丸宫中的赤子真人。早晚存思，身体都在内神所施放的光明中。（务成子注本"内息思存神明光"，谓闭目内视，存思神明身放光明。）元气从两眉间（天门）出去，毫无缝隙（阻碍）地进入全身各处。以清虚寡欲的心，来培养生命精华的根源所在。服食天地日月的玄妙元气，可以成就长生不死。精气还返往来于头部七窍，食饮口中津液。通过我的喉咙，经过清虚灵妙之境。（或依王抄经文译：引导我舌下玄膺穴的津液，通达清虚灵妙之境。）询问修仙之道及奇妙仙方之事，便是服食灵芝和玉英。

头戴章第二十二

头戴白素距丹田①，沐浴华池生灵根②。三府相得开命门③，五味皆至善气还④。大道荡荡心勿烦⑤，被发行之可长存⑥。吾言毕矣勿妄传⑦。

【章旨】

此章元气出入身中头足，使三丹田开启生命门户，五脏精气皆来汇聚于身，坦荡行于大道，寿命可以永存。最后告诫非人勿传。

此章押元先韵，韵字为：田、根、门、还、烦、存、传。

【注释】

① 头戴白素距丹田：头上顶着洁白的先天元气，元气一直进入到下丹田宫中。

白素：纯白的绢布，喻元气。

距：至，到达。《书经·益稷篇》："予决九川，距四海。"汉·孔安国《传》："距，至也。"

案："距"字，王羲之抄本作"距"；务成子、梁丘子及白文本均作"足"，王本文义较佳，今从王本。

［唐］务成子注："真人致住，常欲令人得神仙。昼日头黑，至头白如素也，足履丹田中也。"

［唐］梁丘子注："巾月履日，还精补脑，名曰炼形，长生不死之道。"

② 沐浴华池生灵根：浸润在口内津液中，产生了生命的灵妙根源。

沐浴：洗头洗身，比喻受润泽或沉浸其中。沐：洗头。浴：洗身。

华池：玉池，指口。

案："生"字，王羲之抄本、务成子注本作"生"，梁丘子注本、白文本作“灌”。兹从王抄本。

［唐］务成子注：“沐浴华池，炼身丹田之中，主润灵根。华池，玉池。”

［唐］梁丘子注：“华池，口也。灵根，舌也。当漱满醴泉，灌沃舌根也。”

③ 三府相得开命门：人身上中下三丹田，宫府相通达调适，开启生命的门户。

案：王羲之抄本此句之上为“沐浴华池生灵根，被发行之可长存”，在次第上较杂乱，今依务成子注、梁丘子注及白文本之次第。

［唐］务成子注：“老子，太和各为一府，共侍道君。常开阖命门，阳明无端也。”

［唐］梁丘子注：“洞房、华盖、明堂，为宫府也。命门者，鼻也。开通阴阳，合会耳目，故令聪明也。”

④ 五味皆至善气还：五脏中五种精气都到来，吉善的元气还返吾身中。

五味：辛（辣）、酸、甘（甜）、苦、咸。五味和五行、五脏、五方等相配。肝为木为酸，心为火为苦，脾为土为甘，肺为金为辛，肾为水为咸。五味此处泛指五脏所衍生之五气。

案：“气”字，白文本作“炁”，诸本作“气”。又，《太上黄庭内景玉经·沐浴章第三十六》作“五味皆至正气还”。

［唐］务成子注：“六合之中自生五味，演而食之，正气并来。”

［唐］梁丘子注：“漱满口中醴泉，五味皆至，还丹炼

形，故得长生也。”

⑤ 大道荡荡心勿烦：大道宽坦广阔，内心不要烦燥。

荡荡：水势浩大的样子。

案：王羲之抄本无此句，务成子注本此句在“被发行之可长存”之下，次第今依梁丘子注及白文本置此。

［唐］务成子注：“大道荡荡，昭然旷然。要道不烦，烦道不要，求于无形。”

［唐］梁丘子注：“大道如江海，持之不极，思行守一。勿多思虑，恐乱神也。”

⑥ 被发行之可长存：披散头发（身心放松）来修行《黄庭经》，可以让人寿命长久。

被发：头发披散，不做发髻，比喻逍遥自在。

案：王羲之抄本此句在“三府白素距丹田”之前，今依梁丘子注本置此。又，《太上黄庭内景玉经·沐浴章第三十六》作：“散发无欲以长存”，意谓：披散头发（身心放松），寡少欲望，可以让人寿命长久。

［唐］务成子注：“大道万毕，被发僵卧，炼身五岳，则得长生。”

［唐］梁丘子注：“分发食日月之精，与日月相保，故得长生也。”

⑦ 吾言毕矣勿妄传：我说的经文已完毕，不要胡乱传给不适当的人。

案：王羲之抄本无此句，而有“常能行之可长生”，今不取，经文文末宜有告诫语。又，此句，“勿妄传”三字，务成子本误作“慎勿传”，梁丘子注及白文本作“勿妄传”。

［唐］务成子注：“吾者，中央老君也。解说天道，从头至足，皆可生也。勿传非人，令道不明，慎之慎之。”

［唐］梁丘子注：“此道，非人勿妄传也。”

【今译】

头上顶着洁白的先天元气，元气一直进入到下丹田宫。浸润在口内津液中，产生了生命的灵妙根源。人身上中下三丹田，宫府相通达调适，开启生命的门户。五脏中五种精气都到来，吉善的元气还返吾身中。大道宽坦广阔，内心不要烦燥。披散头发（身心放松）来修行《黄庭经》，可以让人寿命长久。我说的经文已完毕，不要胡乱传给不适当的人。

附 录

附录一
诵读《黄庭经》仪轨

《黄庭内景经》撰成于汉代，在汉末魏晋间，是重要的道书，此经在魏晋间广被道流所重视，甚至在彼时已制订出特定的诵念《黄庭经》仪轨。除《黄庭内景玉经》三十六章文末所说的仪轨外，今再将道书所载，略录于下。

一、《太真玉帝四极明科经·卷四·太玄右宫女青四极明科律文》所说诵《黄庭经》仪轨

《太真玉帝四极明科经·卷四·太玄右宫女青四极明科律文》：

“《太玄都四极明科》曰：入室诵《黄庭玉景内经》，当烧香清斋，身冠法服，入户北向四拜，长跪，叩齿二十四通，上启：‘高上万真玉晨太上大道君，某甲今当入室，诵咏玉经，炼神保藏，乞胃宫华荣，身得乘虚，上拜帝庭。’毕，还东向，四揖太帝，又叩齿十二通。上启：‘扶桑太帝、旸谷神王，某甲今入室，披咏玉经，乞使静室芝英自生，玉华宝耀，三光洞明，万遍胎仙，得同帝灵。’毕，东向诵经，十遍为一过，一竟便还，

北向四拜，东向四揖，不须复启也。但拜谒如法，随诵多少，然以十数为限。不依法而诵经，亏损俯仰之格，徒劳于神，无益于求仙也。五犯废功断事，十犯身充风刀之考，死充下鬼负石之役，万劫还生不人之道，玄都右宫女青律文，受者明慎奉行。”[1]

《太真玉帝四极明科经》一书，［梁］陶弘景《真诰》卷一曾引用此书，任继愈《道藏提要》0183条以为：“约成书于陆修静之后、陶弘景之前。内举经箓之名上百种，以古上清经为主，兼及灵宝、三皇等经。”书中所述即是诵读《黄庭内景玉经》之仪法。

二、［梁］陶弘景《登真隐诀》卷下所说诵《黄庭经》仪轨

［梁］陶弘景《登真隐诀》卷下云：

“《诵〈黄庭经〉法》

拜祝法：《三九素语玉精真诀》曰：‘诵东华玉篇，《黄庭内景经》云：“十读四拜，先谒太帝，后北向。”经序无旨诀也。太帝东，应朝礼；太帝，紫晨君也。’按：入道望云，令东南望扶桑太帝三素飞云。又方诸在会稽东南，其东北则有汤谷。又云入渟山在沧浪之东北，蓬莱之东南。入渟山即太帝所治处也。又清虚王君东行，渡启明沧浪，登广桑山，入始晖庭，谒太帝君，如此，

[1]《正统道藏·洞真部·戒律类·羽字号》，新文丰出版公司刊本，第5册，第267页下。

则扶桑在汤谷东南，于金陵正东亦小南看矣。且《玉箓》太帝无紫晨之号，今此所云皆以相乖矣。若必用之，故宜正东向也，所以读经正东向，而仍云先谒太帝者，明在东矣。回北礼祝太上矣。十读既竟，起向太帝再拜。拜毕，长跪瞑目祝曰：‘小兆某甲谨读金书玉经，十转既周，乞登龙軿。天神下降，役使六丁。七祖飞升，我登上清。’毕，开目咽液十过，叩齿九通。次北向再拜。长跪祝曰：‘上皇太真，使我升虚，清斋澡炼，诵咏金书，七玄披散，上朝帝庐，延年长存，刻名箓书。’毕，临目，叩齿九通，咽液十过。都毕，后还常所转经也。

存神别法：清虚真人曰：凡修《黄庭内经》，应依帝君填神混化玄真之道。读竟，礼祝毕，正坐东向，临目，内存身神形色长短大小，呼其名字，还填本宫。不修此法，虽诵万遍，真神不守，终无感效，亦损气疲神，无益于年命也。今故抄经中要节相示。

平坐临目，叩齿三十六通，乃存神：发神苍华字太元，形长二寸一分；脑神精根字泥丸，形长一寸二分；眼神明上字英玄，形长三寸；鼻神玉垄字灵坚，形长二寸五分；耳神空闲字幽田，形长三寸一分；舌神通命字正伦，形长七寸；齿神峰崿字罗千，形长一寸五分。已上面部七神，同衣紫衣飞罗裙，并婴儿之形。存之审正，罗列一面，各填其宫。毕，便叩齿二十四通，咽气十二过。祝曰：‘灵元散气，结气成神，分别前后，总统泥丸，上下相扶，七神敷陈，流形遁变，爱养华源，导引八灵，上冲洞门，卫躯蹑景，上升帝晨。’此祝亦取类八景，且八景之神乃上清中景之法，今乃欲导之，以下御高耶。次思心神丹元字守灵，形长九寸，丹锦飞裙；肺神皓华字虚成，形长八寸，素锦衣裳黄带；肝神龙烟字含明，形长七寸，青锦帔裳；肾神玄冥字育婴，形长三寸六分，苍锦衣；脾神常在字魂庭，形长七寸三分，黄锦衣；胆神龙曜字威明，形长三寸六分，九色锦衣绿华裙。六府真神处五藏之内六府之宫，形如婴儿，色如华童，存之审正，罗列一形，叩齿二十四通，咽气十二过。祝曰：‘五藏六府，真神同归，总御绛宫，上下相随，金房赤子，对处四扉，幽房玄阙，神堂纽机，混化生神，真气精微，保结丹田，与日齐晖，得与八景，合形升飞。’按二十四神，则五藏六府各育有神，今此则藏府相并，谓之同归，于事为乖。且明堂三老，经皆是显事，中部最为黄庭之主，而今都不存祝，何谓可用存思登虚空耶。紫微曰：‘昔孟光诵《黄庭》，修此道十八年，黄庭真人降之，万遍既毕，黄华玉女当告子情。黄庭祕诀尽于此。形中之神耳，亦可从朝至暮常思念勿忘，不必待诵经时也。尔其祕之。’”[1]

陶弘景所引《三九素语玉精真诀》曰“诵东华玉篇”等文字，不见于《正统道藏·正乙部》所收录的《洞真太上三九素语玉精真诀》一书中，当是佚失。

[1] 《正统道藏·洞玄部·玉诀类·逊字号》，新文丰出版公司，第 11 册，第 348 页上至 350 页上。

三、《黄庭遁甲缘身经·诵黄庭经诀》

“清灵真人曰：凡修《黄庭内经》，应依帝君宝神混化玄真之道。礼咒毕，正坐东向，临目，存神形色长短，呼其名字，还填本宫。不修此法，虽诵万遍，真神不守，终无感效尔，损气疲神，无益于年命也。今抄经相示，常当口味玄虚，习咏灵音，读辄三过，别寝清身，慈真深信，勤精日新，委质就道，是非已泯，履化无恐，奉修多真，恒存五藏神形，不明遍数，既周，龙驾来现太上，岂虚世远，即其人也。常旦夕漱洗，入室右足前进，烧香，东向再拜，跪曰谨启。

扶桑大帝君旸谷神王，某请读《内景玉经》，存五藏生华，神驾龙升。又北向再拜跪曰：谨启太上大道玉晨君，某读《内景玉经》，乞登龙軿，上宴紫清。还向束读经三过竟，存神服色，平坐临目，叩齿三十六通，乃存。

发神苍华，字太元，形长二寸一分。脑神精根，字泥丸，形长一寸一分。眼神明上，字英玄，形长三寸。鼻神玉垄，字灵坚，形长二寸五分。耳神空闲，字幽田，形长三寸一分。舌神通命，字正伦，形长三寸六分。齿神崿峰，字罗千，形长一寸五分。

右面部七神，同衣紫衣绯罗裙，并婴儿之形，存之审正，罗列一面，各填其宫。毕，便叩齿二十通，咽气十二过，祝曰：‘七源散气，结气成神，分别前后，总绕泥丸，上下相扶，七神敷陈，流形遁变，受养华元，导引八灵，上冲洞门，卫躯摄景，上升帝晨。’次思：

心神丹元，字守灵，形长九寸，丹锦绯裙。肺神皓华，字虚成，形长八寸，素衣裳带。肝神龙烟，字含明，形长六寸二分，青锦帔衣。肾神玄冥，字育婴，形长三寸六分。脾神常在，字魂庭，形长七寸三分，黄苍锦衣。胆神龙耀，字威明，形长三寸六分，九色锦衣绿华裙。

右六腑真神，处五藏之内，六腑之宫，形如婴儿，色如华童。存之审正，罗列形毕，叩齿二十四通，咽气十二过，祝曰：‘五藏六腑，真神同归，总御绛宫，上下相随，金房赤子，对处四扉。”[1]

四、《云笈七签·卷十一·三洞经教部·经·上清黄庭内景经》诵读《黄庭经》之法

《云笈七签·卷十一·三洞经教部·经·上清黄庭内景经》云：

“《诵黄庭经诀》：入室诵《黄庭内景玉经》，当烧香，清斋，身冠法服，入户北向四拜，长跪，叩齿二十四通，启曰：‘上启高上万真、玉晨太上大道君，臣今当入室，诵咏玉经，炼神保藏；乞胃宫荣华，身得乘虚，上拜帝庭。’毕，次东向揖四太帝，又叩齿十二通，启曰：‘上启扶桑太帝、旸谷神王，臣某甲今入室披咏玉经，乞使静室神芝自生，玉华宝辉，

[1] 《正统道藏·洞神部·方法类·夙字号》，新文丰出版公司，第 31 册，第 447 页上至 448 页上。

三光洞明，万遍胎仙，得同帝灵。’咒毕，东向诵经，十遍为一过，便还北向四拜，东向四揖，不须复启。”[1]

《云笈七签》中所说的诵念诀法，即是依《黄庭内景玉经·沐浴章第三十六》所说而定的诵经科仪。而“东向揖四太帝”，乃是文末的“东向四揖”，并不是东方有四个太帝，而是向太帝四拜揖。太帝在东方，面向东方“上启扶桑太帝”；说明诵《黄庭内景玉经》须拜太帝，太帝在东方，太帝和此经关系密切。诵《黄庭内景玉经》拜太帝的原因，乃是因为此经为太帝所传予世人。同时此经虽托名玉晨大道君所作，但真正将之笔之成书，真正的撰写并流传者，也有可能是太帝。

《太真玉帝四极明科经·卷二·太玄下宫女青四极明科律文》第二页：

“《太玄都四极明科》曰：《神虎玉经》《金虎凤文》《上清内经》《黄庭玉景内经》四卷，出于太帝自然之章，传于玄古先生、上皇真人、太上道君、玉精真人、扶桑旸谷神王、金阙帝君、上相青童君；旧科七千年三传。”[2]

《太真玉帝四极明科经》记载了许多上清经的来源及传承，据上引所言，《神虎玉经》《金虎凤文》《上清内经》《黄庭玉景内经》四卷，“出于太帝自然之章”，当是指由太帝所撰写成书并流传者。

---

[1] 《正统道藏·太玄部·优字号》，新文丰出版公司刊本，第 37 册，第 196 页上。

[2] 《正统道藏·洞真部·戒律类·雨字号》，新文丰出版公司刊本，第 5 册，第 247 页上。

五、《云笈七签·卷十二·三洞经教部·经·上清黄庭内景经·推诵〈黄庭内景经法〉》

“当入斋堂之时，先于户外叩齿三通。闭目想室中有紫云之气，郁郁来冠兆身。玉童侍左，玉女侍右，三光宝芝，洞暎内外。咒曰：‘天朗气清，三光洞明。金房玉室，五芝宝生。玄云紫盖，来映我形。玉童侍女，为我致灵。九帝齐景，三光同軿。得乘飞盖，升入紫庭。’引气三十九咽，毕，入户北向四拜，长跪，叩齿二十四通，上启高上天真玉晨太上道君：‘某甲今当入室咏诵玉经，炼神宝藏。乞胃宫华荣，身得乘虚，上拜帝庭。’毕，还东向揖大帝。又叩齿十二通，上启扶桑大帝旸谷神王：‘某乙今披咏玉经，乞使静室神芝自生，玉华宝耀，三光洞明，万遍胎仙，得同帝灵。’毕，即东向诵十遍为一过。竟，还北向四拜，东向揖，不须复启也。但拜谒如法，随诵多少，然以十数为限。不依法而受经，亏损俯仰之格，徒劳于神，无益于求仙也。五犯废功断事，十犯身死于风刀之考。死为下鬼，负石之役，万劫还生不人之道。当以八节日送金环、青缯九尺，以奉于有经之师。师得此信，速录上学弟子郡县、乡里、姓名、年纪、生月日时于九尺青缯之上，正中于山岳绝岩之侧，北向奏名青帝宫。叩齿二十四通，微咒曰：‘天回道气，八道运精；三五应期，九祚代倾；命真玄寂，辅臣帝灵；玉札已御，今奏青名。谨关九府，五岳司灵，记我所列，上闻玉清。三年之后，来迎某甲微形，赐乘八景，升上帝庭。’毕，埋青缯于绝岩之下。如此三年，有真人下降。一节不一送，废功断事，不得入仙。三节违盟，告下三官，受考无穷。清虚真人曰：‘凡修《黄庭内景玉经》，应依帝君填神混化之道。读竟礼祝毕，正坐向东，临目内想身神形色、长短大小，呼其名字，还填本宫。不修此法，虽万万遍，真神不守，终无感效。徒亦损气疲神，无益于延命也。’今故抄经中要节相示耳：发神苍华字太元，形长二寸一分。脑神精根字泥丸，形长一寸一分。眼神明上字英玄，形长三寸。鼻神玉垄字灵坚，形长二寸五分。耳神空闲字幽田，形长三寸一分。舌神通命字正纶，形长七寸。齿神崿锋字罗千。形长一寸五分。

右面部七神，同衣紫衣，飞罗裙，并婴儿形。思之审正，罗列一面，各填其宫。毕，便叩齿二十四通，咽气十二过，祝曰：‘灵源散气，结气成神。分别前后，总统泥丸。上下相扶，七神敷陈。流形遁变，爱养华元。道引八灵，上冲洞门。卫驱摄景，上升帝晨。’

毕，次思心神丹元字守灵。形长九寸，丹锦飞裙。肺神皓华字虚成，形长八寸，素锦衣黄带。肝神龙烟字含明，形长六寸，青锦披裳。肾神玄冥字育婴，形长三寸六分，苍锦衣。脾神常在字魂停，形长七寸三分，黄锦衣。胆神龙曜字威明。形长三寸六分，九色锦衣绿花裙。

右六腑真人处五藏之内六府之宫，形若婴儿，色如华童。思之审正，罗列一形，叩齿二十四通，咽气十二过，咒曰：‘五藏六府，真神同归。总御绛宫，上下相随。金房赤子，对处四扉。幽房玄阙，神室纽机。混化生神，真气精微。保结丹田，与日齐晖。得与八景，合形升飞。’紫微真人曰：‘昔孟先生诵《黄庭》，修此道八年，黄庭真人降之。此妙之极也。《黄庭》祕诀尽于此矣。形中之神，亦可从朝至暮，恒念勿忘，不必待诵《黄庭经》矣。’”[1]

[1] 《正统道藏·太玄部·优字号》，新文丰出版公司刊本，第 37 册，第 247 页上至 248 页下。

附录二 《黄庭经》相关道经

《太上黄庭中景经》[1]

黄老黄庭经，念吾头顶戴天神。发为星辰万余纶，纡长槃屈光若玄。孔德之容大如钱，天星和气从此间。养人骨髓浸灵根，下和六腑绍五宫。消除恶气出脐门，还念两目白黑分。左目为日天神存，象长一寸衣丹玄，十二神女回四边。右目为月太一然，神长一寸衣白纨，十二神女周成还。日月相去三寸间，中有北斗七政陈，上有元一五华君，当头如居圆如槃，象长七寸变化神。耳象昼夜空如聪，中有黄庭主听门。欲下天神如赤丹，盖长三寸青帻冠，常居鼻上候百神。

念鼻通利芳如香，中有一人衣黄金。神长二寸出居人，清虚神气处中央，令我不惑知四方。念口鸿赤大如方，多淤玉液涌金粮，神长七寸赤如强。左右辗转吸玉浆，象斗钺初受四方。神长三寸衣玄黄，固其神女东西厢。扶持黄泉五味长，此道妙神利锋芒。神长七寸衣赤丹，群神化养滋五常。大管蕃茂令上方，能知舌道寿未央。舌根玉膰赤如丹，主禀滋味通醴

[1] 《正统道藏·正乙部·典字号》，新文丰出版公司刊本，第57册，第495页下至501页上。

泉。下念喉咙十二环，自下通流两乳间。中有阴阳夫妻仙，对持玉戟四方边。饮食不累讵令还，念肺五叶象玉光。青白皓皓若冰霜，邹震覆心卫四方。上有玄童象月光，真精华盖内修明。肺中空洞上下行，大如锐孔通太常。乏绝道使享之亡，绝立无万神不详（祥）。养性审之喘息端，上有流神五形彰。风伯雨师调阴阳，伏羲女娲或存亡。肺合太白华阴乡，出驾白虎乘风雨。

心紫五寸锐下行，营若灵根扶中央。明珠赤白如日光，中有三孔气堂堂。千乘一朝导明堂，精营霍山在南方。心君要妙衣太阳，缜绿曜赫履朱冠。九度明带服赤兵，饮食华澧太阳东。当如赤子精神澄，出驾丹车御三双。隆盖朱舆赤帷裳，丹乌持符鼓翼翔。出入上下论九星，计曾清神绝存亡。迁徙得天制其裳，下历长城度九梁。

肝青七叶寄胆仓，状如凫翁鸟翼翔。复似鹊葱走日中，中多诸神东西王。宫属皇叠紫亭乡，肝之妙神衣青光，形长八寸乘青龙，上包岁星岱岳宗。胆在肝中色绿浆，大如鸡子中正黄。神长三寸衣青阳。精为螣蛇辟蜚祥，名曰轨敌御四方。

胃受三升应日月，上白中泽赤文章，中有和气上微王。渴思其水当玉浆，饥思其内象黄粮。神长三寸衣中央，变化丹田百病亡。

脾之擘縢色正黄，两木颇锐迫太仓。状象金坠色混熿，常甘包裹开庭堂。神长九寸衣黄光，出乘苍车驾龙翔。上连镇星少室堂，主生五味养四行，可以不饥禀神明。

肾黑侠脊当脐居，大如一拳如覆杯，又似大鼠如关台。快如纯漆乌憧来，黄白足脂若躯中。中多无形万物神，大宝之宫中天部，神长六寸衣赤褐，出驾玄武御神龟。戴水上下浸九州，百脉孔窍盛以治。上有星辰相合持，下与恒山相连扶。神长六寸衣玄黄，神妃十二同帷帐。五光玄曜照四方，青赤白黑服外黄。周卫五重四门张，中虚灵台华屋堂。朱楼二寸自相通，神女游戏集中央。驾无极乘焉阴阳，御六苍龙建左方。白虎把弓居右方，朱雀前引把五兵。玄武提鼓在后行，千神万骑引纵横。轩如高举登九苍，持我黄神转八关。与道合同相候迎，还复返我形中央。恍惚出入面无常，莫能知之存与亡。故曰五藏六府王，法象会一于丹田。诚能通之度世方，脐下一寸名丹田。

诸肠之纡与脊连，方圆三寸名关元。纵横四方为朱垣，常在中央两关门。神长五寸衣金文，能大能小变化神。下念天门依命门，去脐一尺变化神。两女夹侍败乱人，能为大小惑人心。意审三神病去身，安乐道经可备矣。（六）合乾坤定六府，知机真神穷理尽。

《太上三十六部尊经·太清境经下·太清境黄庭经第十一》[1]

人物异形，受生惟一，气魂得之于天，体魄得之于地。无形无象，自空中来，但假父母，以无为有，三百日胎完，胎完既足则生，是因无为有。故神以气为母，气以形为舍，炼气成神，炼形成气。阳神未聚，三花不入泥丸；真气未朝，五彩不生丹阙。故天地大也，未免轻清重浊之象；日月明也，难逃

[1] 《正统道藏·洞真部·本文类·日字号》，新文丰出版公司刊本，第2册，第78至79页。

圆明缺闇之形。积阳生神，上以丽乎天者，星与辰；积阴生形，下以壮乎地者，土与石。水中气升，升而为雾、为云；气中水降，降而为雨、为露。万象群生，不能无形，集灵以生，资道以成。故三清以下有三大（太），三太之内有二仪，二仪既判而列五帝，五帝既立而同一区。此天地之内、上下之气，惟人以精为母，以气为主，五脏各有精，精中生气；五脏各有气，气中生神；神能生寿，长生保命。炼精为丹，养气为神。真仙上圣，修真养气，自然而然，内真外应，有作必成，自凡入圣。男子之生，先生右肾，以外精而内血，阴之里也。女子之生，先生左肾，以外血而内精，阳之里也。肾生脾，脾生肝，肝生肺，肺生心，心生小肠，小肠生大肠，大肠生胆，胆生胃，胃生内肾，内肾生膀胱，膀胱生三元，三元生三焦，三焦生八脉，八脉生十二经，十二经生十五络，十五络生一百八十继络，一百八十继络生一百八十缠络，一百八十缠络生三万六千孙络，三万六千孙络生三百六十五骨，三百六十五骨生八万四千毛窍。胎完既足，灵光入体，与母分离而为人也。以内外言之，经络之内而为内，肌肤之外而为外。养命养其五脏，五脏为根，根固叶自茂矣。养形养其五气，五气为源，源深流自长矣。真气大运，随天元气；真气小运，随日元气。五脏之中，肾为精海，心为气馆；真精在肾，余精自还下丹田；真气在心，余气自朝中元，悉归黄庭正景。而说偈曰：

思道出家，接引众生。令得离苦，得闻道法。
饶益一切，无量众生。得大神力，悉从道成。
得无所畏，神通自在，去来往返，无所障碍。
故有斯法，济度群生。识法宗本，入道因缘。

黄庭经灵符

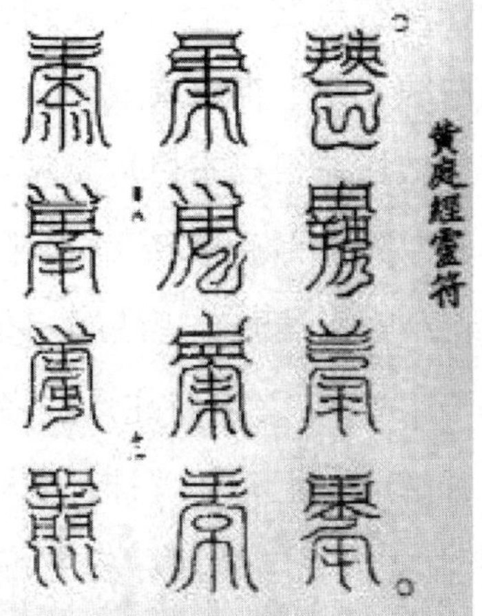

太清境黄庭经　终

附录：

笔者《正统道藏总目提要》第 1389 条《太上黄庭中景经》提要、第 0008 条《太上三十六部尊经》提要，对此二书撰作年代的考证。

◎ 1389《太上黄庭中景经》一卷李千乘注
（正乙部・典字号；1050 册；新文丰 57 册）

经名“黄庭中景”，显然刻意和“黄庭外景”“黄庭内景”并立而为三。经文以七言韵文写成，叙述人体身神名讳及存思法门，约成书于南北朝。注者李千乘疑为南北朝至唐初间人。

书名下题“上清元命真人李千乘注”。《太上黄庭中景经》经文以七言韵文写成，模仿《太上黄庭外景玉经》及《太上黄庭内景玉经》的写法，叙述人身内神，头顶、发、目、耳、鼻、口、舌、喉咙、两乳、五脏、六腑、大小肠、两阴、三丹田等，由上而下诸身神之名相及存思法，如云："左目为日天神存，象长一寸衣丹玄，十二神女回四边。右目为月太一然，神长一寸衣白纨，十二神女周成还，日月相去三寸间，中有北斗七政陈。"叙述左目日右目月及其守宫神祇情形，《上清大洞真经》卷五以为左目童子名飞灵字阳光，右目童子名晨婴字阴精，可以和东晋上清派存思法门相参照。

经文七字一句，每句之下有注，注者李千乘，注文说明内神名讳形貌，并解释词汇。如"神长七寸赤如强"下注云："口中真人名赤虚丈人，字素明，在玄扉之下，形长七寸一分，高三寸半，向外，服赤衣。强者，犹坚盛之貌也。"注文紧扣经文发挥，颇有相得益彰之妙。

［宋］郑樵《通志·卷六十七·艺文略·诸子类·道家》载"《黄庭中景经》一卷"，不著撰人。此经经文内容和东晋上清派内神存思法相近，疑撰成于南北朝，撰成年代在《外景》《内景》之后，因已有内、外景，所以再增撰出"中景"。至于注者李千乘，任继愈《道藏提要》以为"隋代道士"，但不言所据，亦有以为"金朝"人者，皆不言所据，恐是臆测。以注文皆以内神存思为说，未语及唐宋后的内丹修炼，疑注者李千乘为六朝末至唐初间人，且以"上清元命真人"为称，应是扶鸾之作。

◎ 0008《太上三十六部尊经》六卷有符

（洞真部·本文类·日字号；20—22 册；新文丰 2 册）

此经系由三十六部小经组成，三清境各十二部，

共三十六部尊经。杂述因缘果报及修真学道等说，撰

作年代约在南北朝末。

此经六卷，分三清境各上下卷，依次为《玉清境上》六经：《玉清境上清经》《玉清境妙真经》《玉清境太一经》《玉清境妙林经》《玉清境开化经》《玉清境仙人经》。《玉清境下》六经：《玉清境黄林经》《玉清境上真经》《玉清境道教经》《玉清境上炼经》《玉清境上妙功德》《玉清境道德经》。

《上清境上》六经：《上清境洞玄经》《上清境元阳经》《上清境元辰经》《上清境大劫经》《上清境上开经》《上清境内音经》。《上清境下》六经：《上清境炼生经》《上清境灵祕经》《上清境消魔经》《上清境无量经》《上清境按魔经》《上清境上通经》。

《太清境上》六经：《太清境太清经》《太清境彻视经》《太清境集仙经》《太清境洞渊经》《太清境内祕经》《太清境真一经》。《太清境下》六经：《太清境集灵经》《太清境中精经》《太清境无量意经》《太清境集宫经》《太清境黄庭经》《太清境小劫经》。

以上三清境共三十六部尊经，每一部经文皆短小，先散文后四字句偈，其后为符十二道，三十六部体例一致。但上述的《玉清境上清经》不是《上清大洞真经》，《玉清境道德经》也不是老子《道德经》，《太清境黄庭经》也不是内外《黄庭经》。三十六部经或论空有，或说因缘，或说酆都六天宫二十四狱，或说三十二天境，或说虚无自然，或说学道修真之法，或说北斗七星职司，不一而足。其中《太清境黄庭经》所说为内丹修炼法门，文中说："五脏之中，肾为精海，心为气馆；真精在肾，余精自还下丹田；真气在心，余气自朝中元，悉归黄庭正景”，所说和南宋以两肾间为气海，真精在肾，炼精在下丹田，真气在心，炼气在中丹田之说相近，只是文中仍以黄庭为依归。而文中说：“神以气为母，气以形为舍，炼气成神，炼形成气。”所说的是炼形成气，炼气成神。而“阳神未聚，三花不入泥丸；真气未朝，五彩不生丹阙”，即是宋元内丹说的三花聚顶，五气朝元。

关于《太上三十六部尊经》的撰作年代，今以《无上内祕真藏经》卷四已全引三十六部经名看来，当撰成于南北朝。《无上内祕真藏经·卷四·辩相明部轶品》云：“示为部衺：一者《上清》，二者《妙真》，三者《太一》，四者《妙林》，五者《开化》，六者《仙人》，七者《黄林》，八者《上真》，九者《道教》，十者《上炼》，十一者《上妙功德》，十二者《道德》。此十二部经蕴在大洞玉清境藏中，无毁无坏，无生无灭，湛然常住，遍众妙门。一者《洞玄》，二者《元阳》，三者《原辰》，四者《大劫》，五者《上闻》，六者《内音》，七者《炼生》，八者《灵祕》，九者《消魔》，十者《无暑》，十一者《案摩》，十二者《上通》。此十二部经在大洞上清境藏中，微妙清净，为诸天根本，万有之基。一者《太清》，二者《彻视》，三者《集仙》，四者《洞渊》，五者《内祕》，六者《真一》，七者《集灵》，八者《中精》，九者《无量》，十者《集宫》，十一者《黄庭》，十二者《小劫》。此十二部配属大洞泰清境藏中，济生度死，为万法舟航。”［唐］朱法满（？－720）《要修科仪戒律钞·卷一·部秩钞》引《真藏经》，所引即今《道藏》本《无上内祕真藏经・卷四・辩相明部帙品》所载三洞三十六部真经经名，可见此书应撰于唐前。撰成于南北朝末的《无上内祕真藏经》既已引及此经，则此经撰作年代应在南北朝期。《无上内祕真藏经》撰作年代见本书 0004 条。

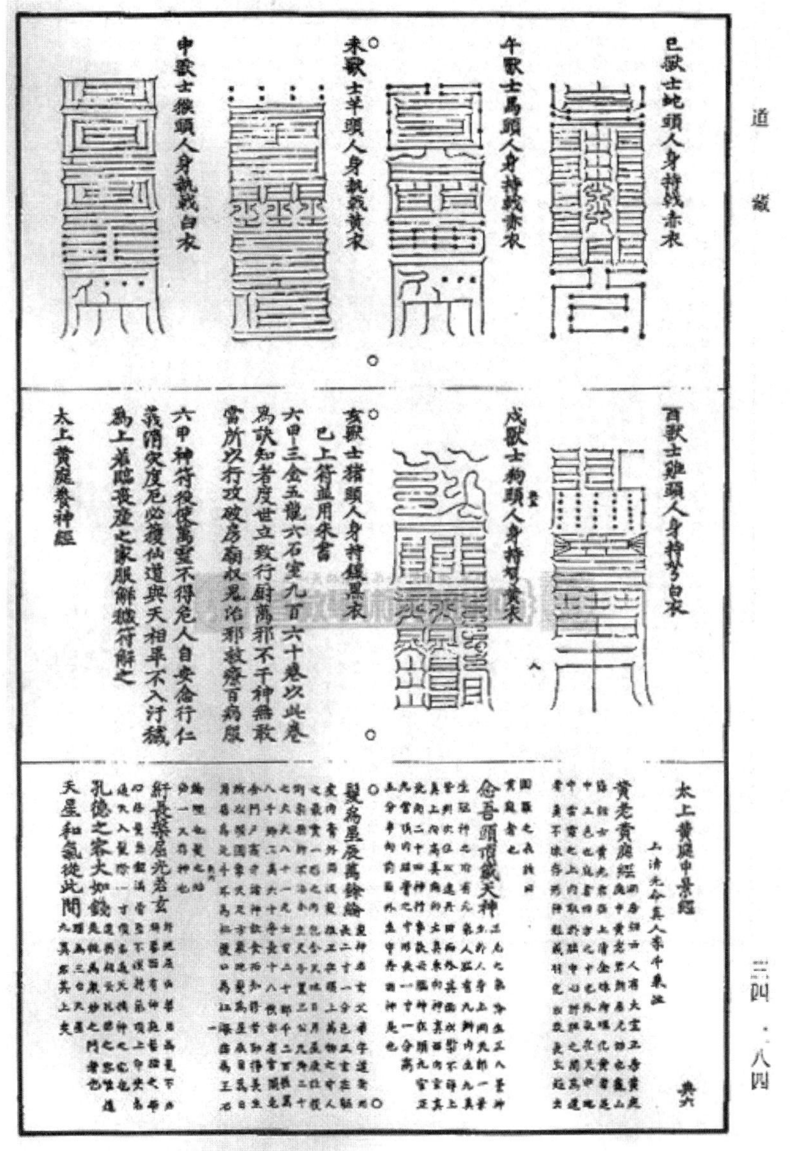

道藏

巳獸士蛇頭人身持戟赤衣

午獸士馬頭人身持戟紫衣

未獸士羊頭人身執戟黃衣

申獸士猴頭人身執戟白衣

酉獸士雞頭人身持弩白衣

戌獸士狗頭人身持弩紫衣

亥獸士猪頭人身持鐵黑衣

巳上符並用朱書

六甲三金五龍六石室九百六十卷以此卷爲訣知者度世立致行厨萬邪不干神無敢當所以行攻破房廟収鬼治邪救療百病服

六甲神符役使萬靈不得危人自安命行仁義消灾度厄必獲仙道與天相畢不入汙穢爲上着臨喪産之家服解穢符解之

太上黃庭養神經

太上黃庭中景經

上清元命真人李千乘注

黃老黃庭經

念吾頭頂戴天神

髮爲星辰萬鈴綸

紆長梁居元若玄

孔德之家大如鏡

天星和氣從此間

養人骨髓湊靈根下和六府絡五宫消除惡氣出臍門還念兩目白黑分左目爲日天神符象長一寸衣丹玄十二神女廻四邊右目爲月太一然神長一寸○衣白純十二神女周成還日月相去三寸間中有北斗七政陳上有元一五華君當頭如居圓如擊象長七寸變化神耳鼻晝夜空如聰中有黄庭主聽門欲下天神如赤丹

蓋長三寸青幘冠常居鼻上候百神念鼻遺利芳如香中有一人衣黄金神長二寸出居人清虛神氣處中央令我不惑知四方念口鴻赤大如方多漱玉液滴金糧神長七寸赤如強○左右展轉吸玉漿觥相受四方象年神長三寸衣玄黄固其神女東西廂扶持黄泉五味

長此道妙神判錄若神長七寸衣赤丹群神化養溢五雲大管蓄養恩令上方能知香道壽未央舌根玉腠赤如丹主秉滋味通醴泉下命喉嚨十二環○自下通流兩乳間中有陰陽夫妻仙對持玉戟四方通飲食不累距令還念肺五葉象玉光青白皓皓若水霜鄣虞覆心衛四方月光上有玄童象真精華蓋內修明肺中空

太上黄庭中景經　三四——八五

洞上下行
大如銑孔通太常
乏曉道使存之亡
絶立无爲神不詳
養性留之喘息端
上有
流神五形彰
風伯雨
師調陰陽
伏羲女
媧或存亡
肺合太白晨陰鄉
出駕白虎乘風雨
心紫
五寸銑下行

營君靈
根抾中央
明
珠赤白如日光
中有三孔
氣靈堂
千乘一朝漠明堂
一寸精營霍山在南方
心君要
妙衣太陽
縣鼓聰辯德
朱冠
九度明齋服
赤兵
飲食華遣太陽東
如素手精神靈
當
駕丹車御三變
出
陰蓋朱輿赤
帷裳
丹鳥持符鼓翼翔
出入上下論九星
許會清神絶存亡
還徙得天例其裳

下歷長城度九梁
肝青七葉膽倉
狀如鳧翁鳥翼翔
復似鷂惡走日中
中多諸神東西
王
宮屬紫蓋紫亭鄉
青光
形長八寸乘青龍
肝之妙神衣
上包歲星
盛藏宗
膽在肝中色緑紫
大如雞子中正黃
神長三寸衣青陽
精爲膽地碑靈祥
名曰
執敵御四方
胃受三升
懸日月
上白
中澤赤文章
中有知氣上徹

王 [illegible]

錫恩其水當玉漿 [illegible] 飢渴其內象黃 [illegible]

經 [illegible]

神長三寸衣中央 [illegible]

變化丹田百病亡 [illegible]

脾之變腠色正黃 [illegible]

兩木頗銳追太倉 [illegible]

狀象金璧色混熿 [illegible]

○常甘包裹開庭堂 [illegible]

神長九寸衣黃光 [illegible]

出桑蒼事 [illegible]

駕龍翔 [illegible]

上連鎮星少室堂 [illegible]

主生五味養四行 [illegible] 可以不飢

稟神明 [illegible] 腎黑侯

春當膝居 [illegible]

大如一 [illegible]

身如穀柱 [illegible] 又

似大鼠如闕臺 [illegible]

快如純漆烏憧來 [illegible] 黃白足脂若船中 [illegible]

中多無形萬物神 [illegible]

大實之宮中天部 [illegible]

[illegible] ○ [illegible]

神長六寸衣赤褐 [illegible]

出爲玄武御神龜 [illegible]

藏水上下浸九州 [illegible]

[illegible] 百

脈孔竅盛以治 [illegible]

上有星辰相居特 [illegible]

下與恒山相連扶 [illegible]

神長六寸衣玄黃 [illegible]

神妃十二同帷帳 [illegible]

五光玄曜照四方 [illegible]

青赤白黑服外黃 [illegible]

周衛五重四門張 [illegible] 中虛靈 [illegible]

臺華屋堂 [illegible]

朱樓二寸自相通 [illegible]

○神女游戲集中央 [illegible]

駕無極乘高陰 [illegible]

陽 [illegible] 御

六蒼龍建左方 [illegible]

白虎把弓居右方 [illegible]

朱雀前 [illegible]

玄武

引把五兵 [illegible]

挾𣫡在後捋千神 [illegible] 萬騎引縱橫 [illegible] 軒架高舉登九蒼 [illegible] 特我黃神轉入關 [illegible] 與道合同相候迎 [illegible] 還復返我形中央 [illegible] 恍惚出入面無常 [illegible] ○莫能知之存與亡 [illegible] 故曰五藏○六府王 [illegible] 法象會一於丹田 [illegible] 誠能通之度世方 [illegible] 臍下一寸名丹田 [illegible] 諸腸之紆與脊連 [illegible] 方圓三寸名關元 [illegible] 縱橫四方爲朱壇 [illegible] 宮

在中央兩關門 [illegible] 神長五寸衣金文 [illegible] 能大能小變化神 [illegible] 下合天門緣命門 [illegible] 去臍一尺變化神 [illegible] 兩女夾侍致亂人 [illegible] ○ [illegible] 人心 [illegible] 身 [illegible] 能爲大小惑 [illegible] 安樂道經可脩矣 [illegible] 營營三神病去 [illegible] 合乾坤定六府 [illegible] 知微真神窮理盡性 [illegible]

集宮經靈符

太清境集宮經 終

太清境黃庭經第十一

人物異形受生惟一氣蒐得之於天體蒐得之於地無形無象自空中來但假父母以無為有三百日胎完胎完既足則生是因無為有故神以氣為母氣以形為舍鍊氣成神鍊形成氣陽神未聚三花不入泥丸真氣未朝五彩不生丹關故天地大也未免粗清重濁之象日月明也難逃圓明缺闇之形積陽生神上以麗乎天者星與辰積陰生形下以壯乎地者土與石水中氣升升而為霧為雲氣中水降降而為雨為露萬象群生不能無形集靈以生資道以成故三清以下有三大三太之內有二儀二儀既判而列五常五帝既立而同一區此天地之內上下之氣惟人以精為母以氣為主五臟各有精精中生氣五臟各有氣氣中生神神能生壽長生保命鍊精為丹養氣為神真仙上聖得真養氣自然而然內真外應有作必成自凡入聖男子之生先生右腎以外精而內血陰之象也女子之生先生左腎以外血而內精陽之象也腎生脾脾生肝肝生肺肺生心心生小腸小腸生大腸大腸生膽膽生胃胃生內腎內腎生膀胱膀胱生三元三元生三焦三焦生八脈八脈生十二經十二經生十五絡十五絡生一百八十繫絡一百八十繫絡生一百八十纏絡一百八十纏絡生三萬六千孫絡三萬六千孫絡生三百六十五骨三百六十五骨生八萬四千毛竅胎完既足靈光入體與母分離而為人也以內外言之經絡之內而為內脫肓之外而為外養命養其五臟五臟為根根固蒂自茂養形養其五氣五氣為源源源流自長長真氣大運隨天元氣真氣小運隨日元氣五臟之中腎為精海心為氣館真精在腎餘精自還下丹田真氣在心餘氣自朝中元悉歸黃庭正景而說偈曰

思道出家　接引衆生　令得離苦　得聞道法
饒益一切　無量衆生　得大神力　悉獲道成
得無所畏　神通自在　去來往返　無所障礙
故有斯法　濟度群生　識法宗本　入道因緣

黃庭經靈符

太清境黃庭經 終

一六〇六

附录三
《黄庭》内外景经相关内容对比

两部《黄庭经》，外景在先，内景在后，内景《黄庭经》在撰经因缘及架构上，常仿袭外景《黄庭经》，同时也在解释外景《黄庭经》。不仅如此，内景的用韵常沿承外景的韵部，甚至有的韵字是相同的。兹以外景为主，将内景文义相近的经文，胪列在一起，加以对比，以供学者参考。

◎《黄庭外景玉经》上部经："老君闲居作七言，解说身形及诸神。上有黄庭下关元，后有幽阙前命门。呼吸庐间入丹田，玉池清水灌灵根，审能修之可长存。"

外景此章，在内景中分化为三章。分别为：

《黄庭内景玉经·上清章第一》："上清紫霞虚皇前，太上大道玉晨君，闲居蕊珠作七言，散化五形变万神，是为黄庭作内篇。琴心三叠舞胎仙，九气映明出霄间。神盖童子生紫烟，是曰玉书可精研。咏之万遍升三天，千灾以消百病痊。不惮虎狼之凶残，亦以却老年永延。"

《黄庭内景玉经·上有章第二》："上有魂灵下关元，左为少阳右太阴，后有密户前生门，出日入月呼吸存。元气所合列宿分，紫烟上下三素云。灌溉五华植灵根，七液洞流冲庐间，迴紫抱黄入丹田，幽室内明照阳门。"

《黄庭内景玉经·口为章第三》：“口为玉池太和官，漱咽灵液灾不干。体生光华气香兰，却灭百邪玉炼颜。审能修之登广寒，昼夜不寐乃成真。雷鸣电激神泯泯。”

上引内景《黄庭经》三章，第一章除说明经书撰写因缘外，并述引气入三丹田之法，文中的“上清紫霞虚皇前，太上大道玉晨君，闲居蕊珠作七言，散化五形变万神，是为黄庭作内篇”。仿自《黄庭外景玉经》首句“老君闲居作七言，解说身形及诸神”。内景《黄庭经》第二章“上有魂灵下关元，左为少阳右太阴，后有密户前生门”，明显地在呼应外景《黄庭经》“上有黄庭下关元，后有幽阙前命门”。皆在说明黄庭的位置所在。内景《黄庭经》第三章《口池章》，乃是在解释外景“呼吸庐间入丹田，玉池清水灌灵根，审能修之可长存”一语。

内景《黄庭经》除了仿袭并阐释外景《黄庭经》之外，也常沿用外景押韵的韵部，以同韵部字来撰经。今将上引内外景韵字，录列于下。

外景的韵字为：言、神、元、门、田、根、存。

内景经第一章韵字为：元、门、存、分、云、根、间、田。第二章韵字为：元、门、存、分、云、根、间、田。第三章韵字为：官、干、兰、颜、寒、真、泯。

◎《黄庭外景玉经》上部经：“黄庭中人衣朱衣，关门壮籥合两扉。幽阙侠之高巍巍，丹田之中精气微。玉池清水上生肥，灵根坚固老不衰。”

外景韵字为：衣、扉、巍、微、肥、衰。

《黄庭内景玉经·黄庭章第四》：“黄庭内人服锦衣，

紫华飞裙云气罗。丹青绿条翠灵柯。七蕤玉籥闭两扉，重掩金关密枢机。玄泉幽阙高崔嵬，三田之中精气微。娇女窈窕翳霄晖，重堂焕焕明八威。天庭地关列斧斤，灵台盘固永不衰。”

内景韵字为：衣、扉、机、嵬、微、晖、威、衰、罗、柯。

案：内外景在经文文义及用韵上，可以看出两者息息相关，内景沿承外景，押韵之韵部亦相同。

◎《黄庭外景玉经》上部经："中池有士衣赤衣，横下三寸神所居。中外相距重闭之，神庐之中当修治。玄膺气管受精府，急固子精以自持。"

外景韵字为：衣、居、之、治、府、持。

《黄庭内景玉经·中池章第五》："中池内神服赤珠，丹锦云袍带虎符。横津三寸灵所居，隐芝翳郁自相扶。"又，《黄庭内景玉经·天中章第六》说："舌下玄膺生死岸，出清入玄二气焕，子若遇之升天汉。"亦由外景此章所衍生。

内景第五章韵字为：珠、符、居、扶。

案：内外景文义相近，同样在阐释中丹田绛宫之守宫真神。

◎《黄庭外景玉经》上部经："宅中有士常衣绛，子能见之可不病。横立长尺约其上，子能守之可无恙。呼噏庐间以自偿，保守完坚自受庆。"

韵字为：绛、病、上、恙、偿、庆。

外景经此章，在内景经中，其文义分见于第六及第十五章。

《太上黄庭内景玉经·天中章第六》："宅中有真常衣

丹，审能见之无疾患，赤珠灵裙华蒨粲。舌下玄膺生死岸，出清入玄二气焕。子若遇之升天汉。”

韵字为：元、丹、患、粲、岸、焕、汉。

《太上黄庭内景玉经·脾长章第十五》：“脾长一尺掩太仓，中部老君治明堂。厥字灵元名混康，治人百病消谷粮。黄衣紫带龙虎章，长精益命赖君王。三呼我名神自通，三老同坐各有朋。或精或胎别执方。桃孩合延生华芒，男女徊九有桃康，道父道母对相望，师父师母丹玄乡，可用存思登虚空。殊途一会归要终，闭塞三关握固停。含漱金醴吞玉英，遂至不饥三虫亡。心意常和致欣昌，五岳之云气彭亨。保灌玉庐以自偿，五形完坚无灾殃。”

内景十五章韵字如下，阳韵字：仓、堂、康、粮、章、王、方、芒、康、望、乡。东韵字：空、终。庚韵字：停、英、亨。阳韵字：亡、昌、偿、殃。

案：内景第六章在解释外景“宅中有士常衣绛，子能见之可不病”。第十五章在解释外景“横立长尺约其上，子能守之可无恙。呼噏庐间以自偿，保守完坚自受庆”。而外景的“横立长尺约其上”即是内景的“脾长一尺掩太仓”，内景直接点出长一尺者为脾。

◎《黄庭外景玉经》上部经：“方寸之中谨盖藏，精神还归老复壮。心结幽阙流下竟，养子玉树令可杖。”

韵字为：藏、壮、竟、杖。

《太上黄庭内景玉经·上睹章第十六》：“方寸之中念深藏，不方不圆闭牖窻。三神还精老方壮，魂魄内守不争竞。神生腹中衔玉珰，灵注幽阙那得丧。琳条万寻可荫仗，三魂自宁帝书命。”

韵字为：藏、壮、珰、丧、仗。

案：内外景同样在阐述以意念谨守下丹田精气，使精气神能还归泥丸，而令衰老之人可以再得盛壮。

◎《黄庭外景玉经》上部经：“至道不烦无旁午，灵台通天临中野。方寸之中间关下，玉房之中神门户。皆是公子教我者。”

此章押语虞姥韵，韵字为：午、野、下、户、者。

外景此章，其文字及涵义，分见于内景第七及第十七章，以第十七章为主。

《太上黄庭内景玉经·至道章第七》：“至道不烦诀存真。”

《太上黄庭内景玉经·灵台章第十七》：“灵台郁蔼望黄野，三寸异室有上下。间关营卫高玄受，洞房紫极灵门户，是昔太上告我者。左神公子发神语，右有白元并立处。”

内景十七章押韵字为：野、下、户、者、语、处。

案：内外景经，旨在论述引心念上通泥丸，下通黄庭，使精气在丹田诸宫中运行，滋润全身。外景经中的“公子”，即是内景经中的“左神公子”，为脑部洞房宫中的无英公子，内景经文义显然较明白。

◎《黄庭外景玉经》上部经：“明堂四达法海源，真人子丹当吾前。三关之中精气深，子欲不死修崑仑。绛宫重楼十二环，琼室之中五色集。赤城之子中池立，下有长城玄谷邑。长生要慎房中急，弃捐淫欲专守精。寸田尺宅可治生，系子长留心安宁。观志游神三奇灵，闲暇无事心太平。”

外景此章，首押寒先韵，韵字为：源、前、深、仑。次押缉韵，韵字为：级、焦、立、邑、急。次押庚青韵，韵字为：精、生、宁、灵、平。

又，外景经此章，分见于内景第十七及十八、十九、二十一章。

《太上黄庭内景玉经·灵台章第十七》："明堂金匮玉房间，上清真人当吾前。黄裳子丹气频烦，借问何在两眉端。内侠日月列宿陈，七曜九元冠生门。"

《太上黄庭内景玉经·三关章第十八》："三关之中精气深，九微之内幽且阴。口为天关精神机，足为地关生命棐，手为人关把盛衰。"

《太上黄庭内景玉经·若得章第十九》："若得三宫存玄丹，太一流珠安崑仑。重中楼阁十二环，自高自下皆真人。玉堂绛宇尽玄宫，璇玑玉衡色兰玕。"

《太上黄庭内景玉经·琼室章第二十一》："琼室之中八素集，泥丸夫人当中立。长谷玄乡绕郊邑，六龙散飞难分别。长生至慎房中急，何为死作令神泣。忽之祸乡三灵殁，但当吸气录子精。寸田尺宅可治生，若当决海百渎倾，叶去树枯失青青，气亡液漏非己形。专闭御景乃长宁，保我泥丸三奇灵。恬淡闭视内自明，物物不干泰而平。憝矣匪事老复丁，思咏玉书入上清。"

内景第十七章韵字为：间、前、烦、端、陈、门。

内景第十八章韵字为：侵韵字：深、阴。微韵字：机、棐、衰。

内景第十九章韵字为：丹、仑、环、人、玕、桓、身、丸、连、山、门、魂、津、元、间、端、存。

内景第二十一章韵字为：缉韵字：集、立、邑、急、泣。庚青合韵字：精、生、倾、青、形、宁、灵、明、平、丁、清。

案：内景经第十七章，在解释外景“明堂四达法海源，真人子丹当吾前”。第十八章在解释外景“三关之中精气深，子欲不死修崑仑。绛宫重楼十二环”。第二十一章在解释外景“琼室之中五色集。赤城之子中池立，下有长城玄谷邑。长生要慎房中急，弃捐淫欲专守精。寸田尺宅可治生，系子长留心安宁。观志游神三奇灵，闲暇无事心太平”。

◎《黄庭外景玉经》上部经：“常存玉房神明达，时念太仓不饥渴。役使六丁神女谒，闭子精路可长活。正室之中神所居，洗心自治无敢污。历观五藏视节度，六府修治洁如素。虚无自然道之故。”

此章押曷末韵转遇暮韵。曷末韵字为：达、渴、谒、活。遇暮韵为：居、污、度、素、故。

《太上黄庭内景玉经·常念章第二十二》：“常念三房相通达，洞得视见无内外。存漱五芽不饥渴，神华执巾六丁谒。急守精室勿妄泄，闭而宝之可长活。起自形中初不阔，三宫近在易隐括。虚无寂寂空中素，使形如是不当污。九室正虚神明舍，存思百念视节度。六腑修治勿令故，行自翱翔入天路。”

此章押曷末韵转遇暮韵。曷末韵字为：达、外、渴、谒、泄、活、濶、括。遇暮韵字为：素、污、舍、度、故、路。

案：外景经此章首述存思三丹田身神，使精气通达往来；次存思胃神，以求不饥渴，而能役使六丁玉女。次牢闭精门，使神入居方正之宫，涤除心灵不污败，依照法度内观五脏，整治六府，坚固修行大道。内景经此章主要以存思三丹田宫室内外洞彻之法，兼行服食五方天精华之气，并将精气积存于三丹田中，使九宫虚静，神明来舍，不饥不渴，如此可令六丁神女来谒，而飞升天界云路。

内外景文字相参看，可使文义更清楚。

◎《黄庭外景玉经》上部经："物有自然事不烦，垂拱无为身体安。虚无之居在帏间，寂寞旷然口不言。（修和独立真人宫），恬淡无欲游德园，清净香洁玉女存，修德明达道之门。"

此章押真元寒删先等韵，韵字为：烦、安、间、言、园、存、门。

《太上黄庭内景玉经·治生章第二十三》："治生之道了不烦，但修洞玄与玉篇。兼行形中八景神，二十四真出自然。高拱无为魂魄安，清静神见与我言。安在紫房帏幙间，立坐室外三五玄。烧香接手玉华前，共入太室璇玑门。高研恬淡道之园，内视密盼尽睹真。真人在己莫问邻，何处远索求因缘？"

此章押真元寒删先等韵，古韵通转，韵字为：烦、篇、神、然、安、言、间、玄、前、门、园、真、邻、缘。

案：内外景皆在论述以清静无为为修道之方。

◎《太上黄庭外景玉经》中部经："作道优游深独居，扶养性命守虚无。恬淡自乐何思虑，羽翼已成正扶疎，长生久视乃飞去。"

此章押虞鱼韵，韵字为：居、无、虑、疎、去。

《太上黄庭内景玉经·隐影章第二十四》："隐景藏形与

世殊，含气养精口如朱。带执性命守虚无，名入上清死录除。三神之乐由隐居，倏欻游遨无遗忧。羽服一整八风驱，控驾三素乘晨霞。金辇正立从玉舆，何不登山诵我书？郁郁窈窈真人墟，入山何难故踌躇？人间纷纷臭如帑。”

此章押虞鱼韵，韵字为：殊、朱、无、除、居、驱、舆、书、墟、躇、帑。

案：内外景经都在强调修道首要韬光养晦，不逐名争利，然后含气养精，执守清静虚无，才能与道相契。

◎《太上黄庭外景玉经》中部经：“五行参差同根节，三五合气要本一，谁与共之斗日月，抱玉怀珠和子室。子能守一万事毕，子自有之持勿失。即得不死入金室。”

外景此章押入声质屑月韵，韵字有：节、一、月、室、毕、失、室。

《太上黄庭内景玉经·五行章第二十五》：“五行相推反归一，三五合气九九节。可用隐地回八术，伏牛幽阙罗品列。三明出华生死际，洞房灵象斗日月。父曰泥丸母雌一，三光焕照入子室。能存玄真万事毕，一身精神不可失。”

内景此章押入声质屑月韵，韵字有：一、节、术、列、际、月、一、室、毕、失。

案：外景经此章首述五行属性不同，而同源于道；内丹坎一离二，由戊土五相媒合，其源也是出于道。存思北斗及日月光芒照耀，进入身中丹田宫室，能固守丹田中真一内神，使不相离，即能成仙不死。内景经此章首由五行生克入手，谈论肾之坎水和心之离火相互结合，须以意念为媒介来进行。并外修藏身隐形回转形貌的八术之法。再观想肾脏身神，现出日月星之光芒，光芒上照脑部洞房宫，使脑部九宫雄性及雌性神祇，充满光明焕照。能如此存思，即能使全身之精气神不流失。内外景经文相参看，才能使《黄庭经》的文义更清楚。

◎《太上黄庭外景玉经》中部经：“出日入月是吾道，天七地三回相守。升降进退合乃久，玉石落落是吾宝。子自有之何不守？”

外景此章押皓有合韵，韵字为：道、守、久、宝、守。

《太上黄庭内景玉经·高奔章第二十六》：“高奔日月吾上道，郁仪结璘善相保。乃见玉清虚无老，可以回颜填血脑。口衔灵芒携五皇，腰带虎箓佩金珰。驾欻接生宴东蒙。”

内景此章押皓韵转阳韵。皓韵字有：道、保、老、脑。阳韵字：皇、珰。

案：内外景都在叙述服食日月精气之法，内景经较详尽。

◎《太上黄庭外景玉经》中部经：“心晓根基养华采，服天顺地合藏精。七日之五回相合，昆仑之山不迷误。九原之山何亭亭，中有真人可使令，蔽以紫宫丹城楼，侠以日月如连珠，万岁昭昭非有期。外本三阳神自来，内养三神可长生。魂欲上天魄入泉，还魂返魄道自然。”

此章首押庚青韵字，韵字为：精、亭、令、生。次押之虞灰韵，韵字为：楼、珠、期、来。次押仙韵，韵字为：泉、然。

案：外景此章，《太上黄庭内景玉经》无相关的文句可参看。

◎《太上黄庭外景玉经》下部经：“璇玑悬珠环无端，玉户金籥身完坚。载地悬天周乾坤，象以四时赤如丹。前仰后卑各异门，送以还丹与玄泉，象龟引气至灵根。”

此章押元先寒韵，韵字为：端、坚、坤、丹、门、泉、根。

《黄庭内景玉经·玄元章第二十七》：“玄元上一魂魄炼，一之为物叵卒见。须得至真始顾眄，至忌死气诸秽贱。六神合集虚中宴，结珠固精养神根。玉筬金籥常完坚，闭口屈舌食胎津。使我遂炼获飞仙。”

内景此章押霰韵转真韵。霰韵字为：炼、见、眄、贱、宴。真元先韵字：根、坚、津、仙。

案：外景经此章首述行气宜如北斗，循环不已。男女在房中方面，宜贵存精气，并使精气运转全身，且宜仿效龟息，缓慢吐纳，引气深入三丹田。内景经此章首述以玄妙祖气修炼魂魄之法，除服食先天祖气外，大道清静，须忌诸殗秽，存思诸神集中在黄庭中虚处，固精养神而得玄珠，也须慎用房中及胎息咽津诸法，如此才能因修炼而得飞仙。内外景同样在论述引气行身及吐纳呼吸之法，在用字上有相近处。

◎《太上黄庭外景玉经》下部经：“中有真人巾金巾，负甲持符开七门。此非枝叶实是根，昼夜思之可长存。仙人道士非有神，积精所致为专年。人皆食谷与五味，独食太和阴阳气。故能不死天相既。”

此章先押真文元删古合韵，韵字为：巾、门、根、存、神、年。后转未韵，韵字为：味、气、既。

外景经此章，相关文义分见于内景第二十八及三十章。

《黄庭内景玉经·仙人章第二十八》：“仙人道士非有神，积精累气以为真。黄童妙音难可闻，玉书绛简赤丹文。字曰真人巾金巾，负甲持符开七门。火兵符图备灵关，前昂后卑高下陈。执剑百丈舞锦幡，十绝盘空扇纷纭。火铃冠霄坠落烟，安在黄阙两眉间？此非枝叶实是根。”

此章押真文元删古合韵，韵字为：神、真、闻、文、巾、门、关、陈、幡、纭、烟、间、根。

《太上黄庭内景玉经·百谷章第三十》：“百谷之实土地精，五味外美邪魔腥。臭乱神明胎气零，那从反老得还婴。三魂忽忽魄糜倾，何不食气太和精，故能不死入黄宁。”

此章押庚青韵。韵字为：精、腥、零、婴、倾、精、宁。

案：内景第二十八章，在解释外景“中有真人巾金巾，负甲持符开七门。此非枝叶实是根，昼夜思之可长存。仙人道士非有神，积精所致为专年”。内景第三十章，在解释外景“人皆食谷与五味，独食太和阴阳气。故能不死天相既”。

◎《太上黄庭外景玉经》下部经：“试说五藏各有方，心为国主五藏王。受意动静气得行，道自守我精神光。”

外景此章押阳韵。阳韵字为：方、王、行、光。

《黄庭内景玉经·心典章第三十一》：“心典一体五脏王，动静念之道德行。清洁善气自明光，坐起吾俱共栋梁。昼日曜景暮闭藏，通利华精调阴阳。”

内景此章押阳韵。韵字为：王、行、光、梁、藏、阳。

案：内外景经此二章在叙述心念的修行法门，用字相近，押韵字亦有不少字雷同。

◎《太上黄庭外景玉经》下部经：“昼日昭昭夜自守，渴自得饮饥自饱。经历六府藏卯酉，转阳之阴藏于九。常能行之不知老。”

外景此章押有韵，韵字为：守、饱、酉、九、老。

《黄庭内景玉经·经历章第三十二》："经历六合隐卯酉，两肾之神主延寿。转降适斗藏初九，知雄守雌可无老。知白见黑急坐守。"

内景此章押有韵，韵字为：酉、寿、九、老、守。

案：内外景同在论述内丹修炼时，心肾二气升降交媾及存藏之法。卯酉为十二支之二支，方位为东西，在内丹修炼上指心（卯）、肾（酉）二气。卯属木，为东、为春、为肝；内丹修炼代表：汞、心、火、离、龙、元神。酉属金，为西、为秋、为肺；内丹修炼代表：铅、肾、水、坎、虎、元精。内外景相参看，文义更清楚。

◎《太上黄庭外景玉经》下部经："肝之为气修而长，罗列五藏生三光。上合三焦道饮浆，我神魂魄在中央。精液流泉去鼻香，立于玄膺含明堂，通我华精调阴阳。伏于玄门候天道，近在我身还自守。清静无为神留止，精气上下关分理。通利天地长生道，七孔已通不知老。还坐天门候阴阳。下于喉咙通神明，过华盖下清且凉。入清冷渊见吾形，期成还丹可长生。还过华池动肾精，立于明堂临丹田。将使诸神开命门，通利天道藏灵根。阴阳列布如流星，肝气似环终无端。"

外景此章首押阳庚古合韵，韵字为：长、光、浆、央、香、堂、阳。其次转有韵，韵字为：道、守、老。其次转纸韵，韵字为：止、理。其次为阳庚元寒韵，韵字为：阳、明、凉、形、生、精、田、门、根、星、端。

《黄庭内景玉经·肝气章第三十三》："肝气郁勃清且长，罗列六府生三光。心精意专内不倾，上合三焦下玉浆。

玄液云行去臭香，治荡发齿炼五方。取津玄膺入明堂，下溉喉咙神明通。坐侍华盖游贵京，飘飖三帝席清凉。五色云气纷青葱，闭目内眄自相望。使诸心神还相崇，七玄英华开命门。通利天道存玄根，百二十年犹可还。过此守道诚独难，唯待九转八琼丹。要复精思存七元，日月之华救老残，肝气周流终无端。”

内景此章押阳庚古合韵，转东韵及元寒韵。阳庚韵字为：长、光、倾、浆、香、方、堂、京、凉、望。东韵字为：通、葱、崇。元寒韵为：门、根、还、难、丹、元、残、端。

案：内外景同样用了长篇文字来叙述肝气运行全身、循环不已的修行法门。二者文义相关。押韵时韵部相同，内景有的亦沿用外景之韵字。

◎《太上黄庭外景玉经》下部经：“肺之为气三焦起，上伏天门候故道。清液醴泉通六府，随鼻上下开二耳。窥视天地存童子，调和精华理发齿。颜色光泽老不白，下于喉咙何落落。诸神皆会相求索。”

外景此章首押纸韵，韵字为：起、耳、子、齿。次转药陌韵：白、落、索。

《太上黄庭内景玉经·肺之章第三十四》：“肺之为气三焦起，视听幽冥候童子。调理五华精发齿，三十六咽玉池里。开通百脉血液始，颜色生光金玉泽。齿坚发黑不知白，存此真神勿落落。当忆此宫有座席，众神合会转相索。”

内景此章首押纸韵，韵字为：起、子、齿、里、始。次押药陌韵古音五部字：泽、白、落、席、索。

案：内外景对肺气的修行论述，文义相近，互有发明，须相互参看。

◎《太上黄庭外景玉经》下部经："下入绛宫紫华色，隐藏华盖通神庐，专守心神转相呼。观我诸神辟除邪，脾神还归依大家。藏养灵根不复枯，至于胃管通虚无。闭塞命门如玉都，寿传万岁将有余。脾中之神游中宫，朝会五神和三光。上合天门合明堂，通利六府调五行。金木水火土为王，通利血脉汗为浆。修护七窍去不祥，上禀元气年益长，日月列布张阴阳，二神相得下玉英。"

外景此章，首押鱼虞韵：庐、呼。次押麻韵：邪、家。次押鱼虞韵：枯、无、都、余。次转阳庚青韵字为：光、堂、行、王、浆、祥、长、阳、英。

《太上黄庭内景玉经·隐藏章第三十五》："隐藏羽盖看天舍，朝拜太阳乐相呼。明神八威正辟邪，脾神还归是胃家。耽养灵根不复枯，闭塞命门保玉都。万神方胙寿有余，是谓脾建在中宫。五脏六腑神明主，上合天门入明堂。守雌存雄顶三光，外方内圆神在中。通利血脉五脏丰，骨青筋赤髓如霜。脾救七窍去不祥，日月列布设阴阳。两神相会化玉浆，淡然无味天人粮。子丹进馔肴正黄，乃曰琅膏及玉霜。太上隐环八素琼，溉益八液肾受精。伏于太阴见我形，扬风三玄出始青。恍惚之间至清灵，戏于飚台见赤生。逸域熙真养华荣，内盼沉默炼五形。三气徘徊得神明，隐龙遁芝云琅英。可以充饥使万灵，上盖玄玄下虎章。"

内景此章押鱼虞韵转阳庚等韵。虞鱼古音五部字为：舍、呼、邪、家、枯、都、余、主。阳庚青韵字为：堂、光、霜、祥、阳、浆、粮、黄、霜、琼、精、形、青、灵、生、荣、形、明、英、灵、章。东韵：中、丰。

案：内外景此章，同在论述存思脾宫的修行法门，以脾宫为主，会合五脏，上合脑部九宫，使精气通流，身体产生变化，而得长生。内外景经文互有阐发。

◎《太上黄庭外景玉经》下部经：“五藏为主肾最尊，伏于太阴成其形。出入二窍舍黄庭，呼吸虚无见吾形，强我筋骨血脉盛。恍惚不见过清灵，坐于庐下观小童。旦夕存在神明光，出于天门入无间。恬淡无欲养华根，服食玄气可遂生。还返七门饮太渊，通我喉咙过清灵。问于仙道与奇方，服食灵芝与玉英。”

外景此章押庚青等合韵，韵字为：精、形、庭、形、盛、灵、间、根、生、渊、灵、英。

《太上黄庭内景玉经·隐藏章第三十五》：“太上隐环八素琼，溉益八液肾受精。伏于太阴见我形，扬风三玄出始青。恍惚之间至清灵，戏于飚台见赤生。逸域熙真养华荣，内眄沉默炼五形。三气徘徊得神明，隐龙遁芝云琅英。可以充饥使万灵，上盖玄玄下虎章。”

内景此章押阳庚青韵字为：精、形、青、灵、生、荣、形、明、英、灵、章。

案：内外景同在论述肾气修行法门，内涵互有所重，须相互参看。

◎《太上黄庭外景玉经》下部经：“头戴白素距丹田，沐浴华池生灵根。三府相得开命门，五味皆至善气还。大道荡荡心勿烦，被发行之可长存。吾言毕矣勿妄传。”

外景此章押元先韵，韵字为：田、根、门、还、烦、存、传。

《太上黄庭内景玉经·沐浴章第三十六》："沐浴盛洁弃肥薰，入室东向诵玉篇。约得万遍义自鲜，散发无欲以长存。五味皆至正气还，夷心寂闷勿烦冤。过数已毕体神精，黄华玉女告子情。真人既至使六丁，即授隐芝大洞经。十读四拜朝太上，先谒太帝后北向。《黄庭内经》玉书畅，授者曰师受者盟。云锦凤罗金钮缠，以代割发肌肤全。携手登山歃液丹，金书玉景乃可宣。传得可授告三官，勿令七祖受冥患。太上微言致神仙，不死之道此真文。"

内景此章首押真文寒先等合韵，韵字为：薰、篇、鲜、存、还、冤、精、情、丁、经、盟、缠、全、丹、宣、官、患、仙、文。次转养漾韵，韵字为：上、向、畅。

案：外景经最后一章文末有："大道荡荡心勿烦，被发行之可长存。吾言毕矣勿妄传。"系属于修行方法之传授及经书勿妄传之告诫语。内景经则有沐浴诵经之法，以及经书传受之盟誓等告诫文。两者文字虽不同，用意则相同。

附录四
王羲之手抄黄庭外景经石刊复印件

［东晋］王羲之《黄庭经》抄本（赵孟頫旧藏心太平本），收入《中国法书选·魏晋唐小楷集》，日本·二玄社，2006年2月12刷。

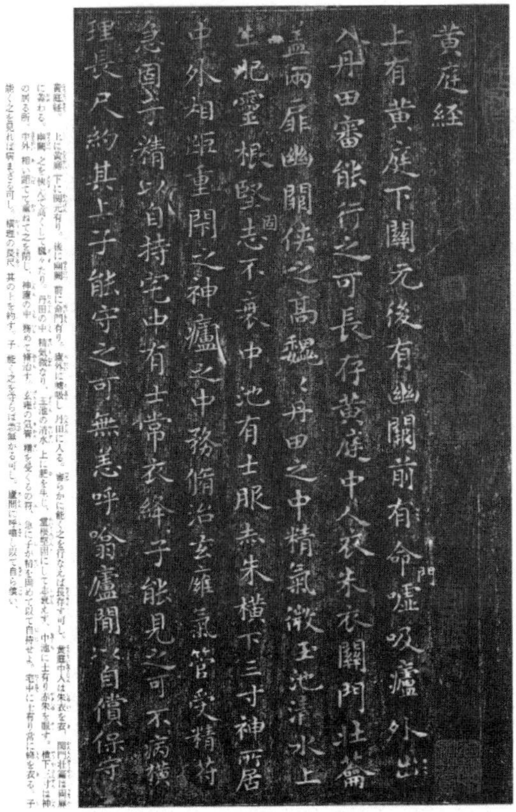

完堅身受慶方寸之中謹盖藏精神還歸老復壯俠
以幽關流下竟養子玉樹不可杖至道不煩不旁迕
靈臺通天臨中野方寸之中至關下玉房之中神門戶
既是公子教我者明堂四達法海源真人子丹當我前
三關之閒精氣深子欲不死脩崐崘絳宮重樓十二級
宮室之中五采集赤神之子中池立下有長城玄谷邑長
生要眇房中急棄捐淫欲專守精寸田尺宅可治生繫
子長流志安寧觀志流神三奇靈閑暇無事心太平
常存玉房視明達時念大倉不飢渴役使六丁神女

〔保守〕完堅ならば身慶を受く。方寸の中 盖蔵を謹み、精神還帰すれば老いて復た壮なり。俠むに幽闕を以てし流下して竟く。子が玉樹を養いて扶〔杖〕く可からしむ。
至道は煩ならず旁迕ならず。霊台は天に通じ中野に臨む。方寸の中 関下に至り、玉房の中 神の門戸。既に是の公子 我に教うる者なり。明堂四達すれば法海員〔源〕なり。
真人子丹 我が前に当たり。三関の間 精気深し。子 死せざらんと欲せば崑崙を脩めよ。絳宮重楼十二級。宮室の中 五采集まり、赤神の子 中池に立つ。下に長城玄谷の
邑有り、長生要眇 房中急なり。淫欲を棄捐して子〔守〕が精を専らにし、寸田尺宅 生を治す可し。子の長流するを繋げば志は安寧。観志流神三奇霊、閑暇 事無く 心は
太平。常に玉房を存すれば視明達。時に大倉を念えば飢渇せず。六丁を役使して神女に〔謁し〕、

閉子精路可長活正室之中神所居洗心自治無敢
污歷觀五藏視節度六府脩治潔如素虛無自然道
之故物有自然事不煩垂拱無為心自安體虛無之居
在廉間寂莫曠然口不言恬惔無為遊德園積精香
潔玉女存作道憂柔身獨居扶養性命守虛無恬惔
無為何思慮羽翼以成正扶疏長生久視乃飛去五行
參差同根節三五合氣要本一誰與共之升日月抱珠
懷玉和子室子自有之持無失即得不死藏金室出月
入日是吾道天七地三回相守升降五行一合九玉石落落

子が精路を閉ざさば長活す可し。正室の中 神の居る所、洗心 自ら治めて敢えて汚るる無く、五臓を歴観して節度を視よ。六府を脩治して潔きこと素の如し。虚無自然は道の故なり。物に自然有れば事は煩ならず、垂拱無為なれば 心 自ずから安し。(体)虚無の居は廉間に在り。寂寞曠然として口は言わず。恬惔無為にして徳園に遊び、精を積み香潔ければ玉女存す。道を作して憂柔 身は独居。性命を扶養して虚無を守り、恬惔無為 何の思慮ぞ。羽翼 以に成らば 正に扶疏、長生久視して乃ち飛去せん。五行参差なるも根節を同じうし、三五 気に合するも 本の一なるを要す。誰か与に之を共にして日月に升らん。珠を抱き玉を懐きて子が室に和し、子 自ら之を有して持して失う無かれ。即ち死せざらんと欲(得)せば金室に蔵せよ。月を出だし日を入る 是れ吾が道。天七地三 回りて相い守る。五行に升降して一は九に合し、玉石落々たるも是れ(吾が宝)。

吾寶子自有之何不守心曉根蒂養華采服天順地
合藏精七日之奇吾連相合崐崘之性不迷誤九源之
山何亭亭中有真人可使令蔽以紫宮丹城樓俠以日月
如明珠萬歲昭昭非有期外本三陽神自來内養三神
可長生魂欲上天魄入淵還魂反魄道自然旋璣懸珠
環無端玉石戶金籥身完堅載地玄天迴乾坤象以四
時赤如丹前仰後卑各異門送以還丹與玄泉象龜引
氣致靈根中有真人巾金巾負甲持符開七門此非枝
葉實是根晝夜思之可長存仙人道士非可神積精所

子自ら之を有して何ぞ守らざる。心に根蒂を暁りて華采を養い、天に服し地に順い合に精を蔵すべし。七日の奇 吾れ相(合)を連ぬ。崑崙の性 迷誤せず。九源の山 何
ぞ亭々たる。中に真人有り使令す可し。蔽うに紫宮丹城楼を以てし、侠むに日月の明珠の如くなるを以てす。萬歳昭々として期有るに非ず。外は三陽に本づき神自ら
来たり、内は三神を養い長生す可し。魂は天に上らんと欲し魄は淵に入らんとす。還魂反魄は道の自然なり。璣を旋し珠を懸け環に端無し。(・・玉)石戸金籥 身は完堅、載
地玄天 乾坤に迴り、象るに四時を以てし赤きこと丹の如し。前は仰ぎ後は卑く各おの門を異にす。送るに還丹と玄泉とを以てし、象亀 気を引き霊根を致す。中に真人
有り金巾を巾し、甲を負い符を持して七門を開く。此れ枝葉に非ず実は是れ根なり。昼夜 之を思えば 長存す可し。仙人道士は神とす可きに非ず。積精の(致す)所

為專年人皆食穀與五味獨食大和陰陽氣故能不
死天相既心為國主五藏王受意動靜氣得行道自守
我精神光晝日昭昭夜自守渴自得飲飢自飽經歷六
府藏卯酉轉陽之陰藏於九常能行之不知老肝之
為氣調且長羅列五藏生三光上合三焦道飲醬漿我
神魂魄在中央隨鼻上下知肥香立於懸雍通明堂
伏於玄門候天道近在於身還自守精神上下關分
理通利天地長生道七孔已通不知老還坐陰陽天門
候陰陽下于嚨喉通神明過華蓋下清且涼入清泠

専(年)に和(為)し、人皆な穀と五味とを食うに、独り大和陰陽の気を食う。故に能く死せず天相既きたり。心は国王と為り五蔵の王。意を受けて動静すれば気行くを得、道自ら我を守り精神光き、昼日昭々として夜は自ら守る。渇すれば自ら飲を得飢うれば自ら飽く。六府を経歴して卯酉に蔵し、陽を転じて陰に之きて九に蔵す。常に能く之を行なえば老を知らず。肝の気為るや調にして且つ長し、五蔵を羅列して三光を生ず。上は三焦に合し道に漿を飲み、我が神の魂魄中央に在り。鼻に随い上下して肥香を知り、懸雍に立ちて明堂に通ず。玄門に伏して天道を候い、近くは身に在りて還た自ら守る。精神上下して分理を開(関)き、利を天地に通ず長生の道。七孔已に通じて老を知らず。還た(陰陽)天門に坐して陰陽を候い、嚨喉に下りて神明に通じ、華蓋の下を過ぎて清くして且つ涼し。

淵見吾形期成還丹可長生還過華池動腎精立於明
堂臨丹田將使諸神開命門通利天道至靈根陰陽
列布如流星肺之為氣三焦起上服伏天門候故道闚
視天地存童子調和精華理髮齒顏色潤澤不復白
下于嚨喉何落落諸神皆會相求索下有絳宮紫華
色隱在華蓋通神廬專守心神轉相呼觀我諸神辟
除耶脾神還歸依大家至於胃管通虛無閉塞命門
如玉都壽專萬歲將有餘脾中之神舍中宮上伏命
門合明堂通利六府調五行金木水火土為王日月列宿

〔清冷の〕淵に〔入りて〕吾が形を見、期して還丹を成さば長生す可し。下〔還〕に華蓋〔池〕有〔過〕り動きて精を見〔腎〕、明堂に立ちて丹田に臨む。将に精神をして命門を開かしめ、利を天道に通じて霊根に至る。陰陽列布して流星の如し。肺の気為るや三焦より起こり、上は天門に〔服〕伏して故道を候い、天地を闚視して童子を存す。精華を調和して髪歯を理え、顔色潤沢にして復た白からず。嚨喉に下りて何ぞ落々たる、諸神皆な会して相い求索す。下に絳宮紫華の色有り。隠に華蓋在りて六合〔神廬〕に通じ、専ら諸〔心〕神を守りて転た相い呼ぶ。我が諸神を観て邪〔耶〕を辟除す。脾神還帰して大家に依り、胃管に至りて虚無に通じ、命門を閉塞すること玉都の如し。寿は萬歳を専らにし将に餘有らんとし、脾中の神は中宮に舎り、上は命門に伏して明堂を合し、利を六府に通じて五行を調え、金木水火は土を王と為す。日月列宿〔陰陽を張り〕。

二神相い得て玉英を下す。五蔵の主為る腎最も尊く、大陰に伏して其の形を蔵(成)し、二竅に出入して黄庭に合る。虚間(虚無)に呼吸して吾が形を見、我が筋骨を強くせば血脈盛んなり。恍惚として清霊を過ぎるを見ず。恬惔無欲遂に生を得、七門に還りて大淵に飲む。我が玄雍を導いて清霊を過り、我に仙道と奇方とを問う。頭に白素を載せ丹田を距て、華池に沐浴して霊根を生じ、被髪して之を行なえば長存す可し。二(三)府相い得て命門を開く。五味皆な至(開)りて善気還り、常に能く之を行なえば長生す可し。 永和十二年五月二十五(四)日、山陰県に写す。

附录五 《太上黄庭内景玉经》《太上黄庭外景玉经》白文本

《太上黄庭内景玉经》[1]

上清章第一

上清紫霞虚皇前，太上大道玉晨君，闲居蘂珠作七言，散化五形变万神，是为黄庭作内篇。

琴心三叠舞胎仙，九气映明出霄间。神盖童子生紫烟，是曰玉书可精研。咏之万徧升三天，千灾以消百病痊。不惮虎狼之凶残，亦以却老年永延。

上有章第二

上有魂灵下关元，左为少阳右太阴，后有密户前生门，出日入月呼吸存。元气所合列宿分，紫烟上下三素云。灌溉五华植灵根，七液洞流冲庐间，廻紫抱黄入丹田，幽室内明照阳门。

口为章第三

口为玉池太和官，漱咽灵液灾不干。体生光华气香兰，却

[1] 底本据《正统道藏·洞玄部·玉诀类·推字号》，新文丰出版公司刊本，第11册梁丘子注本。

灭百邪玉炼颜。审能修之登广寒，昼夜不寐乃成真。雷鸣电激神泯泯。

黄庭章第四

黄庭内人服锦衣，紫华飞裙云气罗。丹青绿条翠灵柯。七莛玉籥闭两扉，重掩金关密枢机。玄泉幽阙高崔嵬，三田之中精气微。娇女窈窕翳霄晖，重堂焕焕扬八威。天庭地关列斧斤，灵台盘固永不衰。

中池章第五

中池内神服赤珠，丹锦云袍带虎符。横津三寸灵所居，隐芝翳郁自相扶。

天中章第六

天中之岳精谨修，灵宅既清玉帝游。通利道路无终休，眉号华盖覆明珠。九幽日月洞虚元，宅中有真常衣丹。审能见之无疾患，赤珠灵裙华蒨粲。舌下玄膺生死岸，出清入玄二气焕。子若遇之升天汉。

至道章第七

至道不烦决存真，泥丸百节皆有神。发神苍华字太元，脑神精根字泥丸。眼神明上字英玄，鼻神玉垄字灵坚。耳神空闲字幽田，舌神通命字正伦。齿神崿锋字罗千，一面之神宗泥丸。

泥丸九真皆有房，方圆一寸处此中。同服紫衣飞罗裳，但思一部寿无穷。非各别住居脑中，列位次坐向外方，所存在心自相当。

心神章第八

心神丹元字守灵，肺神皓华字虚成。肝神龙烟字含明，翳郁导烟主浊清。肾神玄冥字育婴，脾神常在字魂停。胆神龙曜字威明，六府五脏神体精。皆在心内运天经，昼夜存之自长生。

肺部章第九

肺部之宫似华盖，下有童子坐玉阙。七元之子主调气，外应中岳鼻脐位。素锦衣裳黄云带，喘息呼吸体不快。急存白元和六气，神仙久视无灾害。用之不已形不滞。

心部章第十

心部之宫莲含华，下有童子丹元家。主适寒热荣卫和，丹锦飞裳披玉罗。金铃朱带坐婆娑，调血理命身不枯。外应口舌吐五华，临绝呼之亦登苏。久久行之飞太霞。

肝部章第十一

肝部之宫翠重里，下有青童神公子。主诸关镜聪明始，青锦披裳佩玉铃。和制魂魄津液平，外应眼目日月清。百疴所钟存无英，同用七日自充盈。垂绝念神死复生，摄魂还魄永无倾。

肾部章第十二

肾部之宫玄阙圆，中有童子冥上玄。主诸六府九液源，外应两耳百液津。苍锦云衣舞龙幡，上致明霞日月烟。百病千灾急当存，两部水王对生门。使人长生升九天。

脾部章第十三

脾部之宫属戊己，中有明童黄裳里。消谷散气摄牙齿，是为太仓两明童。坐在金台城九重，方圆一寸命门中。主调百谷五味香，辟却虚羸无病伤。外应尺宅气色芳，光华所生以表明。黄锦玉衣带虎章，注念三老子轻翔。长生高仙远死殃。

胆部章第十四

胆部之宫六腑精，中有童子曜威明。雷电八振扬玉旌，龙旂横天掷火铃。主诸气力摄虎兵，外应眼童鼻柱间。脑发相扶亦俱鲜，九色锦衣绿华裙。佩金带玉龙虎文，能存威明乘庆云，役使万神朝三元。

脾长章第十五

脾长一尺掩太仓，中部老君治明堂。厥字灵元名混康，治人百病消谷粮。黄衣紫带龙虎章，长精益命赖君王。三呼我名神自通，三老同坐各有朋。或精或胎别执方。

桃孩合延生华芒，男女徊九有桃康，道父道母对相望，师父师母丹玄乡，可用存思登虚空。殊途一会归要终，闭塞三关握固停。含漱金醴吞玉英，遂至不饥三虫亡。心意常和致欣昌，五岳之云气彭亨。保灌玉庐以自偿，五形完坚无灾殃。

上睹章第十六

上睹三元如连珠，落落明景照九隅。五灵夜烛焕八区，子存内皇与我游。身披凤衣衔虎符，一至不久升虚无。方寸之中念深藏，不方不圆闭牖窗。三神还精老方壮，魂魄内守不争竞。神生腹中衔玉珰，灵注幽阙那得丧。琳条万寻可荫仗，三魂自宁帝书命。

灵台章第十七

灵台郁蔼望黄野，三寸异室有上下。间关营卫高玄受，洞房紫极灵门户。是昔太上告我者，左神公子发神语，右有白元并立处。明堂金匮玉房间，上清真人当吾前。黄裳子丹气频烦，借问何在两眉端。内侠日月列宿陈，七曜九元冠生门。

三关章第十八

三关之中精气深，九微之内幽且阴。口为天关精神机，足为地关生命棐，手为人关把盛衰。

若得章第十九

若得三宫存玄丹，太一流珠安崑仑。重中楼阁十二环，自高自下皆真人。玉堂绛宇尽玄宫，璇玑玉衡色兰玕。瞻望童子坐盘桓，问谁家子在我身。此人何去入泥丸，千千百百自相连。一一十十似重山，云仪玉华侠耳门。赤帝黄老与我魂，三真扶胥共房津。五斗焕明是七元，日月飞行六合间。帝乡天中地户端，面部魂神皆相存。

呼吸章第二十

呼吸元气以求仙，仙公公子似在前。朱鸟吐缩白石源，结精育胞化生身。留胎止精可长生，三气右徊九道明。正一含华乃充盈，遥望一心如罗星。金室之下不可倾，延我白首反孩婴。

琼室章第二十一

琼室之中八素集，泥丸夫人当中立。长谷玄乡绕郊邑，六龙散飞难分别。长生至慎房中急，何为死作令神泣。忽之祸乡三灵殁，但当吸气录子精。寸田尺宅可治生，若当决海百渎倾，叶去树枯失青青，气亡液漏非己形。专闭御景乃长宁，保我泥丸三奇灵。恬淡闭视内自明，物物不干泰而平。悫矣匪事老复丁，思咏玉书入上清。

常念章第二十二

常念三房相通达，洞得视见无内外。存漱五芽不饥渴，神华执巾六丁谒。急守精室勿妄泄，闭而宝之可长活。起自形中初不阔，三宫近在易隐括。虚无寂寂空中素，使形如是不当污。九室正虚神明舍，存思百念视节度。六腑修治勿令故，行自翱翔入云路。

治生章第二十三

治生之道了不烦，但修洞玄与玉篇。兼行形中八景神，二十四真出自然。高拱无为魂魄安，清静神见与我言。安在紫房帏幙间，立坐室外三五玄。烧香接手玉华前，共入太室璇玑门。高研恬淡道之园，内视密盼尽睹真。真人在己莫问邻，何处远索求因缘？

隐影章第二十四

隐景藏形与世殊，含气养精口如朱。带执性命守虚无，名入上清死录除。三神之乐由隐居，倏歘游遨无遗忧。羽服一整八风驱，控驾三素乘晨霞。金辇正立从玉舆，何不登山诵我书？郁郁窈窈真人墟，入山何难故踌躇？人间纷纷臭如帑。

五行章第二十五

五行相推反归一，三五合气九九节。可用隐地回八术，伏牛幽阙罗品列。三明出华生死际，洞房灵象斗日月。父曰泥丸母雌一，三光焕照入子室。能存玄真万事毕，一身精神不可失。

高奔章第二十六

高奔日月吾上道，郁仪结璘善相保。乃见玉清虚无老，可以回颜填血脑。口衔灵芒携五皇，腰带虎箓佩金珰。驾歘接生宴东蒙。

玄元章第二十七

玄元上一魂魄炼，一之为物叵卒见。须得至真始顾眄，至忌死气诸秽贱。六神合集虚中宴，结珠固精养神根。玉笢金籥常完坚，闭口屈舌食胎津。使我遂炼获飞仙。

仙人章第二十八

仙人道士非有神，积精累气以为真。黄童妙音难可闻，玉书绛简赤丹文。字曰真人巾金巾，负甲持符开七门。火兵符图备灵关，前昂后卑高下陈。执剑百丈舞灵幡，十绝盘空扇纷纭。火铃冠霄队落烟，安在黄阙两眉间，此非枝叶实是根。

紫清章第二十九

紫清上皇大道君，太玄太和侠侍端。化生万物使我仙，飞升十天驾玉轮。昼夜七日思勿眠，子能行此可长存。积功成炼非自然，是由精诚亦由专。内守坚固真之真，虚中恬淡自致神。

百谷章第三十

百谷之实土地精，五味外美邪魔腥。臭乱神明胎气零，那从反老得还婴。三魂忽忽魄糜倾，何不食气太和精，故能不死入黄宁。

心典章第三十一

心典一体五脏王，动静念之道德行。清洁善气自明光，坐起吾俱共栋梁。昼日曜景暮闭藏，通利华精调阴阳。

经历章第三十二

经历六合隐卯酉，两肾之神主延寿。转降适斗藏初九，知雄守雌可无老。知白见黑急坐守。

肝气章第三十三

肝气郁勃清且长，罗列六府生三光。心精意专内不倾，上合三焦下玉浆。玄液云行去臭香，治荡发齿炼五方。取津玄膺入明堂，下溉喉咙神明通。坐侍华盖游贵京，飘飘三帝席清凉。五色云气纷青葱，闭目内眄自相望。使诸心神还相崇，七玄英华开命门。通利天道存玄根，百二十年犹可还。过此守道诚独难，唯待九转八琼丹。要复精思存七元，日月之华救老残，肝气周流终无端。

肺之章第三十四

肺之为气三焦起，视听幽冥候童子。调理五华精发齿，三十六咽玉池里。开通百脉血液始，颜色生光金玉泽。齿坚发黑不知白，存此真神勿落落。当忆此宫有座席，众神合会转相索。

隐藏章第三十五

隐藏羽盖看天舍，朝拜太阳乐相呼。明神八威正辟邪，脾神还归是胃家。耽养灵根不复枯，闭塞命门保玉都。万神方胙寿有余，是谓脾建在中宫。五脏六腑神明主，上合天门入明堂。守雌存雄顶三光，外方内圆神在中。通利血脉五脏丰，骨青筋赤髓如霜。脾救七窍去不祥，日月列布设阴阳。两神相会化玉浆，淡然无味天人粮。子丹进馔肴正黄，乃曰琅膏及玉霜。

太上隐环八素琼，溉益八液肾受精。伏于太阴见我形，扬风三玄出始青。恍惚之间至清灵，戏于飚台见赤生。逸域熙真养华荣，内盼沈默炼五形。三气徘徊得神明，隐龙遁芝云琅英。可以充饥使万灵，上盖玄玄下虎章。

沐浴章第三十六

沐浴盛洁弃肥薰，入室东向诵玉篇。约得万遍义自鲜，散发无欲以长存。五味皆至正气还，夷心寂闷勿烦冤。过数已毕体神精，黄华玉女告子情。真人既至使六丁，即授隐芝大洞经。十读四拜朝太上，先谒太帝后北向。《黄庭内经》玉书畅，授者曰师受者盟。云锦凤罗金钮缠，以代割发肌肤全。携手登山歃液丹，金书玉景乃可宣。传得可授告三官，勿令七祖受冥患。太上微言致神仙，不死之道此真文。

《太上黄庭外景玉经》[1]

《太上黄庭外景玉经》上部经第一

老君章第一

（《外景玉经》原无分章，章名为笔者所加。系参照《内景玉经》各章相关经文内容而分章，并依《内景玉经》以首句二字为章名。）

老君闲居作七言，解说身形及诸神。上有黄庭下关元，后有幽阙前命门。呼吸庐间入丹田，玉池清水灌灵根，审能修之可长存。

黄庭章第二

黄庭中人衣朱衣，关门壮籥合两扉。幽阙侠之高巍巍，丹田之中精气微。玉池清水上生肥，灵根坚固老不衰。

中池章第三

中池有士衣赤衣，横下三寸神所居。中外相距重闭之，神庐之中当修治。玄膺气管受精府，急固子精以自持。

---

[1] 底本据王羲之手抄拓印本及《修真十书》卷五十八至卷六十梁丘子《黄庭外景玉经注》本（《正统道藏·洞真部·方法类·重字号》）。

宅中章第四

宅中有士常衣绛，子能见之可不病。横立长尺约其上，子能守之可无恙。呼噏庐间以自偿，保守完坚身受庆。

方寸章第五

方寸之中谨盖藏，精神还归老复壮。心结幽阙流下竟，养子玉树令可杖。

至道章第六

至道不烦无旁午，灵台通天临中野。方寸之中间关下，玉房之中神门户。皆是公子教我者。

明堂章第七

明堂四达法海源，真人子丹当吾前。三关之中精气深，子欲不死修崑仑。绛宫重楼十二环，琼室之中五色集。赤城之子中池立，下有长城玄谷邑。

长生要慎房中急，弃捐淫欲专守精。寸田尺宅可治生，系子长留心安宁。观志游神三奇灵，闲暇无事心太平。

常存章第八

常存玉房神明达，时念太仓不饥渴。役使六丁神女谒，闭子精路可长活。正室之中神所居，洗心自治无敢污。历观五藏视节度，六府修治洁如素。虚无自然道之故。

物有章第九

物有自然事不烦，垂拱无为身体安。虚无之居在帏间，寂寞旷然口不言。（修和独立真人宫），恬淡无欲游德园，清净香洁玉女存，修德明达道之门。

《太上黄庭外景玉经》中部经第二

作道章第十

作道优游深独居，扶养性命守虚无。恬淡自乐何思虑，羽翼已成正扶疏，长生久视乃飞去。

五行章第十一

五行参差同根节，三五合气要本一，谁与共之斗日月，抱玉怀珠和子室。子能守一万事毕，子自有之持勿失。即得不死入金室。

出日章第十二

出日入月是吾道，天七地三回相守。升降进退合乃久，玉石落落是吾宝。子自有之何不守？

心晓章第十三

心晓根基养华采，服天顺地合藏精。七日之五回相合，昆仑之山不迷误。九原之山何亭亭，中有真人可使令，蔽以紫宫丹城楼，侠以日月如连珠，万岁昭昭非有期。外本三阳神自来，内养三神可长生。魂欲上天魄入泉，还魂返魄道自然。

《太上黄庭外景玉经》下部经第三

璇玑章第十四

璇玑悬珠环无端，玉户金籥身完坚。载地悬天周乾坤，象以四时赤如丹。前仰后卑各异门，送以还丹与玄泉，象龟引气至灵根。

中有章第十五

中有真人巾金巾，负甲持符开七门。此非枝叶实是根，昼夜思之可长存。仙人道士非有神，积精所致为专年。人皆食谷与五味，独食太和阴阳气。故能不死天相既。

试说章第十六

试说五藏各有方，心为国主五藏王。受意动静气得行，道自守我精神光。

昼日章第十七

昼日昭昭夜自守，渴自得饮饥自饱。经历六府藏卯酉，转阳之阴藏于九。常能行之不知老。

肝之章第十八

肝之为气修而长，罗列五藏生三光。上合三焦道饮浆，我神魂魄在中央。精液流泉去鼻香，立于玄膺含明堂，通我华精调阴阳。

伏于玄门候天道，近在我身还自守。清静无为神留止，精气上下关分理。通利天地长生道，七孔已通不知老。

还坐天门候阴阳。下于喉咙通神明，过华盖下清且凉。入清泠渊见吾形，期成还丹可长生。还过华池动肾精，立于明堂临丹田。将使诸神开命门，通利天道藏灵根。阴阳列布如流星，肝气似环终无端。

肺之章第十九

肺之为气三焦起，上伏天门候故道。清液醴泉通六府，随鼻上下开二耳。窥视天地存童子，调和精华理发齿。颜色光泽老不白，下于喉咙何落落。诸神皆会相求索。

下入章第二十

下入绛宫紫华色，隐藏华盖通神庐，专守心神转相呼。观我诸神辟除邪，脾神还归依大家。藏养灵根不复枯，至于胃管通虚无。闭塞命门如玉都，寿传万岁将有余。

脾中之神游中宫，朝会五神和三光。上合天门合明堂，通利六府调五行。金木水火土为王，通利血脉汗为浆。修护七窍去不祥，上禀元气年益长，日月列布张阴阳，二神相得下玉英。

五藏章第二十一

五藏为主肾最尊，伏于太阴成其形。出入二窍舍黄庭，呼吸虚无见吾形，强我精骨血脉盛。恍惚不见过清灵，坐于庐下观小童。旦夕存在神明光，出于天门入无间。恬淡无欲养华根，服食玄气可遂生。还返七门饮太渊，通我喉咙过清灵。问于仙道与奇方，服食灵芝与玉英。

头戴章第二十二

头戴白素距丹田，沐浴华池生灵根。三府相得开命门，五味皆至善气还。大道荡荡心勿烦，被发行之可长存。吾言毕矣勿妄传。

参考书目

1.［东晋］王羲之：《黄庭经》（手抄石刻拓印本），取自赵孟頫旧藏心太平本，收入《中国法书选·魏晋唐小楷集》，日本二玄社，2006年2月12刷。

2.《太上黄庭外景玉经》白文本，《正统道藏·洞玄部·本文类·人字号》。

3.［唐］务成子注：《太上黄庭外景经》，收入《云笈七签·卷十二·三洞经教部·太上黄庭外景经》（《正统道藏·太玄部·优字号》）。

4.［唐］务成子注：《太上黄庭外景经》，收入萧天石《道藏精华》第十四集之一．第193页至262页。

5.［唐］务成子注：《上清黄庭外景经》，收入萧天石《道藏精华》第一集之九，第85页至98页。

6.［唐］梁丘子：《黄庭外景玉经注》，收入《修真十书》卷五十八至卷六十，《正统道藏·洞真部·方法类·重字号》。

7.《文渊阁钦定四库全书》，台北：商务印书馆影印刊行。

8.《四库全书总目提要》，台北：汉京文化出版社，1981

年 12 月版。

9.《正统道藏》（明朝正统年间编纂，共 60 册），台北：新文丰出版公司，1977 年 10 月版。

10. [日本] 高楠顺次郎、渡边海旭都监：《大正新修大藏经》（共百册），昭和四年（1929 年）发行。

11. [日本] 藏经书院：《卍续藏经》（共 150 册），台北：新文丰出版公司，1994 年 11 月影印。

12. 彭文勤纂辑、贺龙骧校勘：《道藏辑要》（共 25 册），台北：新文丰出版公司，1986 年版。

13. 胡道静、陈耀庭主编：《藏外道书》（共 36 册），巴蜀书社，1994 年 12 月版。

14. 苏海涵编：《庄林续道藏》（共 25 册），台北：成文出版社，1975 年版。

15. 张继愈主编：《中华道藏》（共 48 册），华夏出版社，2004 年 1 月版。

16. 永武主编：《敦煌宝藏》，台北：新文丰出版公司。

17. 任继愈主编：《道藏提要》，中国社会科学出版社，2005 年 12 月版。

18. 萧登福：《正统道藏总目提要》，台北：文津出版社，2011 年 11 月版。

19. 张心澂：《伪书通考》，台北：鼎文书局，1973 年版。

20. 袁珂：《山海经校注》，台北：里仁书局，1981 年 7 月版。

21. 王明：《太平经合校》，台北：鼎文书局，1979 年 7

月版。

22. 王明：《抱朴子内篇校释》，台北：里仁书局，1981年12月版。

23.《陈援菴先生全集》，台北：新文丰出版公司，1993年9月版。

24. 陈国符：《道藏源流考》，台北：古亭书屋，1975年3月版。

25. 陈国符：《道藏源流续考》，香港：里仁书局，1983年3月版。

26. 陈国符：《陈国符道藏研究论文集》，上海古籍出版社，2004年4月版。

27. 卿希泰主编：《中国道教史》（第四册），四川人民出版社，1996年12月第2版。

28. 任继愈主编：《中国道教史》，上海人民出版社，1990年6月版。

29. 任继愈主编：《中国佛教史》（第三册），中国社会科学出版社，1993年8月第2版。

30. 胡孚琛：《魏晋神仙道教》，人民出版社，1989年6月版。

31. 朱越利：《道藏分类解题》，华夏出版社，1996年1月版。

32. 朱越利：《道藏略说》，燕山出版社，2009年6月版。

33. 陈永正主编：《中国方术大辞典》，广东中山大学出版社，1991年7月版。

34. 陈垣：《陈援菴先生全集》，台北：新文丰出版公司，1993 年 9 月版。

35. 王承文：《敦煌古灵宝经与晋唐道教》，中华书局，2002 年 11 月版。

36. 汤一介主编：《汤用彤全集》，台北：佛光文化事业公司，2001 年 4 月版。

37. 王卡：《敦煌道教文献研究》，中国社会科学出版社，2004 年 10 月版。

38. [日本] 大渊忍尔：《道教史的研究》，日本冈山共济会，1964 年版。

39. [唐] 梁丘子注：《上清黄庭外景经》，收入萧天石《道藏精华》第一集之九，第 69 页至 84 页。

40. [北宋] 蒋慎修：《黄庭内外玉景经解》，《正统道藏·洞玄部·玉诀类·推字号》，台北：新文丰出版公司第 11 册，第 231 页至 236 页。

41. [明万历] 李一元：《黄庭外景经注》，收入萧天石《道藏精华》第十四集之一，第 417 页至 457 页。

42. [明] 石和阳述：《黄庭外景阴符经合注》，收入萧天石《道藏精华》第三集之四，第 83 页至 222 页。

43. [清] 蒋国祚注：《黄庭外景经》（第一卷），原收录于台北新文丰出版公司刊本《道藏辑要》尾集二第 2203 页至 2205 页，又收入《藏外道书》第十册第 756 页至 758 页。

44. 佚名：《黄庭祕诀》，见《藏外道书》第九册第 408 页上至 410 页上。

45.《黄庭遁甲缘身经》，收入《正统道藏·洞神部·方法类·夙字号》，台北：新文丰出版公司刊本第 31 册。

46.《太上黄庭内景玉经》白文本，见《正统道藏·洞玄部·本文类·人字号》。

47.《太上黄庭内景玉经》白文本，见《藏外道书》第九册第 326 页至 330 页上。

48. [唐] 务成子注：《上清黄庭内景经》，收入《云笈七签·卷十一·三洞经教部·上清黄庭内景经》（《正统道藏·太玄部·优字号》）。

49. [唐] 务成子注：《上清黄庭内景经》，收入《景印文渊阁四库全书·子部·道家类》所收《云笈七签》本。

50 [唐] 务成子注：《上清黄庭内景经》，收入萧天石《道藏精华》第一集之九第 21 页至 67 页。

51. [唐] 梁丘子注：《黄庭内景玉经注》，收入《正统道藏·洞玄部·玉诀类·推字号》，台北：新文丰出版公司刊本第 11 册。

52. [唐] 梁丘子注：《黄庭内景玉经注》，收入元人编《修真十书》卷五十五至五十七，《正统道藏·洞真部·方法类·菜、重字号》。

53. [唐] 梁丘子注：《太上黄庭内景玉经》，收入《重刊道藏辑要》尾集二，台北：新文丰出版公司刊本第 6 册，第 2206 页至 2217 页。

54. [唐] 梁丘子注：《黄庭内景玉经注》，收入萧天石《道藏精华》（明刊本）第十四集之一，第 11 页至 191 页。

55. [北宋] 蒋慎修注：《黄庭内外玉景经解》，收入《正统道藏·洞玄部·玉诀类·推字号》，台北：新文丰出版公司刊本第 11 册，第 231 页至 236 页。

56. [金] 刘长生注：《黄庭内景玉经注》，收入《正统道藏 · 洞玄部 · 玉诀类 · 推字号》。

57. [明] 冷谦注：《太上黄庭内景玉经》，收入萧天石《道藏精华》第三集之四，第 1 页至 124 页。

58. [明] 张三丰：《黄庭要道》，收入萧天石《道藏精华》第二集之二，第 107 页至 122 页。

59. [明万历] 李一元：《黄庭内景经注》，收入《道藏精华》第十四集之一，第 263 页至 416 页。

60. [清] 扶鸾等注：《太上黄庭内景玉经》，收入台北新文丰出版公司刊本《道藏辑要》尾集二第 2170 至 2192 页 . 又收入《藏外道书》第 10 册第 722 页至 745 页。

61. [清] 蒋国祚注：《黄庭内景经》（第一卷），原收于台北新文丰出版公司刊本《道藏辑要》尾集二第 2193 页至 2202 页 . 又收入《藏外道书》第 10 册第 746 页至 755 页。

62. [清] 刘一明：《黄庭经解》（及附图），收入《道藏精华》第四集之三第 95 页至 100 页，后又收入《藏外道书》第 8 册第 557 页至 561 页。

63. 陈撄宁：《黄庭经讲义》，收入《藏外道书》第 26 册，第 145 页上至 158 页上。

64. 陈撄宁：《道教与养生》，华文出版社，2000 年 3 月版。

65. 杜琮、张超中译：《黄庭经今译》（太乙金华宗旨今译），中国社会科学出版社，1996 年 12 月版。